学术文库·文集

马世之学术文集

马世之 著

中原出版传媒集团
大地传媒

大象出版社
·郑州·

图书在版编目(CIP)数据

马世之学术文集 / 马世之著.— 郑州 ：大象出版社，2017. 5
(中原学术文库. 文集)
ISBN 978-7-5347-8490-3

Ⅰ. ①马… Ⅱ. ①马… Ⅲ. ①中华文化—文集 Ⅳ. ①K203-53

中国版本图书馆 CIP 数据核字(2016)第 318961 号

中原学术文库 · 文集

马世之学术文集

马世之 著

出 版 人 王刘纯
责任编辑 杨天敬
责任校对 牛志远 裴红燕 毛 路
装帧设计 王晶晶

出版发行 大象出版社(郑州市开元路 16 号 邮政编码 450044)
发行科 0371-63863551 总编室 0371-65597936
网 址 www.daxiang.cn
印 刷 洛阳和众印刷有限公司
经 销 各地新华书店经销
开 本 787mm×1092mm 1/16
印 张 27.75
字 数 447 千字
版 次 2017 年 5 月第 1 版 2017 年 5 月第 1 次印刷
定 价 125.00 元

自 序

我于1937年12月3日出生在河南省温县张寺村的一个农家，虽然成分被定为“中农”，实际上家境极其贫寒。温县虽系豫北小县，但战略和经济地位十分重要。史称其控扼三晋云山，容纳百川烟水。太行环其后，长河带其前。南引巩洛，西挟泾渭，东接淮泗，车马辐辏，舳舻千里，风帆上下，百货阜通，素有“天下名都”之美誉。被称为“三魏逵道”，是河济文明的重要发祥地。我就是在此文赋纷华之地读完小学的。中学时期，我似在演《三国演义》，先后在温县一中、杞县中学、开封二中完成学业，也就是说周游了历史上温、杞、魏三个国家。1956年，国家号召“向科学进军”，在这样的历史背景下，我被录取到西北大学历史系。西北大学为全国十四所综合大学之一，是一个“百年老店”，前身为“西北联大”，历史考古是其重点学科。西安古称长安，是周、秦、汉、唐故都，全国著名考古学家云集于此，陈直、石兴邦、金学山、郭宝钧、王仲殊、马得志、张长寿、陈梦家诸先生为学生讲课，老师们的辛勤教诲，使我终生难忘，铺就了我的人生之路。

1960年8月，西大毕业后，我被分配到陕西省博物馆陈列部工作。我在馆内除参加周、秦、汉、唐历史文物陈列外，还同何汉南一起参加郑(国)白(公)渠的考古调查，加上以前在长武下孟村新石器时代遗址的考古发掘，算是已经迈进了神圣的“考古”殿堂。陕西省博物馆历史悠久，前身为西北历史博物馆，馆长武伯纶、陈列部主任何正璜，都是著名的历史学家，在他们的教导下，我于1961年发表了处女作《说秦》，刊登在《西安晚报》上，曾在馆内引起了不小的轰动。同年，我被评为“陕西省文化系统五好青年”，这是我有生以来第一次获得荣誉称号，为此感到无比荣幸。

1964年9月，我从陕西调回河南。新的工作单位是河南省文化局文物工作队(今河南省文物考古研究院)。刚一踏上故乡的土地，立即被分配到新郑工作站参加郑韩故城考古，一干就是十四五年。在新郑参加钻探发掘的还有安金槐、许顺湛、郝本性、杨育彬、任常中等人，他们都是学界精英，后来均成为河南文物考古界的领军人物，因而向有“新郑工作站出领导”的说法。在这里，经过我和同仁们的共同努力，终于弄清了郑韩故城的规模及布局、韩国地下冷藏遗址、李家楼郑国墓地、后端湾郑国墓地、仓城西郑国墓地、烈江坡春秋战国墓地、大吴楼铸铜作坊遗址、仓城铸铁作坊遗址、白庙范铜兵器窖藏坑等，出土大批珍贵文物。1974年秋，英国著名作家韩素音女士来新郑参观访问时，盛赞我们正在进行钻探、发掘的郑韩故城堪同意大利罗马古城相媲美。事隔多年之后，2008年3月1日，《东方今报》以《战国“王室冰箱之谜”》为题，发表长篇通讯，报道了当年我在郑韩故城考古发掘的某些情况，我为郑韩故城倾注了大量心血，献出了自己的宝贵青春。1981年，中州书画社出版了我所写的《郑韩故城》一书，被郑州市人民政府列为“我爱中华”的必读书目之一。

20世纪70年代初，我和郭建邦、张长森、黄世斌等人参加焦枝铁路河南段的考古工作。不久，被下放到温县、修武等地农村。等到“文化大革命”结束后，方才返回郑州，继续到新郑参加考古钻探发掘工作。当时河南省文物工作队早已与河南省博物馆合并，由于新组建了《中原文物》编辑部，我被从新郑调回编辑部，同时还参与河南历史文物的陈列工作。其间除做好本职工作外，还念念不忘学术研究，研究的重点是先秦城址。发表的文章主要有《关于春秋战国的探讨》《略论城的起源》《河南淮阳平粮台龙山文化城试析》《试论我国古城形制的基本模式》《再论我国古城形制的基本模式》《楚城试探》《关于西周都城遗址的探索》《试论城的出现及其防御职能》《略论楚王城》《试论商代的城址》《中国古代都城规划中的象天问题》《玄象与中国古代都城设计》《关于史前城址的规模与人口问题》《略论洛阳东周王城》等，不下数十篇。日本考古学博士太田阿佐子女士专程来郑拜访，将《关于春秋战国的探讨》等论文拿去，译成日文在日本发表。俄罗斯远东大学的库里娜·伊里金娜女士也将《郑韩故城》一书译成俄文，拟在俄国出版。有些文章被一些大学考古专业选入教材或指定为本科生、研究生的必读篇章，因而颇受学界重视。焦性德曾在1988年第3期《中州城市研究》上撰写《笔走龙蛇写千城——记古代城市专家马世之》，赵立在1990年第3期《中原城市春秋》上发表署名文章《胸中自有百城烟水——访城市考古学家马世之》等，给予我在先秦古城研究上以很高的评价。

我在河南省博物馆（今河南博物院）工作期间，曾任陈列部副主任、主任。从1983年开始，任副馆长兼《中原文物》主编。馆长许顺湛，是我国著名史前考古学家，我除了协助他做好馆务工作外，在学术研究上也得到他的支持与帮助，我所参与编著的《河南省博物馆》，先后由日本讲谈社和中国文物出版社出版。由于工作关系，曾经结识了许多国外著名学者，如美国华盛顿大学教授杜朴、意大利威尼斯大学教授宝拉·德马特、法国巴黎大学教授杜特兰、日本早稻田大学教授稻畑耕一郎、东京大学教授小川幸代、鸟取大学教授平势隆郎、北海道教育大学教授谷口满等，在许多问题上进行广泛交流，极大地开阔了我的视野，提高了我的学术水平。

1989年1月，应河南省社会科学院院长、著名历史学家胡思庸教授之邀，从博物馆调来社科院专职从事历史考古研究工作。1993年10月，任考古学研究员；1996年1月至1999年6月，任考古研究所所长。2000年，被批准为国家有突出贡献专家，享受国务院政府特殊津贴。2004年，被河南省人民政府聘为河南省文史研究馆馆员。主要社会兼职有中华伏羲文化研究会副会长、中国太平洋学会理事、湘鄂豫皖楚文化研究会常务理事、黄河文化研究会副会长、河南省炎黄文化研究会副会长、河南省中原姓氏文化研究会顾问等。在此期间，除对先秦城址继续探讨外，研究的范围更加广泛，涉及到中原古国、文明起源、伏羲文化、楚文化及姓氏文化等各个层面。除发表一批重要论文外，先后出版《史前文化研究》《中原楚文化研究》《中原古国历史与文化》《中国史前古城》四部专著。《中原古国历史与文化》出版于1998年，这是第一部全面探讨中原地区先秦古国的著作，出版后被赞为“重构古国历史，再铸中原文明”。

1992年，《史前文化研究》出版不久，湖北省社会科学院副院长、著名民族史学家、楚学泰斗张正明教授正在筹备《楚学文库》的编辑出版工作，邀请全国著名学者撰稿，我也名列其中，给我约的书名为《楚文化的北渐》，当场就被我回绝了。我说：“这样的书名我不能接受。楚族与楚文化起源于中原，对江汉地区来说，是中原文化的南下，不存在北渐问题。您还是另请高明吧！”张先生看我讲得有理，就依我的意见，将书名改为《中原楚文化研究》，1995年，该书正式出版。这是当代河南籍学者出版的第一部楚学专著。迄今为止,仅此一部。我在书中最早提出了"中原楚文化"的概念,现已被学界普遍认同。

撰写《中国史前古城》时,我已退休。当时《华中建筑》主编高介华教授编辑《中国建筑文库》,向全国知名专家约稿,我也名列其中。此书根据考古资料,对于我国中原、海岱、江汉、江浙、巴蜀、河套地区发现的64座史前城址进行全面梳理。并按地域和时代加以整合,结合文献记载,进行综合研究。该书外审专家是中国社科院考古研究所研究员、著名古建筑专家杨鸿勋教授,从他那里顺利过关后,于2003年出版,颇受学界青睐。有的学者指出:"本书在史前古城研究方面,写下了浓妆重抹的一笔,是一枝独秀的奇葩。"或谓:"是考古学界近几年最高的史前城址著作,不仅在资料上集大成,在研究水平上也是高于诸位时贤。"

在"八五"至"十一五"期间,我除发表约300篇学术文章外,主持和参与完成的国家社科基金和国家重点图书出版规划项目,有《中原古国研究》《楚学文库》《黄河文化史》《中国建筑文化研究文库》《中原文化通史》等。

据不完全统计,我的著作和论文先后获奖20余项,除《河南省博物馆》《中原楚文化研究》《中原古国历史与文化》《中国史前古城》先后荣获河南省社科优秀成果奖外,《源于河南之姓氏》于1999年荣获昆明世博会金奖,《楚文化研究的新突破》于1996年荣获四川省社会科学院优秀论文奖。2016年3月24日,我因在黄帝故里文化研究方面的成就荣获郑州市委与郑州市政府颁发的特殊贡献奖。

20世纪末,中华民族史研究会将我列为当代国内外最有影响的百名历史考古学家之一。目前,我以耄耋之年,撰写的《中原之城——河南先秦城址研究》书稿,已被河南人民出版社列为"十三五"重点图书出版规划项目,拟于近期出版。

需要特别指出的是我的人生之路坎坷曲折,学术生涯十分艰辛,连年运交华盖。在"文化大革命"的"十年动乱"期间,因为反对江青而被打成"现行反革命",并冠以许多莫须有的"罪名",不仅遭到无数次批斗,而且下放农村劳动。我所受到的屈辱无以言表,终日除"请罪"外,便是以泪洗面。在那种悲惨世界里,根本谈不上什么"学术研究"。这是我所遭受的第一次劫难。第二次劫难始于2011年7月,一个偶然机会检查出我罹患肝癌,虽然四处求医,仍不见显著疗效。目前已经超越了癌症患者的五年存活期，不久前又有大夫给我划定了一条两个月时间的死亡线，为我的生活涂上了一丝极其悲怆凄楚的色彩，我在闭门写作的同时，还得应对“肿瘤君”的侵袭，使我常有“人命危浅”之憾！

时至今日，好运又来。新一届的河南省社会科学院领导魏一明、张占仓、袁凯声诸公，非常重视学术研究工作，决定出版河南省社会科学院资深专家文集。我就在已发表的学术论文中选出49篇，集结成册，以飨学林。这些文章发表的时间不一，前后相差数十年之久。由于新的考古资料不断发现，有些观点可能前后不尽一致，为了保持文章的原貌，这次收入时并未进行修订。尽管文集所收的文章并不理想，更不能全面反映本人的学术思想和理念，但敝帚自珍，愿以此书献给我的母校西北大学和中原智库、河南省最高社科综合研究机构——河南省社会科学院。

马世之

于河南省社会科学院家属院寓中

2016年12月30日

目　录

古城古国研究

文明起源研究

伏羲文化研究

炎黄文化研究

颛顼文化研究

楚文化研究

姓氏文化研究

附录：马世之著作存目

古城古国研究

试论我国古城形制的基本模式

城是人类社会发展到一定历史阶段的产物。它的出现,标志着古老的氏族社会行将结束,新的文明时代就要来临。恩格斯在《家庭、私有制和国家的起源》一书中曾经做过非常生动形象的描述:"在新的设防城市的周围屹立着高峻的墙壁并非无故:它们的壕沟深陷为氏族制度的墓穴,而它们的城楼已经耸入文明时代了。"由此可知,城这种大规模的永久性防御设施,在研究人类社会历史问题上有着何等重要的意义。本文仅就文献记载和考古发现,对我国古城形制的基本模式加以初步探讨。

我国早期城的形制

据历史文献记载,城在我国出现的时间甚早。《汉书·食货志》引晁错的话:"神农之教曰,有石城十仞,汤池百步。"《轩辕本纪》载:"黄帝筑城造五邑。"《汉书·郊祀志》云:"黄帝时为五城十二楼。"《黄帝内传》说:"帝既杀蚩尤,因之筑城。"司马贞《补三皇本纪》提及人皇之世:"兄弟九人,分长九州,各立城邑。"《管子·轻重戊》曰:"夏人之王……疏三江,凿五湖,道四泾之水……民乃知城郭门闾室屋之筑。"《世本·作篇》说:"鲧作城郭。"《世本》张澍补注转引《吴越春秋》:"鲧筑城以卫君,造郭以守民,此城郭之始也。"《吕氏春秋·君守篇》云:"夏鲧作城。"又说:"鲧以兽尾为城。"《淮南子·原道训》:"昔者夏鲧作三仞之城,诸侯背之,海外有狡心。"《太平御览》卷一百九十二引《博物志》:"处士东里隗责禹乱天下,禹退作三城,强者攻,弱者守,敌者战,城郭盖禹始也。"徐旭生先生《中国古史的传说时代》认为:"共工氏所发明,鲧所沿用的堤防(也就是鲧所作的城或城郭)大约就像今日北方乡间所筑的土寨子或叫作护庄堤。因为共工氏不过防它自己氏族的淹没，所筑有限，鲧却是为各部落所推，大规模地工作，所以创作城郭的荣誉不正确地归于他。”《礼记·礼运》则说：“大道既隐，天下为家，各亲其亲，各子其子，货力为己，大人世及以为礼，城郭沟池以为固。”我们姑且不论谁是最先发明城郭的人，因为这是千百年来一直没有能够解决的历史难题。但是，不管神农、黄帝也好，共工、鲧、禹也罢，他们所处之世可能与“大道既隐”的时代相距不远，约在原始社会末期到阶级社会产生这一历史阶段。从考古发现来看，与文献记载基本一致。

关于城的概念，《说文》云：“城以盛民也。”《释名》说：“城，盛也。盛受国都也。”可见它是一种特殊的防御设施。其主要标志是城墙。据《营造法式》讲，墙有五种称呼，一曰墙，二曰墉，三曰垣，四曰壕，五曰壁。一般均以城墙或城垣名之。杨宽先生主张沟的产生应是城的萌芽。他在日本看到的古城，四周有沟，却没有围墙。[1]沟的作用与墙相同，“半坡、姜寨居住区外围都设有宽、深各5—6米的壕堑拦护。这一防御性设施，兼作雨水的排放沟。堑壁较陡峭，相对堑底而言，它实际上是一座相当高的围墙。在发明夯筑技术之前，这是一种有效的防御设施。正如同源于穴居的建筑发展是从建筑材料的削减开始一样，筑城的历史也是从它的对立面发生的”[2]。在一些仰韶时期村落遗址的周围，不仅发现过人工挖掘的围沟，围沟内侧还设有栅栏，当时的栅栏与围沟可以被视作城池的萌芽，或者说是出现城的征兆。氏族社会晚期，在填平坑洼或垫高建筑地基时以脚踏平、践实的经验基础上而发明了夯筑技术。由于分层夯筑，从而使土壤紧密、坚实，提高了它的强度。山东日照东海峪大汶口文化建筑遗址的台基、护坡及居住面，均系分层夯筑而成，并发现用天然石块夯筑时留下的夯窝，开后世夯筑技术之先河。[3]由于战争的频繁和武器（特别是弓箭）射程的提高，使得原始壕沟的防御功能不能适应。加之夯筑技术的发展，城垣这种突起的障碍便应运而生，人们从而创造出一套筑城工艺。[4]迄今所知，我国发现西周以前的早期城址为数不多，试举例分述如下：

章丘城子崖龙山文化城址　该城址位于山东章丘（旧属历城县）龙山镇以东的武原河畔，是20世纪30年代初期发现的。城址平面呈长方形，南北长约450米，东西长约390米，遗留在地面的残垣高2.1—3米，宽约10米。它是由黄土掺料礓石夯筑而成的。夯层厚12—14厘米，圆形夯窝，径3—4厘米，利用版筑法筑成。“此墙当为黑陶时期（即遗留下层遗物）之城子崖居民所建筑，并且他们在城子崖居住了相当时间后才开始建筑的。……这里的堆积情形无疑地指示出墙之建筑时代"[5]。所谓"黑陶时期",即龙山文化时代。至于城墙与龙山文化遗存的关系,"就地下包含物的分配情形而论,黑陶期(即龙山期)人民是在全址上,东一家西一家,散乱地居着。……黑陶人民(即龙山人民)在此居住了许多年之后,才绕其居住之周围筑了城墙。墙形不甚规则,但它的根基即划出城子崖文化遗存的范围。其外即少见人住之痕迹"[6]。可见城子崖城址应属龙山文化时期的防御设施。

安阳后岗龙山文化城址　该城址坐落在河南安阳洹水之滨的高岗上,是继城子崖后发现的又一座古城址。该城址的周围遗留有版筑围墙,其中的一段宽2—4米,长70余米,"它恰恰地围绕着这高岗上的龙山文化遗址;在墙土里面我们只见到了仰韶文化遗物,从不见有龙山式遗物。这证明在龙山文化的人们刚来此地居住时,即在仰韶文化的废墟上建筑起自己村落的围墙"[7]。"村"与"城"的重要分界线之一便是围墙。恩格斯曾经指出:"只要村一旦变作城市,也就是说,只要它用壕沟和墙壁防守起来,村制度也就变成了城市制度。"[8]用墙壁防守起来的后岗村落,已经变成了事实上的城邑。

登封王城岗龙山文化城址　该城址位于河南登封告成镇西约1千米的王城岗上,坐落在嵩山南麓的颍水和五渡河交汇处。1977年在这里发现部分城墙的基础槽。城址平面略呈长方形,中间有一堵南北走向的城垣,将它分作东、西二城。东城的西垣南段残长65米,南垣西段残长约30米,南垣与西垣垂直以约90°的角度相交,东城的平面原来可能是正方形。西城南垣长82.4米,西垣长92米,北垣西段残长约29米。整个城址的面积约10000平方米。基础槽内残留的夯土层厚度为10—20厘米,也有厚6—8厘米的。夯痕的形制大小不一,有圆口圜底、椭圆形圜底和不规则形数种。[9]根据基础槽内夯土层中出土的木炭测定,其年代距今4010±85年,树轮校正为4415±140年。[10]因而此时代约为龙山文化中晚期。

淮阳平粮台龙山文化城址　该城址位于河南淮阳县城东南4千米的大朱庄西南,坐落在蔡河西岸高出地面3—5米的台地上,是1979年发现的。遗留在地面上的夯土城垣残高3米多,上宽8—10米,下宽13米。夯层厚15—20厘米。城址平面呈正方形,边长185米。城内面积约43000平方米,连同城墙及外侧附加部分,面积达50000余平方米。南北城垣的中段,各发现一个城门,在南城门内东西两侧分别设有门卫房。南门门道路土以下 0.3 米处，铺设有三条陶水管道。该城址共分五期文化，城垣建筑属于第二期。据三期灰坑（H15）出土的木炭进行碳十四测定的年代，距今 3960±140 年，树轮校正距今 4355±100 年。该城址的时代为龙山文化中晚期。“由于这座城堡的发现，证明了距今四千三百多年前中原地区的古代居民，已知道构筑用于防御的工事。”[11]

偃师商代城址　该城址位于河南偃师县城西的尸乡沟一带，是 1983 年夏季发现的。城址平面略呈长方形，东西宽约 1200 米，南北长约 1700 米，除南垣被洛河冲毁外，其余三面城墙基本完整，已知西、北、东垣的长度分别为 1710 米、1240 米、1640 米。城墙系夯筑而成，一般宽度为 16—25 米不等，残高 1—2 米。城墙缺口共有四处，其中北垣西段上的缺口为城门遗迹。城内发现四处大型建筑基址，南部正中的 1 号建筑基址是一处四面设有夯土围墙的大型建筑群。另外，也找到两条大道，一条东西向，一条南北向。在城的东垣外侧，还探到一处大型水池遗迹。这座城址很可能是商汤当年所建的都城“西亳”[12]。

夏县东下冯城址　该城址位于山西夏县埝掌公社东下冯村东稍偏北，坐落在青龙河南岸的台地上，是 1976—1979 年间发现的。城墙为夯土筑成，全部埋于地下，仅钻探出城的南垣及西垣。南垣长约 400 米，它的走向是：从东南拐角西行 200 米，然后向南拐出 60 米，又折向西 140 米与西垣相接。城墙宽约 8 米，残高 1.8 米，夯土紧密坚硬，夯层厚约 10 厘米，夯窝直径 5—7 厘米。“从地层关系和斜夯土中的出土物来看，夯土墙的时代约为商代前期。”[13]

郑州商代城址　该城址位于河南郑州市区内偏东部，是 1955 年秋发现的。它的平面略呈长方形，东垣、南垣各长 1700 米，西垣长 1870 米，北垣长 1690 米，周长 6960 米。保留在地面上的城墙残高 1—9 米，宽 20 米左右，夯层厚 5—10 厘米，夯窝有圆形圜底、圆形尖底或不规则形多种，夯窝深 1—2 厘米，径 2—4 厘米。城内东北部为宫殿区，发现了大面积的夯土基址。“郑州夯土城墙属于商代是确凿无疑，它建造于商代二里岗期下层，其使用时间从商代二里岗期下层开始，一直沿用到二里岗期上层。”[14]

黄陂盘龙城商代城址　该城址位于湖北武汉市北 5 千米的黄陂县滠口公社叶店大队境内，南靠流注长江的府河，北面一带是小土岗，东北面为盘龙湖。它的平面为长方形，南北长 290 米，东西长 260 米。城垣残高 1—3 米，由夯筑而成。夯层厚 8—10 厘米。城垣外还有宽约 10 米的壕沟。相传城垣四面中间都有一个缺口,这些缺口可能为城门遗迹。城内东北部发现大型宫殿建筑基址。根据地层叠压关系和出土遗物判断,“到二里岗期上层时,商文化的居民把这里建为一个重要的居住地,先后建筑过上、下两层大型建筑群,古城的城垣是和上层宫殿建筑群同时营建的。这种营建的顺序关系,既说明了古城是中途才形成的,又进而表示出它是属于保卫宫殿的宫城的性质”[15]。由此可知,黄陂盘龙城属于商代二里岗期的建筑遗存。

上蔡周代蔡国城址　该城址位于河南上蔡县城关周围,坐落在芦岗的东坡。汝河沿岗的西坡向南流去,至今还可以看到汝河故道。洪河从岗北折向东南,由故城东面向南流去,形成了黄陵陂和蔡塘。城址平面略呈长方形,南垣长 2700 米,东垣长 2490 米,北垣长 2113 米,西垣长 3187 米,周长 10490 米;保留在地面上的城墙残高 4—11 米,宽 15—25 米。城垣由夯筑而成,夯层厚 8—14 厘米,夯痕为小窝圜底,径 2—3 厘米。城墙缺口甚多,其中有 4 处可能为城门遗迹。城外挖有城壕,城内中部的二郎台可能是宫殿区所在。根据城墙内所包含的遗物推断,可知“该城始筑于西周初年,春秋战国时期进行过加固和修复”[16]。

曲阜周代鲁国城址　该城址位于山东曲阜县城关一带,坐落在洙、沂二水之间。洙河绕于城的西、北两面,小沂河流经城南。城的东面是丘陵山岳,西北和西南是一片辽阔的原野。城址平面略呈扁方形,保留在地面上的城墙残高 10 米上下。东垣长 2531 米,南垣长 3250 米,西垣长 2430 米,北垣长 3520 米。城垣周长 11731 米。城外有护城河,发现城门遗迹 11 处。“曲阜鲁故城是我国目前经过系统钻探的一座西周城,而且是一个贯穿两周始终的国都。”[17]

除前面提到的这些古城外,还有安阳殷墟、长安丰镐遗址、洛阳西周王城等,均未发现城垣遗存。河南安阳殷墟是商代后期的王都,遗址范围估计在 24 平方千米以上。解放以后,在小屯村附近宫殿遗址中心以西约 200 米的地方,发现一条巨大的晚商壕沟,已勘查出长 750 米的一段,宽 7—21 米,深 5—10 米,由西南蜿蜒向东北,与洹水弯曲构成一种环形防御设施。[18]《史记·殷本纪》“正义”引唐代魏王泰等人所撰《括地志》云:“……洹水,南岸三里有安阳城,西有城,名殷墟。”可见殷墟原来有城,唐代尚能看到城垣遗存。迄今为止,虽然没有在这里发现有关城垣的迹象,但从殷墟出土的甲骨文中,有、、等字是城楼和城垣的形象,可知商代后期城的形制也是方形。

陕西长安是西周王都丰、镐所在。《诗·大雅·文王有声》:“文王受命,有此武功,既伐于崇,作邑于丰,文王烝哉。……考卜维王,宅是镐京,维龟正之,武王成之,武王烝哉。"《毛诗》郑笺:"丰邑在丰水之西;镐京在丰水之东。"周文王灭崇着后营建丰京,时当公元前1133年。丰京在今长安县沣河以西的客省庄、张家坡、马王村一带;镐京在今长安县沣河以东、阿房宫村以南、斗门镇以北的普渡村一带。沣河两岸尚未发现城垣遗存,我们对丰、镐二城的具体情况还不清楚。《周礼·考工记》说:"匠人营国,方九里,旁三门。国中九经九纬,经涂九轨。左祖右社,面朝后市,市朝一夫。"据说这里所指的就是丰、镐的建制,因而丰、镐二京在规划上应为方形。

河南洛阳是西周的东都,东周的王都。它西依秦岭,东望嵩岳,南有伊阙耸立,北有邙山屏障,地处四方之中。据《尚书·洛诰》记载:"我乃卜涧水东、瀍水西,惟洛食。"西周初年,周公于此营建王城,西周王城的位置在涧、瀍二水之间。西周王城至今尚未找到。考古发现的东周王城城址坐落在涧河入洛河处的三角地带,北垣长2890米,东垣残长1000米,平面近似正方形。城内南部保留有大面积的夯土基址,可能与宫殿建筑有关。[19]西周王城可能在东周王城区域之内,而且其形制可能近似。

综上所述,文献记载和考古发现的我国早期城的形制,一般均为长方形或正方形。这种基本模式,约从龙山文化时期的小城堡开始,直到商周时代的王城,无不如此。乃至数千年之后的明清城,在规划上亦多呈方形。它同国外的所谓"圆村"或圆形城堡比较起来,是显然异趣的。

"方块田"规划概念方法与我国古代城制的关系

我国古城形制的基本模式是方形城。这种城制规划形成的原因,迄今仍是一个不解之谜,但从古代"方块田"规划概念和方法上似乎可以找到一些线索。

根据确凿的历史考古资料,古代世界各地都曾经存在过方块形的土地规划制度。如埃及前王朝时期,即涅伽达文化Ⅱ期形成的斯帕特(SPT),中译为"州",其象形字符为𓈈,表示由河渠划分的一些地段。[20]古代罗马人划分方块田的情况,是先用悬规测出土地的中点,划分两正交"十"字形的大道,再纵横平行作无数小径,并规划成无数正方形或长方形的田,每块土地的面积为罗马尺

240方尺。[21]俄国历史上也曾经存在过这种类型的小土地占有制，“如果你在某一个地方看到有陇沟痕迹的小块土地组成棋盘状耕地，那你就不必怀疑，这就是已经消失的农业公社的地产”[22]。这种方块田的划分，脱胎于氏族社会的土地分配制度。原始社会末期，部落曾将所属土地分给各个氏族，后来氏族又把它分给各个家庭使用。起初是一年分配一次，以后改为几年分配一次。这种古老的土地分配办法长期保存在日尔曼人中间。过去在德国摩塞尔河畔和霍赫瓦尔特山脉的居民中，“虽然不再一年分配一次，但是每隔三年、六年、九年或十二年，总要把全部开垦的土地（耕地和草地）合在一起，按照位置和土质，分成若干大块。每一大块，再划分成若干大小相等的狭长带状地块，块数多少，根据公社中有权分地者的人数而定；这些地块，采用抽签的办法，分配给有权分地的人。所以，每一个社员，在每一个大块中，也就是说，在每一块位置与土质各不相同的土地，当初都分到了同样大的一块土地”[23]。属于古希腊部落财产的农田周围，还有“栏栅”一类的设施，“我们对于这个阶段中希腊部落的财产种类的知识，是从荷马的诗歌、从反映出古习俗的文明阶段的最早法律中获得的。在《伊利亚特》中记载有环绕农田的‘栏栅’，五十亩的围地，其中一半适于栽培葡萄，另一半适作耕地；并且说泰杜斯（Tydeus）住在物资丰富的广厦之中，拥有大量的种植谷物的田地。没有理由怀疑在当时土地是围以‘栏栅’，经过测量，并且是归个人所有的”。[24]我国古代存在着类似的情况，从甲骨卜辞中“田”字写作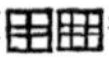等，这些象形字分别表示商代的耕地被沟渠划分成一定面积的方块田。这种规划方法，可能是在原始社会末期土地分配制度影响下的产物。甲骨卜辞中还有“作中”“立中”的记载，这可能是原始社会立旗圈地开辟疆土的孑遗。商人在建邑之前，先选择一个中心点，然后围绕这个中心点修筑房舍，并在四周圈定大片耕地、牧场和渔猎之地，最外面建立防护设施——种植树木或修建土埂作为边界标志。[25]这种“树木”或“土埂”之类的设施，与古希腊环绕农田的“栏栅”似有异曲同工之妙。

关于我国商周时代的田制，历代学者大都认为就是《孟子·滕文公上》所谓的井田：“方里而井，井九百亩，其中为公田。八家皆私百亩，同养公田。公事毕，然后敢治私事，所以别野人也。此其大略也。”这是对后世影响最为深远而其内涵却又最为混乱的一个概念。有人把它称为“美妙的幻想”[26]。有人说它是不曾有过而且也无法实现的“乌托邦”[27]。如果把它解释为被阡陌和沟洫划成豆腐干式的方块田，似乎更能接近当时的历史真实情况。郭沫若主编的《中国史稿》一书中曾提到："商代最重要的社会生产部门是农业，在农业生产中采用井田制。井田即方块田。……商代的耕地里已有规整的沟洫，构成了原始的灌溉系统。这样的井田制有助于提高土地利用率和农作物产量。"又说："周代的井田制承袭于商代而有所发展，已经有了相当准确的亩制和比较完整的灌溉及道路系统，是井田制的完备形态。"假如说我国古代确实施行过"井田制"的话，那么它对于我国古代城制可能产生过一定影响。有的同志从周代"营国"制度里看出，"周人是怎样运用井田规划概念及规划方法来设计城市的。他们把整个城市视为一块大井田，利用井田阡陌式的经纬涂，制造路网；按照井田形制，将它划分为若干等面积的方块地盘，充作城市营建用地。同时又规定，以井田单位——夫，作为城市规划用地单位，并照井田进位来组合城市用地。这些供营建使用的方块地盘，就是聚合若干夫的小方块地盘而成的。城市的分区布置以及规划用地等，都据此安排。不仅如此，随之还产生了一套以经纬涂为坐标、'夫'为基本网格的井田式方格网系统的规划方法。周人即遵循规划制度要求，运用这种概念和方法来规划城市"[28]。这样的格局被认为是"都城规划的基本模式"，或者说是"中国古典城市规划的基本轮廓"[29]。"井田制"是史学界尚有争议的一个学术问题，有待于进一步加以探讨。因而我们可以认为，包括所谓"井田"在内的我国古代"方块田"的规划概念与方法，对我国城制的形成产生过较为深远的影响，方形城与方块田之间在规划上存在着借鉴关系，似乎是不言而喻的。

"天圆地方"说对我国古城形制规划的影响

我国古代思想界有一种颇为盛行的学术观点，就是认为天是圆的，地是方的。一般称之为"天圆地方"说。英国著名学者李约瑟曾经指出，"古代中国思想界关于大地形状的最为盛行的想法，是认为天圆地方"[30]。"天圆地方的概念是颇有中国特色的，它有可能是一方面从天球的圆圈、另一方面从地面的四方位点自然产生出来的一种想法。"[31]从考古发现来看，我国古代出土的关于"形"的资料很丰富。如河南新郑裴李岗遗址有圆口三足钵，浙江余姚河姆渡遗址有内口为椭圆形、外口为六角形或长方形的器物，四川礼州新石器时代遗址有椭圆形陶盘，陕西渭南史家村遗址有方杯，山西芮城东庄村遗址出土的器物上有⊠形和回形图案，这些反映了原始社会人们对圆形、椭圆形、长方形和正方形的概念。但“天圆地方”说的形成能否早到那个时候，尚不得而知。大约在商周之际，就已经存在这种看法。《周礼·大司乐》载：“冬日至，于地上之圜丘奏之，若乐六变，则天神皆降，可得而礼矣。……夏日至，于泽中之方丘奏之，若乐八变，则地祇皆出，可得而礼矣。”贾公彦疏曰：“言圜丘者，案《尔雅》，上之高者曰丘，取自然之丘。圜者象天圜。……言泽中方丘者，因高以事天，故于地上因下以事地，故于泽中取方丘者。水钟曰，泽不可以水中设祭，故亦自然之方丘象地方故也。”由此可见，“天圆地方”之说已被纳入周代礼制的规范。楚辞《天问》问道：“圜则九重，孰营度之？……地方九则，何以坟之？”这是屈原对有关天体的古来神话和宗教迷信发出的疑问，表明当时“天圆地方”的说法还在流行。此外，其他古代典籍中有关这一类的记述比比皆是，不胜枚举。如《周髀算经》说：“方属地，圆属天，天圆地方。”《淮南子·天文训》云：“天道曰圆，地道曰方。”《大戴礼记·曾子天圆》载：“单居离问于曾子曰：‘天圆而地方者，诚有之乎？’曾子曰：‘离！而闻之云乎？’单居离曰：‘弟子不察，此以敢问也？’曾子曰：‘天子所生上首，地之所生下首。上首之谓圆，下首之谓方。如诚天圆而地方，则是四角之不掩也。’”“天圆地方”观点既然在我国古代如此盛行，它已经渗透到包括礼制在内的生活的各个方面，因而不可能不对我国古代城制产生深刻影响，前面提到的《周礼·考工记》中关于匠人营国的记载，就明显地带有这种思想的印痕。为什么世界各国在古代都曾经存在过“方块田”的田制，而只有中国古城形制的基本模式为方形呢？大约同这种颇具中国特色的“天圆地方”概念直接有关。秦汉以后，由于自然科学的不断发展进步，“天圆地方”说渐为浑天说所取代，而在其影响下形成的方形城的基本模式却一直被保存下来，历千载而不衰！

结　语

城是氏族社会末期出现的一种新生事物，但一般而言，城的出现又往往同文明时代的来临有关,它标志着古代人类在建筑技术和防御设施方面的巨大进步。我国建城的历史极其悠久,至迟在龙山文化时期已经步入城邑文化阶段。但从最古老的城堡起,它的平面即呈正方形或长方形,直到明清时期的通都大邑,大都未能突破这种格局,从而形成了我国特有的模式。许多国外的专家学者对于中国的方形城很不理解,他们往往望“城”兴叹,提出这样难以回答的问题:“中国古城为什么大都为方形?”我们认为,中国古城形制的基本模式,是在中国特殊的历史条件下,在豆腐干式的“方块田”规划方法和“天圆地方”概念的支配下逐渐产生的。正是基于这一点,终于形成了富有中国特色的方形古城。

注 释

[1]杨宽:《中国古代城市布局的探讨》,1983年7月19日在河南省博物馆所做的学术报告。

[2][4][29]杨鸿勋:《中国早期建筑的发展》,《建筑历史与理论》第1辑,江苏人民出版社,1981年。

[3]山东省博物馆等:《一九七五年东海峪遗址发掘》,《考古》1976年第6期。

[5][6]《城子崖》(中国考古报告集之一),南京,1934年,第28—29页、第24页。

[7]尹达:《新石器时代》,三联出版社,1979年,第54—55页。

[8][23]恩格斯:《马尔克》,《马克思恩格斯全集》卷19,人民出版社,1963年,第361页、第355页。

[9]河南省文物研究所、中国历史博物馆考古部:《登封王城岗遗址的发掘》,《文物》1983年第3期。

[10]《文物考古工作三十年》,文物出版社,1979年,第274页。

[11]河南省文物研究所、周口地区文化局文物科:《河南淮阳平粮台龙山文化城址试掘简报》,《文物》1983年第3期。

[12]中国社会科学院考古研究所洛阳汉魏故城工作队:《偃师商城的初步勘探和发掘》,《考古》1984年第6期。

[13]东下冯考古队:《山西夏县东下冯遗址东区、中区发掘简报》,《考古》1980年第2期。

[14]河南省博物馆、郑州市博物馆:《郑州商代城遗址发掘报告》,《文物资料丛

刊》第1辑,文物出版社,1977年。

[15]湖北省博物馆、北京大学考古专业盘龙城发掘队:《盘龙城一九七四年度田野考古纪要》,《文物》1976年第2期。

[16]尚景熙:《蔡国故城调查记》,《河南文博通讯》1980年第2期。

[17]山东省文物考古研究所、山东省博物馆等:《曲阜鲁国故城》,齐鲁书社,1982年。

[18]中国科学院考古研究所安阳发掘队:《1958—1959年殷墟发掘简报》,《考古》1961年第2期。

[19]中国科学院考古研究所洛阳发掘队:《洛阳涧滨东周城址发掘报告》,《考古学报》1959年第2期。

[20]吉林师范大学历史系等:《世界上古史纲》上册,人民出版社,1979年,第252页。

[21]郭沫若:《奴隶制时代》,人民出版社,1973年,第28页。

[22]马克思:《给维伊·查苏利奇的复信草稿——三稿》,《马克思恩格斯全集》卷46,第472页。

[24][美]路易斯·亨利·摩尔根:《古代社会》(新译本)下册,商务印书馆,1977年,第548—549页。

[25]彭邦炯:《卜辞"作邑"蠡测》,《甲骨探史录》,三联书店,1982年版,第279—280页。

[26]胡寄窗:《关于井田制若干问题的探讨》,《学术研究》1981年第4期。

[27]高光晶:《"井田"质疑》,《华中师院学报》1982年第3期。

[28]贺业钜:《试论周代两次城市建设高潮》,《建筑历史与理论》第1辑,江苏人民出版社,1981年。

[30][英]李约瑟:《中国科学技术史》第5卷,地学(第一分册),科学出版社,1976年,第4页。

[31][英]李约瑟:《中国科学技术史》第4卷,天学(第一分册),科学出版社,1976年,第97页。

(原载《中原文物》1984年第4期)

中国古代都城规划中的“象天”问题

都城与文明同步,作为一个国家的政治、经济、军事和文化中心,它是城邑制度的最高形式。在浩如烟海的中国古代典籍中,都城分别以京、都、国、邑、京师、京辇、京城、京华、京阙、京畿、国都等各种美称而彪炳于史册。我国悠久的历史,铸造了为数众多的名都。这些星罗棋布的都城,曾以绰约的风姿和伟岸的身躯,屹立在世界的东方,为人类文化增添了异彩。汉儒董仲舒《春秋繁露》云:“为人君者,取象于天。”揭示出了中国古代文化各种基本形式祖述其天文之源的奥秘。试以都城规划而论,有关“象天”的迹象比比皆是,有踪可寻,充分表现了独具风格的华夏文化和中国古代人们的社会心态。

一、天体崇拜与都城起源

在中国古代先民的原始信仰观念中,天体是其重要崇拜对象之一。天体崇拜具有两大特点:一是天体远离人类,给人以莫大的神秘感。二是日、月、星宿等天体和天空中的云、雾、雷、电、风、雨、雪等现象,对原始社会生产具有重要作用。天空的气象变化,构成了畜牧和农业生产的最大威胁。缺乏科学耕作技术的原始农业,其收成之丰歉,全在于天。因而,随着社会生产从渔猎为主转入农耕为主的阶段,天体就变成了自然崇拜的主要对象。[1]

都城起源同天体崇拜之间存在着十分密切的关系。中国都城出现时间甚早,按照传统的说法,它滥觞于中华第一大帝——黄帝之世。华夏族习惯于称都城为邑,据文献记载,黄帝始筑城邑,《轩辕本纪》载:“黄帝筑城造五邑。”《轩辕黄帝传》说:“帝又令筑城邑以居之。”黄帝之世,相当于中原地区的仰韶文化时期，亦即东北红山文化和东南良渚文化时期，距今五千多年。当时，关于天体的崇拜十分盛行，已经出现“天圆地方”这种中国古代共同基调的宇宙观。如在辽西地区考古发现的红山文化遗址内，有象征“天圆地方”[2]的圆形和方形祭坛。在上海、常州、吴县等良渚文化墓葬中，出土有大批“内圆象天外方象地”[3]的玉琮。中国古代都城形制的基本模式——方形城的规划方法，就是在“天圆地方”学说的影响下而逐渐形成的。

传说中黄帝的都城甚多，《帝王世纪》载：“古有郑国，黄帝之所都。”又说：“或言[新郑]县故有熊氏之墟，黄帝之所都也。”《史记·五帝本纪》说：“（黄帝）邑于涿鹿之阿。”除新郑和涿鹿外，古代人们的传说中，黄帝还有一个设在天上的都城，被称为“昆仑玄圃”。《史记·封禅书》云：“黄帝时为五城十二楼，以候神人于执期，命曰迎年。”《汉书·郊祀志下》载：“黄帝时为五城十二楼。”应劭注：“昆仑之圃，五城十二楼，仙人之所常居。”都城既然建在天上，当然是神仙境界，尘世的人们无法高攀，只好望“城”兴叹：“昆仑县圃，其尻安在？增城九重，其高几里？”[4]“如果人首先把它的眼光指向天上，那并不是为了满足单纯的理智好奇心。人在天上所真正寻找的乃是他自己的倒影和他那人的世界的秩序。”[5]黄帝所建筑在天上的昆仑玄圃，乃是人间都城的折射和倒影。把黄帝之邑同天体联系一起，反映出中国古代盛行天体崇拜信仰，人们将最理想的都城规划到高不可攀的天际，使之产生了“高山仰止”的效应。

二、三代都制与天象

我国历史上的夏、商、周三代，已经跨入中华文明的早期阶段，都城建制日臻完备。《白虎通义》说：“夏曰夏邑，殷曰商邑，周曰京师。”邑与京师，均都城之谓也。

史称三代之时，“不常厥邑”，屡徙其都。多次移动所造成的繁复性，是中国古都的显著特征之一。关于禹的都城，从来说法不一，《史记》屡言“禹凿龙门，通大夏”。《左传·定公四年》云：“分唐叔……命以《唐诰》，而封于夏虚，启以夏政，疆以戎索。”夏墟即大夏，今山西夏县西北约 7 千米的“禹王城”，为古安邑所在，可能就是“大夏”。《世本》说，夏禹都阳城（今河南登封东南告成镇附近)，又都平阳(今山西临汾县境)。此外，夏代的都城，还有太康居斟鄩(今河南偃师二里头)，相居帝丘(今河南濮阳高城村)，又居斟灌(今山东观县境)，宁居原(今河南济源西北的故原城)，迁于老丘(今河南开封县陈留乡老丘城)，胤甲居西河(今河南汤阴东四十里的西河村)，桀都河洛(今河南洛阳一带)。

成汤建立商朝。"商人屡迁，前八后五。"商人建国之前，曾有八次大的迁移；成汤建国之后，又有五次徙都。商人最早建都于商。

周自岐下初次建国之后，一直到西周数百年间，其都城也经过多次迁徙："周自太王由泾洛之北'三迁'南至岐山之阳，作国周原而营周城(旧址在今麟游县南)，其邦族此后始以周为号。其子季历继之，十八年迁治程地而造程都(旧址在今武功县北)，其为'王季宅程'。季历之子文王四十四年，避饥馑渡渭徙崇，临丰水而居，名曰丰京(旧址在今户县境)。文王季世，命世子发筑新城于东北镐池之侧，武王灭商，遂移都之，是曰镐京，成康昭王三世之后，至于穆王，东迁于郑，或曰南郑，或曰西郑。自是而下，虽有懿王十五年西居犬丘(今陕西兴平县东南，汉改名槐里)之举，而终西周之世，多沿而未革。直至幽王灭国，平王方弃郑而东都洛邑(今洛阳)。"[6] 自太王到平王，周人共迁五次而有六都。史家对此存疑甚多，聚讼两千年而未决。但岐山之周在历史上的地位却是毋庸置疑的。

美国哈佛大学教授张光直先生在对三代都制进行认真考察之后，得出了如下结论：夏、商、周三代国号皆本于地名。三代虽都在立国前后屡次迁都，但其最早的都城——夏之大夏、商之商、周之岐周，却一直保持着祭仪上的崇高地位，成为永恒不变的"圣都"。三代各有若干迁徙往来的都城，这些都邑虽然也是举行日常祭仪之所在，却主要是王的政治、经济、军队的领导中心。是围绕"圣都"往来的"俗都"。圣都不变，俗都则屡变，二者之间的关系，犹如行星围绕着恒星运行。其都制为："圣俗分离，圣都为核心，俗都围绕圣都，如行星围绕恒星。"[7] 如果这种分析无误的话，那么三代都制与天象的关系极为密切。中国上古时代，曾经存在过对日神的信仰。夏之国君桀以日自诩，民众怨而发出"时日曷丧，予及汝皆亡"的呼声。商人兼称天神及商王为日或帝，周人也称周王为明王、皇王、帝或昊天。《后汉书·郎顗传》："日者太阳，以象人君。"勿宁说人君实象太阳。人君所居的都城，商代被称为"天邑"，表明都城是特殊范畴的城市，其身份、等级均高于一般城邑。而在众多的都城中，还有一个规格最高的

"圣都",如日中天,位居诸都之首。三代圣俗分离的都城制度,透露出当时人们在建都问题上崇奉天体的信息。

三、"天邑商"与"定天保"

商人称自己的都城为"天邑",周人称自己的都城为"天保"。殷墟卜辞中往往提及商、中商、大邑商和天邑商,均指都邑而言。"天邑"本意为"作邑",见诸殷契刻辞的,有"王作邑,帝诺"等。商代"天邑"观念的出现,反映出中国都邑建筑追求与天同构思想的形成。"这种源远流长的意识来自原始的天人相应观念;来自古人长期对天象的观察。在中原地区所见北极附近诸星皆不没于地平线下,众星有秩序地围绕北极星运行旋转,永无止息。古人对此不甚明了,便以北极为天上领袖群伦之神,并因而产生无限崇拜的情绪,恭恭敬敬地称这个具有神奇力量而被众星拱卫的星为'帝'。天帝所居自然是'天邑'。地上圣王也有'八百诸侯'拱卫,如满天星斗分布四方,与天帝相像,所以地上所居之地也叫'天邑'。"[8]

公元前11世纪,西周王朝代商而起,举国欢腾。周武王却闷闷不乐,彻夜难眠。周公旦前往询问,武王回答道:"我未定天保,何暇寐?""天保"原指天的中心,这里借指国都。《逸周书·度邑解》载周武王的话说:"我图夷兹殷,其惟依天室。……自雒汭延于伊汭,居易无固,其有夏之居。我南望过于三涂,我北望过于岳鄙,顾瞻过于有河、宛,瞻延于伊雒,无远天室。"他对四方地望进行详细考察之后,最后在伊洛平原找到"无远天室"的地方。天室即太室,亦即中岳嵩山。在我国古代人的心目中,嵩山与地近嵩山的伊洛地区被视为中央或土中。在都城的规划上,武王坚持"取象于天",从形制到方位都要求与天的格局保持一致。天帝的宫殿——紫微宫是天之中心,作为天子的周王,其宫室——天保,亦必须居于地之中心。因而"定天保,依天室",便成了周武王定都的最高准则。"为了政治、为了'秩序',武王必须把自己打扮成受命于天的圣君,必须废弃自己赖以崛起的旧都——丰京、镐京,而定天保于洛邑,治天下于'土中'。"[9]从商王作天邑,到周人定天保,都是将天文观念与政治观念结合在一起。从此,中国古典都城的建筑传统逐渐形成。

四、设天门“以通天气”

中国都城建筑是一种象征艺术，它通过建筑师的精心规划，来抒发感情和寄寓理想。东周时期吴、越二都的建筑，主要从军事目的出发，具有十分明显的政治象征意义。

春秋时期吴国崛起于长江下游，势力不断发展。吴国都城是由著名军事家伍员主持建造的。伍员对吴都的规划准则为“象天法地”，充分使用了象征性手法，试图达到其理想的政治目的。《吴越春秋·阖闾内传》载：“子胥乃使相土尝水，象天法地，造筑大城，周回四十七里，陆门八，以象天八门，水门八，以法地八聪。筑小城，周十里，陵门三。不开东面者，欲以绝越明也。立阊门者，以象天门通阊阖风也，立蛇门者，以象地户也。阖闾欲西破楚，楚在西北，故立阊门以通天气，因复名之破楚门。欲东并大越，越在东南故立蛇门以制敌国。吴在辰，其位龙也，故小城南门上反羽为鲵鱙，以象龙角。越在巳地，其位蛇也，故南大门上有木蛇，北向首内，示越属于吴也。”吴都大城的八个陆门，象征着天上的八门。小城西北建筑阊门，旨在“通天气”破强楚。吴都的宫殿建筑，则仿效天上的紫宫。争作盟主不可一世的吴王阖闾，按照天上紫宫来营建宫室，筑都门以象天门，在其心目中，吴都若天都，吴王即天帝，表现了其气吞山河、争霸中原的雄心。为了战胜劲敌，除在南大门设木蛇北向首内，以示越属吴外，并立破楚门以通天气，借以沟通天人之间的信息，表明对楚用兵乃是依照天意行事，天欲吴军败楚，故命名阊门曰“破楚门”。

春秋战国时期越都的构筑思想同吴都十分相似。《吴越春秋·勾践归国外传》载范蠡为勾践经营越都的做法是，“承天门制城，合气于后土”。亦仿效天象：“于是范蠡乃观天文，拟法于紫宫，筑作小城。周千一百二十步，一圆三方。西北立龙飞翼之楼，以象天门。东南伏漏石窦，以象地户。陵门四达，以象八风。外廓城筑而缺西北，示服事吴也，不敢壅塞。内以取吴，故缺西北，而吴不知。”越都在象征性方面同吴都相比，有过之而无不及，除“拟法于紫宫”，将天帝的都邑搬到地上外，其外廓城筑而缺西北，表面上看来是为了“服事吴”，实际上寓意甚深，旨在“取吴”，这种暗示的做法并没有被吴人识破。小城西北建“龙飞翼之楼”，象征“天门”，也是为了“通天气”，从天上得到信息，秉承天意，复国灭吴。吴、越二都的规划虽与天象有关，但带有浓厚的军事色彩，一切建筑设施，均从战备出发，吴欲破楚，越要亡吴，因而设“天门”“通天气”，妄图借助于并不存在的上天的意志，来达到各自的政治目的。

五、引水贯都以象“天汉”

中国古代历史上的为人君者及都城设计师们，为了在地上营建“天京”，使人世都城的布局与天象完全吻合，往往采取引水贯都的措施，让其与天上“银河”相应，河岸的殿堂俨然巍峨的天宫。史称隋代洛阳“北据邙山，南直伊阙之口，洛水贯都，有河汉之象”[10]。但是最具代表性的，莫过于秦都咸阳。

公元前350年（秦孝公十一年），秦将国都由栎阳迁至咸阳。咸阳南临渭水，北倚九峻，左挟崤函，右控陇蜀，位当关中平原之中，附近土地肥美，物产丰饶，被誉为“陆海”“天府”。秦都咸阳正是在关中这一形胜之地崛起，从而成为“千古一帝”秦始皇的帝都。

奋六世之余烈，振长策而御宇内，以六合为家的秦始皇，自认为功超三皇、业逾五帝、德高齐天，为了显示自己履至尊的绝对权威，在都城的建设上，一切悉从“天制”。咸阳自战国中期作为秦都后，历代均做了扩建。秦始皇在对东方六国的战争中，每灭一国就仿照该国宫室在咸阳“北阪”营造同样的建筑，统一全国以后，更是大兴土木，“乃令咸阳之旁二百里内宫观，二百七十复道、甬道相接”[11]。使咸阳城构成一个庞大壮观的有机整体。《三辅黄图》载：“咸阳故城自秦孝公至始皇帝、胡亥并都此城。始皇兼天下，都咸阳，因北陵营殿，端门四达，以则紫宫象帝居，引渭水贯都以象天汉，横桥南渡以法牵牛。”“北陵”即北阪，“横桥南渡”之“桥”即中渭桥。“渭水南有长乐宫、渭水北有咸阳宫，欲通二宫之间，故造此桥。”[12]秦始皇对咸阳扩建工程的部署，是依照居北天中央的紫宫到居赤道附近的牛宿一带星象来安排城郊宫观，仿牵牛星座营建离宫。

秦始皇在渭南建造的巨大工程有信宫和阿房宫等。经分析，秦始皇对咸阳的建设蓝图如下：从咸阳宫（天极）通过复道（阁道六星），架桥穿过渭水（天汉）而到达阿房宫（营室）。这是以北极到北纬20°前后一带的星象作为规划咸阳的样本:“它以咸阳为中心,象征天之‘紫微’,以渭水象征银河——‘天汉’,修驰道以象‘阁道’,建阿房以象‘离宫’,分三十六郡以象群星灿灿,拱卫北极。更具匠心的是,每到十月,天象恰恰与这一都城乃至整个‘天朝’的布局完全吻合。这时的‘银河’与渭水相应,‘离宫’与阿房宫同经,‘阁道’与经由牵牛桥通达阿房宫的驰道相辉映,形成一个天地人间一体化的神奇世界。”[13]咸阳城的规划,表现了秦始皇以天为则设都,宫室建筑追求与天同构,经天纬地,欲与日月同辉的政治气魄与博大胸怀。

六、筑斗城以合天象

西汉都城长安位于秦咸阳渭南区域,与渭北早期咸阳城隔水相望。长安本秦咸阳乡聚名,故司马迁谓“长安,故咸阳也”[14]。公元前200年(汉高帝七年),刘邦正式定都于此。长安城郊宫观的设计,大体上效法天象而为之。班固《西都赋》云:“乃至大汉受命而都之也,仰悟东井之精,俯协河图之灵,奉春建策,留侯演成,天人合应,以发皇明,乃眷西顾,实惟作京。”东井即二十八宿中的井宿井星座,因在玉井之东,故又叫“东井”。《史记·天官书》称:“汉之兴,五星聚于东井。”可知汉长安城的营建,实与天象有关。

汉长安城内先后建有长乐、未央、北、桂和明光诸宫,其中以未央为主体。张衡《西京赋》云:“正紫宫于未央,表峣阙于阊阖。”汉人称之为“紫宫”,象征天上北极星周围的“紫微垣”。未央宫的东阙、北阙,分别以苍龙、玄武命名,完全是依照二十八宿等星宿来命名的。

长安城垣筑于长乐、未央建成后,在规划上必须迁就两宫的位置,所以南垣有多处曲折。北垣因河道关系,更有多处曲折、偏斜之处。因而后世有“城南为南斗形,城北为北斗形”的说法。汉长安城被称为斗城的来历,据说是因为汉承秦制,以十月为岁首。十月于十二支为亥,此时北斗星斗柄西北指,汉人为合天象以西北城垣为北斗,南面相应建南斗。“一则,二斗呈拱卫北极之象,城中心为‘紫微帝宫’的象征意义,正与周秦以来的筑邑传统吻合。二则,汉人崇信‘斗为帝车。运于中央,临制四方’,筑长安为‘斗城’,则自有中央居要,四方来效,斗车运转,海内艾安的象征意义。三则斗乃‘璇玑玉衡,以齐七政’的象征,筑斗城在于齐‘七政’,它意味着秩序,意味着稳定,象征国家体制完备,象征政通人和。因此,它是汉人政治理想的集中体现。”[15]从长安斗城之筑,可以窥见西汉最高当局的政治心态。

汉长安城内宫廷的双阙,取象于“天门”二星;又建十二门以象十二方位;门辟三道以象“天街”;筑上林苑以象“天苑”;凿昆明池以象“天汉”……“览秦制,跨周法”[16]。熔铸了周、秦两代的建都思想,继承了前人“象天设都”的传统,将中国都城建设推到了一个新的历史阶段。

七、“九天阊阖开宫殿”

唐代诗人王维《和贾至舍人早朝大明宫之作》诗云:“九天阊阖开宫殿,万国衣冠拜冕旒。”将长安城屹立于龙首原南沿的唐大明宫喻为天上的殿堂。唐长安城是在隋大兴城的基础上做了局部的扩充而成。它是582年(隋开皇二年)由著名建筑师宇文恺设计的。他集前代都城建设的经验,利用京师地区龙首原六条岗阜的自然特点,根据易学八卦理论,构思了都城的总体规划,建成了举世瞩目的一代名城。

唐长安城由宫城、皇城和外郭城三重相依而成,按其方位,则宫城在北,皇城在宫城南,外郭城又在皇城之南。这是一座集中概括了全天风貌,具有浓缩象征意味的“天阙”。帝王居住的宫城,如同天上的紫微垣,皇城象征着地平线上以北极星为圆心的天象,从东、西、南三面拱卫皇城与宫城的外郭城象征着大周天。这种布局,形象地反映了周秦以来以北极为天中而众星拱之的思想。长安不仅是当时东西方城市的楷模,后世中国都城的建筑也基本沿此定型发展。

明清北京城是在金中都和元大都的基础上兴建而成。金中都仿北宋东京的规制,分大城、皇城和宫城三重。元大都城营建在金中都的东北郊。《辍耕录》称它是:右拥太行,东注沧海,抚中原,正南面,枕居庸,奠朔方,峙万岁山,浚太液池,通金水,萦畿带甸,负山引河。亦由外城、内城、皇城、宫城组成。明清北京城以宫城(今故宫,又称紫禁城)为核心,分为宫城、皇城、内城和外城四重。宋、元、明、清的帝都,均承袭了汉唐都城的传统,在总的布局上体现了“取象于天”的思想。“有人曾做过这样的测算,从紫禁城的两角作出相交的对角线,这两条对角线与中轴线的交点恰恰位于故宫的中心——太和殿。这又是一个‘定天保,依天室’。整个老北京城又是一个周天二十八宿——紫微宫——北极帝星的天体模式的人工再造。这种模式对应于封建时代,则北京是全国拱卫的中心,紫禁城是北京的中心,而太和殿是紫禁城的中心。在太和殿登极理政的皇帝乃是中心之中心。”[17]从唐长安大明宫含元殿到清北京故宫太和殿均象征着北极帝星,如此雄伟壮丽的宫廷建筑,实属“九天阊阖开宫殿”。中国古代都城的设计师们,通过建筑这种“凝固的音乐”,唤起人们的联想,把天上的九野千门与地下的九州万户联成一线,从而达到天上人间和谐与统一的意境。

结 语

综上所述,可知中国古代都城规划与天文的关系十分密切。远古人们的心目中,就把传说中的都城同天体联系起来。三代都城圣、俗之分,乃是恒星与行星的象征。战国秦汉以降,普遍以天象来规划城市,突出了帝都的中心地位,显示出帝居的无比自尊。整个城市以帝居——紫宸为中心,通过天体观念上的线索,将正殿、城垣、离宫别馆、道路、河流、桥梁等有机地联系起来,达到一种规划上的整体性,借此宣扬为人君者“奉天承运”的统治思想。《论语·为政》云:“为政以德,譬如北辰,居其所而众星拱之。”中国“至圣”的这段名言,被御用设计师们奉为都城规划的最高准则:“中宫天极星,其一明者,太一常居也;旁三星三公,或曰子属。后句四星,末大星正妃,余三星后宫之属也。环之匡卫十二星,藩臣。皆曰紫宫。”[18]在他们看来,历代帝王就是天上的北极星,周围是三公、藩臣、文武、羽林天军层层环卫。黎民百姓却如同夜空中那些暗弱的星点。……所有这一切都是由上天安排好的。天上的这种排列反映到人间,就是那金字塔式的统治秩序。运用天象来规划帝都,通过建筑艺术手法,展示了统治者君临天下惟我独尊的心态。

注 释

[1][8][9][13][15][17]陈江风:《天史与人文》,国际文化出版公司,1988年,第31页、第128页、第1页、第132—133页、第136页、第141页。

[2]《辽西发现五千年前祭坛女神庙积石冢群址》,《光明日报》1986年7月25日。

[3][美]张光直:《谈琮及其在中国古史上的意义》,《文物与考古论集》,文物出版社,1986年。

[4]屈原:《楚辞·天问》。

[5][美]恩斯特·卡西尔:《人论》。

[6]常征:《周都南郑与郑桓封国辨》,《中国历史博物馆馆刊》第3期,1981年。

[7][美]张光直:《考古学专题六讲》,文物出版社,1986年,第114页。

[10]《元和郡县图志·河南道一》。

[11]《史记·秦始皇本纪》。

[12]《元和郡县图志·关内道一》。

[14]《史记·卢绾传》。

[16]张衡:《西京赋》。

[18]《史记·天官书》。

(原载《中州学刊》1992年第1期)

试论城的出现及其防御职能

城是社会经济和科学技术发展到一定阶段的必然产物,又是一种大规模的永久性的防御设施。当前,围绕着城的起源及有关问题的讨论,已经引起学术界的极大关注,它有可能属于历史考古方面最富有成果的研究课题之一。本文试就我国城的出现及其防御职能问题加以探讨,谬误之处请批评指正。

一

城这种设防的居住点,是在"村"基础上发展起来的一种聚落类型。城与村都是自然物和社会关系在特定地域环境内的总和,都是自然属性和社会属性的统一。相对而言,城比村具有聚集的特征,是一定因素的聚集规模达到一定程度的结果。关于城的概念,《说文》云:"城,以盛民也。从土成,成亦声。"段玉裁注曰:"言盛者,如黍稷之在器中也。"《墨子·七患》说:"城者,所以自守也。"城与村的重要分界线之一,便是围墙。恩格斯曾经指出:"只要村一旦变作城市,也就是说,只要它用壕沟和墙壁防守起来,村制度也就变成了城市制度。"[1]最早的城堡,即村落加围墙而已。我国何时有城出现?这是迄今未解的史谜之一。据文献记载,筑城始于三皇五帝之世。《汉书·食货志》引晁错语:"神农之教,有石城十仞,汤池百步。"《氾胜之书》亦云:"神农之教,虽有石城汤池,带甲百万,而无粟者,弗能守也。"《史记·封禅书》载:"黄帝时,为五城十二楼。"《轩辕本纪》云:"皇帝筑邑造五城。"《黄帝内传》说:"帝既杀蚩尤,因之筑城。"李白《经乱离后天恩流夜郎忆旧游书怀赠江夏韦太守良案》诗:"天上白玉京,十二楼五城。"白玉即石,传说中黄帝所筑之邑大约亦为石城。1983—1985 年,考古工作者在辽西凌源牛河梁发现一座面积约四万平方米类似城堡或方形广场的石砌围墙遗址，时代为红山文化时期，经碳十四测定和树轮校正，距今已有五千多年。它与大型祭坛、女神庙和积石冢群址一起，被誉为多种文化互相融合迸发出的火花，“五千年中华文明的曙光”[2]。此外，内蒙古乌兰察布盟凉城县永兴镇正北5千米老虎山南坡，发现一处面积约十三万平方米的石砌围墙遗址，其文化分早、晚二期，早期比庙底沟二期稍早，晚期可能与之相当。[3]包头市东15千米的阿善遗址，面积约五万平方米，沿居住边缘留有石砌围墙遗迹。该遗址分为三期文化，围墙属第三期遗存，从第三期灰坑Ⅰ区的H8、H14出土木炭进行碳十四测定，其年代分别为4430±80年、4240±80年（未经树轮校正）。因而这是一座相当于龙山文化早中期的“城”。[4]根据三十年来考古发掘的成果，证明我国远古时期确实存在石砌的城堡，其时代大体上相当于传说中的神农、黄帝之世。

我国传统史学一向认为黄河流域是中华民族的摇篮，城在中原地区的产生，与黄河有着直接关系，史称夏部族的首领鲧和禹是始作城者，筑城的技术是在治水过程中发明的。《世本·作篇》：“鲧作城郭。”《世本》张澍补注转引《吴越春秋》：“鲧筑城以卫君，造郭以守民，此城郭之始也。”《吕氏春秋·君守篇》云：“夏鲧作城。”又说：“鲧以兽尾为城。”《淮南子·原道训》：“昔者夏鲧作三仞之城，诸侯背之，海外有狡心。”《楚辞·天问》：“鸱龟曳衔，鲧何听焉？”周拱辰注曰：“鲧睹鸱龟曳尾相衔，因而筑为长堤高城，参差绵亘，亦如鸱龟之曳尾相衔者然。”《太平御览》卷一百九十二引《博物志》说：“处士东里隗责禹乱天下，禹退作三城，强者攻，弱者守，敌者战，城郭盖禹始也。”徐旭生先生认为，鲧所作的城郭，大约就像今日乡间所筑的土寨子或叫作护庄堤。[5]鲧、禹治水的传说甚多，《山海经·海内经》云：“洪水滔天，鲧窃帝之息壤以堙洪水，不待帝命。”《书·洪范》曰：“箕子乃言曰：我闻在昔，鲧陻洪水，汩陈五行。……”《拾遗记》卷一说：“禹尽力沟洫，导川夷岳，黄龙曳尾于前，玄龟负青泥于后。”《淮南子·本经训》云：“舜乃使禹疏三江五湖，辟伊阙，导廛涧，平通沟陆，流注东海，鸿水漏，九州干，万民皆宁其性。”古代中原地区的居民，在同水患做斗争中，从修筑堤防受到启迪，开始建造城郭。考古工作者在中原地区发现的原始城堡，其城垣均系夯筑的土墙。解放前在山东章丘县龙山镇城子崖（原属历城县）和河南安阳后岗遗址的周围，均发现夯土围墙。尹达先生在《新石器时代》一书中曾经提及：“山东历城的龙山镇，有保存得相当好的版筑墙的残存。……在这里我们知道龙山文化的人们，能在自己的村落周围建筑防御用的围墙。”又说，在安阳后岗遗址围墙“墙土里面我们只见到了仰韶文化遗物，从不见有龙山式遗物。这证明在龙山文化的人们刚来此居住时，即在仰韶文化的废墟上建筑起自己村落的围墙”[6]。1977年至1981年，在河南登封告成镇西的王城岗，发现一处近一万平方米的城址，经碳十四测定的年代，距今4010±85年，树轮校正为4415±140年。[7]1979年在河南淮阳县城东南四千米的平粮台，发现一处面积四五万平方米的城址，碳十四测定城垣的建筑年代，距今3960±140年，树轮较正为4355±100年。[8]俞伟超先生认为，“平粮台遗址则土城范围达到每边长185米左右，并发现南、北城门和在南门的地面下找到了陶质排水管道。在中国古代，这种公共的排水设施，常见于以后的城市遗址，而村落遗址中则从未发现过”[9]。由此可见，它已非城的原初形态。较之那些没有公共排水设施的城堡来说，是前进了一步。1984年山东寿光县孙家集镇边线王村发现的古城，面积四万余平方米，是一处龙山文化中期偏后的遗址。[10]1986年河南郾城县石槽村郝家台发现的龙山文化城，面积近二万平方米，城外有护城壕，城内有一座南北长20多米的木板地面房子，距今4900年到4500年时间。[11]上述中原地区发现的古城，均系龙山文化时代建造的，大体上相当于我国历史上的鲧、禹之世。前一段时间，学术界讨论登封王城岗小城堡问题时，或谓鲧作，或曰禹都，虽说均系推测之辞，都各有所据，并非空穴来风。过去在一些仰韶文化时期村落遗址的周围，如西安半坡和临潼姜寨，曾经发现过人工挖掘的围沟，围沟内侧设有栅栏。这些设施，似可被当作城池的萌芽，或者说是出现城的征兆。

如果红山文化发现的石砌围墙遗址可以被视为城堡的话，那么便可以说早在五千多年以前我国已经进入城邑文化阶段。在国外，城的出现时间早晚不一：美索不达米亚南部地区的乌尔城址，早期地层堆积分属欧贝德文化和乌鲁克文化。考古发现的乌尔第三王朝（公元前2113年—前2006年）时的乌尔城，平面呈叶形，周围有城墙，南北最长处为1000米，东西最宽处约600米。城墙的北端和西端各有一码头，东端为一城堡，城中央的西北部是塔庙区，城西码头附近及城中央偏东南处各有两个居住区。规模宏伟的埃安娜塔庙建筑表明，早在公元前三千年，苏美尔的建筑师已开始运用圆柱、拱廊、拱门、拱形圆顶等基本建筑形式。[12]而北方幼发拉底河岸的巴比伦城，是公元前1894年左右建筑的。在尼罗河流域，涅伽达文化Ⅰ期的埃及人被称为“城市居民”，在他们的居住地开始建筑城堡。涅伽达附近的南城，约建于公元前4500年至前3600年时期。属于涅伽达文化Ⅰ期的希拉康坡里城，时代为公元前3500年至前3100年之际。在印度，考古发现的卡里班甘城，始建于公元前2450年，印度河文明的年代为公元前2300年至前1750年，文明中心是著名的摩亨佐达罗城和哈拉巴城，它们分别位于巴基斯坦信德省拉尔卡纳县和旁遮普省拉维河左岸。这两座城的面积均约2.5平方千米。摩亨佐达罗城址为正方形，有三条南北街和两条东西街，建有雕楼、武库、粮仓、寺庙、会议厅和一大型浴池；哈拉巴城的规模与之相同，城内北部发现6座谷仓遗迹和若干冶金炉，还有两排宿舍，当系手工作坊区。西北是富商官宦住地。[13]上述世界名城同我国的几座城堡相比，有的始建时间相差无几，有的仅相当于我国夏商时期。在谈到城邑出现问题时，摩尔根有一段著名的论述："在回顾人类进步过程时，可以注意一点，那就是：在低级野蛮社会中，各个部落常住的家是用栅栏围起来的村。……在中级野蛮社会中，开始出现了用土坯和石头盖造的群居宅院，有似于一个碉堡。到了高级野蛮社会，在人类经验中，首次出现以环形垣垒围绕的城市，最后则围绕以整齐叠砌石块的城郭。"[14]从生产力水平和遗址的形态看，我国进入城邑文化阶段的时间，同巴比伦、埃及和印度一样久远，石砌和土筑围墙的城堡，可以视为原始文明的标志，不管是氏族社会末期还是阶级社会初期，均已到达文明时代之门槛。

二

城有多种职能，但其基本职能却是防御，从它产生之日起，就开始起着防御作用。中国古代，城池并称，城指围墙建筑而言，池即城外壕沟，有水的叫"池"，无水的叫"隍"，俗称"城壕"或"护城河"。长期以来，学术界存在一种十分流行的观点，主张城的起源同防御水患密切相关。钱穆在《论秦汉以前封建制度》一文中说："耕稼民族筑城有两种用意：一是防游牧人的掠夺，而另一是防水灾的飘没。"徐旭生《中国古史的传说时代》也认为："城同堤防本来是同一的东西：从防御寇盗说，就叫作城；从防御水患说，就叫作堤防。"徐中舒《论巴蜀文化》亦云："城垣的修建，在低地穴居则为防水的必要设施，在山岳地带也为防御猛兽侵袭的屏障。”从考古发现来看，我国古代许多村落遗址，大都位于河岸台地之上，虽然距河甚近，并没有建造堤防，而设置围墙的城堡，却为数甚微。有的城邑，在临水的一面，往往不筑城垣，假天堑之险以代之。由此看来防御水患并不一定是早期城的职能，起码说不能算作主要职能。

城是一种“防御文化”设施，“防御文化的具体表现是：借各种寨堡、沟洫、障壁、栅栏之助来防卫居住区”。[15]当时防御的主要对象，不是洪水猛兽，而是敌人的侵袭。“生产力的发展引起人口密度的增长，人口密度的增长促使人们在部落内部以及在对外关系上团结起来。于是出现了部落联盟。把部落组织成联盟愈来愈成为必要，因为战争愈来愈频繁地发生了。从前战争还很少发生，那时战争的原因是血亲复仇，亦即必须保护同族人，或者是出于宗教的偏见，而这时战争的因果性在逐渐改变，获取财富或奴隶的意图成为战争的基本原因。由于频繁发生战争，于是在新石器时代曾出现的水上建筑和小城堡便风行一时。”[16]从历史文献记载来看，早在“三皇五帝”之世，诸侯之间相互侵伐，经常大动干戈，最为称著的，要算炎、黄、蚩尤之间的战争。《史记 · 五帝本纪》载：“黄帝者，少典之子也。轩辕之时，神农氏世衰，诸侯相侵伐，暴虐百姓，而神农氏弗能征。于是轩辕乃习用干戈，以征不享，诸侯咸来宾从。而蚩尤最为暴，莫能伐。炎帝欲侵陵诸侯，诸侯咸归轩辕。轩辕乃修德振兵，治五气，艺五种，抚万民，度四方，教熊罴貔貅貙虎，以与炎帝战于阪泉之野，三战然后得其志。蚩尤作乱，不用帝命。于是黄帝乃征师诸侯，与蚩尤战于涿鹿之野，遂禽杀蚩尤。而诸侯咸尊轩辕为天子，代神农氏，是为黄帝。”黄帝与炎帝、蚩尤之间的战争，和世界上一切部落或部落联盟之间的战争一样，其主要目的是为了掠夺财富。“他们是野蛮人：进行掠夺在他们看来是比进行创造性的劳动更容易甚至更荣誉的事情。以前进行战争，只是为了对侵犯进行报复；现在进行战争，则纯粹是为了掠夺，战争成为经常的职业了。”[17]早期城是为了防御部落或部落联盟之间的掠夺侵扰，进入阶级社会以后，有的城虽然发展成为一个国家或地区的政治、经济、文化中心，集中体现了国家的职能，但其防御性质却一直不曾改变，只是防御对象由原先的外部落成员，变成外国军队或本国劳动人民了，仍然带有十分浓厚的军事色彩。这从古代“城”字及其有关的郭、邑、国等字的字体结构和字义来看，也可以窥见其一斑。

城　金文作、，从，乃城垣的象形，似兵器。整个字的结构像以武器守城状。《管子》一书多次提及守城的重要性，如《权修篇》说：“地之守在城，城之守在兵，兵之守在人，人之守在粟。故地不辟则城不固。”《八观篇》曰：“大城不可以不完，郭周不可以外通，里城不可以横通。……大城不完，则乱贼之人谋；郭周外通，则奸遁逾越者作，里城横通，则攘夺盗窃不止……虽有良货，不能守也。”《左传·襄公七年》：“民保于城，城保于德。”《穀梁传·隐公七年》：“城为保民为之也。”《春明梦余录》卷三十九云：“人君者……设为城郭沟池以守其国，以保其民人，传记谓其制自黄帝始。历代建国，必有高城深隍，以保障宗社朝廷，下以捍卫百官万姓，其所系甚重，其为功不小。”可见筑城的目的在于“盛民”“攘盗”及“保障宗社朝廷”，换言之，就是为了“自守”。

郭　甲骨文作、、、，金文作、。口、○、□像城垣，介、亼似亭即城楼，整个字的结构像一城有两个或四个城楼相对状。故《说文》释曰：“𩫏，度也，民所度居也，从回，像城𩫏之重，两亭相对也。或但从口。”此字释郭，写作𩫏阝；亦释墉，写作𩫖。《说文》：“墉，城垣也，从土庸声。𩫖，古文墉。”《礼记·王制》注曰：“小城曰附庸。”郭与墉字古通。郭为阳部入声铎部字见纽，墉为东部字喻纽四等，二者之相通，亦犹橐字与东字之相通也。周秦古韵文中，有阳部与东部通押之例。《说文》段注曰：“古文墉者，盖古读如庸，秦以后读如郭。”郭即一般所谓的外城，《释名》：“郭，廓也，廓落在城外也。”《吴越春秋》云：“造郭以守民。”从考古发现来看，有的郭与城并列，呈犄角之势。盖郭之作用与城同。

邑　甲骨文作、，金文作、。《说文》：“邑，国也，从口。先王之制，尊卑有大小，从卪。”罗振玉《甲骨文集释》：“案，凡许书所谓卪字，考之卜辞及古今文皆作，象人跽形，邑为人所居，故从口从人，犹啚为仓廪所在，故从口从㐭。”从邑字的结构来看，上面的方块或圆圈为城，下面从人跽坐形，像人守城状。

邑与城、都本是一码事，丁山《甲骨所见氏族及其制度》云：“邑者城堡，人所居也。”《左传·庄公二十八年》曰：“凡邑有宗庙先君之主曰‘都’，无曰邑。”还有的学者认为：“最早的邑大概始于农业定居氏族的聚居地——包括氏族的耕地牧场在内。……进入阶级社会后，以某个居于统治地位的氏族聚居点为中心，发展成为一个统治中心，这便是后世文献上所说的国或都。”[18]

国　金文作。《说文》：“国，邦也，从口从或。”国亦可释作城。《左传·昭公十二年》载，楚灵王对右尹子革说：“昔诸侯远我而畏晋，今我大城陈、蔡、不羹，赋皆千乘，子与有劳焉。诸侯其畏我乎？”子革对曰：“畏君主哉，是四国者，专足畏也。”四国系指陈、蔡、东不羹与西不羹四城而言，这里说的是一般的城邑；宋玉《对楚王问》曰："客有歌于郢中者，其始曰《下里巴人》，国中属而和者数千人。"这里的国系指楚之郢都纪南城而言；《易·坎卦》："王公设险以守其国。"《吕氏春秋·慎势篇》："古之王者，择天下之中而立国。"《考工记》："国中九经九纬，经涂九轨，左祖右社，面朝后市。"这里的国泛指一般都城而言。日本京都大学教授上田正昭先生所主编的《日本古代文化探究——都城》一书中，曾就汉字中"國"（国的繁体）的结构做过剖析："國字，就是以'戈'亦即武器，守卫一定的土地'口'，它周围绕以城墙'口'，总之，是表示都城的意思。"金文中关于"國"字的写法，最早这个戈是在城墙外面的，后来逐渐改在城内了。

从上述几个字的结构和含义来看，不仅揭示了我国早期城的基本形制呈正方形或长方形，而且表明其主要职能是防御和自守。这种情况与考古发现是一致的。试以我国最早的城址之一平粮台古城而论，它的平面呈正方形，同后世的许多城邑一样："在外形上看，这些城邑都很相似。每一个城都在四周为土墙所围绕。土墙是夯筑而成。……城墙平面布局多半成方形或长方形，依东、南、西、北四方筑成。"[19]由于筑城是为了防御，故对城门戒备森严，设专人防守。平粮台遗址南城门内东、西两侧，分别设有一个用土坯垒砌的门卫房——F13和F14。《尔雅·释宫》曰："门侧之堂谓之塾。"据此，南门两侧的房间似可称为"东塾""西塾"。后世城邑，一般均设门卫房。《易·系辞下》："重门击柝以待暴客。"《荀子·荣辱篇》："监门御旅抱关击柝。"描写了各个城门夜间击柝守卫的情况。如果白天守门的人手执武器立于城下，这便是城、邑、国等字造字的依据；若在城门上面设置供瞭望的亭、楼，便为郭、墉等字的形成提供了最好的象形。"城邑的夯土围墙，再加上它的城门、望楼和护城河，显然是为了防御目的而建造的。"[20]城和其他一切事物一样，都有其发生、发展的过程，如果说最初的城只不过是村落加围墙而已，那么在它经过萌芽或雏形阶段以后，便迅速成长为繁荣昌盛的都市，在政治和经济领域中都发挥着难以估量的作用，成了"在权力居于力量这样一种政治系统中统治阶级的一种工具。它是权力的象征，也是维护权力的必要工具"[21]。

综上所述，我国城防设施有着悠久的历史，早在五千多年以前，北方地区就有类似城堡的石砌围墙建筑出现；大约与此同时或稍后，中原地区又兴起土墙围起的城堡。我国进入"防御文化"或"城邑文化"阶段的时间，与世界上几个著名的文明古国——巴比伦、埃及、印度一样久远。城的兴起与防御直接有关，因而防御是其主要职能,这是不可忽视的一个问题。

注 释

[1]恩格斯:《马尔克》,《马克思恩格斯全集》第19卷,人民出版社,1963年,第361页。

[2]《辽西发现五千年前祭坛女神庙积石冢群址》,《光明日报》1986年7月25日。

[3]《凉城县老虎山新石器时代遗址》,《中国考古学年鉴》(1984),文物出版社,1984年。

[4]《内蒙古包头市阿善遗址发掘简报》,《考古》1984年第2期。

[5]徐旭生:《中国古史的传说时代》,文物出版社,1985年,第146页。

[6]尹达:《新石器时代》,三联书店,1979年。

[7]《文物考古工作三十年》,文物出版社,1979年,第274页。

[8]《河南淮阳平粮台龙山文化城址试掘简报》,《文物》1983年第3期。

[9]俞伟超:《中国古代都城规划发展的阶段性》,《文物》1985年第2期。

[10]《山东发现四千年前的古城堡遗址》,《人民日报》1985年1月3日。

[11]《河南发现一处龙山文化遗址》,《人民日报》1986年12月18日。

[12]毛昭晰、詹天祥:《乌尔城址》,《中国大百科全书·考古学》,中国大百科全书出版社,1986年。

[13]吉林师大等编:《世界上古史纲》(上册),人民出版社,1979年。

[14][美]摩尔根:《古代社会》(杨东纯、马雍、马巨译),商务印书馆,1977年,第257页。

[15][苏联]柯斯文:《原始文化》,三联书店,1962年,第235页。

[16][苏联]阿·尼·格拉德舍夫斯基:《原始社会史》,高等教育出版社,1958年,第107页。

[17]恩格斯:《家庭、私有制和国家的起源》,人民出版社,1972年,第162页。

[18]彭邦炯:《卜辞"作邑"蠡测》,《甲骨探史录》,三联书店,1982年。

[19][20][美]张光直:《中国青铜时代》,三联书店,1983年,第109页、第111页。

[21]*China's Gentry*, Chicago: The University of Chicago Press, 1953, p.95.

(原载《中原文物》1988年第1期)

试论商代的城址

商代是我国奴隶制的鼎盛时期，也是光辉灿烂的青铜文化逐步发展到高峰的重要历史阶段。自从20世纪50年代郑州商城被发现以来，考古工作者又陆续找到了一些商代城址，从而引起人们的极大关注。本文仅就商代城址问题发表一些不成熟的意见，以就正于学术界的同仁。

商代城址的发现

早在商王朝建立以前，商人还处在氏族公社阶段的时候，居住在黄河中下游地区的商部族，可能已经掌握了筑城技术。商人灭夏之后，他们出于防御的需要，在全国各地陆续建立起一个又一个城邑。商代甲骨卜辞中有关"作邑"的材料不下四五十处，其中有一部分内容即为修筑城郭之意。尽管商代建筑的城邑甚多，但保存下来的城址却为数甚微，现据考古发现概述如次。

1983年夏，在河南偃师县城西的尸乡沟一带，发现一座商代早期城址。该城址北倚邙山，南临洛河，地处河、洛之间的平原上，绝大部分埋于地下。经钻探获知其平面略呈长方形，方向为北偏东7°。南北长约1700米，东西宽为740—1215米。面积约为190万平方米。除南垣被洛河冲毁外，其余城墙基本完整。已知西垣、北垣、东垣的长度分别为1710米、1240米、1640米。城墙系夯筑而成，一般宽16—25米，残高1—2米。目前已找到城门7座：北城门1座，东、西城门各3座。另外也找到若干条纵横交错的大道。在城的东南部、东垣外侧，还发现一处大型水池遗迹。"从考古地层学判明，城址的年代早于二里岗下层，应该是商代早期营建的。"[1]据《汉书·地理志》河南郡偃师条下班固自注："尸乡，殷汤所都。"《水经·汳水注》引阚骃曰："亳本帝喾之墟，在《禹贡》豫州河、洛之间,今河南偃师城西二十里尸乡亭是也。”偃师商城的中部,刚好有一条名叫“尸乡”的东西走向沟横穿而过,与文献记载十分相符,因而这座城址有可能就是当年商汤所都之“西亳”。

1976—1979年间,在山西夏县东下冯村东北青龙河南岸的台地上,发现一座商代城址。城垣全部埋藏在地下,仅钻探出南垣和西垣。南垣长约400米,其走向为:从东南拐角西行200米,然后向南拐出60米,又折向西140米与西垣相衔接。墙宽约8米,残高1.8米,夯层厚约10厘米,夯窝直径5—7厘米。从地层关系和夯土中出土遗物来看,该城址的时代约为商代前期。[2]

1955年秋,在河南郑州市区的偏东部,发现一座商代城址。该城址北距黄河约18千米,东南两面是一望无际的平原。金水河从城址北部穿过,贾鲁河、熊耳河绕城流去。城址平面略呈长方形,东垣、南垣各长1700米,西垣长1870米,北垣长1690米,周长6960米。保留在地面上的城墙残高1—9米,宽20米左右,城墙系夯土筑成,夯层厚5—10厘米,夯窝有圆形圜底、圆形尖底或不规则形多种,夯窝深1—2厘米,径2—4厘米。城垣四面发现缺口11处,有的缺口可能与商代城门有关。根据地层关系和碳十四测定年代数据判断,郑州商城“夯土城墙的的确确是属于早于安阳殷墟的商代前期的”。[3]《史记·殷本纪》载:“帝中丁迁于隞。”《水经·济水注》:“济水又东迳敖山北……其山上有城,即殷帝仲丁之所迁也。”《括地志》云:“荥阳故城在郑州荥泽县西南十七里,殷时隞地也。”郑州商城的地望与文献记载比较接近,有的学者认为该城即仲丁所迁之“隞”。

湖北盘龙城商代城址是1964年发现的。该城址位于武汉市北5000米的黄陂县原滠口公社叶店大队境,南临流注长江的府河,北面一带是小土岗,东北面为盘龙湖。城址平面略近方形,南北约290米,东西约260米,周长约1100米,方向为北偏东20°。遗留在地面上的残垣高1—3米,城垣外围有宽约10米的壕沟。相传城垣四面中间都有一个缺口,这些缺口可能为城门遗迹。根据1974年在该城北垣内侧的4TR25、26、27的发掘结果,其层位关系直接说明了城垣的营建时代。“到二里岗期上层时,商文化的居民把这里建为一个重要的居住地,先后建筑过上、下两层大型建筑群,古城的城垣是和上层宫殿建筑群同时营建的。这种营建的顺序关系,既说明了古城是中途才形成的,又进而表示出它是属于保卫宫殿的性质。”[4]《诗·商颂·殷武》描绘商王武丁的事迹云:“挞彼殷武，奋伐荆楚，罙入其阻，裒荆之旅。有截其所，汤孙之绪。维女(汝)荆楚，居国南乡。昔有成汤，自彼氐羌，莫敢不来享，莫敢不来王。”人们据此揣度盘龙城为商王朝在南土的政治、军事据点，也是掠夺这一地区资源和财富的经济中心。

殷是商代后期的王都。《史记·殷本纪》正义引《竹书纪年》说：“自盘庚徙殷，至纣之灭，二百五十三年，更不徙都。”又引《括地志》云：“相州安阳本盘庚所都……洹水，南岸三里有安阳城，西有城名殷墟，所谓北蒙者也。”由此可知，殷是盛极一时的都市，唐人撰写《括地志》时，还能窥见它的城墙。但是，经过五十多年的殷墟考古发掘工作，至今尚未找到城垣遗迹。有人认为，这里既然发现幅员广大的宫廷建筑群遗址，其设防城池的范围也一定很大。“如果周人灭殷之后已拆毁城垣，其城基当有所保留，在今后考古发掘中或可发现。”[5]

商城的形制、规模与布局

从考古发现的商代城址来看，除安阳殷墟迄今尚未找到城垣外，偃师尸乡沟、夏县东下冯、郑州和黄陂盘龙城等商城的城垣大体都呈方形。这种形制上承淮阳平粮台龙山文化城，下启西周、春秋战国城。这种模式，“在外形上看，这些城邑都很相似。每一个城都在四周为土墙所围绕。……城墙平面布局多半呈方形或长方形，依东、南、西、北四方筑成。因使用木板，所以墙是直的，而且墙角多呈直角”[6]。除版筑夯土的原因外，中国古代城址之所以多呈方形，是由于特殊的历史条件造成的，即在豆腐干式的“方块田”规划方法和“天圆地方”概念的支配下逐渐产生的。[7]

考古发现的商代城址，由于它们的地位不同，故其规模亦异。偃师尸乡沟与郑州商代城址，因系商的都城，故其规模较大，面积都在 2 平方千米左右。尤其是郑州商城，城垣周长近 7000 米，若把城墙底部宽度平均按 20 米，顶宽按 5 米，高度按 10 米计算，整个城垣的体积就有 870000 立方米，如果让两万人参加筑城，需要四年之久才能完成。[8]

在商王朝统治范围内，东下冯商代城址的规模很小，比偃师尸乡沟商城相差甚远。盘龙城城址的面积只有郑州商城的二十五分之一。由此看来，中国青铜时代城邑之间曾经存在着分级制度。城邑的建造不仅是建筑行为,也是政治行为。它是权力的象征,也是维护统治阶级权力的工具。商代城址规模的大小,是其政治级别高低的具体表现。

关于商城的布局,大体情况如下:偃师尸乡沟商代城址内已发现大型建筑基址4处,除一处位于北部外,其余3处均分布于城区南部,四面均设有夯土围墙。其中南部正中的1号建筑遗址,是一处庞大的宫殿建筑群。围墙范围近方形,北、东、南、西四面长度分别为200米、180米、190米、185米,墙宽3米左右,夯土厚1—1.5米。围墙内普遍发现夯土建筑基址。[9]郑州商城内东北部和北部,发现了面积达375000平方米的夯土台基,据研究,这些台基是宫殿遗址。宫殿区内已发掘出3座大型建筑基址:一座在东里路东段路北,南北长约34米,东西宽10.1—10.6米;另一座位于东里路中段北侧,东西长65米,南北宽13.6米;还有一座在城北路东段南侧,南北长38.4米,东西宽31.2米。墓葬区和作坊区都设在城外:白家庄墓葬区和郑州烟厂墓葬区,分别在城的东郊与南郊。在南垣外约500米的南关外和北垣外200米处的紫荆山附近,分别发掘出两处商代铸造青铜器的手工业作坊遗址。在西垣外约1300米处的铭功路西,发掘出一处烧制陶器的手工业作坊遗址。在靠近紫荆山铸铜作坊遗址的北面,还有一处用人骨和兽骨作原料的磨制骨器的手工业作坊遗址。这些作坊是按照一定布局建立的。[10]

据推测,盘龙城商代城址内东北隅高地上的大型建筑基址,显然是当地侯伯的宫殿区。这里宫殿建筑的总面积约有6000平方米,相当于郑州商城宫殿总面积的十分之一。已发现的上层宫殿基址有3座,它们前后平行,方向同城垣一致,可知是统一规划的。三座宫殿建筑基址中,F1东西长39.8米,南北宽12.3米,根据柱穴和墙基的残迹判断,这是一座四周有回廊、中为四室的大型寝殿。城垣外围,发现有宽10余米的壕沟,应是护城河的遗迹。城外东、西、北三面,都发现有二里岗期的墓葬,各个地点墓葬的规模又比较接近,这就得到一些探索墓葬区分布情况的线索。[11]

安阳殷墟是晚商时期的王都。解放以后曾在小屯村西约200米的地方,发现一条巨大的晚商壕沟。已探查了750米长的一段,宽为7—21米、深5—10米,由西南蜿蜒向东北。据推测,这就是商代王宫周围用人工挖成的防御设施。[12]殷墟的范围估计在24平方千米以上,以小屯为中心的宫殿区和侯家庄、西北岗、武官村一带的陵墓区,分别设在洹河两岸南北对峙的两个河湾内。王宫在南,王陵在北。宫殿范围内,已发掘56座建筑基址,其中最大的乙八基址,南北长约85米,东西宽约14.5米。王宫外围发现两处规模较大的手工业作坊遗址:铸造铜礼器的作坊在小屯东南的铁路苗圃,制骨作坊在小屯西北的北辛庄南地。在王宫区域内,也发现了铸铜和制骨的遗物,很有可能王室直接控制下的作坊就设在王宫附近。[13]

从偃师尸乡沟商城和黄陂盘龙城来看,可知商代已有宫城出现。尸乡沟商城的宫殿区设在城内南部,郑州商城和盘龙城的宫殿区都分布在城内东北隅。上述考古学资料还表明,商城的墓葬区均在城外;一般作坊也设在城外,但个别王室控制下的重要作坊,却设在王宫附近。

商代城垣和宫室的建筑特征

商城城垣都是版筑而成的夯土墙,城墙的横剖面呈梯形,中部夯层是层层叠筑的,夯层呈水平分布。在有的壁上还遗留有比较明显的木板痕迹。从郑州商城城垣墙壁上留下的痕迹来看,筑城时所用的木板长约3米,宽0.16—0.19米。推测筑城时先将长木板缚成槽状,再把土填入槽中用夯具捶实,逐渐加高到筑成为止。

偃师尸乡沟商城城垣由墙基和墙体两部分构成。墙基的做法是:先按城墙走向挖出基槽,而后逐层填土夯实。基槽口大底小,夯土高出基槽口以后,骤然向城墙内外两侧展宽,成为墙体宽大而稳固的基部。墙体基部内外两侧,皆发现有土质颇为坚硬的附属堆积,它表面平整且作坡状倾斜,靠近墙体一端高,远离墙体一端低,具有保护墙根儿的作用。[14]郑州商城的筑法,略似偃师商城。其城垣是由"主城墙"与"护城坡"构成。修建城垣之前,先平整地面,然后在"主城墙"内壁相应的地面处,向下挖出一道与城墙相平行的沟槽,即"基础槽"。一般基础槽口部宽2.5米、底部宽2.3米、深0.55米,底部平坦。从沟槽底部层层夯筑起城墙。当夯土层筑到与槽的口部相平齐时,便开始用横列木板相堵,逐层筑出内、外两壁近于垂直的主城墙。"主城墙"是分段版筑而成的。在靠近主城墙的内、外两侧,附加有内高外低的夯土层,即"护城坡",其顶面上铺有一层料姜石碎块,可能是为了防止“护城坡”受雨水冲刷而铺设的保护层。根据城墙夯土层上夯窝的大小、形状和分布密集程度推测,这些夯窝可能是用成捆圆棍作为夯筑工具夯打而成的。[15]盘龙城城垣的筑法同郑州商城几乎完全一样,用层层水平式的夯土筑出城垣的主体部分,内侧则为斜行夯土。东下冯商代城垣的建筑程序与盘龙城相近,即墙的中间为水平夯,里外两侧为斜夯。从上述商代城垣的建筑程序考察,大体而言,“主城墙”“护城坡”,版筑技术和用棍作夯具等,可以视作它的建筑特点。

宫殿系国家机构的一个组成部分,它是当时最高统治者——商王、方伯生活起居和进行政治活动的场所。在商代城址内都曾发现一些大型宫殿建筑基址。宫殿基址的建造有两种不同的方法:一种是填基法,即把原来的洼地和窖穴等填实夯筑而建;另一种是挖基法,即先在地面上挖好房基,然后填土用夯打实。第二步工序是置础。第三步是立柱筑墙和盖顶。郑州商城宫室建造的程序为:先挖一个大型房基槽,然后在房基槽内填土分层夯实,逐渐高出地面,筑成一座夯土台基;在夯土台基上挖两排长方形的柱础槽,把石柱础放进每一个柱础槽内,再将木柱立于础上,其后把柱础槽填土夯实,使木柱固定,这两排木柱是房子的檐柱。在檐柱内侧修筑起房子的夯土墙,最后再上梁架,并在上面覆盖草顶,即所谓“茅茨土阶”。位于东里路中段北侧大型的房基,即 C8G15,可以复原为四周有回廊,中间有九室的重檐大型寝殿。[16]《考工记》描述周人宫廷“内有九室,九嫔居之;外有九室,九卿朝焉”。又据《论语·为政》云:“殷因于夏礼,所损益可知也;周因于殷礼,所损益可知也。”郑州商城所见九室虽未知是否系九嫔所居,但这些房间为卧室性质大概是不成问题的。盘龙城遗址 F1、F2、F3 坐落在一条南北轴线上,可能是位于“寝”前方的“朝”,“这是迄今所知最早的前朝后寝布局的建筑群实例。尽管这一建筑群比较简单,但却奠定了直至封建末期北京故宫的基本结构”。[17]通过对 F1 基址的解剖和复原考察,表明这是一座周围有回廊的宫廷建筑,其屋盖为“四阿重屋”形式。这种重檐屋盖,是凹曲屋面出现之前,高大建筑为解决防雨、防晒,保证良好的通风和日照条件,同时保持形体高耸壮观的一个很成功的创造。

商代宫殿基址都坐落在一个夯土台上,具备了高台建筑的雏形。早在龙山文化阶段,居住在淮阳平粮台的人们,便已经知道把房子设置在高台之上。商人建国以后,这种建筑方法得到推广,如郑州商城的 C8G15 与盘龙城的 F1 等,均建筑在夯土高台上。高台建筑是古代人类的一项发明创造,高居宜于防水,有利通风,不仅能够保障健康,同时居高临下,便于防守。在木构建筑技术水平较低的情况下,凭借高台还能取得高低错落、巍峨壮丽的艺术效果,对后世宫室建筑产生了极其深刻的影响。

郑州商城和盘龙城的宫殿建筑基址,其方向均为北偏东20°。这大约反映了商代中期以前的一些建筑特点。在商代后期的王都安阳殷墟,其宫殿基址的方向,即接近正南正北或是正东正西,说明当时测定方向的技术已经相当进步。[18]

结　语

商代城址的发现,是新中国成立以来考古学上最重要的一项收获,虽然为数不多,但大小各异,并能在时代上从早到晚连贯地排列下来,填补了这一历史阶段我国古城研究方面的空白。关于中国的城的出现时间,以及城与城市的区别,长期以来是学术界争议颇多的问题。山东历城(今属章丘)龙山镇城子崖、寿光边线王,河南安阳后岗、登封王城岗和淮阳平粮台等地,虽然发现过几处新石器时代龙山文化城址,但其规模很小。偃师尸乡沟、郑州等地的商代城址,其规模范围之大,远非上述诸城可比。如偃师尸乡沟商城内有纵横交错的大道,大城里面有宫城,宫城两侧有辅助城,布局严谨,主次分明。郑州商城的宫殿建筑、手工业作坊和墓葬区都比较合理地分布在一定地点,而且出土过大方鼎、大圆鼎、提梁卣、中柱盂、龟纹铜罍、牛首铜尊等国宝重器等。从而表明它们已经成为当时政治、经济和文化的中心,属于规模巨大的都市。有人认为,中国古代都市"周代始有之"[19],或云"战国以前的城市,实际上都是些有围墙的农村"[20]。现在看来,这些提法并不符合中国的历史实际,战国乃至西周以前的城市,规模已经相当可观。《说苑·反质》引《墨子》云:"纣为鹿台糟丘,酒池肉林,宫墙文画,雕琢刻镂,锦绣被堂,金玉珍玮。"从各个商代城址出土的相当精美的青铜器、玉器,特别是棺椁构造及彩饰木雕的工艺水平,也可以推知当时宫殿建筑的豪华程度。通过对商代城址的研究,可以归纳出如下几个问题:

一、考古发现的商代城址,是迄今所知我国早期城址中规模巨大的都市遗址,已经脱离了那种村落加围墙的原始形态。它上承新石器时代的小城堡,下启两周时代的列国都邑,在形制规划上均为方形,从而形成了中国古代城制的特殊格局。

二、商代城址的规模不一,这同当时的政治、经济、文化发展情况密切相关。国都规模大,方伯城邑小。说明当时在聚落形态上存在着分级制度。

三、商代城址的布局问题,是一个比较复杂的问题。大体而言,当时已经出现了宫城和壕沟,这是防御设施进步的标志。宫殿区、重要建筑和王室直接控制的手工业作坊设在城内,一般作坊和墓葬区都设在城外。

四、商代城垣均系夯筑的土墙,挖基础槽、用版筑法和以棍作夯具,以及由"城墙"和"护城坡"组成的城垣结构,是商城在建筑技术方面的特征。从发现的夯土基址来看,当时已经出现了"前朝后寝"布局的建筑群实例和周围有回廊的"四阿重屋"式宫殿。

五、高台建筑缘起于新石器时代晚期,到了奴隶制鼎盛时期的商代,已经颇为风行。偃师尸乡沟商城、郑州商城、黄陂盘龙城和安阳殷墟等地发现的大型建筑基址,都坐落在夯土台上。它除实用功能外,也反映出统治阶级高踞于人民群众之上的思想意识。

六、同农村相比,城市的根本特征在于它的集中性。从考古发现的商代城址来看,这里有巍然高耸的夯土城垣、规模巨大的手工业作坊和富丽堂皇的宫殿建筑等。这充分表明,"城市是在一个有限的地域内集中包含经济实体、社会实体、物质实体等几个方面在内的复合有机体,它不仅集中了人类智慧的成就,而且也集中了整个社会生活,整个时代所具有的各种特征和矛盾"[21]。

注　释

[1]黄石林、赵芝荃:《偃师商城的发现及其意义》,《光明日报》1984年4月4日第3版。

[2]东下冯考古队:《山西夏县东下冯遗址东区、中区发掘简报》,《考古》1980年第2期。

[3][8][10][15]河南省博物馆、郑州市博物馆:《郑州商代城遗址发掘报告》,《文物资料丛刊》(1),文物出版社,1977年。

[4][11]湖北省博物馆、北京大学考古专业盘龙城考古队:《盘龙城一九七四年

度田野考古纪要》,《文物》1976 年 2 期。

[5]杨鸿勋:《中国早期建筑的发展》,《建筑史与理论》(第一辑),江苏人民出版社,1981 年。

[6]张光直:《中国青铜时代》,三联书店,1983 年。

[7]马世之:《试论我国古城形制的基本模式》,《中原文物》1984 年第 4 期。

[9][14]中国社会科学院考古研究所洛阳汉魏故城工作队:《偃师商城的初步勘探和发掘》,《考古》1984 年第 6 期。

[12]中国科学院考古研究所安阳发掘队:《1958—1959 年殷墟发掘简报》,《考古》1961 年第 2 期。

[13][18]北京大学历史系考古教研室商周组:《商周考古》,文物出版社,1979 年。

[16]杨育彬、冯百毅:《郑州胜迹》,中州书画社,1983 年。

[17]杨鸿勋:《从盘龙城商代宫殿遗址谈中国宫廷建筑发展的几个问题》,《文物》1976 年第 2 期。

[19]那波利贞:《中国古代都市的研究》(何建民译),《时事类编》第 5 卷第 9 期。

[20]傅筑夫:《中国经济史论丛》,三联书店,1980 年,第 345 页。

[21]朱嘉明:《城市 · 城市功能 · 城市经济体制改革》,《百科知识》1984 年第 9 期。

(原载《中国考古学会第五次年会论文集》,文物出版社,1988 年)

关于西周都城遗址的探索

西周是我国奴隶制的发展时期，在夏商文明的基础上，社会经济较前更加发展，从而出现了许多著名的都市。新中国成立以来，通过对岐邑、丰镐、洛邑、鲁和燕故城的勘探发掘，使我们对当时都城情况有一个概括的了解，现就考古资料和文献记载，对西周都城遗址加以探讨，以期引起学术界的关注。

西周都城遗址的发现

早在灭商之前，周人在古公亶父的率领下，自豳（今陕西长武、彬县、栒邑一带）徙居周原后，"乃贬戎狄之俗，而营筑城郭室屋，而邑别居之"[1]。《诗·大雅·绵》曾经描绘当年修建城池宫室的情景："古公亶父，来朝走马，率西水浒，至于岐下……乃召司空，乃召司徒。俾立家室，其绳则直，缩版以载，作庙翼翼。捄之陾陾，度之薨薨。筑之登登，削屡冯冯。百堵皆兴，鼛鼓费胜，乃立乃门，皋门有伉。乃立应门，应门将将。乃立冢土，戎丑攸行。"古代都城的正门曰"应门"，外郭之门名"皋门"，大社叫"冢土"。由此可以窥见早周岐邑城门高耸、宫室宗庙林立的盛况。

岐邑建于周原范围之内。《史记·周本纪》载古公亶父"逾梁山，止于岐下"。《集解》："徐广曰：'（岐）山在扶风美阳西北，其南有周原。'骃案：皇甫谧云：邑于周地，故始改周国曰周。"1976 年以来，经考古调查发掘，获知岐山县京当乡的贺家、扶风县法门乡的庄白、黄堆乡的云塘一带，是一个面积广大、内涵丰富的西周遗址区，东西宽约 3 千米，南北长约 5 千米。[2] 这个遗址区位于扶风县法门寺西北约 7 千米，与文献记载吻合，应是周都岐邑所在。岐邑亦称作京，是我国"京城"说法的由来。

丰镐是西周一代都城。《诗·大雅·文王有声》:“文王受命,有此武功,既伐于崇,作邑于丰,文王烝哉。考卜维王,宅是镐京,维龟正之,武王成之,武王烝哉。”郑笺曰:“丰邑在丰水之西;镐京在丰水之东。”《史记·周本纪》“集解”引徐广云:“丰在京兆鄠县东,有灵台。镐在上林昆明北,有镐池,去沣二十五里,皆在长安南数十里。”商殷末年,周文王积极作剪商的准备,伐崇以后,就在沣水西岸营建丰邑。不久,又命其子发——周武王在沣水东岸营建镐京,历史上一向丰、镐并称,或谓二者是周都的双城。

1955年以来,经过多次调查试掘,获知丰镐遗址地处关中中部,南依终南翠峰,建于沣河两岸。丰邑在今陕西长安县境沣河中游西岸,遗址总面积约6平方千米,东至沣河,西至灵沼河,北极客省庄、张家坡,南达冯村、席王村。镐京位于沣河东岸,北极洛水村,南达斗门镇,东至昆明池旧址,西至鄗水故道,遗址总面积约4平方千米。丰镐为全国最繁盛的城市,也是当时世界上少有的文明都会。

周武王克商后,为了控制东方,曾经提出在洛邑营建新都的计划。可惜武王灭纣不久即已去世,接着是三监叛乱,周公东征。东征结束后,即开始在洛邑建新都。《尚书》对此有详尽的记载。如《康诰》云:“周公初基新作大邑于东国洛。”《多士》说:“周公初于新邑洛,用告商王士……今朕作大邑于兹洛,予惟四方罔攸宾。”新都营建于何时?据1963年陕西宝鸡出土的《何尊》铭云:“惟王初郪(音相)宅于成周……惟王五祀。”这个“五祀”,即周公摄政称王五年。两年后,新邑建成,《尚书·洛诰》:“戊辰,王在新邑,烝,祭岁。……在十有二月,惟周公诞保文武受命,惟七年。”时当摄政七年,亦即公元前1031年。[3]这个新邑名曰“成周”。意思是:“周之道,成于此。”《逸周书·作雒解》说其“城方千七百二十丈,郛方七十里,南系于洛水。北因于郏山,以为天下之大凑”。

1953年以来,在瀍河之滨发现一西周遗址区,其范围大概是东起白马寺,西临涧河,南极洛河,北依邙山。中心地带是瀍河下游东西两岸及与洛河交汇处。[4]从地理位置观察,与文献记载相符,当时在此营建洛邑应属最佳选择。

鲁城是鲁国都邑。《史记·周本纪》载武王灭商之后,“封弟周公旦于曲阜曰鲁”。实际上周公并未就国,其子伯禽始为鲁君。《诗·鲁颂·閟宫》追述周初分封诸侯时写道:“王曰:‘叔父,建尔元子,俾侯于鲁,大启尔宇,为周室辅。’乃命鲁公,俾侯于东,锡之山川,土田附庸。”由此可知,成王曾封周公长子伯禽于鲁。或谓伯禽建国之初,都城不在曲阜。《史记·鲁周公世家》"集解"引《世本》曰:"炀公迁于曲阜。"炀公系伯禽次子,鲁国的第三君,自伯禽元年至炀公即位,其间共五十年,炀公迁都于曲阜。曲阜的得名,据《史记·周本纪》"集解"引应劭的话说:"鲁城中有阜,逶曲长七八里,故名曲阜。"它是古代中国东方的一大都会。

1977年以来,对曲阜鲁城遗址进行全面钻探和重点试掘。该城址坐落于洙、沂之间,洙河绕于城的西、北两面,小沂河流经城南。城东面是丘陵山岳,西北和西南是辽阔的原野。曲阜的地面上,还可以看到一段段城垣,高约10米。东、南、西、北城垣的长度,分别为2531米、3250米、2430米、3560米,城垣总周长11771米。发现城门11座,其中东、西、北三面各3座,南面2座。城的四周都有城壕,一般宽约30米,与城垣之间的距离约20—30米,基本上保持平行。它是先秦故城中城垣保存较好的一座。[5]

西周初年进行大分封时,周武王曾经封召公奭于燕。《史记·燕召公世家》:"周武王之灭纣,封召公于北燕。"《宗国都城记》云:"周武王封召公奭于燕,地在燕山之野。"《左传·昭公九年》载周人的话说:"自武王克商以来,肃慎、燕亳,吾北土也。"燕是周王朝在北方的屏障和向外扩张的据点,燕国都城也是西周的北方重镇。

1962年以来,经过勘查试掘,在北京市西南郊房山县琉璃河镇北3千米处,发现一座西周古城。该城址地处古圣水河畔,西望燕山,东瞩平原。位于董家林村周围的高台地上,已知北垣长829米,东、西城垣的北段各长300米左右,宽约10米。城垣外面有壕沟,沟深2米多。[6]根据此城的年代、位置及其他因素判断,董家林古城应是西周时期的燕国都城。

西周都城的形制、规模与布局

从考古发现的西周都城遗址来看,岐邑、丰镐和洛邑,都没有找到城垣,因而过去学术界有一种看法,认为西周是中国城市发展史上的一个缺环。董家林西周早期城址和曲阜鲁城西周晚期城垣的发现,为了解西周都城的形制提供了线索。

琉璃河的董家林燕国故城虽因河水泛滥而遭到破坏，但根据已探明的部分，仍然可以推测出城的平面略呈方形。

曲阜鲁城的平面近扁方形，四周城垣只有南面较直，其余三面均呈弧形，尤以西、北两面为甚，这可能与洙水河床弯曲有关，当时是依水筑城的。此外，鲁城中部偏北，钻探出宫城的夯土围墙，那么大城圈应该是郭。城与郭的平面布局，采取了大圈套小圈的形式。

周人筑城具有悠久的历史，从董家林和曲阜两座城址来看，可知西周都城的平面布局，是四周为土墙所围绕的方形城，这种格局反映出我国古城形制的基本模式。

西周的都城，属中国古代都城发展史上的最初阶段。岐邑是周人的发祥地，文王作邑于丰以后，这里宫室（宗庙）始终未废，先秦文献及西周铜器铭文中的“周”，都是指岐邑所在周地而言，亦即“岐周”，以区别于丰镐的“宗周”与洛邑的“成周”，岐邑规模巨大，面积15平方千米。丰镐是西周王都所在地，遗址总面积达10平方千米。曲阜鲁城面积约10平方千米。琉璃河董家林古城面积不到1平方千米，加上城外黄土坡村的燕国墓地，整个遗址面积也远远不能同丰镐相比。这种情况反映出当时城邑之间分级分层的结构特征。

在中国奴隶社会中，以宗庙为主要内容的宫殿建筑是都城布局规划的核心。所以，宫室宗庙建筑在西周都城布局中占有突出的地位。早周都城岐邑的宫室宗庙区，分布在西起岐山县的董家、凤雏村，东至扶风县的下樊、召陈，东西相距2千米的范围内，凤雏村四周为早周宫室区，召陈村发现西周中期偏后的宫室建筑基址。凤雏与召陈之间，扶风的云塘村至齐镇一带，发现西周的制骨、冶铜、制陶作坊及平民居住遗址。凤雏村南的岐山贺家、礼村，陈召村南的庄白村附近，均为西周墓葬区。在这一带先后发掘了150余座西周墓葬和车马坑。凤雏早周宫室宗庙的位置，大体上在岐周遗址的中心地区。

丰邑、镐京，夹沣水而连属。1959年至1976年间，在沣西马王村北先后发现5处残缺的西周夯土建筑基址，在其东北邻近地区还钻探出若干夯土建筑基址，[7]可能是丰邑的宫殿区所在地。1983年5月到1984年7月，在沣东的官庄、斗门、下泉砖瓦厂发现10组宫殿建筑群，基本上两两相对地排列在两条平行线上，东西长达3千米，南北宽2千米。[8]这一带应是镐京的宫殿区。沣西张家坡可能是一处制骨角器的作坊遗址，沣东洛水村西和普渡村北，可能是两处制陶作坊遗址。此外,还发现铸造铜器和制瓦手工业生产的迹象。根据历年发掘统计,丰邑遗址清理西周墓葬近400座,其中绝大多数是在张家坡一带发掘的,少数墓葬位于客省庄村北、村西和马王村村北。在镐京遗址内,西周墓葬主要分布在普渡村和花园村。

洛邑的宫殿区位于瀍河之滨,过去这里发现过可能属于殿基的夯土遗存。瀍河西岸庞家沟是一处闻名中外的西周贵族墓地,这里发现400余座西周墓葬。庞家沟附近的北窑遗址,面积达10余万平方米,是一处重要的西周铸造青铜器作坊遗址。它们应在成周附近或城内。[9]

董家林燕国古城东垣外的黄土坡村及其周围,是墓葬区。京广铁路由墓地中部穿过,将它分为东、西两部分。路西称Ⅰ区,路东为Ⅱ区。在两个区内已清理了西周时期的墓葬200余座,车马坑20余座。[10]

曲阜鲁城的中部和中南部发现许多大型夯土建筑基址,其中周公庙建筑群夯筑基址,位于周公庙村北的高地上。高地近方形,东西长约550米,南北宽约500米,殿基建于高出地面约10米的岩石之上,系全城地势最高处。这是鲁城的宫殿区,这一建筑群应为该城的主体建筑。在其西北、北和东部边沿,发现了断断续续的夯土墙,宽约2.5米,面积1里多见方,可能是宫城遗迹。宫城南面有一条宽达15米的主干道直通南东门,南东门外口两侧紧靠城垣的夯土台基,可能就是“两观”的基址。南东门以南3里多有夯土台坐落在小沂河南岸,雩河之北,台基近方形,东西120米,南北115米,残高7米,传为雩坛或舞雩台,为鲁行雩礼之处。宫殿、城门、“两观”和祭坛成南北直线,构成了鲁城以宫殿为中心的中轴线布局。周公庙以北的盛果寺和西北的药圃,是两处冶铸铜器的作坊遗址;药圃西北的弹簧厂和鲁城东北城外的南张羊,是两处制陶作坊遗址;鲁城西部的药圃、斗鸡台和“望父台”是三处重要墓地。从曲阜鲁城的布局来看,把宫城放在中间,东、西、北三面围以手工业作坊和居住区,采用大圈圈套小圈圈的城郭布局,可能反映了西周城市的特点。[11]

西周城垣和宫室的建筑特征

西周都城城垣虽然发现两座,但都是夯筑的土墙。琉璃河董家林燕国古城，城墙底部挖有浅的基槽，墙上发现缝穴和挡板的痕迹，表明它是分段夯筑而成。夯层厚度均匀，一般在 5 厘米上下。夯窝为圆形圜底，直径 3 厘米左右。夯窝分布十分密集，夯土质地相当坚硬。墙体内外两侧，都有斜坡状的“护坡”。内外两侧的“护坡”大约与建城墙时向上运土有关，对城墙的墙体来说，也可起到扩大墙基的作用。[12]曲阜鲁城城垣未经试掘，从钻探获得的资料可知，城垣四周呈圆角，如东南城角交角约 115°，东北城角交角 110°，西北城角交角 170°等。从城门分布情况看，东北部和西北部城门分布较密，距离较小，500 米左右。显然与手工业作坊和居住遗址所在位置有直接关系。与此相反，东南部几乎没有重要遗址和遗迹，那一带城门之间的距离就要大得多。由此表明，鲁城城门的设置是根据生产和生活的需要而定的。[13]

在早周都城岐邑宫殿区，发现许多西周宫室建筑基址。岐山凤雏村甲组宫室建筑基址，南北长 45.2 米，东西宽 32.5 米，共计 1469 平方米，南北向，偏西北10°。门道、前堂和过廊居中，东西两边配置门房、厢房，左右对称，布局整齐有序。甲组建筑群中的主题建筑——前堂，建于台基之上，柱洞排列整齐，南北四行，东西七列，柱础石为自然石块。整座建筑面积约 104.9 平方米，东门房台基下，有一条南北走向的陶水管道，过廊中部下面也有一条用河卵石砌成的东西走向的水道，这是排水设施。房顶好像用立柱和横梁组成构架后，用芦苇铺在椽上，上抹几层草秸泥，厚 7—8 厘米，屋脊和天沟用瓦覆盖。《尔雅 · 释宫》云："室有东西厢曰庙，无东西厢有室曰寝。”这组建筑物有东西厢，可能是宗庙遗迹。[14]甲组遗址本身是一个包含两进院落的封闭性建筑群，有相对独立性，从其完整的台基周边来看，已构成一个独立的建筑单位，迄今所知，这是最早的一个采取南北中轴的严格对称布局的高级建筑群实例。乙组宫室建筑基址位于甲组基址的西侧，坐北朝南，东西长 20 米，南北进深 12.5 米，面积 250 平方米。从残存的柱础看，南北 5 排，东西 7 列，6 个开间。[15]是一座较大的西周建筑。扶风召陈村发现西周建筑群基址 15 处，西周早期的 2 处，西周中期的 13 处。中期基址中规模最大和保存比较完整的 F3，建筑于东西长 24 米、南北宽 15 米的夯土台基上，房基通面宽 22 米，进深 13.5 米，系网柱状结构。室内柱础 41 个，柱础直径 1—1.2 米，布局比较规整。台基四周，有 9 个台阶，南面 3 个，其余三面各 2 个。墙基系夯土筑成，宽 80 厘米，夯层厚 2 厘米左右。F3 与 F2、F5、F8都是四阿顶，商周时期的建筑从柱网结构上确切表示为四阿顶的，仅此几例。[16]召陈大型建筑基址群可能是西周中晚期的王宫遗址：F5 为正寝性质的寝宫，是周王听政、治事之所；F8 与 F2 为东寝与西寝，是周王居息宴饮之所；F6、F10 是路寝性质的宫殿；F3 可能是金文中所说的“太室”。[17]

西周都城丰镐宫殿区内，1976 年在马王村北发现的一处西周夯土残基址，东西残长 22 米，南北宽 7.3 米，附近有陶排水管道，表面饰绳纹，管长 1.07 米，大径 0.32 米、小径 0.22 米。还有用于建筑房顶的绳纹板瓦，为探索丰邑中心所在地提供了重要线索。1985 年以来在镐京遗址内发现最大的一组宫殿建筑，南北长 80 多米，东西宽 40 多米。建筑中央为一座大厅，大厅两端各有 11 间宫室，每间宫室长 13 米到 23 米不等，宽 4 米左右，室内有壁炉等设施，墙壁用石灰粉刷。屋顶所铺之瓦，系用绳子拴在椽上。面积为 4000 多平方米的屋基建在高大的夯土台上，夯土至今尚有 5 米多厚。[18]由此可以想见当年宫室规模之宏伟，建筑技术之进步。

结　语

西周都城遗址的发现，是新中国成立以来重要考古收获之一，填补了城市考古在这一历史阶段的空白。西周时期的都城，尚停留在我国古代都城发展史上的最初阶段，在许多方面都带有很大的原始性。但它对夏商与春秋战国都市而言，却起着承上启下的作用。通过对于西周都城遗址的研究，似可归纳如下几点：

一、西周时期的都城是由夯土版筑的城垣围绕起来的，但却并非所有都城均是如此，岐邑、丰镐和洛邑，至今尚未发现城垣遗存。城市的初现，在中国古代聚落形态演变过程中，是由一系列的相互联系的条件而标志出来的，城郭仅是其中的一项。西周的都城主要是政治领域中的工具，尽管没有找到城垣建筑，并不影响它们作为都城的崇高地位。“它往往没有城墙，或仅宫城有墙，宫殿、宗庙、贵族和平民住地、手工业区等各种遗址，一般是在都城的总范围内，分散于若干地点，各地点之间常是一大片没有遗存的空白地带。”[19]用这样的话来形容西周都城遗址的分散特征，兴许是比较恰当的。

二、已经找到城垣的西周都城遗址，如董家林燕都或曲阜鲁城，其形制大体上略呈方形。但又可分为两种:一种只有一个城圈;另一种平面布局,则采取了大圈套小圈的形式。加上城垣外面的壕沟,从而形成了双重的防御体系。都城规模的大小不同,是当时城邑分级制度的体现。《考工记·匠人》云:“匠人营国,方九里,旁三门,国中九经九纬,经涂九轨,左祖右社,面朝后市。”《左传·隐公元年》说:“先王之制,大都不过参国之一,中五之一,小九之一。”这里提到的都城布局和分级制度,反映出西周时期关于都城设计的理想蓝图,和考古发现差距甚大,但关于“旁三门”的记载,却与曲阜鲁城近似。

三、西周都城在设计上均以宫室宗庙为中心,但作坊、居址和墓地的分布,尚无统一规划。如岐邑和丰镐遗址,在宫殿区内分布着作坊和平民居址,曲阜鲁城内外,均有手工业作坊。岐邑的墓地在宫室宗庙以南,曲阜鲁城的墓地在城内西部,董家林燕都的墓葬区设在城的东郊。西周与夏商的都城一样,“虽对宗庙宫室有严格的限制,但一般国人聚居点却无认真地安排布置。原因在于我国奴隶社会商品经济不发达,尚未形成独立的有别于农村的城市经济,故国人多从事农业生产。其聚居点是为便于农业生产而自然形成的,不可能也没有必要进行统一规划”[20]。大约出于同样的原因,对作坊和墓地的设置,也未作统一的安排。

四、通过对董家林部分城垣的解剖,发现这座西周古城的城墙分两部分夯筑,并有多层柱穴和挡板现象。此外,主城墙两侧的“护坡”未经夯打。这些有别于商城的建筑特征,原因不详,或者可以当作西周与商代城垣区别的标志。

五、西周都城遗址中最具特色的,莫过于宫室宗庙基址。当时的宫殿都是高台建筑,坐落在大型夯土台基之上,一般坐北朝南。岐邑凤雏村甲组建筑群,是一个采取南北中轴的严格对称布局的宫殿宗庙实例。曲阜鲁城从宫殿到舞雩台成南北直线,构成了以宫殿为中心的中轴线布局。宫室宗庙建筑的顶部均用瓦覆盖,使其显得富丽堂皇,巍峨壮观。

六、扶风凤雏村发现的以院落为单位、庭院为中心的西周建筑群,“把我国成型的廊院制的形成和发展提前了千年之久,标志了我国群体建筑的形成和发展有着更悠久的历史,到西周时期就已相当成熟,并得到了普遍推广使用”[21]。从而校正了以往那种认为我国群体建筑始于秦汉之说。

综上所述,西周都城的形制、规模、布局和建筑艺术方面,具有一定的时代特征,只是由于考古工作的限制,目前我们对其特征还了解不够,有待进一步探索和研究。不过从各种迹象考察,可以认定西周都城尚处在我国城市发展史的初期阶段,只是到了春秋战国时代,方才揭开新的一页!

注 释

[1]《史记·周本纪》。

[2]陈全方:《早周都城岐邑初探》,《文物》1979年第10期。

[3]何幼琦:《西周年代学刍议》,《西北大学学报》1984年第2期。

[4][9]叶万松、余扶危:《关于西周洛邑城址的探索》,《西周研究》,人文杂志丛刊第2辑。

[5][11][13]《曲阜鲁国故城》,齐鲁书社,1982年。

[6][10][12]琉璃河考古队:《琉璃河燕国古城发掘的初步收获》,中国考古学会第五次年会论文,1985年,北京。

[7]《1976—1978年长安沣西发掘简报》,《考古》1981年第1期。

[8]郑洪春:《西周建筑基址勘查》,《文博》1984年第3期。

[14]陕西周原考古队:《陕西岐山凤雏村西周建筑基址发掘简报》,《文物》1979年第10期。

[15]陈全方:《周原西周建筑基址概述(上)》,《文博》1984年第1期。

[16]陕西周原考古队:《扶风召陈西周建筑群基址发掘简报》,《文物》1981年第3期。

[17]尹盛平:《周原西周宫室制度初探》,《文物》1981年第9期。

[18]《西周镐京遗址发现大型宫殿群》,《文物报》1986年3月2日。

[19]俞伟超:《中国古代都城规划的发展阶段性》,《文物》1985年第2期。

[20]史建群:《简论中国古代城市布局规划的形成》,《中原文物》1986年第2期。

[21]陈全方:《周原西周建筑基址概述(下)》,《文博》1984年第2期。

(原载《中州学刊》1987年第5期)

虞舜的王都与帝都

虞舜是我国历史上著名的“五帝”之一,他曾经耕于历山,陶于河滨,渔于雷泽,贩于顿丘,就时于负夏,其人生历程充满了传奇色彩。登上政治舞台以后,他又流共工于幽州,放驩兜于崇山,迁三苗于三危,殛鲧于羽山,彰显其治国平天下的雄才大略。史称虞舜“兼爱百姓,务利天下”[1]。“孝弟之至,通于神明。”[2]“四海之内,咸戴帝舜之功。”[3]他为铸造中华文明做出巨大贡献,以其丰功伟绩而彪炳于史册。

虞舜所处的唐虞之世,正值夏王朝诞生的前夕。这是一个大分化、大变革的时代,群雄逐鹿,列国分争。中华大地上,华夏、东夷、苗蛮三大集团联盟鼎足而立。以河东、河南、河内三河地区为核心的中原地带,是华夏集团联盟的势力范围,该联盟由许多势力集团组成,其中陶唐氏、有虞氏和夏后氏的力量相对较强且势力相当,他们在联盟体内形成了鼎立之势,影响并决定着联盟的存在和发展。陶唐氏、有虞氏和夏后氏是三个早期国家,其代表人物分别为尧、舜、禹,由此组成的华夏集团联盟,可以称之为“国联”。诚如张忠培先生所指出的那样:“尧、舜、禹各有其国,‘皆有疆土,以奉先祀’,其在国中实行‘大人世及以为礼’,即王位实行父子或家族内继承制。尧、舜、禹诸‘国’组成‘国联’,‘国联’的帝位,则‘选贤与能’,实行‘禅让制’,或为轮流坐庄。所以,尧、舜、禹时代,是‘国’与‘国联’并存的时代,是于这两种不同的政治实体中同时各行‘大人世及以为礼’和‘选贤与能’的‘禅让制’时代。”[4]这两种并行的不同的政治实体,造就了两种不同的性质的国都——王都与帝都。史称舜都有蒲坂和平阳等,这是一个令人费解的难题,只有以上述观点为契机,方能破解舜都的千古史谜。

蒲坂——有虞氏古国之都

都城是一个国家的政治、经济、文化中心。《初学记》卷二十四载:“唐虞以前,都名不著;自夏之后,各有所称。”关于虞舜的都城,以蒲坂最为称著。《帝王世纪》谓:“舜所都也,或言蒲坂。”顾炎武《历代宅京记》云:“舜都蒲坂,今山西平阳府蒲州。”史念海《中国古都和文化》亦云:“至于舜都,则以蒲坂于义为长。”[5]蒲坂,在今山西省永济市西13.5千米蒲州镇南1千米处。蒲坂原名蒲县,秦始皇东巡,见有长坂(原),故改称蒲坂,后世又名河东县。蒲坂一带,舜的遗迹甚多,现列举如次:

舜庙、舜宅及二妃坛　《宋永初山川记》云:“蒲坂城中有舜庙,城外有舜宅及二妃坛。”《括地志》卷二载,蒲州“河东县南二里故蒲阪城,舜所都也。城中有舜庙,城外有舜井及二妃坛”。《元和郡县图志》卷十二,河中府河东县也有内容相同的记载。

陶城　《水经·河水注》云:“陶城在蒲坂城北,城即舜所都也。”《元和郡县图志》卷十二载:“故陶城,在县北四十里。《尚书大传》曰:‘舜陶河滨。’”陶城,在永济市区西北的张营乡,今名陶城村。陶城村有二,即南陶城村与北陶城村。所谓“陶城”,系指南陶城村而言。村东南约5千米有舜帝村,村中有一高五六米的石碑,上书“大孝有虞舜帝故里”。村东头有“舜帝庙”,只有正殿一座,内置舜帝像,系清代建筑。[6]陶城距蒲坂约20千米,属蒲坂畿内之地,与舜陶河滨有关。

妫汭水　《尚书·尧典》载:“[舜]帝曰:我其试哉,女于是,观厥刑于二女。厘降二女于妫汭,嫔于虞。”《帝王世纪》谓:“尧以二女妻舜,为宫室,封之于虞。故《尚书》云:厘降二女于妫汭,嫔于虞,即此也。”又谓:“妫水在河东虞乡县历山西。汭,水源也,犹洛汭、渭汭也。”《括地志》曰:“妫汭水源出蒲州河东[县]南[雷首]山。许慎云:‘水涯曰汭。’按《地记》云:‘河东郡[首]山中有二泉,下南流者妫水,北流者汭水,二水异源合流,出谷西注河。’”《书集传》也说:“妫,水名,在今河中府河东县,出历山入河。”《尔雅》曰:“水北曰汭。亦小水入大水之名,盖两水合流之内也,故从北从内。盖舜所居之地。”妫水与汭水,实为一泉二流，然后再合流入黄河，即今永济西南 10.5 千米的苍龙峪水。相传为舜娶尧之二女处。

历山　在永济市东南 30 千米处。《水经·河水注》云："郡南有历山，谓之历观，舜所耕处也，有舜井。"《括地志》卷二云："蒲州河东县雷首山，一名中条山，亦名历山，亦名首阳山，亦名襄山，亦名甘枣山，亦名猪山，亦名独头山，亦名吴山。此山西起雷首，东至吴坂，凡十一名，随州县分之。历山南有舜井。"扬雄《河东赋》曰："登历观而遥望兮，聊浮游于河之岩。"此历观即指历山，相传为舜所耕处。

从上述诸多史迹来看，蒲坂应为有虞氏古国之都，对于华夏集团国联而言，这是虞舜方国之王都。作为一代都邑，蒲坂附近具有丰富的矿产资源，《山海经·中山经》中提到的涹山、橿谷之山，都在蒲阪附近。《中山经》云："涹山，其上多赤铜，其阴多铁。"又说："橿谷之山，其中多赤铜。"另据《中国政区大典》卷一载，永济市"矿藏有铁、铅、金、磷、石英砂、铜、红玛瑙等"。特别是铜矿，为铸铜手工业的发展奠定了基础。另据《北山经》载："又南三百里，曰景山，南望盐贩之泽。"郭璞注："即盐池也。"《梦溪笔谈》卷三云："解州盐池，方百二十里。久雨，四山之水，悉注其中，未尝溢，大旱，未尝涸，卤色正赤，在版泉之下，俚俗谓之蚩尤血。"解州，即今山西省运城市解州镇，属盐湖区所辖。盐池在蒲坂东北，为舜都居民提供了"盐"这种生活必需品。蒲坂所在，地势险要，"黄河北来，太华南倚，总水陆之形胜，郁河关之气色"[7]。战略地位十分重要。虞舜以此为根据地，苦心经营，成效卓著，"一年而所居成聚，二年成邑，三年成都"[8]。短短时间内，就把蒲坂建设成一个很像样的王都。随着其势力的不断发展壮大，最终取代唐尧，登上华夏盟主的宝座。

关于都，《左传·庄公二十八年》云："凡邑，有宗庙先君之主曰都。"《说文》曰："有先君之旧宗庙曰都。"《广韵》说："天子所宫曰都。"迄今为止，蒲坂城的规模、布局、宫庙和作坊遗址的情况均不清楚，要确定其王都的地位，尚需要得到考古学的支持，找到具有一定规模且时代相当的龙山文化城址。

平阳——华夏联盟之帝都

史乘所载，虞舜的都城，除蒲坂外，尚有平阳。《帝王世纪》云："舜所都也，或言蒲坂，或言平阳及潘者也。”《水经·汾水注》谓：“汾水南，迳平阳县故城东……应劭曰：县在平河之阳，尧、舜并都之也。”《元和郡县图志》卷十二载：“晋州，《禹贡》冀州之域，即尧、舜、禹所都平阳也。”平阳本为唐尧之都，《汉书·地理志》河东郡平阳条下应劭注曰：“尧都也，在平河之阳。”《帝王世纪》云：“尧初封唐，在中山唐县，后徙晋阳，及为天子，居平阳。”《晋书·载记·刘元海》载：“平阳有紫气，兼陶唐旧都。”《史记·外戚世家·正义》引《括地志》云：“平阳故城即晋州城西面，今平阳故城东面也。《城记》云：尧筑也。”平阳地处黄河之东汾河流域中下游的临汾盆地，春秋时为晋羊舌氏邑，战国时为韩邑，秦置县，治所在今山西省临汾市西南 8.5 千米的金殿村。

尧之旧都，本在唐县，或云晋阳，均为陶唐氏古国之王都。逮至尧为“天子”，成了华夏国联的盟主后，徙居平阳。平阳城为尧所筑，虞舜在受禅之后，继尧为华夏盟主，自然由蒲坂徙居平阳，因而平阳也就成了舜的“帝”都。

平阳位于晋南临汾盆地，汾河河谷在这里加宽，从地貌上形成一个小型平原。临汾盆地北依耸峙的霍太山，与晋中地区接壤；西侧的吕梁山及其支脉姑射山纵列而构成山河之险，东部连接着自南而北延伸的雷首山，形成一道屏障，南部与运城盆地联结，在地理特征上形成北部封闭、南部自然开放的状态。这里地势平坦、土质肥沃、资源丰富、生态平衡，构成了建都立国的有利因素。

临汾金殿虽为文献记载中的平阳，但其附近并没有找到规模相当的史前城址，与金殿近在咫尺的襄汾陶寺，发现了一个龙山时代的古城。陶寺遗址位于山西省襄汾县东北 7.5 千米的陶寺镇南，分布在陶寺、李庄、中梁、东坡沟四个自然村之间，地处汾河以东、塔儿山西麓。整个遗址总面积 400 万平方米。陶寺古城位于陶寺村西至宋沟一带，平面略呈圆角长方形，方向为北偏西 45°，长约 1800 米，宽约 1500 米，总面积约为 270 万平方米。由早期小城、中期大城、中期小城三部分组成。早期小城长约 1000 米，宽约 560 米，面积约 56 万平方米；中期大城目前仅探明北段、中段和南段。北段城垣在早期小城的北部重建。东段城垣在早期小城的基础上向东南延伸 800 米与中期小城相接。南段城垣与北垣平行，墙体宽 8 米以上，长约 1500 米；中期小城由中期大城的南垣与其南面一段曲尺状拐折的墙体围成刀把形，两段城垣的最远距离是 180 米，总面积约 10 万平方米。根据城墙夯土中出土的遗物以及遗迹之间的叠压打破关系判断：陶寺城址营建于早期，扩建于中期，毁于晚期。宫殿区位于早期小城的中南部，其三面有围墙，面积5万平方米。墓地位于中期大城南垣外的中期小城西北角，面积约1万平方米。观象台位于中期小城内祭祀区，北依大城南垣，平面为半圆形，外圈半径22—25米，总面积大约在1400平方米。此外，也发现了手工业作坊遗迹。城内墓地出土有成组的彩绘陶器、彩绘木漆器，还有鼍鼓、特磬、石(玉)钺、红铜铃和内壁绘有蟠龙图案的陶盘等。[9]已故著名考古学家苏秉琦先生论及陶寺遗址时曾经指出："它是独一无二的，是北方、中原两大文化区文化会合点上相互撞击发生裂变形成的一颗新星。磬和鼓的组成不是一般民乐器，它们是摆在厅堂或更隆重场所，作为礼仪性质的设施，其他如朱绘龙纹盘、成套的黑漆木器、刀俎等都如此。它们是社会发展到较高阶段，文化发展到高水平的产物。"[10]并赋有"汾河湾旁磬与鼓"的著名诗句。陶寺城址发现后，许多学者主张，"这一时期正好处于传说中尧、舜、禹的时期，这座古城很可能是当时重要建筑的所在地，这与《史记》记载的尧都平阳相吻合"[11]。根据陶寺古城城墙夯土中出土的遗物以及遗迹之间的叠压打破关系判断，该城址使用的绝对年代据碳十四测年估计，当在公元前2300年至前2150年之间，长达150年左右。按《帝王世纪》所载，尧在位98年，假设这些时间均在平阳，则尚余50余年，应为舜之所都，因而陶寺龙山文化古城很可能就是尧、舜所都的平阳。

以舜为首领的有虞氏，兴起于陶唐氏衰落之际。《史记·五帝本纪》载："尧老，使舜摄行天子之政，巡狩。舜得举用二十年，而尧使摄政。"说尧禅舜是选贤与能的"天下为公"之道。但古本《竹书纪年》则是截然不同的记载："舜囚尧于平阳，取之帝位。"又说："舜囚尧，复偃塞丹朱，使不与父相见也。"大约名曰"禅让"，实为篡位。虞舜利用强制性的手段，逼迫尧让出帝位，从而登上了天子的宝座，从此平阳成了舜的帝都。

舜都平阳是当时天下第一大都会，经济繁荣，文化发达，在人们的心目中，京畿所及的范围，被称为"中国"。《孟子·万章上》载："尧崩，三年之丧毕，舜避尧之子于南河之南。……夫然后之中国，践天子位。"《史记·五帝本纪·集解》引刘熙曰："帝王所都为中，故曰中国。"由此可知，舜所去的"中国"，就是京师平阳。杨国勇先生认为："'中国'一称，当有一个时代变迁和地域转移过程。在尧、舜时代，晋南特别是襄汾陶寺一带当是诸多大小'酋邦'以至'城邦'国家的共主所在之地，是国中之国，王中之王，因而堪当'中国'之称。《史记·五帝本纪》中有'尧崩，三年之丧毕，舜……而后之中国践天子位'之记载。这一记载虽然字数不多,却包含许多言外之意。一是舜原非'中国'之人,他虽然在'中国'内协助干了几十年,但他的身份仍属非'中国'之人,他是'东夷之人',或如一些学者所推断老家在永济一带,当时被排除在'中国'之外,无论把'中国'理解为国都或国家,当时的'中国'或'王畿'所及的范围都十分有限,大概出了陶寺不很远就已经到了异国他乡了。"[12]苏秉琦先生也有类似的说法:"陶寺遗址所具有的从燕山北侧到长江以南广大地域的综合体性质,表现出晋南是'帝王所都曰中,故曰中国'的地位,使我们联想到今天自称华人、龙的传人和中国人。"[13]狭义的中国指平阳,广义的中国指冀州。罗泌《路史》云:"中国总谓之冀州。"顾炎武《日知录》卷二说:"古之天子常居冀州,后人因之,遂以冀州为中国之号。"冀州为中国之号的原因,同舜都平阳有着密切的关系。大约襄汾陶寺或以陶寺为中心的晋南一带,应是早期"中国"称谓所指的地域。

综上所述,虞舜之都可分为两类:一种是有虞氏古国之王都,一种是华夏联盟体之帝都。除上述蒲阪与平阳外,还有冀与潘。关于冀,今本《竹书纪年》载,帝舜元年己未,"帝即位,居冀"。《左传·哀公六年》杜预注:"唐虞及夏同都冀州。"许顺湛先生说:"所谓'冀',实际是一种泛称,很难具体。"[14]我们认为虞舜即天子位后所居之"冀",很可能就是平阳,即今之襄汾陶寺。关于潘,《水经·漯水注》云:"漯水,……又北迳潘县故城,左会潘泉故渎。渎旧上承潘泉于潘城中,或云舜所都也。《魏土地记》曰:下洛城西南四十里有潘城,城西北三里有历山,山上有虞舜庙。"《太平寰宇记》卷七十一引《后魏舆地图风土记》说:"潘城西北三十里有历山,形似覆釜,故以名之,其下有舜祠。"《括地志》卷二载:"潘,今妫州城是也。……妫州有妫水,源出城中,耆旧传云即舜厘二女子于妫汭之所。外城中有舜井,城北有历山,山上有舜庙。"潘为县名,西汉置,治所在今河北省涿鹿县西南桑干河南岸。北齐改名怀戎县。对此记述,史念海先生指出:"以潘为舜都城,于史无稽,殆因其地有历山而舛错附会。"[15]潘地既有历山、妫汭、舜庙、舜祠、舜井等遗迹,很可能和舜的居地有关。如果一定要说它是"舜都"的话,也只能是有虞氏部族在迁徙过程中所建之临时性都邑,潘虽然也可称为虞舜的王都,但其规模既比不上蒲坂,更无法同平阳相提并论。

注　释

[1]《尸子·君治》。

[2]刘向:《新序·杂事一》。

[3][8]《史记·五帝本纪》。

[4]张忠培:《关于文明探源工程的质疑》,《中国文物报》2004年7月16日。

[5][15]史念海:《中国古都和文化》,中华书局,1998年,第42页。

[6]张轸:《中华古国古都》,湖南科技出版社,1999年,第107页。

[7]《元和郡县图志》卷十二。

[9]a.中国社会科学院考古研究所山西工作队、山西省临汾地区文化局:《山西襄汾陶寺遗址发掘简报》,《考古》1980年第1期。

b.何驽、严志斌:《黄河流域史前最大城址进一步探明》,《中国文物报》2002年2月8日。

c.《山西襄汾陶寺城址发现大型史前观象祭祀与宫殿遗址》,《中国文物报》2004年2月20日。

d.王晓毅:《古城·宫殿·大墓·观象台——唐尧帝都考古新进展》,《文物世界》2004年第3期。

[10]苏秉琦:《晋文化问题——在晋文化研究会上的发言(要点)》,《华人·龙的传人·中国人——考古寻根记》,辽宁大学出版社,1994年。

[11]小牛:《山西襄汾陶寺发现尧时代古城》,《大河报》2000年6月6日。

[12]杨国勇:《华夏文明研究——山西上古史新探》,中国社会科学出版社,2002年,第25页。

[13]苏秉琦:《中国文明起源新探》,三联书店,1999年,第127页。

[14]许顺湛:《中原远古文化》,河南人民出版社,1983年,第195页。

(原载《中原文物》2006年第1期;又载《虞舜文化研究集》,山西古籍出版社,2006年)

古城寨城址与祝融之墟问题探索

古城寨遗址位于新密市东南 35 千米的曲梁乡大樊庄古城寨村周围，地处嵩山东麓的丘陵地带，向东面对辽阔的黄淮平原。遗址位于溱水东岸的河旁台地上，溱水自北而南注入颍河支流双洎河(古洧河)，古城寨村东、南两面皆为新郑市境，东南距新郑市区约 10 千米，正值新密与新郑交界的溱、洧二水汇流处。1997—1999 年，河南省文物考古研究所在此发现一座龙山文化城址。

古城寨遗址总面积约 27.65 万平方米，龙山文化城址在遗址西部，平面呈东西长方形，方向 349°。迄今仍较好地保存着南、北、东三面城墙和南北相对的两个城门缺口。经对城墙解剖获知，北垣长 460 米，高 7—16.5 米，墙基宽 42.6—53.4 米，地面上城墙底宽 12—22 米，顶宽 1—5 米；南垣长 345 米，高13.8—16 米，墙基宽 42.6—62.6 米，底宽 9.42—40 米，顶宽 1—7 米；东垣长 345 米，高 13.8—16 米，墙基宽 85.4—102 米，底宽 36—40 米。西垣被溱水冲毁，复原长度为 370 米。南城门缺口因西侧城墙被起土破坏，宽 18.7 米，北城门缺口宽 10.7 米。城址面积 176500 平方米。城外南、北、东三面有壕沟环绕，壕沟宽 34—90 米，深约 4.5 米。城西是溱水，水宽而沟深，成为自然屏障。

城址西北部地势较高，东南部原为低洼地带，筑城时为扩大面积，不惜调用大批人力、物力，垫土夯筑东垣和南垣东段墙基。所以这里的墙基深达 10 米左右，宽达 60—100 米。地势较高的西北部，即北垣西段的筑法，是先挖 1 米余深的基础槽，以生土为底，在其上打一层薄薄的坐底夯，然后直接在基础槽内进行起版分层分段夯筑的。每层版筑墙高约 1 米，宽 1—1.3 米，长 1.4—2 米不等。顺墙体的夹板都用木板，横墙体的挡头有的用木板，也有用竹编和小木棍编绑在一起来代替木板的现象。城内发掘面积近千米，发现龙山、二里头、二里岗、殷墟文化和战国时期的灰坑 153 座、陶窑 4 座、水井 8 眼、房基 4 座、墓葬 5 座，出土一大批石、骨、蚌、陶等生产工具及生产用品。

一号房基(F1)位于城内中部略偏东北处，坐西朝东，南、北、东三面有回廊，为夯筑高台建筑，方向281°，南北长28.4米，东西宽13米，面积369.2平方米。房基的建筑方法是先按其大小挖基础坑，房内的承重屋架立柱和四周木骨泥墙立柱都是在普遍打夯之前立好的。柱洞内大都不见柱础石，唯有房内各排的中心柱有石柱础，大概是因承重的特殊需要而专门设置的。房基上的6排柱洞把房屋分成7间。在房基围墙的位置上发现小型柱洞数十个，这应是木骨泥墙的主体立柱和辅助立柱。在房基南、北、东三面还发现有廊柱基19个。南北两侧的廊柱基呈现均匀分布。唯东面的廊柱基是3个一组，这样的廊柱布局提高了回廊的建筑艺术。

四号房基(F4)位于F1以北7.4米处，是一座廊庑式建筑，东起F1的东北，由三道墙基槽、门道、门卫房和众多的柱洞组成。房基方向281°，现已发现长60余米，基宽4米，三道墙基槽南北并列，每道宽30—50厘米不等。南、北两基槽内有较多的柱洞，应是用来放置木骨泥墙的主体立柱。基槽内柱洞较大，间距较远，应是承托房脊的中心柱的遗留，而且可能是明柱，说明F4的廊庑是封闭式的。在F4的中间略偏东，有1.1米的门道，进门后往西在南、北两墙之间，又有两道南北向的横墙，形成一间小房，可能是廊庑北门的门卫房。

从城墙和城内出土的龙山文化陶片来看，陶色以夹砂灰陶、棕砂陶为主，泥质灰陶次之，并有少量磨光黑陶。纹饰以篮纹、绳纹为主，方格纹、附加堆纹次之。可辨器形有深腹罐、高领瓮、斝、鼎、折腹盆、浅腹盆、钵、碗、杯、澄滤器、甗、豆、壶、缸和器盖等。陶胎增厚，质地坚硬。折沿罐口沿上的凸棱不突出，腹宽近中部。斝为平底、分裆袋状足，多与河南龙山文化晚期器特征相同，其文化遗存属河南龙山文化煤山类型。[1]古城寨城址是中原地区规模较大、保存最好的早期城址之一。其夯土城墙的筑法不仅与郑州西山仰韶文化晚期城墙有着一脉相承的关系，而且又有新的发展，技术更加成熟。城内发现的一号房基(F1)和四号房基(F4)，应为大型宫庙和廊庑式建筑，这样的建筑在中原地区其他龙山城址中十分罕见。这两座建筑的方向都与城墙出乎意料地一致，表明该城的建造是事先经过统一规划和精心设计的，不仅反映出当时城建技术的进步，也体现了其使用者的崇高地位。

古城寨城址周围还分布有十多个龙山文化遗址，面积在10万平方米以上的遗址，包括新寨、五虎庙、人和与金钟寨等，均分布在古城寨城址较近处，其余则多分布在相对较远的地方。因而古城寨应是一处中心聚落。

古城寨龙山文化城址一经发现,便立刻引起学术界的极大关注。由于它和登封王城岗城址时代相近,王城岗小城不仅在城垣规模上远逊于古城寨,而且也没有发现像 F1、F4 这样的大型房基。因而有人便主张古城寨是禹都阳城。诚然,王城岗城址规模是小了一些,但其地理位置却十分重要,与文献记载古代阳城的地望相合。《孟子·万章上》云:“禹避舜之子于阳城。”赵岐注:“阳城在嵩山下。”《史记·夏本纪》谓:“禹辞辟舜之子于阳城。”《集解》引刘熙曰:“今颍川阳城是也。”《水经·颍水注》载:“颍水出颍川阳城县西北少室山。……其水东南迳阳城西,石溜萦逶,溯者互涉,故亦谓之五渡水,东南流入颍水。颍水迳其县故城南。昔舜禅禹,禹避商均,伯益避启,并于此。”顾祖禹《读史方舆纪要》卷四十八“登封县”载:“古阳城也。禹避舜之子于阳城即此。”由此可知,阳城在登封而不在新密。李伯谦先生认为,王城岗“这座城堡在同时代出现的城堡中的确不能算大,但其所处的地理位置十分重要,因为这正是先秦古籍中‘禹居阳城’的所在地,而且恰恰就在其东不远处发现了战国时期的阳城遗址”。在王城岗小城西城中部较高处和东北部一带,曾发掘出多处夯土基址遗存,其中西部较大的两处:一为长方形夯土建筑基址,面积约 150 平方米;一为方形夯土建筑基址,面积约 70 平方米。严文明先生指出:“王城岗则发现有用多人奠基的情况,应当也是宫殿或宗庙一类礼制性建筑的遗迹。”[2]钱耀鹏先生则认为:“从内涵和居民结构分析结果来看,平粮台、王城岗、古城寨城址已具早期城市性质。”[3]王城岗小城城址规模偏小,李先登先生认为这与夏禹忙于治水有关。他说:“王城岗城址可能是‘禹都阳城’之所在,城址虽小,但具备了城垣与宫殿,其所以小,可能与当时忙于治水有关,即‘禹卑宫室而尽力乎沟洫’(《论语·泰伯》)。”[4]这些说法均有一定道理。通过对比研究,在“禹都阳城”问题上,王城岗比古城寨占有更大的优势。

古城寨城址既非“禹都阳城”,那么它究竟是谁之都呢?我们认为应同祝融之族有关。祝融系远古时代的“火正”,是部落或部族之名,其领袖也称“祝融”。《史记·楚世家》云:“高阳生称,称生卷章,卷章生重黎,重黎为高辛氏居火正,甚有功,能光融天下,帝喾命曰祝融。共工氏作乱,帝喾使重黎诛之而不尽。帝乃以庚寅日诛重黎,而以其弟吴回为重黎后,复居火正,为祝融。”祝融之族起源甚早,但其兴盛时期则大体上在帝喾高辛氏居于华夏集团盟主地位之时。祝融是高辛火正,高辛与祝融之间传说的是君臣关系,是分别奉高辛和祝融为始祖的两个部落集团之间主从关系的神话投影。祝融之族的活动地域最早在豫中的嵩山地区,其范围包括今新郑、密县、登封、郑州一带。今本《竹书纪年》载:“夏道将兴,草木畅茂,青龙止于郊,祝融之神降于崇山。”《国语·周语上》亦云:“昔夏之兴也,融降于崇山。”融即祝融,崇山即嵩山。祝融本来是依附于高辛部落集团的,但在夏人战胜高辛氏之后,祝融之族转而又依附于夏人了。在夏王朝建国前夕,祝融之神又降临于嵩山。说明夏部族所奉诸神中,祝融占有一席之地。嵩山附近应为祝融之族的居地。《左传·昭公十七年》载:“郑,祝融之虚也。”杜预注:“祝融,高辛氏之火正,居郑。”《汉书·地理志》云:“今河南之新郑,本高辛氏火正祝融之虚也。”郑即今河南省新郑市。《路史·国名纪己》云:“今郑州有祝融冢。”新密市东临新郑,北连郑州,正是古代祝融部族活动的重要区域。清道光九年(1829),原密县老城南关《重修火神庙碑记》载:“密,故祝融墟也。其神之享于兹土地,微(惟)独密之人祀之,将天下之人无不祀之,祀之皆宜也!”清嘉庆七年(1802)黑峪沟白衣观《创建火神庙碑记》云:“密本古郐地,高辛氏之火正祝融旧墟也。故火威之彰于密者为最显,而我密人之祀之者恒倍谨焉。”新密市境内,除古城寨外,还有程庄、苏河、杨庄、新寨、马家村、王虎庙、洪山庙、关口等龙山文化遗址,其中只有古城寨为龙山文化城址,应是祝融之族的政治、经济、文化中心所在。《史记·楚世家》载:“吴回生陆终。陆终生子六人,坼剖而产焉。其长一曰昆吾,二曰参胡,三曰彭祖,四曰会人,五曰曹姓,六曰季连,芈姓,楚其后也。”《索隐》引《系本》云:“陆终娶鬼方氏妹,曰女聩。”《大戴礼记·帝系》谓:“吴回氏产陆终。陆终氏娶于鬼方氏,鬼方氏之妹,谓之女聩氏,产六子,孕而不粥,三年,启其左胁,六人出焉。其一曰樊,是为昆吾;其二曰惠连,是为参胡;其三曰篯,是为彭祖;其四曰莱言,是为云郐人;其五曰安,是为曹姓;其六曰季连,是为芈姓。”吴回、陆终,都称“祝融”。陆终妻子女聩,本是鬼方氏之妹。新密当地群众传说古城寨古城为“鬼修城”,当与“鬼方氏之妹”有关。古城寨城址是一座龙山文化晚期城址,其时代大体上与祝融之世相合,应为祝融之族的都城。

古城寨城址过去叫“郐国故城”,1986 年 11 月 21 日,河南省人民政府公布为河南省文物保护单位。《郑州市志·文物卷》云:“现有城墙高 5—7 米,下层 2—4 米,为西周郐国故城旧址。”《河南省志·文物志》说,这里“有仰韶文化、龙山文化、二里头文化和商周文化遗存”。《中国文物地图集·河南分册》谓:“此地为西周时期郐国都城。城址下分布有新石器时代文化遗址。”据新密市文物保管所魏殿臣先生讲,1979年4月,他陪同中国社会科学院考古研究所赵芝荃先生在城内进行考古调查时,曾经采集到一些西周遗物,其中有一玉璧特别引人注目,该璧现存中国社会科学院考古研究所河南第二工作队。文献记载,郐城就建在祝融之墟。郑玄《诗谱·郑桧谱》云:“桧者,古高辛氏火正,祝融之墟,桧国在《禹贡》豫州外方之北,荥波之南,居溱洧之间。祝融氏名黎,其后八姓,唯妘姓桧者处其地焉。”《水经·洧水注》谓:“洧水又东南迳郐城南。《世本》曰:陆终娶于鬼方氏之妹,谓之女聩,是生六子,孕三年,启其左胁,三人出焉,破其右胁,三人出焉。其四曰求言,是为郐人。……刘桢云:郐在豫州外方之北,北邻于虢,都荥之南,左济右洛,居两水之间,食溱洧焉。徐广曰:郐在密县,妘姓矣,不得在外方之北也。”徐广主张在外方山之东,比较接近事实。王先谦《诗三家集义疏》引陈乔枞云:“《说文》:郐,祝融之后,妘姓所封,潧、洧之间。郑灭之,从邑,会声。又云:会,合也。《方言》注:会,两水合处也。《水经注》:水出郐城西北鸡络坞下,洧水东南迳城南郐地。居溱、洧之间,二水合流,故以会名国。桧者,假借字耳。”郐字可以写作“会”,大约与其始祖名叫“会人”有关;也可能是因二水汇流而得名,“此言潧(溱)、洧二水所会流也”[5]。在今新密和新郑一带,除古城寨外,其他城址均不具备上述地理条件。

关于郐城的方位,古代文献记载并不一致。《括地志》载:“故郐城在郑州新郑县东北二十二里。”《史记·郑世家·正义》引作“故郐城在新郑县东北三十二里。”《元和郡县图志》云:“鄶城,县东北三十二里。”乐史《太平寰宇记》作“郐”,“鄶”为形近之讹,以“郐”为是。《水经·洧水注》云:“洧水又南迳郐城南。”杨守敬疏:“《括地志》,在新郑东北二十二里。《元和志》,在新郑东北三十二里。二志东北疑西北之误,在今密县东北五十里。”清乾隆《新郑县志》亦说:“《括地志》:故郐城在郑州新郑县东(疑作西)北三十二里。”现在看来,应以“新郑县西北”为是。《左传·僖公三十三年》载,郑公子瑕死后,“文夫人敛而葬之郐城之下”。杜预注:“郐城,故郐国,在荥阳密县东北。”《读史方舆纪要》卷四十七载:“郐城在(密)县东北五十里,周郐国也。”《大清一统志》卷一百五十云:“郐城在密县东北五十里,接新郑界,周初封国,《诗》有《郐风》。”古密县治在今新密市大隗镇,古城寨城址在大隗镇东北25千米、新郑西北10余千米,与文献记载大体一致。

尽管文献记载古城寨城址可能是郐国故城,但在这里并没有找到西周文化遗存,这不能不说是千古憾事,因而不能排除郐城在别的地方的可能。曾经主持过湖南澧县城头山大溪—屈家岭文化古城发掘工作的何介均先生说过:"考古人一生的成就其实都是不断认识、升华、修正的过程,同时也就是留存遗憾的过程。"郐城问题的解决,也需经历"修正"和"遗憾"的过程,随着古城寨城址及其他相关城址考古工作的进一步开展,郐城之谜必将能够得到破解!

注释

[1]蔡全法、马俊才、郭木森:《河南省新密市发现龙山时代重要城址》,《中原文物》2000年第5期。

[2]严文明:《东方文明的摇篮》,《农业发生与文明起源》,科学出版社,2000年。

[3]钱耀鹏:《中原龙山城址的聚落考古研究》,《中原文物》2001年第1期。

[4]李先登:《夏文化与中国古代文明起源》,《中原文物》2001年第3期。

[5]杨树达:《说桧》,《积微居小学金石论丛》(增订本),中华书局,1983年。

(原载《中原文物》2006年第6期)

登封王城岗城址与禹都阳城

王城岗城址位于河南省嵩山南麓的登封市告城镇西部。这里是豫中名川颍河流经的登封中部的小型河谷盆地，海拔270米左右。城址雄踞于颍河与五渡河交汇处的岗坡上。颍河发源于嵩山的太室山南麓，由西向东流，是淮河的主要支流之一。五渡河发源于太室山东侧，由北向南流，是颍河的支流之一。王城岗遗址东濒五渡河，南临颍河，南望箕山和大、小熊山，西靠八方村，西望嵩山之主峰少室山，北依太室山前的王岭尖，地理位置十分重要。有人把这一地区同西亚两河流域新月形地带相提并论，说它是古代世界农业起源的中心之一，这种说法不无道理。

20世纪70年代末至80年代初，王城岗遗址的发掘一鸣惊人，其龙山文化晚期小城，被视为当代最为重要的考古发现。21世纪之初，作为“中华文明探源工程预研究”课题，又发现了一座面积30余万平方米的大城，在华夏文明的形成和发展研究中具有重要的学术地位与价值。

1975—1981年间，河南省博物馆文物工作队和中国历史博物馆考古部对王城岗遗址进行发掘，发现了龙山文化晚期小城址。

这次发现的王城岗城址，是由东西并列的两座小城组成，两城隔一墙而连属，东城西垣就是西城东垣。岗上地势西高东低，东城较西城的地面低约2米。东城城垣大都遭到破坏，现存南垣西段残长约30米，西垣南段残长约65米，南垣与西垣的交角为88°，近乎直角。东城的方向以西垣测知为北偏东15°。该城角的建筑形制是内角为凹弧状，外角呈凸圆状，向外凸出2米左右，似为城角的“马面”设施。由于古代五渡河道的西移，将东城大部分城垣冲毁。

西城除东垣与东城共用外，北垣东段和中段被西北部王岭尖下来的山洪冲毁，南垣、北垣西段的城墙基础槽和槽内夯土层，大部分或多或少都有保留。南垣东端有一段长9.5米的缺口似为城门设施，其余残长82.4米，西垣长92米，北垣西段残长 29 米。西垣的方向为北偏西 5°,它与南垣的交角为 90°,直角相接。西南城角的建筑形制也是内角呈凹弧状,外角呈凸圆状,凸出城墙 3.68 米,似为城角外的“马面”设施。西垣与北垣相交处的角度为 89°,也近似直角。西北城角虽然部分夯土损毁严重,但从残存的角形来看,其内角也呈凹弧形,外角为凸圆形,凸出城墙 2 米左右,为“马面”设施。从上述情况来看,西城的南垣、西垣和北垣应是同时修筑的,整个西城呈边长 90 多米的正方形,城内面积约 8000 平方米。

东城与西城筑法相同,都是在筑城以前先按城墙走向挖出一条口部略宽于底部、两壁平直、平底或凹形底的基础槽,然后在槽内逐层填土夯实。根据西城西垣考古发掘资料,获知基础槽口宽 4.4 米,底宽 2.56 米、深 2.4 米。槽内每层夯土的厚度为 10—20 厘米,也有 24 厘米的。在每层夯面上都有厚约 1 厘米的细沙层,每层细沙面上保留有夯窝印痕。夯窝形状和大小极不一致,有圆口圜底、椭圆形圜底和不规则形几种。夯窝口径一般为 4—10 厘米,窝深 1—2.5 厘米。有一层夯土面上还遗留有 8—18 厘米的河卵石,看来可能就是当时的夯具遗存。

东、西二城建筑和使用的时间为王城岗龙山文化二期,大约是同时并建的二城。

在西城内的中西部较高处和东北部一带,曾发掘出多处王城岗龙山文化二期的夯土基址遗存,其中以中西部分布较密,这些夯土基址很可能是当时人们在城内修筑的夯土建筑台基,为夯土台基底部的稳固,先将拟建台基下面的灰坑或坑内的松软灰土清理出来,然后再在坑内填土夯实。有的坑内仅填土夯实,即为夯土坑,有的则是在夯土层内填埋动物骨架与人骨作为奠基坑,也有在较大的壕沟或大土坑中填土夯实,即成为不成形的夯土残片。由于地面上的夯土损坏严重,所以原来夯土建筑台基的形制已无法复原。经过分析,可以找到十余处夯土建筑基址,其中分布在中西部较大的两处,一为呈南北长方形的夯土建筑基址,面积约为 150 平方米,一为方形夯土建筑基址,面积约为 70 平方米。

在夯土建筑基址范围内,发掘出夯土坑 13 个;夯土残片多处,其中面积最大的有 3 平方米左右,最小的约 1.5 平方米;奠基坑 13 个,坑内填埋完整人骨 13 具,例如 1 号奠基坑是一个圆形袋状坑,在偏下部的几层夯土层之间,填埋有成年、青年和儿童人骨架7具，2号奠基坑填埋人头骨1个，13号奠基坑填埋儿童头骨5个，5号奠基坑填埋成年人骨架2具，3、4、7号奠基坑内各埋人骨架1具。除1号奠基坑外，其他12个坑内的夯土仅清理了一部分，因而对于坑内填埋的人骨架和零散人骨数目尚不能确定。这种用多人奠基的情况，应当是宫殿或宗庙一类礼制性建筑的遗存。

西城内王城岗龙山文化三期出土的陶碗腹部和陶瓮肩部，均刻有“×”形符号。473号灰坑（H473）出土的一件黑陶杯外底残片上，有一个形似“共”字的文字。此字系由两个符号组成，像两手有所持执，已超越了象形文字阶段，而是比较成熟的会意字了。

王城岗龙山文化四期灰坑（H617）内，出土一件铜鬶的腹与袋状足的部分残片，残宽6.5厘米，残高5.7厘米，壁厚0.2厘米，器表锈蚀严重。经北京科技大学冶金史研究室用原子发射光谱、金相和扫描显微镜检验，断定此铜器残片系由锡铅青铜铸造而成。要铸造鬶这种复杂的青铜容器，需要比较高超的冶铸技术。[1]

21世纪初，北京大学考古文博学院与河南省文物考古研究所分别于2002年、2004年两次对王城岗遗址进行考古发掘，在小城的西南部发现了大城。大城平面略呈长方形，北垣残长约350米，复原后长600米。现存城垣顶部残宽6.8米，基础宽12.4米，残高1.12米。夯层厚0.04—0.28米，夯窝直径5—7厘米，用黄色纯净土夯筑而成。其余各面城垣多被破坏。西垣复原长度为580米。东垣和南垣复原后分别为580米和600米。大城的北城壕在北垣外4米处，保存较好，长约620米，截面为口宽底窄的倒梯形，口宽约15米，底宽约10.4米，残深5.2米。西城壕仅保存西北角，残长约135米，复原后长600米，宽约15米，残深1.5—2米。复原后的城内总面积达34.8万平方米。大城城内发现几片面积大小不一的夯土基址。其中位于大城北部正中的夯土面积较大，南北长约50米，东西宽约30米，厚约1米；中部的一块夯土面积居中，南北长约20米，东西宽约10米，厚约1.5米；南部偏东的一块夯土面积较小，仅10米见方，厚0.5米。这几块夯土基址的形制、年代、结构等情况尚不清楚。此外，发现龙山晚期祭祀坑1座，位于大城的北部偏东处，为圆形袋状坑，已清理部分口径为2.55米，深0.6米。坑内北部有一头北脚南仰身的儿童人骨。出土陶器有鼎、罐、杯、缸、钵形盆、瓮等，石器有石料、砺石、铲、钻芯、石饰片等，骨器有镞。另有灰坑

16座，可分为椭圆形口大底小状坑、圆形袋状坑等。出土陶器有鼎、罐、瓮、甑、盆、钵等，石器有铲、凿、刀、钻芯、砺石、琮等，骨器有镞、锥等。

王城岗大城与小城的关系，小城位于大城的东北部，大城的北城壕打破小城西北拐角处的夯土城墙，大城的年代应晚于小城。[2]

王城岗遗址范围内发掘出来的文化遗存中，年代最早的为裴李岗文化，其次是龙山文化、二里头文化、商代二里岗文化、商代晚期文化及周代文化。在上述诸文化堆积中，以龙山文化的内涵最丰富。王城岗龙山文化遗存共分五期。一期是小城的始建以前期，二期是小城与城内的奠基坑、夯土建筑等的使用期，三期是小城废弃和大城城垣、城壕的使用期，四期是大城继续使用期，五期则是大城废弃后的遗存。[3]过去公布的二期年代为公元前2469—前2291年，[4]此数据明显偏早。最近，为配合夏商周断代工程的研究工作，重新进行了年代测定。根据王城岗遗址灰坑和奠基坑中出土骨头测定的年代数据，拟合后的日历年代：一期为公元前2190—前2110年，或公元前2190—前2105年；二期为公元前2132—前2082年，或公元前2128—前2084年；三期为公元前2090—前2030年；四期为公元前2050—前1985年、公元前2038—前1988年，或公元前2041—前1994年；五期为公元前2030—前1965年。[5]王城岗大城城址发现后，北京大学考古文博学院与河南省文物考古研究所将过去王城岗龙山文化所分五期合并为三段，使其发展演变的阶段性更加明晰，小城始建于一段偏晚（原分期的二期），二段已废弃。大城始建于二段（原分期的三期），延续使用至三段偏早（即原分期的四期），三段偏晚（原分期的五期）也已衰落下去。新采集含炭样品55个，经碳十四测定后，重新指定了王城岗龙山文化小城的年代，上限不早于公元前2200—前2130年，下限不晚于公元前2100—前2055年，其中值约为公元前2122年；大城城墙的年代，上限不晚于公元前2100—前2055年或公元前2110—前2045年，下限不晚于公元前2070—前2030年或公元前2100—2020年，其中值约为公元前2055年。[6]

王城岗遗址出土器物中，陶器的数量最多，以龙山文化二期为例，砂质灰黑陶为主，泥质灰黑陶次之，砂质棕陶与黑陶很少。器表纹饰主要是篮纹和方格纹。器形有鼎、罐、甑、鬶、斝、盉、盘、杯、觚、壶、豆、碗、钵、盆、瓮、缸、澄滤器、筒形器与器盖等，不见甗和鬲。从出土陶器的陶质、陶色、纹饰和器形来看，具有嵩山地区颍河流域的地方特征，过去曾有人把这一地域的文化称为河南龙山文化“王湾类型”，最近河南省文物考古研究所把它从“王湾类型”中分出来，定名为“煤山类型”。[7]

王城岗城址位于嵩山南麓，同历史上的夏部族之间存在着比较密切的关系。《国语·周语上》载：“昔夏之兴也，融降于崇山。”韦昭注：“崇，崇高山也。夏居阳城，崇高所近。”又《太平御览》卷三九引韦昭注：“崇、嵩古字通。夏都阳城，嵩山在焉。”传说中的鲧是夏部族的重要首领。《国语·周语下》云：“其在有虞，有崇伯鲧。”《太平御览》卷一五五引《帝王世纪》：“夏鲧封崇伯。故《春秋传》曰，谓之有崇伯鲧。”伯即一方之长，在此指部族首领或古代邦国的国王，因其活动在嵩山一带，嵩即崇字，故曰崇伯鲧。《左传·昭公七年》载：“昔尧殛鲧于羽山，其神化为黄熊，以入于羽渊。”《山海经·中山次经》云：“萯山之首……又东十里，曰青要之山。实维帝之密都，北望河曲，是多驾鸟，南望蝉渚，禹父之所化。”毕沅校本引《水经注》：“蝉渚水上承陆浑县东，渚在今河南嵩县。”可知所谓“羽渊”“蝉渚”在嵩县境，其地距嵩山不远。鲧之“子”禹，既是夏部族的首领，也是夏王朝的创始人，他的早期居地和政治中心都在阳城。古本《竹书纪年》载：“夏后氏禹居阳城。”《汉书·地理志》颍川郡阳翟下，臣瓒曰：“《世本》：‘禹都阳城。’《汲郡古文》亦云‘居之’。”《后汉书·郡国志》颍川郡阳翟下，李贤注引《汲冢书》曰：“禹都阳城。”《孟子·万章上》云：“禹避舜之子于阳城。”赵岐注：“阳城在嵩山下。”《史记·夏本纪》谓：“禹辞辟舜之子商均于阳城。”《集解》引刘熙曰：“今颍川阳城是也。”《水经·颍水注》载：“颍水出颍川阳城县西北少室山。……其水东南迳阳城西，石溜萦委，溯者互涉，故亦谓之五渡水，东南流入颍水。颍水迳其县故城南。昔舜禅禹，禹避商均，伯益避启，并于此。”《史记·五帝本纪》载：“禹亦乃让舜子。”《正义》引《括地志》云：“禹居洛州阳城者，避商均，非时久居也。”《太平御览》卷八十二载：“禹避舜之子商均于阳城。”《册府元龟》卷五“帝王部·创业一”载：“禹辞辟舜之子商均于阳城。”卷九“继统一”载：“益让帝禹之子启，而避居箕山之阳(注：阳字亦作阴)。”《通志》卷三上载：“禹避舜之子于阳城。……益避禹之子启居于箕山之阴。”卷四十一谓：“禹在阳城者，避商均之地而非都也。”《历代统计表·帝舜有虞氏》载：“五十载禹避于阳城。”《王启》谓：“二岁益避于箕山之阴。”顾祖禹《读史方舆纪要》卷四八，“登封县”载：“古阳城也。禹避舜之子于阳城即此。《世本》言禹都阳城，误也。”《史记·夏本纪》载：“益让帝禹之子启，而辟居箕山之阳。”《集解》曰：“《孟子》'阳'字作'阴'。"《正义》引《括地志》云:"阳城县在箕山北十三里。"《左传·昭公四年》云:"四岳、三涂、阳城、太室、荆山、中南,九州之险也。"杜预注:"阳城山在阳城县东北。"清人阎若璩《四书释地》"阳城箕山之阴"条谓:"阳城,山名。汉颍川郡有阳城县,以山得名,洧水所出。唐武后改曰告成,后又曰阳邑。五代周省入登封。"阳城山即今之东岭山,在告成镇东北。章炳麟《神权时代居山说》云:"夏禹所居曰嵩山;夏都阳城,即嵩山所在;古无'嵩'字,但以'崇'字为之,故《周语》称鲧为崇伯鲧,《逸周书》称禹为崇禹。"其《检论·辨乐》亦云:"《世本》言禹都阳城,赵岐《孟子注》云:阳城在嵩山下,故因山以名其国。"由此可知,同夏部族关系极为密切的阳城,应在今河南省登封市告成镇附近的嵩山脚下。

根据文献记载,加上考古资料,不少学者主张王城岗小城就是禹都阳城。《登封王城岗与阳城》考古发掘报告载:"王城岗龙山文化二期东西相连的两座城址的发现和城址内龙山文化二期许多重要遗迹与遗物的发现,对探索夏代文化是一个重大突破。这两座龙山文化二期城址的位置,和文献记载的夏代阳城的地望十分吻合。我们初步认为王城岗的两座龙山文化城址有可能就是夏代城址,而且很有可能就是夏代的阳城城址。"[8]又说:"王城岗发现的相当于夏代时期的龙山文化中晚期城址,就很可能是夏代'禹都阳城'或'禹居阳城'的阳城遗址。"[9]安金槐先生最早提出王城岗小城是禹都阳城,其理由如次:(1)王城岗城址的文化内涵属于豫西文化类型,豫西龙山文化中期与晚期文化遗存有可能属于夏代文化范畴。因而这座城址可能属于夏代城址。(2)王城岗城址的年代距今四千二三百年左右,大体上是在夏代纪年的早期或接近早期。(3)王城岗城址的地理位置,基本和有关文献记载夏代早期阳城的地望相吻合。王城岗的名字由来已久,王都所在地才称王城。(4)登封告成镇一带发现的东周到汉代时期阳城遗址,也是确定夏代阳城遗址位置的重要凭证。"至于有人认为这座城址的西城范围较小,城内面积不足一万平方米,不会是夏代的城址,更不会是夏代的阳城遗址,我们则认为王城岗西城的面积虽然不大,但它是东西并列的二城,东城已被五渡河冲毁,其面积大小已不可知。但从五渡河河床由东向西变迁了几百米来看,东城原来的面积可能比西城大些。若以文献记载与这一新发现的城址相结合起来予以研究,我们认为登封王城岗龙山文化中晚期城址,很有可能是夏代的阳城遗址"[10]。李伯谦先生认为,文献上说"禹居阳城"

没有说过“禹筑阳城”，筑城在前，居城在后。王城岗“这座城堡在同时代出现的城堡中的确不能算大，但其所处的地理位置十分重要，因为这正是先秦古籍中‘禹居阳城’的所在地，而且恰恰就在其东不远处发现了战国时期的阳城城址，过去安金槐先生首倡王城岗龙山城堡‘禹都阳城’说，不少人以为该城面积太小，时代过早而加以否定。不过细细研究有关文献记载，说的都是‘禹居阳城’‘禹都阳城’‘禹避商均于阳城’，还没有一处是说‘禹筑阳城’。因此我们不能排除禹受舜禅之前阳城已经存在的可能。如果允许做这种推测，那么将王城岗古城使用期的晚期遗存作为最早的夏代文化，便不无道理”。[11]李先登先生说：“王城岗城址可能是‘禹都阳城’之所在，城址虽小，但具备了城垣与宫殿，其所以小，可能与当时忙于治水有关，即‘禹卑宫室而尽力乎沟洫’（《论语·泰伯》）。”[12]不过，也有学者不赞同或不完全赞同上述观点，主要是因为小城建城时间较早，已经超出了夏代纪年范围，从时间上看，该小城似应为鲧作之城。鲧是比禹更早的夏部族首领，是历史上著名的治水筑城英雄。《世本·作》载：“鲧作城郭。”《吕氏春秋·君守》说：“夏鲧作城。”《淮南子·原道训》云：“昔者夏鲧作三仞之城，诸侯背之，海外有狡心。”《初学记》卷二四引《吴越春秋》谓：“鲧筑城以卫君，造郭以守民，此城郭之始也。”《通志》云：“尧封鲧为崇伯，使之治水，乃兴徒役，作九仞之城。”徐旭生《中国古史的传说时代》指出：“共工氏所发明，鲧所沿用的堤防（也就是鲧所作的城或城郭）大约就像今日北方乡间所筑的土寨子或叫作护庄堤。”筑堤与筑城关系十分密切，如果说规模不大的王城岗小城颇类似于今日北方乡间所筑的“土寨子”或“护庄堤”，是当年夏鲧所作，也许更加接近历史事实。因为此城在嵩山之阳与阳城山附近，所以人们便把它称为“阳城”。夏王朝开国前夕，夏禹为避舜子商均，曾在这里度过了一段隐居生活。因而被称为“禹居阳城”。

夏商周断代工程专家组以公元前2070年作为夏的始年。[13]王城岗大城城墙和城壕的使用年代相当于王城岗龙山文化第三期，正在夏的纪年范围之内，我们可以认为，禹受舜禅之后，便以此为国都，即所谓“禹都阳城”。

关于王城岗小城与大城的关系，方燕明先生指出：“以前我们面对1992年出版的《登封王城岗与阳城》考古报告中丰富的王城岗小城使用期即王城岗龙山文化第二期遗存时，对同样丰富的王城岗龙山文化第三、第四期遗存不甚理解。因为当时我们认为王城岗龙山文化第三、第四期遗存已是小城废弃以后的堆积，为何与王城岗龙山文化第二期即小城使用期的遗存同样丰富？当我们发现王城岗大城并确定其年代是王城岗龙山文化第三期时，方能理解王城岗龙山文化第二、第三、第四期遗存之所以同样丰富，其原因当是这一时期有两座城即小城和大城存在并使用过。在王城岗遗址新发现的大城，是目前河南境内发现的最大的河南龙山文化晚期城址，与其共存的祭祀坑、玉石琮和白陶器等重要遗存都说明王城岗遗址应为嵩山东南麓、颍河上中游重要的中心聚落之一。联系到历史上夏的鲧、禹、启的传说多集中在这一带，我们认为：王城岗小城有可能为'鲧作城'，而王城岗大城有可能即是'禹都阳城'。"[14]这种分析大体上符合夏代建国前后的历史实际。

综上所述，河南登封王城岗城址是近年来考古发现的最重要的早期城址之一，在中华文明起源与发展研究中有着重要的学术地位和价值。结合文献记载与有关历史传说，王城岗龙山文化晚期小城与大城均称"阳城"，小城大约是鲧作之城和禹所避居的阳城，大城则应为夏建国后禹所都的阳城。

注　释

[1][8][9]河南省文物研究所、中国历史博物馆考古部：《登封王城岗与阳城》，文物出版社，1992年，第5—42页、第332页、第323—324页。

[2]北京大学考古文博学院、河南省文物考古研究所：《河南登封市王城岗遗址2002、2004年发掘简报》，《考古》2006年第9期。

[3]a.方燕明：《早期夏文化研究中的几个问题》，《中原文物》2001年第4期。

b.方燕明：《登封王城岗城址的年代及相关问题探讨》，《考古》2006年第9期。

[4]a.河南省文物研究所、中国历史博物馆考古部：《登封王城岗遗址的发掘》，《文物》1983年第3期。

b.中国社会科学院考古研究所：《中国考古中碳十四年代数据集(1965—1991)》，文物出版社，1991年，第160页。

[5][13]夏商周断工工程专家组：《夏商周断代工程1996—2000年阶段成果报告(简本)》，世界图书出版公司，2000年，第79页、第82页。

[6]李伯谦：《登封王城岗考古发现与研究·序》，大象出版社，2007年。

[7]杨育彬、袁广阔主编：《20世纪河南考古发现与研究》，中州古籍出版社，1997年，第237页。

[10]安金槐:《河南夏商周考古综述》,《华夏考古》1987 年第 1 期。

[11]李伯谦:《关于早期夏文化——从夏商周王朝更迭与考古学文化的变迁谈起》,《中原文物》2000 年第 1 期。

[12]李先登:《夏文化与中国文明的起源》,《中原文物》2001 年第 3 期。

[14]方燕明:《登封王城岗城址的年代及相关问题探讨》,《考古》2006 年第 9 期。

(原载《早期夏文化与先商文化研究论文集》,科学出版社,2012 年)

新砦城址与启都夏邑问题探索

近年来在河南省新密市新砦村发掘出一处规模宏大的龙山文化晚期和新砦期城址,这是中原地区城市考古的重大收获,也为探索华夏文明的起源与发展问题提供了新的资料。该城址发现有城墙、城壕、外壕、内壕等多重防御设施,以及大型建筑基址和手工业作坊区,出土有许多高规格的遗物。新砦城址的始建年代已经进入夏代初期,很有可能就是启都夏邑所在。

新砦城址的考古发现

新砦城址位于河南省新密市东南 18.6 千米的刘寨镇新砦村,三面环水,南依双洎河,西濒武定河,东临圣寿溪河,地势略高于四周地面。经考古勘探和局部解剖结果获知,这是一处龙山文化晚期和新砦期的大型城址。整个城址均掩埋在今地表以下,平面略呈方形,现存东、北、西三面城墙及贴近城墙下部的城壕,是为大城。大城北墙以北 220 米开外,另有一条人工与自然冲沟相结合而成的外壕,东西长 1500 米,南北宽 6—14 米,深 3—4 米。自西向东有 3 处缺口,可能是供行人出入的通道。外壕仅见于城址北面,这是由于城址三面环河、北部与陆地相连的地貌条件造成的,故设置外壕以构成北面的第一道防线。

城址西南部地势较高,设有内壕,从而形成内壕圈占的小城(内城)。小城迄今尚未发现城墙,仅存西、北、东三面内壕,其中北内壕东西长约 300 米,西内壕中部有缺口,应为出入的门道。东、西内壕的南部均遭破坏,长度不明。保守估计内壕所圈占的面积当在 6 万平方米以上。这样新砦遗址便是一处除城墙外,还设有外壕、城壕和内壕多重防御设施的古城。

新砦城址的东垣和北垣是利用自然冲沟的内壁修整、填土夯筑而成。其中东垣南段被双洎河故道冲毁，现存南北残长 160 米，深 4 米。北垣东西长 924 米，深 5—6 米。北垣所在位置，筑城之前是一段自然河沟。筑城时先把内侧沟壁修改成若干台阶状，再于台阶上堆土夯筑。龙山文化城墙自身存高即是自然河沟现存深度，约 6.7 米，南北现存宽度最宽 9 米。城墙下部夯层直接夯筑在沟内，夯层厚 0.60—0.75 米，夯窝稀疏，直径 7—8 厘米，深 1—1.5 厘米。龙山文化晚期的城壕紧靠城墙外侧，城壕上部被新砦期城墙打破，城壕现宽 1—3.65 米，深 6.95 米。龙山文化晚期城墙废弃以后，新砦期的城墙直接建在龙山文化晚期城墙外坡之上且打破龙山文化城墙外侧的城壕。新砦期城墙现存南北宽 11.5 米。筑城时首先将龙山文化城壕内上部淤土铺垫为新砦期城墙底部垫土，再倾斜堆积数层黄灰土作为下部垫土，然后于其上平夯灰褐色黏土层。该层土质紧密，夯层清晰，以椭圆形夯窝居多，直径一般在 5 厘米左右，深 1—1.5 厘米。灰褐色黏土层之上再夯筑黄花土层，系分段夯筑而成，每层黄花土内均包含大量料礓石块和生土块，土质不如灰褐色土层紧密。黄花土层之上的墙体已被破坏殆尽。

城的西垣及其城壕系人工挖掘而成。西垣现存南北长 470 米，深 2.5 米，也是由龙山文化晚期和新砦期两个时期的城墙叠压在一起。其中龙山文化晚期城墙筑成内高外低的坡状，直接叠压在生土上。龙山文化晚期城墙废弃后，新砦期城墙以东高西低之势直接覆盖在龙山城墙之上，只是稍微向西拓展，就势斜夯为墙体外坡。

在现存的三面城墙当中，东、西城墙的南段已遭双洎河及其故道冲毁，按照复原面积计算，城内面积约为 70 万平方米。

新砦期的城墙和城壕，后被二里头文化早期的一条大壕沟打破。这条壕沟走势大体与新砦期城壕相平行，只是略向内收。沟宽通常为 15—20 米，个别地段宽 60—80 米，深 5—7 米。新砦古城始建于龙山文化晚期末段，废弃于二里头文化早期。整个城址总面积逾 100 万平方米。

城址西南部内壕所在地带，当为城内中心区。在中心区中央偏北部，今梁家台村东北的高台地上，有一座浅穴式大型建筑，东西长 92.6 米，南北宽 14.5 米，总面积 1000 余平方米，西端已遭农田破坏，现存部分呈刀把形。在基址南部窄墙处，发现有中断的缺口，有的还发现有呈斜坡式铺垫的碎陶片通向外面，或许是门道式的出入口。通过解剖获知，该建筑基址至少经过三次修整。因为其内外均未发现柱洞遗迹，故而它很可能与古籍所载“坎”“墠”之类遗迹有关，是一处大型露天祭祀活动场所。该建筑基址上距地表1.2—1.5米，被二里头文化时期的文化层所叠压，其本身又叠压和打破龙山文化晚期的灰坑，应为新砦期建筑遗存。

浅穴式大型建筑以东10余米处，为其附属建筑。现已发掘两座。其中一座属中小型房址，平面基本呈方形，分东西两间，中间以隔墙相隔，但留有门道相通。墙体宽15—20厘米，墙南侧为散水，北边被现代沟打破。

在中心区以外，即梁家台村南端濒临双洎河的台地上，可能是手工业作坊区。2002年春天，在此发现一处多只鹿角叠放在一起的灰坑。表明这里应是加工骨器的场所。

除上述遗迹外，新砦城址内出土有大批遗物，其中不仅有子母口瓮、簋形豆、双腹豆、猪首形盖钮等制作精美的陶器，还有玉凿、铜容器等高规格器物，以及与二里头遗址出土的铜牌饰纹相类似的兽面纹、雕刻精细的夔龙纹等纹饰。城墙、城壕、大型建筑基址及高规格遗物，反映出新砦古城绝非普通意义上的一般聚落。[1]

当前，学术界大都主张龙山文化晚期及新砦期属早期阶段的夏文化，新砦遗址则有可能是夏代早期的一个重要城邑。王巍先生在论及2003年中国考古学研究的热点时曾经指出：“新砦遗址发现较早。前几年的工作主要是为了解决新砦期遗存与河南龙山文化及二里头文化的关系。自探源工程预研究将其设为专题以来，专题的承担者将主要精力放在解决该遗址的布局上。经过艰苦努力，确认该遗址面积为70万平方米。2002年在该遗址的中心部发现了面积不小于1000平方米、约相当于夏代早期的大型建筑基址。2003年，又发现了龙山时期和新砦期的城壕和城墙的墙基。在该遗址周围，发现数个同时期的小型遗址，表明当时这一带存在着以新砦遗址为中心的聚落群。新砦遗址可能是当时的一个政治中心。”[2]

关于新砦遗址的年代，经碳十四测定，其龙山文化晚期的年代为公元前2200—前1900年。新砦期年代大约为公元前1900—前1750年。新砦龙山文化晚期城址打破龙山文化晚期文化层，其始建年代为龙山文化晚期偏晚阶段。按绝对年代计算，新砦古城的始建年代约为公元前2000年到前1900年间。[3]夏商周断代工程将夏王朝的始年定为公元前2070年。[4]从年代学的角度分析，新砦城址应为夏代早期都城。

新砦城址与夏启之居

据文献记载，夏启之居距黄台之丘甚近。《穆天子传》载："〔天子〕东游于黄泽，宿于曲洛，废□。……丙辰，天子南游于黄□室之丘，以观夏启之所居，乃□于启室。"郭璞注："似谓入启室室中。"另据《文选》卷十三谢惠连《雪赋》云："姬满申歌于黄竹。"李善注："姬，周姓也。满，穆王名，昭王子也。……《穆天子传》曰：天子南游黄台之丘。大寒，北风雨雪，天子作诗三章。以哀人夫。"由此可知，穆天子所游的"黄□室之丘"，应作"黄台之丘"。黄台之所在，《水经·洧水注》云："洧水又东南，赤涧水注之。水出武定冈，东南流迳皇台冈下。"《水经·溴水注》熊会贞按："《续汉志》，黄台县有黄台冈，黄、皇古通。黄台冈盖即黄台。"丁山《由三代都邑论其民族文化》一文对此分析甚详。他说：

> 《穆天子传》："天子东游于黄泽，宿于曲洛，废□。使宫乐谣曰：黄之池，其马歕沙，皇人威仪。黄之泽，其马歕玉，皇人受谷。丙辰，天子南游于黄台之丘（今本作黄□室之丘，据文选注引改正），以观夏后启之所居，乃□于启室。"郭璞注："疑此言太室之丘嵩高山，启母在此化为石，而子启亦登仙。故其上有启室也。"按《汉书·武帝纪》："元封元年，登礼中岳，见夏后启母石。"颜师古注引《淮南子》言："涂山氏化为石，石破生启。"启之生地，传说虽在太室，但太室之北无黄池、黄泽，亦无黄台之丘。唯《水经注》云："洧水又东南，赤涧水注之，水出武定岗，东南流，迳黄台冈下，注于洧。洧水又东，与黄水合。黄水出太山南黄泉。黄即《春秋》之所谓黄崖也。故杜预注云：苑陵县西有黄水者也。又东南流，水侧有二台，谓之积粟台。黄水又东南，迳龙渊东南，注于洧水。"洧水先受赤涧水，次受黄水，黄水可指为《穆天子传》之黄泽，则积粟台非《传》文黄台之丘，黄台之丘可确指其即赤涧水旁之皇台冈。洧水出于阳城山，与黄水所出之太山，正是一脉，而黄、阳二字，古音同部，意者洧、黄之间，即夏后启之故居。

"夏后启之故居"的具体地点，丁山将它定位于"今河南省新郑、密县间"。[5]史念海《中国古都和文化》亦云："禹之后，启居黄台之丘，在今河南郑州和密县之间。”[6]黄台或称“黄台岗”,在今新密市刘寨镇台岗村,俗称“拜将台”或“力牧台”,系黄土夯筑而成的高台建筑遗址。台高13米,自下而上分四层台基叠筑,南北长133米,东西宽118米,最高处平顶呈15米的正方形。清康熙《密县志》云:“力牧台,在县东四十里有奇,土人呼为台子岗,又曰黄台岗。”清雍正九年《河南通志·古迹下》载:“力牧台,在密县城东四十里,土人呼为黄台岗,地近云岩、大隗镇,台址颇广,又曰拜将台。”因传说黄帝在此拜力牧为将,称拜将台,后人为感念力牧协助黄帝治国理政的功绩,易名力牧台。此黄台岗西北距新砦古城约3千米,登上此台,可以“观夏后启之所居,乃□于启室”。“室”泛称房屋住宅建筑而言。《考工记·匠人》云:“夏后氏世室。”今本《竹书纪年》云:“夏后有事于太室。”《穀梁传·文公十三年》云:“大室犹世室也。”《史记·龟策列传》云:“桀为瓦室。”《晏子春秋·谏下》云:“夏之衰也,其王桀背弃德行,为琼室玉门。”这是以室通称贵族统治阶级的治事朝堂或居室。所谓“启之所居”或“启室”,当指夏启都城内的宫室而言。由此看来,新砦城址应为夏后启之所居,亦即启之都城。

新砦城址即启都夏邑

启都之名,史称夏邑。《初学记》卷二十四载:“唐虞以前,都名不著,自夏之后,各有所称。《白虎通》云:夏为夏邑,商为商邑,周为京师是也。”《尚书·汤誓》谓:“夏王率遏众力,率割夏邑。”同书《多士》又云:“亦唯有夏之民叨懫日钦,劓割夏邑。”今本《竹书纪年》载:“帝启元年癸亥,帝即位于夏邑。”林春溥《古史纪年》说:“启帝即位于夏邑。”注引《统笺》:“《郡国志》颍川阳翟禹所都,盖禹始封于此,为夏伯。启即位于此,故曰夏邑。”《吴越春秋》云:“启遂即天子位,治国于夏。”《史记·夏本纪·正义》云:“夏者,帝禹封国号也。《帝王世纪》云,禹受封于夏伯,在豫州外方之南,今河南阳翟是也。”“邑”本是古代居民的聚居点,后来王都或诸侯国都亦每每以“邑”称之。如商代的“大邑商”“天邑商”“王邑”,周代的“岐邑”“新邑”“雒邑”,等等。

夏邑地望所在,一般认为在今河南禹州。顾颉刚先生在《法华读书纪》第十四册中指出:“夏代疆域可能较广,但其政治中心始终未远离今河南一省。阳城在嵩山下，为鲧、禹神话传说之中心，战国时即说为禹避舜子之处。阳翟，《汉志》定为夏禹国，说不定为夏之第一都城，后称之曰夏邑。”[7]陈显泗先生说：“启是夏代的第二王。他的都城（或居地）据文献记载，有钧台、夏邑、夏都等，如《左传·昭公四年》：‘夏启有钧台之享。’杜预注：‘河南阳翟有钧台陂。’《帝王世纪》更说：‘阳翟有钧台，在县西。’钧台在阳翟，即今禹县，是很清楚的。又如《竹书纪年》称‘帝即位于夏邑。’夏邑在何处？《统笺》说：‘《郡国志》颍川阳翟禹所都，盖禹始封于此，为夏伯。启即位居此，故曰夏邑。’这既证明了禹都阳城确在嵩山一带，也证明了启都夏邑在今禹县，仍在嵩山一带。”[8]《禹县志》载：“罗泌《路史》：‘禹封高密以处于栎，是为有夏，曰夏伯。后少康复禹之绩，以绍都于栎。’注：‘栎，今许昌阳翟。’再据《竹书纪年》：‘启元年癸亥，帝即位于夏邑，大飨诸侯于钧台。’后曰：‘少康自纶归于夏邑。’笺云：以启飨诸侯于阳翟之钧台，故知启即位于夏邑即阳翟是也。唯为两世旧邦，故少康于夏邑曰归也。夏邑与栎同指阳翟一地。”这里将夏邑定位于今河南禹州市境，并主张启都夏邑是在禹都阳翟的基础上发展起来的。

阳翟，据《汉书·地理志》“颍川郡阳翟县”条班固自注：“夏禹国，周末韩景侯自新郑徙此。”颜师古注引应劭曰：“夏禹都也。”《后汉书·郡国志》颍川郡载：“阳翟，禹所都。”《史记·周本纪·集解》引徐广曰：“夏居河南，初在阳城，后居阳翟。”《史记·夏本纪·正义》引《帝王世纪》云：“禹受封为夏伯，在豫州外方之南，今河南阳翟是也。”《水经·颍水注》云：“颍水自堨东迳阳翟县故城北，夏禹始封于此，为夏国。”《括地志》许州阳翟县载：“阳翟县又是禹所封，为夏伯。”《元和郡县图志》河南府阳翟县载：“阳翟县，本夏禹所都，春秋时郑之栎邑，韩自宜阳移都于此。”《路史·后纪》云：“〔禹〕封之高密以处于栎，是为有夏曰夏伯。”罗苹注：“禹之封国栎，今许昌阳翟。”阳翟古称栎，属高密地。所谓禹封高密，即是封栎邑阳翟。

阳翟故城的地望，顾祖禹《读史方舆纪要》及清乾隆《禹州志》都说在州北八里营，即今禹州市朱阁乡八里营村。该村北面发现一处面积约 50 万平方米的城址，时代为战国前期，并未找到夏文化的遗址和遗物，显然这里不是禹都阳翟。邹衡先生认为，“阳翟在今河南禹县境，现已在吴湾发现大范围夏文化遗址，禹居阳翟之说，或可得到考古上的证明”[9]。吴湾遗址在今禹州市褚河乡吴湾村东北，面积 15 万平方米，地域狭小，没有夏都的气势。刘庞生先生则谓：

"阳翟在今河南禹州,禹州瓦店,发现有河南龙山文化晚期遗存,与禹先夏伯都年代相合。"[10]瓦店遗址位于禹州市火龙镇瓦店村东北,是1979年在颍河两岸考古调查时发现的。经过考古发掘,在遗址西北台地发现龙山文化晚期环壕,壕沟由西壕、南壕和东壕构成。西壕残长210米,东壕残长150米,复原长度均约400米;南壕长1000余米。壕口宽皆约30米,底宽皆约20米,残深2—3米。其防御是由东、西、南面的壕沟与东北面的颍河共同构成的,目前所知环壕围成的范围呈西北东南向长方形,面积达40余万平方米。在环壕范围内的中部发现一条龙山时期南北走向的道路,其南部发现两组与南壕走向大体一致,并以路为中轴线东西相对分布的龙山时期的大型夯土建筑基址,可能与祭祀遗迹有关。路东侧的建筑基址面积上千平方米,在基址内和转角处,均发现用于奠基或祭祀的身首分离的人牲遗骸数具和动物骨骼,还有可能用于燎祭的红烧土坑。路西侧的建筑基址面积亦上千平方米。瓦店遗址出土的陶器有鼎、鼓腹罐、折腹盆、高瓴壶、碗、盘及造型精美的黑陶高柄豆、红陶鸟首盉等。[11]从瓦店遗址发现的遗迹、遗物来判断,它很可能与禹居阳翟有关。不过阳翟与夏邑之间却并非可以随便画等号。据今本《竹书纪年》载,帝禹八年,"夏六月,雨金于夏邑"。夏禹既都阳翟,同时又有地名曰"夏邑",可见夏邑与阳翟不是一地二名,很有可能是夏王朝早期两个相距不远而又容易被混淆的大型聚落。董立章先生曾经指出:"禹州市境内矿产丰富,铜储量可观,正为远古帝王选都之地。《中国县情大全》称禹州属夏启、少康之都误,而实为灭虞之前大禹之都。"[12]这种观点对我们探索启都地望有一定启迪作用。

同夏邑有关的地名是"钧台"。《左传·昭公四年》云:"夏启有钧台之享。"杜预注:"河南阳翟县南有钧台陂,盖启享诸侯于此。"《帝王世纪》说:"阳翟有钧台,在县西。"《水经·颍水注》云:"〔颍水〕又东南过阳翟县北。……东迳三封山东,东南历大陵西。《归藏易》曰:启筮享神大陵之上。即钧台也。《春秋左传》曰:夏启有钧台之飨,是也。杜预曰:河南阳翟县南有钧台。其水又东南流,水积为陂,陂方十里,俗谓之钧台陂,盖陂指台取名也。"钧台又称夏台。《大清一统志》卷一百五十开封府:"钧台,在禹州南,即夏台也。"《史记·夏本纪》载帝桀"乃召汤而囚之夏台"。《索隐》说:"夏曰均台,皇甫谧云'地在阳翟'是也。"现存之钧台建于康熙十八年(1679),坐北向南,砖石结构,略呈方形,边长7.4米,高4.4米。台上原建有楼阁,毁于民国年间。拱券上题额为"古钧台"三字,署名为“光绪甲午夏,南海黄璟重修”。两侧楹联曰:“得名始于夏,怀古几登台。”钧台是夏启祀神和宴飨诸侯的地方,不是他的都城。钧台所在的禹州市区,没有发现夏代遗址,因而启都夏邑不在禹州市区。

此外,也有学者认为“夏邑”在今河南省夏邑县境。何光岳先生指出,夏邑“应系纶邑之南的今夏邑县”。[13]河南豫东商丘地区夏邑县之“夏邑”,本名栗邑,秦代易名“下邑”,明洪武初年,取“华夏之邑”意,改为“夏邑”。从年代来看,启都夏邑不在这里。

夏邑地望既不在今禹州市区,也不在夏邑县域,相比之下,将它定位于新密市境为宜,新密新砦城址应是启都夏邑所在。

过去,还有学者主张夏启都名为阳城,曾谓:“夏后启之居阳城,《穆天子传》其确征也。”[14]这只是一种误会。从《穆天子传》所提供的资料,结合考古发现来看,新砦夏后启之居是夏邑并非阳城。

结　语

综上所述,新砦城址即是《穆天子传》中提到的“夏后启之所居”。不过此地既非阳翟,也不是阳城。阳翟在禹州市瓦店村。阳城在今登封市境,一般认为就是王城岗龙山文化城址。从时间和地望来看,新砦城址非启都夏邑莫属。考古资料表明,新砦发现的龙山文化晚期城垣,始建年代约为公元前2000年。夏朝始年为公元前2070年。古本《竹书纪年》说:“禹立四十五年。”从年代学来说,该城址与禹无关,有可能是夏启之都。今本《竹书纪年》载:“少康自纶归于夏邑。”新砦城址发现的新砦期城垣,建于公元前1900年,与少康在位时间大体相合,似能反映出少康居夏邑的史实。也有人认为,新砦期城址可能同“后羿代夏”之间存在某种联系。至于外壕、城壕和内壕多重防御设施的开凿,似与夏代初年的政治形势有关。《吕氏春秋·召类》谓:“禹攻曹、魏、屈骜、有扈,以行其教。”《吕氏春秋·先己》云:“夏后伯启与有扈战于甘泽而不胜……期年而有扈氏服。”当时有扈氏势力比较强大,占据着今郑州以北原阳县西南一带,对夏王朝构成很大的危胁。为了防止敌对势力对夏都的侵袭,有必要筑城挖壕以自卫。

注　释

[1]赵春青、张松林、张家强、谢肃:《河南新密新砦遗址发现城墙和大型建筑》,《中国文物报》2004年3月3日。

[2]王巍:《2003年中国考古学研究热点综述》,《中国文物报》2004年1月16日。

[3]赵春青:《新密新砦城址与夏启之居》,《中原文物》2004年第3期。

[4]夏商周断代工程专家组:《夏商周断代工程1996—2000年阶段成果报告》(简本),世界图书出版公司,2000年。

[5][14]丁山:《由三代都邑论其民族文化》,前中央研究院《历史语言研究所集刊》第五期第一分册(1935年)。

[6]史念海:《中国古都和文化》,中华书局,1998年,第43页。

[7]王煦华:《顾颉刚关于夏史的论述》,《夏文化研究论集》,中华书局,1996年。

[8]陈显泗:《关于夏王朝在河南统治和治所的地域》,《夏史论丛》,齐鲁书社,1985年。

[9]邹衡:《夏商周考古学论文集》,文物出版社,1980年,第224页。

[10]刘宪生:《阳城、阳翟是先夏伯都,非早夏帝都——〈全夏都初探〉之一》,《西北大学学报》2001年第4期。

[11]方燕明:《寻找夏代早期的城址》,《寻根》2010年第3期。

[12]董立章《三皇五帝史断代》,暨南大学出版社,1999年,第287页。

[13]何光岳:《夏源流史》,江西教育出版社,1992年,第49页。

(原载《考古与文物》2007年第3期)

考古视野下的二里头遗址

二里头遗址位于偃师市西南约 9 千米的二里头村一带。地当洛阳盆地东部的伊洛河流域，北依邙山，南望嵩岳，东有成皋轘辕之险，西有降谷崤函之固，前临伊洛，后据黄河，依山傍水，形势险要。从其景观生态系统来看，具有多重过渡性特征：气候方面处于北亚热带向暖温带的过渡带；地形方面处于二级阶梯向三级阶梯的过渡带；纬度方面处于中纬度向高纬度的过渡带；文化传统方面则处于四方文化的辐辏之地。这些过渡性特征及其所具有的多重边缘效应，使这里不仅具有多重的生态适应性，而且具有很强的环境承载力，从而成为早期王朝建国立都的理想生境。[1]遗址中心在二里头村村南，重要遗存分布的范围主要是：南起四角楼村（包括四角楼、凤岭寨、西喂羊庄、下王庄、新庄等自然村落）前的古洛河北岸，往北至少到二里头村后今洛河河道，东过屹当头村，西到北许村，南北长 2—2.5 千米，东西宽 2.5 千米，面积 5—6 平方千米。

1959 年夏，考古学家徐旭生先生在豫西进行"夏墟"调查时，于偃师二里头村发现了一处大型遗址。他曾推测"如果乡人所说不虚，那在当时实为一大都会"[2]。从而引起了学术界对二里头遗址的极大关注。

二里头遗址自 1959 年秋开始正式发掘，迄今已 50 余年，共发掘了 60 余次，累计发掘面积达 4 万平方米。在遗址范围内普遍堆积着二里头文化层，包含物极为丰富，夏鼐先生于 1977 年把它命名为二里头文化。[3]二里头遗址的文化层堆积主要是二里头文化层，包括有四个时期的文化遗存。发现有宫城、宫殿建筑基址、祭祀场所、手工业作坊等重要遗迹。

宫城位于遗址中东部，平面略呈长方形，四周围以夯土城墙，其中东城墙与北城墙保存较好，东城墙残长 330 余米，并有城门 2 处；北城墙残长约 250 米，南城墙残长 120 余米，西城墙残长 150 余米。东、西城墙的复原长度分别为 378 米、359 米，南、北城墙的复原长度分别为 295 米、292 米。面积约 10.8 万平方米。宫城城外四面均发现平行于城墙的宽达10—20米的环城大道,四条大道垂直相交,其走向与1、2号宫殿建筑基址的方向基本一致。城内分布着数十座夯土基址,已经探明的有34座。宫城城墙始建于二里头文化二期、三期之交,废弃于二里头文化四期偏晚阶段。[4]

1号宫殿建筑基址坐落在宫城西部偏南处,宫城西城墙东距1号基址西缘约20米,宫城南城墙北距1号基址南缘约40米。该基址是一座大型夯土台基,形状略呈正方形,东北部有一个长方形凹角。台基西边长98.8米,北边长90米,东边长96.2米,南边长107米,周长392米,面积9585平方米。高出当时地面0.8米。台基上建有主体殿堂、回廊、南大门和两个侧门。主体殿堂建于台基的北部中央,平面呈长方形,东西长36米,南北宽25米,面积900平方米,为木骨泥墙构成的宫室。根据殿基柱洞保存情况推测,这是一处面阔八间、进深三间、四面坡顶重檐式建筑。主体殿堂之南为宽敞的庭院。与主体建筑正南相对的是宫殿正门,位于建筑基址南部,由回廊、3条门道和4座塾房组成。环绕台基四周设有围墙、回廊。在北围墙东部和东围墙北部,各有一个缺口,为宫殿的东、北侧门。整个宫殿建筑形成以殿堂为中心,门庭、廊庑为屏障的建筑群。1号基址的年代为二里头文化三期,也是我国迄今发现的年代最早、规模较大、保存较好的宫殿建筑基址。

2号宫殿建筑基址位于1号基址东北150米处,是依托宫城东城墙建成的。宫城北城墙南距2号基址北缘约120米。该基址为一长方形的夯土台基,南北长72.8米,东西宽57.5—58米,面积约4000平方米。是由主体殿堂、回廊、围墙、大门组成的一座完整的宫殿建筑群。主体殿堂位于台基的中部偏北处,形状为长方形,东西向。北边长32.75米,南边长32.6米,东边宽12.4米,西边宽12.75米,面积约为1号宫殿主体殿堂的一半,是一座面阔三间、四周置有回廊的建筑。主体殿堂之南为宽敞的庭院,正南为大门。大门建筑为面阔三间的小型屋室,左、右二室呈方形,为塾房,中室较宽,为出入宫殿的主要通道。小型屋室的南、北两面都有廊,是一种两面附廊式的建筑。台基四周筑有围墙,在东、西、南三面围墙内有回廊。2号宫殿建筑基址始建于二里头文化三期,废弃于二里头文化四期之后。在2号宫殿建筑基址主体殿堂与北围墙之间,发现一座与建筑同时期的长方形竖穴大墓,墓口长约5.3米,宽约4.3米,底部长1.85米,宽1.3米。墓葬早期被盗,只残存少量遗物。[5]由于2号宫殿建筑基址内发现大墓，一般认为该基址可能属于宗庙、陵寝之类。

3 号宫殿建筑基址位于宫城东城墙下，部分被 2 号基址叠压，其方向与 2 号基址大体相同。长约 150 米，宽约 50 米，实际上是由所谓“一体化的多重院落”即北院、中院和南院前后三进院落组成。始建于二里头文化二期。[6]

4 号宫殿建筑基址位于宫城的东部偏南、2 号基址的正前方。目前仅发掘了基址的主体部分即北半部，发现了主殿和东回廊。主体殿堂略呈圆角长方形，东西长 36.4 米，南北宽 12.6—13.1 米，面积约 460 平方米。东回廊在主殿台基和宫城东墙之间，发掘长度为 15 余米。4 号宫殿建筑基址的年代与 2 号基址一样，应为二里头文化三期，废弃于四期之后。4 号基址位于 2 号基址的正前方，与其拥有统一的建筑中轴线，二者关系十分密切。[7]

5 号宫殿建筑基址与 3 号基址东西并列，相距约 3 米，结构相似，建筑年代亦应为二里头文化二期。[8]

6 号建筑基址位于 2 号基址之北，始建于二里头四期。[9]

7 号建筑基址位于宫城南城墙之上，恰好坐落于 1 号基址南大门的正前方。平面呈长方形，东西长约 31.5 米，南北宽 10.5—11 米。

8 号建筑基址建于宫城西城墙之上，位于 1 号基址的西南。尚未完全发掘，发掘部分南北长近 20 米，东西宽 9.7—10 米。7 号与 8 号两座基址的建筑与使用年代与宫城城墙相同。[10]

由宫城城墙、纵横交错的道路网及 1 号、2 号、4 号、7 号、8 号等排列有序的建筑基址构成的始建于二里头文化二期、三期之交的二里头遗址宫城遗迹，是目前发现的我国最早的宫城遗迹。

除宫殿区外，其他重要遗迹如下：

贵族聚居区位于宫城的周围，处于遗址的东部、东南部和中部，分布着多处夯土建筑基址，其面积一般大于 20 平方米，小于 400 平方米。

一般居住区位于遗址的西部和西北部，常见小型地面式或半地穴式房址。

祭祀活动区位于宫城的北部和西北部，处于遗址的中东部，集中分布着一些可能与祭祀有关的建筑遗迹。主要包括圆形的地面建筑和长方形的半地穴建筑及其附属墓葬。长方形半地穴建筑与圆形地面建筑往往相伴。

铸铜作坊遗址位于遗址东南部的宫城以南 200 米处，面积在 1 万平方米以上。发现与青铜冶铸有关的遗迹和陶范、熔炉残片等物。

制骨遗迹也在多个地点都有发现。其中宫城的东部和北部即遗址的第Ⅲ、第Ⅵ发掘区分布较为集中。尤其是第Ⅵ发掘区的一个骨料坑,规模甚大,出土许多骨料和骨器半成品以及制骨使用的砺石,估计附近应该是制骨作坊之所在。

绿松石废料坑位于宫殿区南20米处,应与绿松石作坊有关。

陶窑布列在遗址的各个角落,尚未见成片的窑址。

墓葬分散在遗址的各个角落,尚未发现一个长期固定而集中的墓地,但遗址中的墓葬显然也可以分区,而非毫无规则。出土铜器、玉器的中型墓葬,主要集中在宫殿区的周围。[11]

二里头遗址先后出土了相当数量且工艺复杂的青铜器。有刀、锥、凿、锛、渔钩等生产工具,戈、钺、镞、戚等武器,爵、斝、鼎等生活用具,还有铃、牌饰等。从器类、器型或成型工艺方面来看,均已构成中国青铜器文明及冶铸技术的基本格局。青铜礼器的出现,改变了以往以玉器和特殊陶器为主要礼器的局面,开始形成以青铜器为中心的礼器群。这一规则为商、周礼仪制度所继承并加以发展,青铜礼器遂成为中国青铜文明的核心和重要特征。

二里头遗址出土的玉器,主要有刀、璋、钺、圭、戈、柄形饰等,其中不乏巨作宏制之器。如1975年出土于二里头遗址第Ⅱ发掘区的玉刀,长达66厘米,有扉齿和规整的几何花纹,同时出土的一件玉璋,高达48厘米。1980年在二里头遗址第Ⅴ发掘区出土的玉璋,一件高54厘米,一件高48.1厘米,皆有扉齿。1987年在二里头遗址第Ⅵ发掘区出土的玉刀宽5.5厘米,长53.5厘米;玉戈长43厘米。这些大型玉器,推测是特定礼仪场合使用的仪仗。

二里头遗址的墓葬中已出土漆器数十件,其中器型明确者以觚最多,在墓中漆觚常与铜爵、陶盉配组。另外有匣、豆、盒、钵、匕、勺、杯、瓢状器等,还有漆鼓与漆棺。

二里头遗址出土的陶器中,以灰陶为主,也有白陶。有的陶盉形体高大,富有王气。有的印纹硬陶,陶胎呈紫褐色,坚硬致密,器表拍印几何花纹。某些陶片上,表面挂有薄薄的透明釉,应是釉陶或原始瓷器。

二里头遗址已屡屡发现纺织品的实物或其痕迹,主要见于铜器和玉器上,即铜器和玉器作为随葬品入葬时,有用纺织品将其包裹起来的习惯。在这些纺织品中,组织纤维较粗的可能为麻布,组织纤维较细的应是丝织品。如1991年在第Ⅸ发掘区M1出土的铜铃上发现的纺织品，厚达3毫米，裹在外层的被墓中的朱砂染成了红色，包在内层的被铜锈侵蚀为翠绿色，皆属平纹组织，其中有一种布经纬线紧密，每平方厘米经纬线各32—36根，另一件达50×50根。应为丝织品无疑。[12]

二里头遗址出土的绿松石，主要有珠、管、玦、嵌石铜牌等。2002年春，3号宫殿建筑基址南院3号墓（02VM3）墓主骨架上，发现一件绿松石龙，头朝西北，尾向东南，由2000余片各种形状的绿松石片组合而成。整个图形置于一个长条呈梯形的托座上。绿松石龙为巨头，蜷尾，龙身起伏有致，颜色绚丽。龙身长64.5厘米，中部最宽处4厘米。托座表面也由绿松石拼合出有层次的图案，多处有龙头伸出的卷曲弧线，似表现出龙须或有鬓的形象。龙头较托座微隆起，呈浅浮雕状，为偏圆形巨首，吻部略突出。以不同颜色、形状的构件组成其鼻、眼和龙鳞，使整个龙体栩栩欲动，十分珍贵。[13]

二里头遗址出土的陶器上，一般只见于大口尊和卷沿盘的口沿部分，发现了许多“刻画符号”，有的学者认为，这些“符号”中确实有早期文字，分别表达数字、植物、器具及自然景象。如一（或十）、二、三、六、七、八、木、禾、矢、蔽、井、墉（或亚）、山、射、竹（或冉）等，在商代甲骨文中均可找到相同或相似的字。[14]

二里头遗址的考古发掘中，于2004年在宫殿区南侧大道的二里头文化二期路土之间发现了2道大体平行的车辙痕。发掘区内车辙长5余米，且继续向东西伸延。辙沟呈凹槽状，其内可见下凹而呈层的路土和灰土。两辙间的距离约为1米。[15]《史记·夏本纪》载夏人“陆行乘车”。二里头文化早期车辙的发现，为探索我国古代车的起源提供了重要资料。

在以往论及二里头遗址聚落总体状况时，一般都是认为1号、2号宫殿建筑基址，铸铜作坊遗址和贵族墓葬等重要遗存珠玑般散落于这一大型都邑之中。通过近年来一系列的考古新发现，人们逐渐改变了这一观念，充分认识到二里头聚落的布局是事先经过精心规划的。许宏先生曾经指出：

第一，它的中心区有作为城市之“骨架”的纵横交错的道路网，大路宽阔整洁，长期延续使用，宽达10余米至20米。

第二，宫殿区围以方正规矩的城垣，宫城略呈纵长方形，面积逾10万平方米。这是迄今为止发现的我国最早的宫城遗存。

第三，宫城、大型建筑以及道路都有统一的方向，方向南略偏东。

第四，宫城内已发现两组大型建筑基址群，它们分别以1号、2号宫殿基址为核心，都有明确的中轴线。

由是可知，二里头遗址是一处经缜密规划、布局严整的大型都邑。应当说，上述考古学现象的存在及这一结论的得出并不出乎人们的意料之外。作为权力中心的中国早期都城属于政治性城市，它可以没有城墙（其有无取决于当时的政治、军事形势，战争的规模与性质乃至地理条件等多种因素），但绝不能没有规划性。可以认为，规划性是中国古代城市的一个重要特征。二里头遗址在华夏早期文明形成过程中承前启后，二里头都邑规划性的判明，对于探索中国文明的源流具有重要的标尺性意义。[16]

刘典立等先生也有类似的规点，他们认为：二里头遗址是我国古代最早的具有明确规划的都邑，其规划缜密、布局严整，开中国古代都城规划制度的先河，后世中国古代都邑营建制度的许多方面都可以追溯至二里头，如纵横交错的道路网，方正规矩的宫城，宫城内多组具有中轴线规划的建筑群、建筑群中多进院落的布局、坐北朝南的建筑方向以及许多土木建筑技术等。二里头宫城可以看作是中国古代宫城的祖源，此后的中国古代宫城连续演进，在明清时期营建的北京紫禁城达到了顶点。[17]

关于二里头文化的年代，测年专家依据系列样品，提高了测年的精度。新的测定结果为二里头文化第一期到第四期的年代范围大约为公元前1750—前1520年，约200多年。[18]与夏商周断代工程提出的夏商周年表相较，显然处于夏代中晚期和商代初期。根据中国古代文献记载，夏人的活动中心就在洛阳盆地的二里头一带。《逸周书·度邑解》载："自洛汭延于伊汭，居阳无固，其有夏之居。"庄述祖注："在天下中，诸侯纳贡职道里，是谓中土，天地所合，四时所交，风雨所会，阴阳所和，以建天室，有德易兴，无德易亡，惟有德者居之，不私一姓，是谓有夏之居。"古本《竹书纪年》称："太康居斟寻。"今本《竹书纪年》载："仲康元年己丑，帝即位，居斟寻。"《战国策·魏策一》云："夏桀之国……伊、洛出其南。"《史记·孙子吴起列传》记载了战国时期军事家吴起对魏文侯说的一段话："夏桀之居，左河济，右泰华，伊阙在其南，羊肠在其北。""河济"指济水入黄河处，在今荥阳市以北；"泰华"即华山，在今陕西华阴市；"伊阙"为洛阳南的伊水阙口；"羊肠"指黄河北岸太行山的羊肠坂，在今沁阳市常平乡境内。"夏桀之居"明显就在洛阳盆地一带。上述文献记载表明，二里头遗址应是夏代太康、仲康、桀的都城所在，即夏都斟鄩。

考古资料表明，洛阳盆地已发现二里头文化遗址 125 处，加上中澳联合考古队在巩义境内伊洛河下游调查到 46 处，合计达 170 余处。这些遗址包括王都、区域性中心聚落、次级中心聚落与小的村落，从而形成金字塔式的聚落结构。作为夏代王都的二里头遗址，在这个聚落格局中别具一格，从而形成了众星拱月之势。在论及二里头遗址和二里头文化所产生的深刻影响时，许宏先生说："在二里头时代的东亚大陆，二里头文化的周围乃至更远的区域分布着若干各具特色的考古学文化。它们与二里头文化之间，存在着不同程度的联系与交流。这种联系与交流表现在两个方面：一方面，是在二里头文化周围甚至边远地区的一些考古学文化中，经常可以见到二里头文化的因素；另一方面，在二里头文化中也包含着来自四面八方不同区域的文化因素。这种高度发达的青铜文化，以其博大的胸怀，兼收并蓄，汇集了中华大地早期文明的精粹，最终达致王朝文明的辉煌。它在内部高度发展的同时，又向四周发射出超越自然地理单元和文化屏障的强力冲击波。在这一过程中，华夏国家完成了由多元向一体的转型，'中国'世界的雏形得以形成。"[19]

夏代后期，洛阳盆地的伊洛流域处在"全新世暖期"将要结束的气候波动下降期，生态环境明显恶化，旱灾和地震频发，导致伊、洛河断流。古本《竹书纪年》云："夏桀末年，社坼裂。"今本《竹书纪年》载，夏桀十年，"地震，伊、洛竭"。《墨子·非攻下》亦说当时"日月不时，寒暑杂至，五谷焦死"。在这种情况下，夏桀不顾百姓死活，仍然筑倾宫，饰瑶台，作琼室，立玉门，加强对人民的压迫剥削。他并"自比于日"，说："天之有日，犹吾之有民，日有亡哉？日亡吾亦亡矣。"所以人们便诅咒他道："时日曷丧！予及汝皆亡。"（《尚书·汤誓》）公元前 1600 年，商汤起兵灭夏，夏桀仓皇逃去，死于南巢。从此，二里头遗址失去夏都的地位。《史记·殷本纪》载："汤既胜夏，欲迁其社，不可，作《夏社》。"《封禅书》亦云："汤伐桀，欲迁夏社，不可，作《夏社》。"商汤与夏桀没有在时为夏都的二里头遗址进行最后的攻防战，因而并未毁灭夏族的宗庙遗存及其他大型设施。在一般认为已实现了王朝更替的二里头文化四期（至少是其晚段）或稍晚，宫殿区仍延续使用，1 号、2 号、4 号、7 号、8 号等始建于三期的建筑基址、宫城城墙及周围大路等重要遗存均未遭遇毁灭性破坏。说明这一阶段的二里头遗址尽管失去了夏都的地位，仍然是一个十分重要的大型聚落。

注 释

[1]宋豫秦、虞琰:《三代文明崛起的生境优化过程及其启示》(提要),《二里头遗址文化研究》,科学出版社,2006年。

[2]徐旭生:《1959年夏豫西调查“夏墟”的初步报告》,《考古》1959年第11期。

[3]夏鼐:《碳-14测定年代与中国史前考古学》,《考古》1977年第4期。

[4][10]中国社会科学院考古研究所二里头工作站:《河南偃师市二里头遗址宫城及宫殿区外围道路的勘察与发掘》,《考古》2004年第11期。

[5]中国社会科学院考古研究所:《偃师二里头:1959年—1978年考古发掘报告》,中国大百科全书出版社,1999年,第138—159页。

[6][9]中国社会科学院考古研究所二里头工作队:《二里头遗址宫殿区考古取得重要成果》,《中国社会科学院古代文明研究中心通讯》第5期,2003年1月。

[7][8]中国社会科学院考古研究所二里头工作队:《河南偃师市二里头遗址4号夯土基址发掘简报》,《考古》2004年第11期。

[11][12][14]中国社会科学院考古研究所:《中国考古学·夏商卷》,中国社会科学出版社,2003年,第65页、第113—121页、第126页。

[13]中国社会科学院考古研究所二里头工作队:《河南偃师二里头遗址中心区的考古发现》,《考古》2005年第7期。

[15]许宏、赵海涛:《二里头遗址发现宫城城墙等重要遗存》,《中国文物报》2004年6月18日第1版。

[16]许宏:《二里头遗址考古新发现的学术意义》,《中国文物报》2004年9月17日第7版。

[17]刘典立总编:《洛阳大典》,黄河出版社,2009年版,第268页。

[18]伊士华、蔡莲珍、张雪莲:《关于二里头文化的年代问题》,《二里头遗址与二里头文化研究》,科学出版社,2006年。

[19]许宏:《二里头:华夏王朝文明的开端》,《寻根》2000年第3期。

(原载《华夏源》总第34期,2014年2月)

望京楼城址探索

望京楼遗址位于新郑市区北6千米的新村镇望京楼水库东，孟家沟村西，因遗址西南角一处夯土台基被称为望京楼而得名。黄水河（古溱水）从遗址西侧流过折而向东。郑（州）新（郑）公路从遗址中部南北穿过，杜村占压遗址中东部。这里地处我国地貌构架之第二阶梯与第三阶梯交界处，即豫西山地东缘向黄淮平原过渡地带。在气象方面，属暖温带大陆性季风气候，气温适中，四季分明。从自然地理状况来看，地跨黄、淮两大流域，占据着南达江汉、北抵太行的枢纽地位。《国语·郑语》称其“前华后河，右济左洛，主芣騩而食溱洧”。《新郑县志》谓：“东马陵，北豹山，溱洧襟带于前，梅泰环拱于后。”实为风藏气聚之地，由此可见其地理位置之优越。

该遗址发现于20世纪60年代，1973年当地群众平整土地时曾出土一批青铜器和玉器。1996年6月，河南省文物考古研究所对该遗址进行科研性发掘，确认其时代属夏商时期。2008年，河南省文物考古研究所又对遗址南部边缘处进行发掘。2010年9月，为配合郑州市重点工程郑（州）新（郑）快速通道建设，郑州市文物考古研究院对该遗址进行大规模钻探和以道路占压区域为重点的大面积发掘，获知遗址东西长约1100米，南北长1520米，总面积约168万平方米，并发现了夏商时代的城址。

商代二里岗文化城址位于遗址中部偏西，城墙均掩埋于地表之下，地面无遗迹可寻。勘探确认城址平面呈方形，方向为北偏东15°。东城墙、北城墙东段、南城墙中段及四个城角保存较好，经复原后，东城墙长约590米，宽约20米，夯土厚度1.2米；北城墙长约602米，宽10—19米，夯土厚度1.5米；南城墙长约630米，宽7—20米，夯土厚度0.5—1米；西城墙长约560米，宽7—10米，夯土厚度0.5米。整个城址面积约为37万平方米。

城墙由墙基、墙体和护坡三部分组成。其筑法是：先在黄白色生土中按城墙走向挖出基槽，而后逐层填土夯实。基槽上口宽8.8米，底宽7.75米，深0.55米，口大底小，两壁较为规整，当墙体高出基槽时，内、外两侧分别向中心收缩，然后逐层向上夯筑，至现存城墙夯土顶部，城墙宽8.2米，现存墙高，从基槽口起算为1.55米，城墙夯土总厚度为2.1米。夯土层清晰，基本平直，每层厚7—8厘米，夯窝排列无序且多重叠，夯窝包含圆形、椭圆形、圜底，直径为3—4厘米。

主体城墙筑起之后，并对内、外两侧加工，夯筑护坡。护坡表面平整且作坡状堆积。靠近墙体一端高，远离墙体一端低。内侧护坡上部宽1米，下部宽3.3米，高1.4米；外侧护坡现存上部宽6.75米，下部宽8.5米，高1.4米。护坡夯土为黄土，夯层均匀而清晰，夯层倾斜，夯窝密集。

城壕紧贴城墙外护坡，东城壕长约600米，北城壕长约187米，南城壕长约345米，其余部分被晚期遗迹或取土破坏。壕宽13—15米，深2.5—4.5米。壕内堆积为淤土或淤沙，坡度较大。

在三面城墙上共发现缺口3处，东城墙2处，南城墙1处。东城墙偏南距离东南城角195米处的城门为“东一门”。东一门占地2000余平方米，由城墙、两侧护坡、门墙、城门洞及附属建筑组成。城门平面形状呈“凹”字形。门墙长7.7米、宽5.8米。可能是文献记载中的“瓮城”。

城内发现道路4条，东西向、南北向各2条，其中3条与城门对应。此外，城内还发现有夯土建筑基址、祭祀坑、墓葬等。

根据现有考古资料，初步推断，该城址始建于二里岗下层偏早阶段，兴盛于二里岗下层二期和二里岗上层一期，废弃于白家庄期。[1]

望京楼二里岗文化城址外侧，发现一座夏代二里头文化城址。目前仅发现东城墙，在城墙东南及东北拐角处，也残留有城墙遗存。城址平面略呈方形，城墙的方向为北偏东130°。东城墙长625米，残宽3—3.5米；南城墙残长41米，残宽5.8—6.6米；北城墙残长32米，残宽1.1米。城墙墙体破坏极为严重，仅见基槽和城墙，未见护坡。夯层清晰，为平夯，夯层厚5—8厘米。二里头文化城墙基槽被二里岗文化城壕直接打破。

城墙外发现有城壕，东城壕长645米，北城壕残长约180米，南城壕残长约220米。其余部分被压在公路和民宅下面。城壕宽约10米，深约3米。

城内分布有夯土建筑基址和蓄水池。

初步推断，该城址始建于二里头文化二期，废弃于二里头文化四期。

在望京楼二里头与二里岗文化城址的外围，发现有部分城墙与城壕遗存，应为望京楼城址的外廓城与城壕。目前仅在二里岗城址东北城墙约300米的马垌村东北部及村南零星发现。城墙夯土残存厚约30厘米，城墙外是一条东西向的人工开凿的壕沟，长约1100米，宽10—25米，深2—3.5米，即为外城壕。外城壕东接黄沟水，西连黄水河。望京楼遗址西、南临黄水河，东有黄沟水，只有北面与陆地相通。这样，外廓城墙、城壕与黄水河一起形成一个封闭的城圈，外廓城面积达168万平方米。

外廓城始建于二里头文化时期，沿用至二里岗文化时期。[2]

望京楼城址是夏、商两个时期的重要城址，城邑的建造具有显明的特色。刘绪先生曾经指出：

> 其一，二里头文化与二里岗文化两个时期的城址同见于一地，此为首例，也是目前仅见。其二，上述两城东、南、西三面由两河围拢，北面发现一道东西向人工挖掘的壕沟。这种人工壕沟与自然河流相结合的防御形式，在中原地区夏商周三代亦为首次发现。其三，二里岗时期的城址，发掘出“凹”字形城门一处，形制独特。其四，二里岗文化时期城墙的建造，除主体城墙与两侧护坡外，在主城墙内侧每隔20余米又筑一加固主墙的“护墙墩”，构筑特别，前所未见。其五，城内发现多条大路，其中一条属二里头文化时期，其上发现有同时期双轮车车辙，再次证明中国在夏代确实有了双轮车（此前二里头遗址已发现过车辙）。其六，城内发现多种遗迹，包括大型和中小型建筑、灰坑、墓葬等，有的灰坑内埋有多个人头。集中大量埋葬人头的现象，以前仅在殷墟和郑州商城发现过。以上种种发现，均不可多得，而且填补了空白，充分显示了望京楼遗址在夏商时期的特殊性和重要性，也为夏商文化研究提供了宝贵的资料。[3]

关于望京楼城址的性质，在二里头文化城址问题上主要有葛墟与昆吾之居说。葛墟说主张为夏代的葛伯城。有的学者认为：“葛，较早为汤所灭。《殷本纪》：‘汤征诸侯，葛伯不祀，汤使伐之。’《孟子·滕文公下》：‘汤居亳，与葛为邻，葛伯放而不祀。’……新郑望京楼夏代遗址北距郑州市区亦即汤之亳地约35千米，又在郑地，合于孟轲所云葛伯地望，故其当为葛墟。”[4]也有人说：“新郑望京楼二里头文化城址离郑州商城遗址仅三十余千米，与‘汤居亳，与葛为邻’和‘汤使亳众往为之耕’的文献记载相吻合。反之，其余地方的葛说，要么是汤亳与葛之间的距离不符合'汤使众亳往为之耕'的记载。……新郑望京楼二里头文化城址的性质最有可能是文献记载中的'葛'国。"[5]关于葛国与葛墟的地望,前辈与时贤多有论述。《春秋·桓公十五年》杜预注、《史记·殷本纪·索隐》《汉书·地理志》颜师古注、《帝王世纪》《水经·汳水注》《元和郡县图志》《大清一统志》《河南通志》《归德府志》《宁陵县志》等文献,一致主张葛伯国或葛墟在今河南宁陵。在今宁陵县西北11千米的石桥乡余庄寨村北的葛伯屯发现了葛城遗址,此外,被葛伯所杀的童子之墓,也在城关东南1千米处。据此,夏、商、周断代工程首席专家李学勤先生早在2001年就曾指出:"孟子说的话还是对的,他说'朕始载,自葛始',葛在河南宁陵,谁也不能把葛搬到郑州或偃师边上去。"[6]此外,即使郑州商城为商汤灭夏之前的亳地,但郑州附近除望京楼二里头城址外,夏代城址还有荥阳大师姑、新郑人和寨,为什么只有望京楼是葛墟而大师姑、人和寨却与葛国无缘呢?由此看来,葛在宁陵,不在郑州边上,新郑望京楼城址不是葛墟。

或谓望京楼二里头文化城址是昆吾之居。早在20世纪80年代之初,邹衡先生即已推测其地有可能为昆吾之居。他说:"其一为孟家沟遗址。位于新郑城北12里,该村又叫孟庄。村西发现一东周时期的夯土台,当地群众称为'望京楼'。台东分布有面积约数百米见方的夏文化和早商文化遗址,并有铜器墓葬,出有夏文化晚期的铜爵和早商时期的大型铜钺(1964年出土),台北也发现有类似的遗址。……根据以上的分析,我们认为昆吾之居,很有可能就在新郑附近,而孟沟和曲梁两处夏文化遗址都是特别值得注意的。"[7]望京楼城址发现以后,"昆吾之居"说引起了学术界更大的关注,张国硕先生说:"此城址军事色彩浓厚。这里不仅修筑有大规模的封闭的城垣和宽阔的护城河,而且还有外城垣及护城河,并利用自然河流进行军事防御。该城西面、南面有黄水河,东侧有黄沟水,只是北边与陆地相通,外城墙、护城河与黄水河、黄沟水相连形成一个大范围、封闭的防御圈。望京楼如此大规模、高规格、军事色彩浓厚的城址,其性质绝非一般的聚落遗址,说明城池的主人等级应较高,势力强大,具备区域性政治中心的性质,推定其为昆吾之居是与昆吾的强势地位相称的。"[8]上述说法有一定道理。约在夏代后期,昆吾之族有一次自北而南的迁徙,这条迁徙路线北起濮阳,南到许昌,望京楼城址刚好处在这条迁徙线上,是从濮阳到许昌的必经之地,昆吾在此做一定时间的停留是完全可能的。因而望京楼二里头城址

"昆吾之居"说，并非空穴来风。

望京楼二里岗城址，大约和商代的郑或郑父之丘有关。郑在甲骨文中写作奠，奠旁加邑即为郑，表示奠人已会建筑城邑。甲骨卜辞中经常提到郑氏和郑，郑是商王来往的一个重要地方。如：

"郑氏，十夕中一夕。水。"（历史博物馆藏骨臼）

"贞，今日无步于郑？"（《合集》7876）

"□丑卜，行……在郑。"（《合集》24285）

丁山《殷商氏族方国志》指出："奠盖是畿内的诸侯。"郑氏之地被称为"郑父之丘"。《水经·洧水注》引《竹书纪年》曰："晋文侯二年，周宣王子多父伐郐，克之，乃居郑父之丘，名之曰郑，是曰桓公。"《汉书地理志》京兆尹郑县条下颜师古注引臣瓒曰："幽王既败，二年而灭会，四年而灭虢，居于郑父之丘，是以为郑桓公。"这就是说，春秋郑国的得名，来源于郑、郑氏或郑父之丘。20世纪90年代，早在望京楼城址发现以前，我们就曾经认为这里有可能是郑地或郑父之丘。[9]尽管望京楼二里岗文化城址在白家庄期已被废弃，但郑的地名没有变化，到商代后期仍被沿用。因而该城之名可能称为郑、郑氏或郑父之丘。

综上所述，望京楼二里头文化城址可能作过昆吾之居；望京楼二里岗文化城址，则应为郑、郑氏或郑父之丘。

注 释

[1]郑州市文物考古研究院：《望京楼二里岗文化城址初步勘探和发掘简报》，《中国国家博物馆馆刊》2011年第10期。

[2]吴倩、张松林：《望京楼夏商城址考古新发现》，《华夏都城之源》，河南人民出版社，2012年。

[3][5]秦文生：《新郑望京楼城址性质初探》，《华夏考古》2012年第4期。

[4]李德方、吴倩：《夏末商汤居亳与韦地同域说——议新郑望京楼二里头文化城址性质》，《中国国家博物馆馆刊》2011年第10期。

[6]张立东、任飞：《手铲释天书——与夏文化探索者的对话》，大象出版社，2000年，第138页。

[7]邹衡：《夏商周考古学论文集》，文物出版社，1980年，第231—232页。

[8]张国硕：《望京楼夏代城址与昆吾之居》，《苏州大学学报》2012年第1期。

[9]马世之:《中原古国历史与文化》,大象出版社,1998年,第216页。

(原载《华夏源》总第37期,2014年8月)

娘娘寨城址与郑国东迁问题探索

娘娘寨城址是21世纪初郑州市文物考古研究院在对南水北调工程文物调查过程中发现的，荣膺2008年度全国十大考古新发现和河南省五大考古新发现。该城址位于郑州荥阳市豫龙镇寨杨村西北，东距郑州市18千米，西南距荥阳市4千米，地处索河之滨，东西长1200米，南北宽850多米，总面积100多万平方米，由内城和外城组成。内城在外城城内西北部，西面和北面为索河，城址处于高出周围地面约4米的土台之上，平面略呈方形，东西宽208米，南北长290米，面积约6万平方米（含城壕）。东、西两面城墙破坏严重，南、北两面城墙保存稍好。城墙残存宽度2—5米，残存高度1—3米。夯层明显，厚8—10厘米，圆形圜底夯窝非常清晰。北垣下部被春秋早期灰坑打破，下部城墙内的包含物不晚于西周晚期，同时叠压有西周中晚期的遗迹。北垣上部为东周时期扩建的城墙。因而内城城墙年代上限为西周晚期，下限为春秋早期，其始建年代应为西周晚期。

内城城墙四面中部均发现有缺口，这些缺口为城门所在。

内城外面有城壕围绕一周。城壕宽48米，深12米。城壕上部坡度较缓，下部为一宽约4米、深约3米的陡直河底。城壕内上部淤土中可见东周时期遗物，底部淤土中包含有西周晚期器物残片及动物骨骼等。该城壕在两周时期均使用过。

城内发现道路3条，南北向道路1条（L1），宽3—4米，通向南北城门；东西向道路2条（L2和L3），宽3—5米，L2部分叠压L3，均通向东西城门。其中L1和L3为西周晚期至春秋早期的道路，L2为战国时期城内道路。

内城城内以通向城门的“十”字形主干道（L1和L3）为轴线，将城内分割为四个小区域。夯土建筑基址位于城内中南部南北向主干道的东西两侧，均破坏严重，其中有一座夯土建筑基址（F12），东西宽12米，南北长45米，面积540平方米，是一座大型建筑遗存。城内北半部主要是手工业作坊和一般平民居住区。此外，还发现有灰坑1500多个，墓葬33座，以及一些水井、陶窑遗迹。出土遗物非常丰富，陶器有鬲、罐、豆、盆、碗、甑、簋等，石器有铲、刀等，骨器有针、簪、凿、镞等，蚌器有刀、镰、锯等，还有卜骨、鹿角和用鹿角加工的角锤。

外城城墙分布于内城的东部和南部，东垣现存宽7—9米，南垣现存宽2—8米，南垣往西进入龙泉寺冲沟和索河，东垣北与索河相接，这样，外城东面、南面城垣和龙泉寺冲沟、索河一起形成封闭的城圈。南垣外发现的外城壕，宽约20米，残深6米。因东垣外有一条宽40米的近代冲沟，城壕应被该冲沟破坏殆尽。外城城垣始建年代为春秋时期，战国时期进行了扩建。城内分布着道路、手工业作坊和夯土建筑基址。[1]

娘娘寨城址是一座两周时期的古城，至于它的性质问题，目前学术界尚未有统一的认识，主要有东虢城、管城和郑国东迁都邑诸说。

关于东虢，有人主张娘娘寨是东虢城："较为幸运的是，娘娘寨遗址台地保存较好，没有受到大规模的破坏。……娘娘寨遗址所处的方位，按照《水经注》《史记·周本纪》记载，是周文王的弟弟虢仲的封地，叫东虢国。直到北魏时，此地还叫虢庭。"[2]"历史上东虢的地理位置就在郑州西北处，娘娘寨在东虢境内。……正因东虢建立时间不长，且年代久远资料匮乏，其踪迹更为难寻。……此次挖掘如果确认，将有助于揭开东虢国的神秘面纱。"[3]"娘娘寨遗址北临索河……尤其是发现有与都邑遗址相符的高规格遗存城墙和夯土基址。其地理位置、文化内涵、时代上均与东虢国相符，极有可能就是东虢国故城。"[4]东虢立国于西周初年，是周文王弟弟虢仲的封国，都于平桃城，平桃城或作平咷城、平陶城，位于荥阳市广武镇南城村东南部。城址平面呈长方形，南北长约900米，东西宽约700米，东垣北段和北垣保存较好，残高3米，夯筑城墙，夯层厚5—6厘米。城内发现陶窑、仓窖、墓葬等遗迹，地面散存较多的春秋、战国、汉代的陶器残片，陶罐上发现"平兆用器"戳记。城内下层曾出土商代铜爵、铜鼎及陶鬲等物。[5]《左传·隐公元年》杜预注："虢叔，东虢君也。……虢国，今荥阳。"《水经·济水注》引应劭语："荥阳，故虢国也，今虢亭是矣。"又引司马彪《郡国志》："县有虢亭，俗谓之平咷城。"此外，东虢国还有军事重镇制邑，亦即虎牢，在今荥阳西境的汜水镇。娘娘寨城址的地理位置与平桃城和制邑不符，城址年代在两周之际，与虢仲封国年代相差甚远，因而不可能是东虢国故址。诚如张松林、张家强和黄富成先生所分析的那样:“城址目前能够确认为西周晚期城址,而在荥阳,能够确认分封于此的西周封国为东虢国,而东虢国为西周初年封,为文王弟虢仲所封地,而西周城址年代上与之相去甚远,不应是东虢国故址。”[6]

关于管国,管是西周初年文王第三子管叔鲜的封国。有人认为,文献记载西周早期封国管国就在娘娘寨城址附近,不仅考古界关注,史学界也长期在研究这个问题。[7]关于管城遗址,学术界一般认为管城是在郑州商城基础上建立起来的:“管城是利用郑州商城城垣建立起来的。城垣的走向和范围的大小与原商城同。”[8]近年来,也有人主张管城在郑州市中原区石佛镇洼刘村附近,“洼刘遗址周围可能有古管国的城址”。[9]不管郑州商城或洼刘村,其地理位置均与荥阳娘娘寨不符,而且年代差距甚远,因而娘娘寨城址不可能是管国故城。

关于郑国东迁都邑,张松林、张家强与黄富成先生说:“考两周之际发生于郑洛地区最为著名的事件就是郑桓公东迁,该城址可能与郑桓公东迁有很大关系。目前,遗址在地理位置和时代上与郑桓公东迁其民合,如推测无误,城址当为郑桓公东迁其民的重要都邑。城址在东周时期仍然沿用,这对探讨郑武公灭东虢国也具有重要研究意义。”[10]司治晓先生也说:“荥阳娘娘寨周代城址是新发现的西周时期城址,目前,国内西周城址发现较少,西周城址的研究材料还比较匮乏,娘娘寨城址的发掘,为西周时期筑城方法、城墙结构、设防措施、功能布局等研究提供了重要材料。娘娘寨城址在地理位置和时代上与郑桓公东迁其民之事相合,当为郑桓公东迁其民之地,同时对探讨郑武公灭东虢国也具有重要的研究意义。”[11]这种说法有一定道理,现就此问题进行简要剖析。

郑是周代姬姓诸侯国。公元前806年(周宣王二十二年),周厉王少子姬友被封于棫林,在今陕西凤翔南,郑始立国。友即历史上著名的郑桓公。后又迁拾,在今陕西华县西北。西周末年,王室衰微,周幽王昏庸腐败,政治十分黑暗,引起诸侯与广大民众的强烈反对,各种社会矛盾都已表面化,西周王朝面临着大厦将倾的危险。公元前774年(周幽王八年),郑桓公任周朝司徒时,形势已经十分严峻。次年,他预感到西周行将灭亡,便与太史伯在一起共谋东迁之计,这便是著名的“史伯为桓公论兴衰”。据《国语·郑语》载:

> 桓公为司徒,甚得周众与东土之人,问于史伯曰:“王室多故,余惧及焉,其何所可以逃死?”史伯对曰:“王室将卑,戎、狄必昌,不可逼也,当成周者,南有荆蛮、申、吕、应、邓、陈、蔡、随、唐;北有卫、燕、狄、鲜虞、潞、洛、泉、

徐、蒲；西有虞、虢、晋、隗、霍、杨、魏、芮；东有齐、鲁、曹、宋、滕、薛、邹、莒：是非王之支子母弟甥舅也，则皆蛮、荆、戎、狄之人也。非亲则顽，不可入也。其济、洛、河、颍之间乎！是其子男之国，虢，郐为大，虢叔恃势，郐仲恃险，是皆有骄侈怠慢之心，而加之以贪冒。君若以周难之故，寄孥与贿焉，不敢不许。周乱而弊，是骄而贪，必将背君，君若以成周之众，奉辞伐罪，无不克矣。若克二邑，邬、弊、补、舟、依、㽥、历、华，君之土也。若前华后河，右洛左济，主芣、騩而食溱、洧，修典刑以守之，是可以少固。"……公说，乃东寄孥贿，虢、郐受之，十邑皆有寄地。

《史记·郑世家》有大体相同的记载：

郑桓公友者，周厉王少子而宣王庶弟也。……为司徒一岁，幽王以褒后故，王室治多邪，诸侯或畔之。于是桓公问太史伯曰："独雒之东土，河济之南可居。"公曰："何以？"对曰："地近虢、郐，虢、郐之君贪而好利，百姓不附。今公为司徒，民皆爱公，公诚请居之，虢、郐之君见公方用事，轻分公地。公诚居之，虢、郐之民皆公之民也。"……桓公曰："善。"于是卒言王，东徙其民雒东，而虢、郐果献十邑，竟国之。

郑桓公采纳了史伯的建议，并向周幽王汇报后，才将自己的家属、部族、财产和国内的商人迁居到洛水以东的虢、郐一带，虢、郐慑于郑桓公的权势和贪图其利诱，只好献出一些城邑。《汉书·地理志》颜师古注引《春秋外传》说："幽王既败，郑桓公死之。其子武公掘突，从平王东迁。"《绎史》曰："骊山之败，桓公死之。其子武公与平王东迁，卒灭虢、郐以为己国。"公元前771年（周幽王十一年）郑桓公死于骊山之役，郑人共立其子掘突为武公。郑武公随平王东迁，秉乘父业，在虢、郐境内重新建国。郑桓公"寄孥"与武公东徙之都邑究竟在何处？这是一个千古未解的史谜。

按照传统的说法，郑国都城是从陕西华县直接迁至河南新郑的。东汉许慎《说文·邑部》云："郑，京兆县，周厉王子友所封，从邑，奠声。宗周之灭，郑徙溍洧之上，今新郑是也。"溍洧或作溱洧，均为水名，溱水即今黄水河，洧水即今双洎河，二水交汇于新郑市城区东南。这里是郑国都城所在，古曰郑城，今称郑韩故城。史念海先生指出："虢、郐被灭虽早在郑国东迁之初，东迁的郑国还得自择立国的地方。郑自武公东迁，下迄春秋之世，未闻迁都之事，可见郑韩故城早在武公东迁之初即已定为都城。"[12] 考古发现的郑国都城，城址平面略呈不规则的长方形。东西长约5000米，南北宽约4500米，中部有一道被称为“分国岭”的南北向隔墙，把郑城分为东、西两大城区。现今地面上仍然保留着北、东、南三面高大的城墙，残长约20千米，城内面积约16平方千米。西城也称“内城”，东城或称“外廓城”，在西城内的北中部一带，发现夯土建筑基址50多处，郑国的宫殿区就分布在这一带。在这片建筑区的偏西部，有一座高出现今地面约8米的夯土台基，台基底部南北长约135米，东西宽约80米，名曰梳妆台，可能是一处重要的宫殿建筑。郑国的宗庙与社稷分布在东城西部。东城也是作坊区所在，主要有制造玉器、骨器、陶器和铜器的手工业作坊。著名的储备物资的石仓城，其故址就在东城西南部的仓城村一带。东、西两城内，还分布着一些著名的里市和街道，如南里、中分、逵市、羊肆、周氏之衢与大逵等。郑国国君及贵族陵墓区也分布在这里。[13]郑城始建于春秋早期。西周末年，这里原是一派荒芜之地。《左传·昭公十六年》载郑子产的话说：“昔我先君桓公与商人皆出自周，庸次比耦以艾杀此地，斩之蓬、蒿、藜、藋，而共处之，世有盟誓，以相信也。”经过桓公、武公的两代整治修理，方才建成新的郑城。因而当年郑国虽然看上这块地方，却并不可能从华县之拾直接迁都至此。

清代学者张龙甲《古郑城考》认为古郑城“在新郑县西北二十五里，与密县接界”，将它定位于新密市曲梁乡交流寨，还提出郑城已经不复存在的说法：“然古郑城之漠然无存者，何也？盖郑为韩灭，遂迁此为韩国。秦一‘六国’之后，始皇三十二年（公元前215年）毁城郭，决通堤防。《史记·正义注》谓：‘毁拆关东诸侯旧城郭。’今考六国旧都俱堕为平原，何独疑于韩乎？故不得古郑城所在，而妄援春秋古迹于今县者，多见其刺谬而不合也。”[14]尽管这种说法并不符合当时的历史真实情况，但此后仍有不少学者援引此说主张这里有一座早于新郑郑韩故城的古郑城，它便是郑国东迁第一都。交流寨遗址位于今溱水与双洎河交汇处的内三角台地上，1997年前，这里发现一处春秋中期的建筑基址，经考古勘查，未发现周代城址。杨育彬先生曾经指出，有人认为“古郑城在新密曲梁乡交流寨一带，郑国在此立国一百多年，到郑文公时，才又东迁至新郑。而且《诗经》中《郑风》《郐风》涉及溱洧的二十五篇均发生在这里，这一带倒是今溱水和双洎河的交流之处，但在这里经过两次文物大普查，并没有发现有周代的城址。对于河南文物点记述最多的《中国文物地图集·河南分册》和《河南文物》两部大书内，都没有关于新密曲梁乡交流寨一带古郑城遗址的反映。目前，正在大规模开展的河南第三次全国文物大普查已进入第三年,全省各地已新发现和复查了大量的文物点,也没有听到有关新密曲梁乡交流寨一带发现古郑城的信息。在古文献中,也找不到有关郑国先在密县建古郑城,百多年后再迁至新郑的确凿记载"[15]。由此看来,交流寨不是郑国东迁的都城。

也有一些学者主张郑国东迁后,建首邑于京城,并以此为都邑。郑群《捧读<荥阳郑氏研究丛书>感言》说:"周宣王静封其弟友(周厉王少子)于郑国,是为郑桓公。桓公之后,郑武公佐平王东迁(公元前770年),建首邑于京城(今荥阳京襄城村),合虢、郐十国,在中原建立起东方强大的郑国。"宋国桢、张明中《京城简介》也说:"京城是一座历史古城。公元前772年(周幽王十年),郑桓公'寄孥'于此。后二年(周平王元年),郑武公以此为都城,建立东方郑国。有虢、郐等十邑之地,是为'武公之略'。"[16]京城城址位于荥阳市东南约10千米的京襄城村四周,平面呈长方形,南北长1722米,东西宽1418米,周长约6300米。今地面尚存城垣8段,长1000多米,高5—10米,墙基宽约25米,夯土层一般厚5—12厘米,圆形夯窝,直径约8厘米。南垣与东垣外保留有城壕。城内地面上广泛散布着春秋至汉代的陶片等遗物。[17]《水经·济水注》云:"济水又东,索水注之,水出京县西南……又北迳京县故城西,入于旃然之水。城故郑邑也,庄公以居弟段,号京城大叔。"《括地志》曰:"京县城在郑州荥阳县东南二十里,郑之京邑也。"《开封府志》载:"京城在荥阳县东南二十里,郑庄公封弟段于此,《左传》所谓京城大叔是也。"京城是春秋时期郑国的要邑,郑庄公封其弟叔段居此,文献既没有说是桓公"寄孥"之地,也没有说是武公东迁之都。显然桓公东迁京城说是难以成立的。

自桓公"寄孥"于虢、郐之间始,从某种意义上讲,华县之"拾"已经失去郑国都城的地位,随着政治中心的东移,洛东地区必然形成一个新都,娘娘寨城址很有可能成为郑国东迁的都邑。从城址的时代来看,娘娘寨属于西周末年至春秋时期的古城,也是迄今为止郑州地区发现的唯一的一座西周古城。和西周城址关系比较密切的莫过于东虢和管城,根据分析,从时代和地望上讲,虢都、管城皆与娘娘寨城址不合,加之新郑、交流寨、京城均非"寄孥"与东徙之地,则娘娘寨很有可能就是郑国东迁之都邑。

娘娘寨城址不是一个普通的遗址,而是一座重要的城址。关于城的概念,《说文》云:"城,以盛民也。"段玉裁注:"言盛者,如黍稷之在器中也。"应劭《风俗通》谓:"城,盛也,从土,盛声。"刘熙《释名·释宫室》曰:"城,盛也,盛受国都也。"崔豹《古今注》云:"城者盛也,所以盛受民物也。"《墨子·七患》谓:"城者所以自守也。"《穀梁传·隐公七年》载:"城为保民为之也。"《礼记·礼运》道:"城郭沟池以为固。"《吴越春秋》说:"筑城以卫君,造郭以守民。"这些记载表明,城是一种防御设施,人们住在城内,犹如黍稷放在器中一样,这是一种十分生动而形象的比喻。城是指带有城墙的聚落中心。因而娘娘寨城址既可以用来"寄孥",也可当作郑国军政府所在地,亦即东迁的都城。

娘娘寨城址布局严谨,濒临索水,由内城与外城组成,城高池深,形成双重防御体系。郑武公随平王东迁后,以此为基地,势力不断发展壮大,于公元前769年(周平王二年)灭掉郐国。《逸周书·史记解》说:"昔有郐君啬俭,灭爵损禄,群臣卑让,上下不临。后[君]小弱,禁罚不行,重氏伐之,郐君以亡。"郐国灭亡后,郑武公又于公元前767年(周平王四年)从娘娘寨出兵,首先占领虢城,接着乘胜进军,攻克制邑这个最后军事据点,虢叔战死,从此宣告东虢灭亡。《左传·隐公元年》云:"制,岩邑也,虢叔死焉。"说的就是郑灭东虢之事。

郑在翦灭郐与东虢的同时,在溱洧之滨加紧营造新都。今本《竹书纪年》载,周平王六年,"郑迁于溱洧"。公元前765年(周平王六年),新都建成,郑武公又将都邑迁至郑城。从桓公寄孥,到郑迁溱洧,在这将近十年的时间里,娘娘寨城址作为东迁都邑,在郑国历史上写下了极其光辉灿烂的一页。

注 释

[1][6][10]张松林、张家强、黄富成:《河南荥阳娘娘寨遗址发掘出两周重要城址》,《中国文物报》2009年2月18日。

[2][7]陈辉:《遗址发掘和"穿黄"赛跑》,《郑州晚报》2004年10月10日。

[3]宋振科:《娘娘寨上浮想东虢国》,《郑州晚报》2005年11月22日。

[4]河南省文物局:《河南省南水北调工程考古发掘出土文物集萃(一)》,文物出版社,2009年,第123页。

[5][17]《郑州市文物志》,河南人民出版社,1999年,第152页、第146—147页。

[8]杨育彬:《郑州商城初探》,河南人民出版社,1985年,第123页。

[9]张松林主编:《古都郑州》(未刊稿)。

[11]司治晓:《首届“河南省五大考古新发现”评选揭晓》,《河南文物工作》2009年第2期。

[12]史念海:《郑韩故城溯源》,《中国古都研究》(第十五辑),三秦出版社,2004年。

[13]河南省博物馆新郑工作站等:《河南新郑郑韩故城的钻探和试掘》,《文物资料丛刊》第3辑,文物出版社,1980年。

[14]张龙甲:《古郑城考》,清乾隆四十一年(1776)《新郑县志》。

[15]杨育彬:《郑韩故城与溱洧水几个相关问题的探讨》,《华夏源》2008年第5期。

[16]宋国桢主编:《天下郑氏出荥阳》,中州古籍出版社,1994年。

(“中原地区古城、古都与古国学术研讨会”论文,2010年12月,郑州)

略论洛阳东周王城

在我国历史上周王朝统治的800年间,曾经出现过两次规模巨大的城市建设高潮:第一次始于西周初年,是武王伐纣灭商之后,根据地域辽阔空前统一的国家的政治需要,为了配合宗法分封的大趋势而进行的;第二次发生在春秋战国之际,平王东迁,列国纷争,为了适应封建制开始确立和经济不断发展的新情况而进行的。作为一代名都的洛阳东周王城,是在第二次大规模筑城运动中的历史必然产物。在星罗棋布的列国都邑中,它以天子之城的最高规格,横空出世,屹立在中州腹地的大河之滨,在中国都城发展史上,写下了璀璨的篇章。

王城形势"甲天下"

综览洛都史迹,可知王城之名并不始于东周。西周康王时的御正簋铭云:"懋父赏御正卫马匹,自王。"昭王时的令方彝铭说:"明公朝至于成周……咸既,用牲于王。明公归自王。"两器铭文中提及的"王",均指"王城"而言。据此可知,至迟不晚于西周康昭之世,洛邑已有王城之称。因而东周王城应是西周王城的延续,二者之间具有一定的因袭关系。

关于王城的选址与建设,可以追溯到西周初年。最早见于《逸周书·度邑解》,记载周武王灭商以后,认为"未定天保,何寝能欲"。"天保"原指天的中心,这里借指国都。因为没有找到理想的都城而彻夜难眠。不过,他早就胸有成竹,已经选中洛邑作为王城。他说:"我图夷兹殷,其惟依天室。……自雒汭延于伊汭,居易无固,其有夏之居。我南望过于三涂,我北望过于岳鄙,顾瞻过于有河,宛瞻延于伊雒,无远天室。"天室即太室,亦即中岳嵩山。在我国古代人的心目中,嵩山与地近嵩山的伊洛地区被视为"无远天室"的中央或土中,符合

“择天下中而立国”的建都原则。可惜武王不久即病逝，接着三监叛乱，周公东征。东征结束后，即开始在洛邑营建新都。当时先派召公做初步考察，继而周公本人又亲自勘查及占卜。即《尚书·洛诰》所云：“予惟乙卯朝至于洛师，我卜河朔黎水；我乃卜涧水东、瀍水西，惟洛食；我又卜瀍水东，亦惟洛食。”占卜在很大程度上体现人的选择性，受到主持人选择意识的支配。周公正是利用了古老的“占卜”形式，给武王早已选定了的王城地址披上一层神秘的外衣，涂上一些可行性的油彩而已。

从宏观地理位置来看，王城所在的洛邑，地处黄河中游的伊洛盆地，依山带水，形势险要。东汉傅毅《洛都赋》形容它“披昆仑之洪流，据伊洛之双川，挟成皋之严阻，扶二崤之崇山”。张衡《东京赋》说：“昔先王之经邑也，掩观九隩，靡地不营。土圭测景，不缩不盈。总风雨之所交，然后以建王城。审曲面势，泝洛背河，左伊右瀍。西阻九阿，东门于旋。盟津达其后，太谷通其前。回行道乎伊阙，邪径捷乎轘辕。太室作镇，揭以熊耳。”实为天下之枢。北通幽燕，南抵江汉，东达淮海，西扼关陇，可谓水陆交会，四通八达，有居中御外之便。《易·坎》：“王公设险，以守其国。”因有天然河山为障，易守难攻，使城池有险可恃，增强了它的防御职能。

以周王朝的疆域而论，洛都“无远天室”，位居天下之中，因而有“中洛”之称。“在东西南北中这个‘十’字框架上或者说呈放射状的同心圆上，洛阳是位居中心的。”[1]国都与各地道里约均，便于传达政令、集散物资和兵民往来，特别是各地交纳贡赋。“都洛以为天下中，诸侯四方纳贡职，道里钧矣。”[2]遂成为千古绝论。中国古代“王业不偏安”[3]。居中表示对四周各方均不偏不倚，易于形成凝聚向心的社会文化心态。突出了王城的中心地位，可以显示出帝居的自尊。国都与其他城邑间的关系，“譬如北辰，居其所而众星拱之”[4]。这是王者所梦寐以求的象征性布局格式。

从微观的地理形势考察，周之王城背靠邙山而濒临黄河，面对伊阙扼有嵩岳、三涂之险。西依殽函，越潼关可达关中沃野，东出虎牢，至荥阳而毗连黄淮平原。四面环山，伊、洛、瀍、涧诸水蜿流其间。可以说既有巍巍高山，也有浩浩大川。《管子·乘马篇》说：“凡立国都，非于大山之下，必于广川之上。高毋近旱而水用足，下毋近水而沟防省。”王城选址重视地理形势，避免水旱之患，讲究经济效果，符合古代建都原则。

王城位居涧、洛二水交汇地带。《尚书·召诰》:"太保乃以庶殷攻位于洛汭。"即动员众多的殷人在洛河的隈曲处建城。据说这种做法,竟然暗合现代科学的水力惯性关系。"随着时光的流逝,河水的冲击可以在隈位亦即汭位获得更多的基地。"[5]

就上述条件而论,从各种因素分析,洛邑均优于镐京,这就使得成王"定鼎于郏鄏"。[6]郑樵《通志》:"建邦设都,皆凭险阻。山川者,天之险也;城池者,人之阻也;城池必以山川为固。大河自天地之西,而极天地之东。……所以设险之大者莫如大河。……故中原依大河为固。"王城依大河建都,四周有群山为屏障,诚如顾祖禹《读史方舆纪要》所云:"河山拱戴,形势甲于天下。"加上附近土质肥美,气候适宜,物源富饶,终于铸就了一代名城。

东周王城的规模

东周王城是在汉河南县城考古工作的基础上被发现的。《国语·周语下》载:"灵王二十二年,谷、洛斗,将毁王宫。"谷水曾与涧水合,此谷水实即涧水,王城遗址应在今涧水入洛处寻觅。20 世纪 50 年代中期,先在涧河东岸发现了汉河南县城。据《汉书·地理志》"河南郡河南县"条,班固自注:"故郏鄏地,周武王……营以为都,是为王城,至平王居之。"《诗·王风·王城谱》注:"召公所卜处名曰王城,今河南县也。"《续汉书·郡国志》"河南尹"条:"周公时所营雒邑也,春秋时谓之王城。"由此可知,汉"河南"与东周王城之间存在着因袭关系。以河南县城遗址为基点,在其外围找到了掩埋在地下的东周王城。

洛阳东周王城遗址,位于涧河入洛的三角地带。北自金谷园以南,南到兴隆寨和瞿家屯以北,西自七里河以西,东到洛阳市政府以西。在此范围内发现一座平面略呈正方形的东周城址,具有 3 个城角和 4 面城垣,北垣保存最为完整,全长 2890 米;西垣北段在涧河东,南段在涧河西,两端相距约 3200 米;南垣与东垣各残存 1000 余米。城址面积约 9 平方千米。成书于公元前 5 世纪春秋晚年的《周礼·考工记·匠人》载:"匠人营国,方九里。"规定王城"方九里",就是说其南北东西的长度各 9 里。据现藏南京大学的 1931 年洛阳金村战国出土的东周铜尺合计,东周时期一尺长 23.1 厘米,一丈长 2.31 米,1 里等于 150 丈,9

里约合 3146 米，同考古发现东周王城的规模大体相符。

"早期城墙"的宽度约 5 米，凡稍宽处都有修补增筑的痕迹，加宽后的城垣在 15 米左右。保留在地面的城垣，最高为 4 米左右。墙体表面有清晰的版筑痕迹和排列有序的木棍洞孔。北垣外面，有一条深 5 米左右的渠道，可能是城壕遗迹，表明该城具有双重的防御体系。

考古发现的 3 个城角，外角夯土加宽，并向外凸出，推测它明显高于城垣建筑，以便提高城垣的作用和筑城的稳定性。张衡《东京赋》："城隅九雉。"《考工记·匠人》规定："城隅之制九雉。"城隅就是城角，从王城遗址的城隅来说，其上可能还有建筑设施，"九雉"之说是有一定根据的。

王城遗址出土文物中，有几件足以表明古城的性质。如编号为 WSM7 的一座战国小墓内出一完整陶罐，刻有"中官"二字，"中官"是周王后的食官，可能与墓主身份有关。编号为洛阳西郊 1 号的战国墓中，出土一件残长 14 厘米的石圭，上有墨书"天子"二字，可能是周王馈赠给墓主的礼品。在探方 WST15 出土的一陶盆口沿残片上，刻有"王"字，应是王城的省称。探方 WNT4 出土的一枚空首布上，所铸文字为"三川釿"。三川系周代地名，所指就是东都。[7] 上述材料，可以作为该城城址即东周王城的旁证。

据发掘者推断："墙城大约建于春秋中叶以前，从战国时代以至于秦汉之际均曾叠加修补；到了西汉后期以后，就逐渐荒废了。"[8] 这与文献记载东周王城的情况大体吻合。

东周王城的布局

从王城遗址勘查试掘情况来看，其建筑布局是脉络清晰、有条不紊的。在城内西南隅，接近涧河入洛处的瞿家屯一带，发现有大型夯土建筑基址，其中最具代表性的为南北两组。北组建筑四面有一周夯土围墙，平面呈长方形，东西长约 344 米，南北宽约 182 米，方向近正南北。围墙北、西两面，有河道环绕。正门设在南面。围墙内中部偏北处，分布着两个长方形夯土建筑基址，南北并列，相距约 6 米。一处东西长 80 米，南北宽 40 米；一处东西长 80 米，南北宽 30 米。北组应是建筑的主体。南组建筑紧靠北组建筑，整体也是长方形，中间有两道南北并行的夯土墙基，间隔约20米，将南组建筑分成东、西两大部分。此外，还发现了南组建筑的南墙和西墙。在南组围墙里面尚未发现重要夯土基址，估计它可能是北组建筑的附属建筑。在夯土建筑的东部，有一条宽约20米的南北大道；西侧与北侧，都濒临河道。上述两组建筑遗址范围内，出土大量板瓦和饕餮纹、卷云纹瓦当，表明这是东周城内主要建筑之一。[9]《国语·周语下》载："灵王二十二年（公元前550年），谷、洛斗，将毁王宫，王欲壅之。太子晋谏曰：'不可'。……王卒壅之。"是说洛水上涨，倒流于涧水，二者相互冲激，有破坏东周王宫的危险。这两组建筑遗存位于二水交汇处，与文献记载王宫位置相同，应是东周王城内的宫殿建筑。

在城内西北部，小屯村北，东干沟村东北一带，发现一处大规模的烧制陶器的窑场。已清理了15座窑址，窑里和附近出土很多制陶器的工具，其中包括拍印花纹的拍子，制瓦钉、瓦当的范，打磨陶器的工具，碎陶片，烧坏了的陶器和一些完整的陶器。部分陶片上印有"公"字的圆形或方形戳印。窑场南面，地上有很多经过锉磨的骨料，应该是骨器场。窑场的西南方，发现了制铜器的陶范，范上附着炼铜渣，可能是铸造铜器的作坊。小屯村东南，是一处面积很大的制玉、石装饰品作坊。[10]因而这里是王城的手工业作坊区。其地位于大型建筑群组的北面，符合《考工记》所谓"面朝后市"的城市规划原则。

王城西南隅，即涧河与洛河汇流处的东北夹角地带，是战国时期的粮仓遗址，在南北长400米，东西宽300米范围内，分布着排列成行的粮窖74座，其间有宽阔的道路，以便运输纳取粮食。[11]仓城与王宫近在咫尺，大约是专门储备王室享用的口粮，同宫廷关系十分密切。

东周自平王迁都王城，经桓、庄、僖、惠、襄、顷、匡、定、简、灵、景、悼诸王，至敬王时徙居成周。末代赧王时东西周分治，从成周西徙王城。对于上述诸东周王陵，《洛都美术史迹》将其分作两大陵区：一曰王城区。该区又可分为南区和东北区两小区。王城南区即中州路西工段，横穿汉河南县城的中州路一线，东周墓葬最为集中，随葬青铜礼器和车马器的墓，主要见于年代属春秋一至三期，这些大墓中，有些可能为平、桓、庄、僖、惠等前五王的。王城东北区即小屯村至洛阳手表厂一带，先后钻探出一些规格甚高的"甲"字形积石积炭墓。诸墓形制相近，南侧皆有长达数十米的斜坡墓道，北侧为近方形的墓室，椁室周围填塞河卵石和木炭。大墓附近还分布有车马坑和殉葬坑。其中一些春秋晚期的大墓，有可能是襄、顷、匡、定、简等五王的葬地。二曰周山区。周山原名秦山，是秦岭的东延，位于东周王城西南约5千米处。相传周王葬此，故名周山。山上四冢东西并列。最西边的一个坐落在上桥沟村西南山顶上的方座孤冢，封土堆边长约100米，高50米左右，《水经·洛水注》："（洛水）故渎又东迳周山，上有周灵王冢。"即指此冢而言。灵王冢东约1千米处，便是彼此相依的3座大冢，相传为景、悼、定三王之陵。据考证，定王之陵应在王城区的中州路西工段，此所谓定王陵似应为末代周王——赧王之陵。[12]这两处王陵区内，大、中、小型墓葬并存，王城区已勘查，发掘3000余座，周山北麓孙旗屯村一带已发现墓葬近千座，这种情况，当与周人的族葬制度有关。

有关王城内部布局的记载，见诸《逸周书》《周礼》《左传》《玉海》及两周铜器铭文。如《玉海·宫解》："王城面有三门，凡十二门。"《左传》上提到的圉门为南正门。乾祭门为北正门。《春秋大事表》还说鼎门为东正门。《逸周书·作雒解》说："设丘兆于南郊"，"建大社于国中"，"乃位五宫：太庙、宗宫、考宫、路寝、明堂"。令方彝等器铭提到主城内有康宫，它由康寝、新宫、康宫大室、康公徲大室、康剌宫、康穆宫、康邵宫等部分所组成。《考工记·匠人》说："匠人营国，方九里，旁三门。国中九经九纬，经涂九轨。左祖右社，面朝后市。"这是一种典型的中国都城布局模式，整个城市方正、规整，街道呈方格网状纵横交错。东周王城的布局虽与《考工记》的记载不尽一致，却大体上符合这一理想化的模式。

东周王城的历史地位

周自建国前后，迄平王东迁，曾屡次徙都："周自太王由泾洛之北'三迁'，南至岐山之阳，作国周原而营周城（旧址在今麟游县南），其邦族此后始以周为号。其子季历继之，十八年迁治程地而造程都（旧址在今武功县北），是为'王季宅程'。季历之子文王四十四年，避饥馑渡渭徙崇，临丰水而居，名曰丰京（旧址在今户县境）。文王季世，命世子发筑新城于东北镐池之侧，武王灭商，遂移都之，是曰镐京。成康昭王三世之后，至于穆王，东迁于郑，或曰南郑，或曰西郑。自是而下，虽有懿王十五年西居犬丘（今陕西兴平县东南，汉改名槐里）之举，而终西周之世，多沿而未革。直至幽王灭国，平王方弃郑而都洛邑（今洛阳）。”[13]假如上述分析无误，则周人共五迁而有六都。迄今为止，在这六都之中，除洛邑王城外，其余均未找到城址。仅此而言，无论在有周一代还是整个中国古代都城史上，王城历史地位之高，都是毋庸置疑的。

据《考工记・匠人》载，王城城内“九经九纬，经涂九轨……市朝一夫”。经为南北干道，纬为东西干道，夫是计田 100 亩，为方 100 步（周制），即周代金文之一“田”。由此可知，这种规划方法完全采用了井田制的方格网系统：“以‘夫’为基本网格，‘井’为基本组合网格，经纬涂（阡陌）为坐标，中经中纬作坐标系统的主轴线而安排的。这套井田式方格网系统的城市规划方法，看来早在西周，约公元前 11 世纪，即已使用，较之西方古希腊希波达姆斯（Hippodamus）创立的方格网系统（gtidiron system）更早些。至迟到《考工记》成书时代，即春秋晚年（约公元前 5 世纪）便正式记录在这部官方文献中了。这套井田方格网系统的规划方法，一直为后世所继承、发展而为我国城市规划的传统方法。”[14]这种规划方法虽然起源甚早，后来又被正式记录在官方文书之中，但迄今为止，尚难找到比东周王城更早的实例。王城城市布局模式，显示出中国特有的讲究均衡、对称的审美观，透露出中国特有的“礼”文化特征。由于考古资料的限制，目前还不能完全按照《考工记》这部经典对东周王城进行复原，但在城内已经发掘出三条南北大道，一条路面宽 18 米左右，一条路面宽 12 米左右，一条路面宽 20 米左右，可能都是王城的主干道，为王城方格网系统的规划方法提供了线索。

王城城内西南隅发现两座大型建筑群组，如果说这两组建筑群就是东周的王宫祖、社所在，则与《考工记》不合。据宋聂崇义《三礼图》与清戴震《考工记图》所附的王城图，六宫、六寝、三朝、宗庙、社稷等均设在城的中央。从东周王宫偏居一隅的做法，获知春秋时期王城建设虽大体遵循“营国”的制度，但由于受到特定的自然环境和社会因素的制约，不得不在某些方面做了变通。尽管当时“礼崩乐坏”，周天子权威失坠，已不能控制全国礼乐征伐之事，而这些大型建筑表明，自西周以来作为宗主国的躯壳却依然存在。

《考工记・匠人》将城邑分为三级：第一级是王城，即周天子所在的首都；第二级为诸侯城，即诸侯封国的国都；第三级为都，即宗室或卿大夫的采邑。这种三级城邑建制，诚如春秋年间楚人范无宇所说的那样：“且夫制城邑若体性焉，有首领股肱至于手姆毛脉。”[15]这就是著名的城市建设“体性论”。古代城邑分级制度的具体情况,《左传·隐公元年》正义云:“天子之城方九里,诸侯礼当降杀,则知公七里,侯伯五里,子男三里。”王城、诸侯城和都之间的等差级数大体上是九、七、五。自天子至卿大夫,因“名位不同,礼亦异数”[16]。“在城邑建设中,用以二为公差的等差级数,以量的概念来表达名位不同的礼制营建制度。这种等级制,更重要的还在于约束各级城邑的大小规模。……王城、诸侯城、都各级等地分明,不容僭越。”[17]从考古发现资料来看,秦都雍城城址平面为东西宽、南北窄的不规则长方形,东西长约3300米,南北宽约3200米,周长13000米,城区面积约11平方千米。晋都新绛故城,是由侯马市的牛村、台神、平望、马庄和呈王等村的5座古城组成,仅牛村古城址,南北长1340—1740米,东西宽1110—1400米,整个都市规模之大,可想而知。新郑郑韩故城,平面呈不规则的长方形,由东、西二城连接而成,东西长约5000米,南北宽约4500米,周长约19000米。临淄齐故城包括大、小两城,小城位于大城西端,周长7275米,大城周长14158米,大小城总周长21433米。曲阜鲁故城平面呈不规则的扁长方形,东西长约4000米,南北宽约3000米。江陵楚都纪南城平面略呈长方形,东西长约4500米,南北宽约3500米,周长约15506米。邯郸赵故城由王城、东廓城、北廓城组成。王城南北长1475米,东西宽1378米;北廓城南北长1550米,东西宽1275—1508米;东廓城南北长1400米,东西宽850米。易县燕下都故城平面略呈长方形,东西长约8000米,南北宽约4000米。上述诸国都城的面积都超过了周天子的王城。这是对古代礼制的僭越。王城规模小于列国都城,表明东周王朝已经无力恪守传统礼制。燕下都、赵邯郸、韩新郑、楚纪南等,都有遗迹可考,“这些都城,形制各异,若谓有共同点,那就是都不遵周礼”[18]。相比之下,东周王城的规模在维持礼制方面仍不失为一面旗帜,从某种意义上讲,也可说起到表率和示范作用。

洛阳东周王城遗址的发现,是中国城市考古的重大收获之一。作为天子之都,它是特殊范畴的城市,是列国都城中规格最高的都城。当时列国对峙,群雄逐鹿,在中国大地上,形成了诸多新的地域性文化圈——秦、楚、巴蜀、吴越、燕、三晋和齐鲁等,每一个文化圈,都有其核心和外缘,核心部分总要来自吸收外缘地带的文化能源,形成向四周辐射的文化场。都城作为文化场的内核所在,是各文化圈的能量集结处和辐射中心。王城是整个华夏文化圈的核心,尽管其规模稍逊于其他地域文化核心,但其向四周辐射的文化场却可以把邻近的地域文化包括在内。自从王城在中国地平线上出现之后，便与西土的镐京并峙而立，形成了中国特有的“二京制”格局，通过函谷关和潼关，把以黄淮平原为中心的东部经济区和以关中平原为中心的西部经济区有机地连接在一起，铸就了把握全国经济命脉的轴心。在一个漫长的历史阶段，位于黄河中游谷地的东周王城，在中国古代核心地带的作用，远非列国都城所能比拟的。

注 释

[1][12]宫大中:《洛都美术史迹》，湖北美术出版社，1991年，第18—19页、第42—45页。

[2]《汉书·娄敬传》。

[3]《诸葛亮集·后出师表》。

[4]《论语·为政篇》。

[5]何晓昕:《风水探源》，东南大学出版社，1990年，第12页。

[6]《左传·宣公三年》。

[7]李学勤:《东周与秦代文明》，文物出版社，1984年，第19页。

[8]考古研究所洛阳发掘队:《洛阳涧滨东周城址发掘报告》，《考古学报》1959年第2期。

[9][10]中国社会科学院考古研究所:《洛阳发掘报告》，北京燕山出版社，1989年，第139—140页、第124—127页。

[11]洛阳博物馆:《洛阳战国粮仓试掘记略》，《文物》1981年第11期。

[13]常征:《周都南郑与郑桓封国辩》，《中国历史博物馆馆刊》，1981年第3期。

[14][17]贺业钜:《考工记营国制度研究》，中国建筑工业出版社，1985年，第42页、第28页。

[15]《国语·楚语》。

[16]《左传·庄公十八年》。

[18]张良皋:《秦都与楚都》，《新建筑》1985年第3期。

(原载《洛阳考古四十年——一九九二年洛阳考古学术研讨会论文集》，科学出版社，1996年)

驩兜与崇山

驩兜或作讙兜、驩头、鴅兜、鴅吺等，是我国远古时代著名的部族之一，本属黄帝系统的支裔，后又融入苗蛮集团。《山海经·海外南经》载："讙头国在其南，其为人人面有翼，鸟喙，方捕鱼。一曰在毕方东。或曰讙朱国。"《山海经·大荒南经》亦云："大荒之中有人，名曰驩头。……驩头人面鸟喙，有翼，食海中鱼，杖翼而行。维宜芑苣，穋杨是食。有驩头之国。"这说明驩兜族是以鸟为图腾的。作为图腾崇拜对象，这种神圣的鸟可能即是人们所熟知的"鹳"。《诗·豳风·东山》谓："我来自东，零雨其濛，鹳鸣于垤，妇叹于室。"郑氏笺云："鹳，水鸟也，将阴雨则鸣。……鹳本作雚。"韩愈《远游联句》云："开弓射鴅吺。"孙注："《史记》吺即驩兜字。古文《尚书》亦作鴅兜为鴅吺。"可知驩兜是先为鸟名而后为族名的。

1978 年 11 月间，河南临汝阎村出土一件仰韶文化晚期彩陶缸，缸上绘着一幅高 37 厘米、宽 44 厘米的彩色巨画——《鹳鱼石斧图》。画的左边绘一鹳鸟，向右侧立，圆眸长喙，短尾高足，口衔一鱼。右边绘一把竖着的有孔石斧，斧头缚于木柄上端，柄的中间有 X 形符号。有的学者认为画中鹳鸟所代表的氏族，"可能就是我国文献中所记载的鹳兜族"[1]。或谓以此彩陶缸为葬具的死者，"就是驩兜氏族部落的某一代酋长或首领"[2]。如果上述分析无误，则表明驩兜族之文化比较发达，早在 5000 年前，该部族已经绘制出迄今所知我国远古时期最大的一幅彩陶画。

唐虞之世，驩兜族的势力不断发展壮大，其部族首领驩兜曾任"司徒"之职，是"八伯"之一。张华《博物志》载："讙兜……帝尧司徒。"杜佑《通典》云："唐尧之代……其八伯，唯驩兜、共工、放齐、鲧四人而已，余四人无文可知。"司徒与司马、司空、司士、司寇并称"五官"，伯为"五官之长"，故后世尊称驩兜为"相公"。因而尧的重大决策，都要征求驩兜的意见。《尚书·尧典》中，记载了尧在继任人选举问题上与驩兜的严重分歧："帝曰：'畴咨若予采？'驩兜曰：'都！共工方鸠僝功。'帝曰：'吁？静言庸违，象恭滔天。'"《史记·五帝本纪》也有类似的记载："尧又曰：'谁可者？'讙兜曰：'共工旁聚布功，可用。'尧曰：'共工善言，其用僻，似恭漫天，不可。'"驩兜推举共工，认为共工在防治水患方面已经取得一定成效。尧却认为共工貌似恭谨，实际上却阳奉阴违，不可重用，最后选中了虞舜。在舜"摄行天子之政"期间，宣布驩兜与共工、三苗、鲧为"四凶"，从此成了十恶不赦的"罪人"。

驩兜何罪之有？据《史记·五帝本纪》载："讙兜进言共工，尧曰不可而试之工师，共工果淫辟。四岳举鲧治鸿水，尧以为不可，岳强请试之，试之而无功，故百姓不便。三苗在江淮、荆州数为乱。于是舜归而言于帝，请流共工于幽陵，以变北狄；放驩兜于崇山，以变南蛮；迁三苗于三危，以变西戎；殛鲧于羽山，以变东夷：四辠而天下咸服。"驩兜荐人不当，共工邪恶放荡，鲧治水无功，三苗多次作乱，于是才被舜放逐到边远地区。上述理由是不足以定罪的，特别是驩兜，仅仅因为推举了共工，竟然遭到重罚；情况与之类似的四岳，举鲧治水无功，竟然没有受到任何处置。看来其中还应有更深层次的原因。据《韩非子·外储说右上》载："尧欲传天下于舜，鲧谏曰：'不祥哉！孰以天下而传之于匹夫乎？'尧不听，举兵而诛杀鲧于羽山之郊。共工又谏曰：'孰以天下而传之于匹夫乎？'尧不听，又举兵而诛共工于幽州之都。于是天下莫敢言无传天下于舜。"《山海经·海外南经》"三苗国"下郭璞注："昔尧以天下让舜，三苗之君非之。帝杀之，有苗之民，叛入南海，为三苗国。"驩兜大约也曾反对尧传天下于舜，唐人沈俭期《从驩州廨宅移住山间水亭赠苏使君》诗云："古来尧禅舜，何必罪驩兜？"透出了这方面的一点儿信息。唐虞之世，华夏集团联盟中陶唐氏、有虞氏和夏后氏的力量相对较强且势力相当，他们形成了鼎立之势，影响并决定着联盟的存在与发展。为了协调各集团的关系、维系联盟体的存续，便采取了禅让制这种领袖和政权诞生与更替的方式。并把它看作政治运作的根本所在和德行的一种，赋予其一般的道德属性和伦理意义。新近出土的郭店楚简《唐虞之道》篇对此做了明确的阐释："唐虞之道，禅而不传，尧舜之王，利天下而弗利也，仁之至也。禅而不传，圣之盛也。利天下而弗利也，仁之至也，古者贤人圣者如此。"事实上各集团首领俱以实力为后盾而展开了明争暗斗，禅让当是争斗之后的一种妥协与调和，而尧舜禅让也确非出于自愿，实际上是客观形势和现实斗争所逼而已。

驩兜等“四凶”成为斗争的牺牲品，是权力角逐中的失败者，从而被“仁之至”和“圣之盛”者们给加上了“善言”“似恭”“顽凶”等许多不实之辞。

同驩兜关系比较密切的除共工、鲧和三苗外，还有尧子丹朱。丹朱本为唐尧支族，可能同驩兜之间存在着部落通婚关系。郭沫若先生指出：“尧的帝位不能传给丹朱，舜的帝位也不能传给商均……而丹朱、商均也嫁到别的氏族去做女婿了。”[3]丹朱所嫁氏族部落即为驩兜之族。“丹朱嫁到驩兜部落成为驩兜族的人，正是两族结合的重要因素。……故两者之名及音义糅合为一，好像古代同姓通婚一样，故驩兜之音融合于丹朱之音，亦证明两族业已融合在一起。因通婚关系，又各自保持着‘驩兜’和‘丹朱’的字体称号以示区别。”[4]故而有的学者便主张“丹朱即驩头”[5]或云“古籍所记丹朱传说与驩兜传说，实一而二，二而一也”[6]。实则驩兜自驩兜，丹朱自丹朱，两者名近而实不同，只是关系比较密切罢了。有人把它称为“驩兜—丹朱族”也许比较恰当。

驩兜因推举共工和反对禅让制而获罪，遭到放逐。《尚书·尧典》载：“流共工于幽州，放驩兜于崇山，窜三苗于三危，殛鲧于羽山：四罪而天下咸服。”《大戴礼记·五帝德》云：“流共工于幽州，以变北狄；放驩兜于崇山，以变南蛮；杀三苗于三危，以变西戎；殛鲧于羽山，以变东夷。……四海之内，舟舆所至，莫不说夷。”《孟子·万章上》谓：“舜流共工于幽州，放驩兜于崇山，杀三苗于三危，殛鲧于羽山，四罪而天下咸服，诛不仁也。”《庄子·在宥》云：“尧于是放讙兜于崇山，投三苗于三峗，流共工于幽都，此不胜天下也。”《淮南子·修务训》说：“尧立，孝慈仁爱，使民如子弟，西教沃民，东至黑齿，北抚幽都，南道交趾。放驩兜于崇山，窜三苗于三危，流共工于幽州，殛鲧于羽山。”“四凶”尽遭流放，驩兜从此徙至崇山地区。

唐虞之世，华夏集团的政治中心在冀州，即今之晋南地区。尧都平阳在今山西襄汾陶寺，舜都蒲阪在今山西永济。驩兜遭到放逐，被迫离开这一带，而他所放之崇山在何处？史家意见并不一致。中国古代叫崇山的地方甚多，董琦先生列举四说：丰镐说、秦晋说、嵩高说和塔儿山说。[7]实际上并不止此四处，现举例说明如次：

(1)晋南崇山　《读史方舆纪要》卷四十一“山西襄陵县”条：“崇山在县东南四十里，一名卧龙山，顶有塔，俗名大尖山，山之西峤亦曰卧龙岗，东南接曲沃翼城，北接临汾浮山，皆谓之分水岭，南北连亘长二十里。”此崇山即今之襄汾、翼城间的塔儿山。

(2)河洛崇山　《国语·周语》上载:“昔夏之兴也,融降于崇山。”韦昭注:“崇,崇高山也。夏居阳城,崇高所近。”崇、嵩古字通,此崇山即今之嵩山,或称外方山。

(3)驩州崇山　南朝梁所置之德州,隋开皇中改名驩州,大业初改名曰南郡,唐武德初又改名南德州,旋复名德州,贞观初改名驩州。唐驩州治所在九德县,即今之越南广平省荥市。唐驩州故地有崇山。

(4)湖广崇山　在今湖南省张家界市永定区西南部,东以仙人溪与天门山为界,西南涉及永顺县境。古代被称为“南裔”或“南极之山”。

上述诸崇山中,以晋南崇山为中心的汾浍平原,正是唐尧活动的中心地域。司马相如《大人赋》云:“吾欲往乎南嬉。历唐尧于崇山兮,过虞舜于九疑。”《论衡·书虚》云:“夫舜禹之德,不能过尧,葬于冀州,或言葬于崇山。”此崇山古称狄山或蛩山,为尧所葬之山,非驩兜放逐之处。

河洛崇山,是华夏文化的重要发祥地。夏部族活动在以此为中心的伊、洛、颍、汝河流域,夏鲧称“崇伯”,此崇山乃鲧的根据地。驩兜族一度活动在豫西灵宝地区,《路史·国名纪二》载:“弘农有地名兜,志为驩兜之都。”临汝发现了鹳鱼石斧图陶缸,表明这里也是驩兜族所到之处。因而驩兜的根据地距此崇山甚近。童书业先生指出:“疑驩兜传说中的崇山本系河南之崇山。……鲧,夏祖;炎融当即《国语》之融(祝融),驩兜为炎融所出,故亦放于崇山之传说也。”[8]董琦先生认为,“如果考虑到驩兜族与夏族有密切的亲缘关系……童书业先生关于驩兜所放之崇山本系河南之嵩山的考证,是极有见地的”。[9]放驩兜于崇山的目的是为了“变南蛮”,南蛮或单称蛮,《诗·小雅·角弓》“如蛮如髦”。《毛传》“蛮,南蛮也”。《礼记·王制》“南方曰蛮”。《广韵·删韵》“蛮,南夷名”。南蛮的地望最早应指今豫西南的南阳地区。《吕氏春秋·知分》云:“尧战于丹水之浦,以服南蛮。”高诱注:“丹水在南阳。”据《战国策·魏策》的记载,三苗之居的北界是衡山。《汉书·地理志》南阳郡雉县有“衡山”,雉县治今河南南召东南。考古发现的苗蛮文化,为屈家岭—石家河文化。在河南境内,屈家岭文化主要集中在南阳地区,而石家河文化与河南龙山文化的交错地带应大致在西平、上蔡一带。大体而言,华夏集团与苗蛮集团最初活动地域的分野,在从豫中西平到豫西南的南召一线。河洛崇山在此界线之北,若放驩兜于此,似难达到以“变南蛮”之目的。一般所谓的河洛崇山,主要是指登封嵩山而言,登封王城岗城址，则是鲧、禹所都之阳城。因而此崇山不必就是驩兜被放逐之地，但它与驩兜的活动地域关系密切，是其南徙必经之处。

驩州崇山位于今越南广平省，唐沈俭期曾于武后长安中被流放至此。其所作《从崇山向越裳》诗序云："按《九真图》，崇山至越裳四十里，杉谷起古崇山，竹溪从道明国来，于崇山北二十里合，水欹缺，藤竹明昧，有三十峰，夹水直上千余仞，诸仙窟宅在焉。"诗云："朝发崇山上，暮坐越裳阴。西从杉谷度，北上竹溪深。"他又在《从驩州廨宅移住山间水亭赠苏使君》诗中说："古来尧禅舜，何必罪驩兜？"这里是诗人借景生情，以尧舜流放驩兜的史实，来抒发自己被贬的抑郁心情。后世学者便以此为据，认定这里是放逐驩兜之崇山。南宋郑樵在《通志》中据沈诗而论："以此验之，崇山乃在交广为是。"乐史所撰《太平寰宇记》亦认为"舜放驩兜于崇山，即此"。明邝露《赤雅》云："崇山有驩兜故宫，四十里即指越裳，杉谷起古崇山。"清王夫之《四书稗疏》说："崇山在唐驩州境内，牂牁江亦曰'驩水'，自曲靖注田州入南浔府。州曰驩州，水曰驩水；皆以驩兜得名，则驩兜所放之崇山在广交之间。"唐之驩州得名于咸驩县，本与驩兜无关，此地虽有崇山，不等于就是驩兜流放之所。

湖广崇山在唐宋澧阳县境，亦说山在澧州或慈利县，实指一山。唐宋澧阳县为澧州治所在，即今湖南澧县，而澧州领有慈利县，今张家界市本唐宋澧州慈利县，清时分为永定县，1914 年改名大庸县，1994 年大庸改为张家界市永定区。最早提出湖广崇山的是南朝宋人盛宏之，他在《荆州记》中说："《书》云'放驩兜于崇山'，崇山在澧阳县南七十五里。"杜佑《通典》亦云："汉零阳县地有澧水，有崇山，即放驩兜之所。"汉零阳县即今慈利县。唐王维《周郝王墓》诗云："蛮烟荒雨自千秋，夜邃空余鸟雀愁。周郝不辞亡国恨，却怜孤墓近驩兜。"周郝王墓在张家界市西澧水北岸的丁家容坪中。墓南向，与澧水南岸崇山顶上的驩兜墓遥遥相望。罗泌《路史》云："驩兜……其后所窜之崇山，则今慈利也，有驩兜墓。"顾祖禹《读史方舆纪要》卷七十七，湖广三，慈利县下云："崇山，县西三十里，相传即舜放讙兜处。……隋置崇州，盖以山名。"明隆庆《岳州府志》载："慈利县，驩兜在崇山，舜放驩兜于此，死后葬焉。"明万历《慈利县志》载："慈，南裔荒服之地，在衡西北，舜放驩兜于崇山即其域也。"又说："崇山，在县西百余里，舜放驩兜于崇山即此。"明张埰《驩兜墓》诗云："崇山虽僻古尧封，旅冢知埋第几重？未放以前曾佐帝，盖愆无后始成凶。"明孙斯亿《驩兜》诗云："崇山方寸地，何日葬驩兜？罪以共工得，奸宜大禹忧。”清蒋廷锡《尚书地理今释》说：“崇山在今湖广永定卫西大庸所东。”此外，明《一统志》、顾炎武《肇域志》、明嘉靖《澧州志》、清康熙《永定卫志》、清道光《永定县志》、清同治《续修永定县志》、清光绪《永定县乡土志》等，均有类似的记载。

除文献记载外，这里还发现一些同驩兜有关的文物史迹。现列举如下：

（1）驩兜冢或称“驩兜墓” 位于崇山之巅。《大清一统志》载：“崇山绝顶有巨垄，传为驩兜冢。”清康熙《永定卫志》载：“崇山……最上巨垄云驩兜墓，人不易见，见多不祥。昔民耕此，尝获甲镮等物。”清道光《永定县志》说：“崇山绝顶有巨垄，相传驩兜冢，土人皆以见之为不祥。昔有耕此获铜甲镮者，商人买得。乃金甲也。”在崇山诸说中，有驩兜墓者仅此一地，迄今墓冢犹存。关于“金甲镮”云云，当系附会之说。

（2）驩兜庙 据《古今图书集成·古迹考·澧州》载：“州南四十里，相传隋建驩兜庙，左立石野人三，谓系马柱。”今庙址犹在，系马柱仍存，庙在崇山顶上的“连五间”村。这是迄今所知仅有的一座驩兜庙。

（3）驩兜鼎 清光绪《永定县乡土志》载：“驩兜鼎，在玉泉寺，渔人得之边岩潭中，无他字迹，土俗指为驩兜鼎，形质古朴，颇似釜鬲，绝非近时之物，僧置寺院中以焚楮帛。”此鼎不一定是驩兜遗物，当地百姓既以驩兜命名，颇能反映出当年驩兜曾在此地活动的一些踪迹。

（4）驩兜石室 清光绪《永定县乡土志》云：“驩兜石室，在崇山北，基础犹存。”

（5）鸡叫城 位于澧县北约 10 千米的涔南乡复兴村，坐落在洞庭湖西北岸的澧阳平原中部。城址平面略呈圆角长方形，东西长 400 米，南北宽 370 米，面积 15 万平方米，方向约 10°。城中地势高出周围 2—3 米，突兀的城垣更是高出城外水田达 4 米多。城墙尽遭损毁，仅西、北二垣保存较为完整。城垣外有宽阔的洼地或水域环绕，尤以西、北、南三面最为明显，宽 40—70 米。环形洼地与涔水支流（现已为古河道）在城西北汇合，并与北垣缺口遥相呼应，东、西、南面城垣缺口，也是城门遗存。该城址为屈家岭—石家河文化古城，其时代与驩兜南迁时间相合，距离崇山不远，从时空概念和文化面貌来分析，鸡叫城很可能是驩兜南徙以后的都城。[10]

崇山一带，还流传着一些同驩兜有关的传说。如崇山顶“连五间”村的得名，是因为驩兜庙主殿规模为相连的五间；有地名营盘塔，相传是驩兜派兵守卡的地方；有练子塔，是驩兜练兵习武之处；有理事塔，是驩兜接待客人之所；有栏上，是马栏；有系马桩，是拴战马之处；有挂鼓岩，是悬挂战鼓之处；有将军岩，是驩兜带来的将军石化于此；有相公洞，其中陈设石床、石桌、石碗，是驩兜栖息过的地方；有封洞，传为驩兜与舜军作战，败入此洞被封而死。这足以说明驩兜在此崇山有着根深蒂固的影响。[11]

综上所述，驩兜族最早活动在中原地区，本是华夏集团的重要成员。唐虞之世势力逐渐强大，因举荐共工和反对禅让而获罪，被称作"四凶"之一。驩兜获罪之后，便离开尧都平阳附近的晋南崇山，道经河洛崇山，抵达湖广崇山，在这里融入了苗蛮集团，并以此为根据地不断发展壮大。驩兜族的后裔，既有汉族，也有苗族、土家族和黎族等。据苗族史诗《鸺巴鸺玛》记载，驩兜在崇山建立"天国"，称之为"天国崇山"。这里"泉水潺潺，绿树茵茵，伸手可以揽月，张嘴可以咬星，驴马自由奔跑，男女歌舞不停"。驩兜后裔中的一支，自湘西再南下广西，甚至远徙到今越南境内。从某种意义上讲，驩州崇山或许与驩兜后裔的南徙存在着一定的关系。

注　释

[1]郑杰祥：《鹳鱼石斧图新论》，《中原文物》1982年第2期。

[2]杨堃等：《鹳鱼石斧图与中国古史传说》，《史前研究》辑刊，1990—1991年。

[3]郭沫若：《中国古代社会研究》，人民出版社，1954年，第84—85页。

[4]何光岳：《南蛮源流史》，江西教育出版社，1988年，第76—77页。

[5]朱芳圃：《讙头、丹朱》，《中国古代神话与史实》，中州书画社，1982年。

[6]童书业：《丹朱与驩兜》，《春秋左传研究》，上海人民出版社，1980年。

[7][9]董琦：《虞夏时期的中原》，科学出版社，2000年，第270页。

[8]童书业：《说驩兜所放之崇山》，《禹贡半月刊》第四卷第五期。

[10]马世之：《中国史前古城》，湖北教育出版社，2003年，第168页。

[11]陈自文：《崇山驩兜考》，《炎黄文萃》2002年第3期。

（原载《史学月刊》2004年第7期）

涂山地望考辨

当前,学术界在探讨夏文化过程中,经常涉及到涂山地望问题,这同禹娶妻或会诸侯于涂山的传说直接有关。古代文献中提到涂山的地方非止一处。《尚书·益稷》载禹的话说:“予创若时,娶于涂山,辛壬癸甲,启呱呱而泣,予弗子,惟荒度土功。”《史记·夏本纪》云:“夏后帝启,禹之子,其母涂山氏之女也。”《吕氏春秋·音初》说:“禹行功,见涂山之女。禹未之遇,而巡省南土。涂山氏之女乃令其妾待禹于涂山之阳。女乃作歌,歌曰:‘候人兮猗!’实始作为南音。”《吴越春秋·越王无余外传》载:“禹三十未娶,恐时之暮,失其制度。乃辞云:‘吾娶也,必有应矣。’……禹因娶涂山,谓之女娇。”《左传·哀公七年》云:“禹合诸侯于涂山,执玉帛者万国。”其他史籍也有类似的记述。由此可知,涂山之所以得名,既有婚媾关系,也有政治原因。当然,在二者之间很难截然划出一道鸿沟,因为古代氏族或部落之间的通婚,往往掺杂着政治因素在内。仅从这两点出发,便足以窥见涂山在我国古史研究中所占的重要地位。

关于涂山的地望,历来众说纷纭,归纳起来,主要有如下诸说:

一曰当涂说。苏鹗《苏氏演义》引《文字音义》:“涂山,古国名。夏禹娶之,今宣州当涂县也。”以为此山在今安徽当涂县境。

二曰渝州说。《华阳国志·巴志》:“禹娶于涂山,今江州涂山是也。”《水经·江水注》亦云:“江州县,故巴子之都也。……江水北岸有涂山,南有夏禹庙、涂君祠,庙铭存焉,常璩、仲雍并言禹娶于此。”此涂山俗名真武山,在今重庆市东。

三曰濠州说。《左传·哀公七年》杜预注曰:“涂山在寿春东北。”苏轼《濠州七绝·涂山诗》:“樵苏已入黄能庙,乌鹊犹朝禹会村。”自注道:“下有禹庙,山前有禹会村。”朱熹《楚辞集注》也说:“涂山,在寿春东北濠州也。”此涂山亦名当涂山,在今安徽怀远县境。

四曰会稽说。《越绝书·记地传》:“涂山者,禹所取妻之地也。去(山阴)

县五十里。”《会稽志》载:“涂山在山阴县西北四十五里。”此涂山亦名会稽山,在今浙江绍兴西北。

以上就是人们通常所谓的“涂山四说”。四说之中,以濠州说影响较大,故郦道元《水经·江水注》承认:“群书咸言禹娶在寿春当涂。”近现代学者亦几乎众口一词,濠州说似已成定论。但是如果认真加以剖析,便会发现其中也有不少问题,需要我们加以认真探讨。

人们在讨论涂山地望时,很少注意到今河南嵩县境内的三涂山,经过考察,我们认为它很有可能就是禹娶或会之处。嵩县名陆浑,不妨暂且称之为“陆浑说”。《水经·伊水注》:“[伊水]又东北过陆浑县南。”《山海经》曰:“滽滽之水,出于鳌山,南流注于伊水,今水出陆浑县之西南王母涧,涧北山上有王母祠,故世因以名谿,东流注于伊水,即滽滽之水也。伊水历崖口山峡也,翼崖深高,壁立若阙,崖上有坞,伊水经其下,历峡北流,即古三涂山也。”吕思勉《先秦史》、朱芳圃《中国古代神话与史实》诸书,均以为此三涂山“即古所谓涂山者,王母即涂山氏女也”。

中国古史传说时代的夏氏族或部落,最早活动于今河南嵩山一带。古代无嵩字,嵩均写作崇,故嵩山又称崇高山。夏人的首领鲧又叫崇伯鲧。《国语·周语下》:“其在有虞,有崇伯鲧。”鲧是禹的父亲,因治水无功而被诛杀。《左传·昭公七年》:“昔尧殛鲧于羽山,其神化为黄熊,以入于羽渊。”《山海经·中次三经》:“萯山之首……又东十里,曰青要之山。实维帝之密都,北望河曲,是多驾鸟,南望蝉渚,禹父之所化。”毕沅新校正引《水经注》:“蝉渚水上承陆浑县东,渚在今河南嵩县。”禹父鲧所化的羽渊,在今河南嵩县境。河南登封一带,至今还流传着涂山氏女的故事。《汉书·武帝纪》颜师古注引《淮南子》云:“禹治鸿水,通轘辕山,化为熊。谓涂山氏曰:‘欲饷,闻鼓声乃来。’禹跳石,误中鼓。涂山氏往见,禹方作熊,惭而去,至崇高山下,化为石。石方启,禹曰:‘归我子!’石破北方而启生。”《随巢子》有类似的记述。《汉书·武帝纪》载元封元年诏曰:“朕用事华山,至于中岳,获驳麃,见夏后启母石。”可见禹作熊和涂山氏女化石之处,均在嵩山,启母石至今犹存。涂山氏亦称“闵妃”,屈原《天问》中就曾提到:“闵妃匹合,厥身是继。”闵字或讹作阌,过去河南有阌乡县(今灵宝阳平镇阌乡),相传唐时这里出土过闵妃墓,盖地以人得名,涂山氏女死后葬此。[1]上述羽渊、嵩山和阌乡,均在豫西地区,是鲧、禹活动的历史舞台,禹娶闵妃的涂山也应在这一带。

在谈到涂山地望时，切不可忘记“台桑”。屈原《天问》提到：“禹之力献功，降省下土四方，焉得彼涂山女，而通之乎台桑?”《帝王世纪》也说禹与“涂山氏合昏于台桑之野”。台桑是禹与涂山氏女私通合婚之处，距离涂山一定不会太远。找到台桑所在，也就解决了涂山的地望问题。

关于台桑，奚禄诒《楚辞详解》说就是桑林。桑林或名“桑中”，亦即“桑山之林”或“桑林之社”的简称，本是古代祭祀社或高禖的地方。《淮南子·修务训》：“汤苦旱，以身祷于桑山之林。”表明汤朝开国伊始即有桑林之设。《墨子·明鬼》：“燕之有祖，当齐之(有)社稷、宋之有桑林、楚之有云梦也，此男女之所属而观也!”可见作为殷商之后的宋人，始终保留有自己的“桑林”。《左传·昭公十六年》：“郑大旱，使屠击、祝疑、竖柑有事于桑山，斩其木，不雨。”《诗·鄘风·桑中》：“期我乎桑中，要我乎上宫。”郑卫地近宋国，亦有此设，郑之桑林名“桑山”，卫之桑林称“桑中”，名异而实同。孙作云先生对古代桑林有过精辟的分析，他说：“殷人的社为什么叫‘桑林’?我想这是因为他们把桑树当作神树，在社的前后左右广植之，因此他们的社叫‘桑林’。‘社’为地神之祀，但后来也变成男女聚会的所在，与高禖的祭祀相混。这或者是因为土地的祭祀是由于农业，而原始的种植为女子之事，因此使高禖之祀与土地之祀合起来。总之，桑林之社也是男女聚会的地方。”[2]桑林为男女聚会之所，其历史可能会早到夏禹时代。《周礼·媒氏》：“中春之月，令会男女。于是时也，奔者不禁。”正是由于“奔者不禁”的缘故，禹才有可能与涂山氏女通之于台桑，演出了千古风流逸事。台桑在今何处?这是一个令人难解的谜。《吕氏春秋·顺民》载：“昔者汤克夏而正天下，天大旱，五年不收，汤乃以身祷于桑林，曰：‘余一人有罪，无及万夫，万夫有罪，在余一人。无以一人之不敏，使上帝鬼神伤民之命。’于是翦其发，磨其手，以身为牺牲，用祈福于上帝。”汤祷于桑林时当灭夏不久。《史记·殷本纪》说：“汤既胜夏，欲迁其社，不可，作《夏社》。”为了加强统治，则在原来夏都附近建立了新都，其地在今河南偃师县西尸乡沟一带，史称“西亳”。桑林之社距离亳都不远，应于豫西河洛地区求之。禹都阳城，史不绝书。夏之阳城在今河南登封告成镇左近，已为考古发掘资料所证实。从夏、商时期都城设置制度考察，两者有许多类同之处，因而台桑之所在，也应在距离夏都阳城不远的地方，其地亦近涂山。据张运生先生云，台桑在今嵩县台上村。[3]如此考证无误，则陆浑说比较合理。

从夏文化的源流及其分布来看，一般都把分布在豫西地区的河南龙山文化煤山类型和二里头文化称夏文化。其分布范围主要是郑州以西、潼关以东的黄河、伊、洛、涧水两岸，北到晋西南的夏县，南到汝水流域的襄城，这同历史文献中关于夏族活动地区的记载大体一致。重庆、绍兴、当涂、怀远等地，不仅远古文化系统各异，而且距离豫西地区太远，氏族或部落之间通婚诸多不便。《墨子·鲁问》："禹、汤、文、武，百里之诸侯也，说忠行义，取天下。"夏人建国以前，活动范围不大，就在立国之初，其统治地区也是很小的。列宁在《论国家》一文中说："当时的社会和国家比现在小得多，交通极不发达，没有现代的交通工具。当时的山河海洋所造成障碍比现在大得多，所以国家是在比现在狭小得多的地理范围内形成起来的。技术薄弱的国家机构只能为一个版图较小、活动范围较小的国家服务。"居住在陆浑的涂山氏族或部落，距夏人活动中心嵩山一带不足二百华里，从地理概念上来看，他们之间进行通婚倒是非常便利的。由于禹与涂山氏的婚媾关系，大大加强了他作为部落或部落联盟首领的政治地位，使他能够成为夏王朝的缔造者和创始人。当他在涂山聚会诸侯时，与会的氏族或部落首领竟然达到万人之多。《史记·外戚世家》说："夏之兴也以涂山。"涂山氏族或部落在夏王朝的建立中有着不可磨灭的功绩。

综上所述，夏禹曾经到过的涂山即今河南嵩县境内古之三涂山，与真武、当涂、会稽诸山无关。但在学术界为什么盛行"涂山四说"呢？我们认为虽然查无实据，却也事出有因。

先说渝州涂山，可能与古代禹出西羌的传说有关。《史记·六国年表》："禹兴于西羌。"《蜀王本纪》："禹本汶山广柔县人也，生于石纽。其地名痢儿畔。"《水经·沫水注》说广柔县"有石纽乡，禹所生也。今夷人共营之，地方百里，不敢居牧。有罪逃野，捕之者不逼，能藏三年，不为人得，则共厚之，言大禹之神佑之也"。这种传说的起因，是由于夏人活动的中心嵩山一带，原为四岳部族居地，四岳姜姓，似应为羌人，故而渐渐演化出"大禹出西羌"的故事，并附会出渝州之涂山来。

再说其他几处涂山，可能和图腾迁徙有关。李玄伯认为，涂山之涂亦即余，是由于以蟾蜍为图腾的氏族定居其处而得名，其地即三涂而非当涂。那么为什么又有会稽诸说呢？他在《中国古代社会新研》一书中有过详尽的论述："我们不可忘记在唐夏虞部落内，帝位传子始于禹启之交，这乃政权渐集中而社会已渐变为父系的现象。其时距母系社会时代不远，当然母系尚占不少的势力。涂山氏的图腾既地域化而成涂山的神，余既系夏启的母的图腾，夏接承了涂山神的崇拜而极端尊重涂山，自然无足奇异。若启已不照旧章以余图腾而改以姒为图腾，但余至少尚系启的次等图腾，亦无疑义。并且禹以婿的资格会诸侯于涂山。涂山的威灵并未随夏以俱衰，所以晋伐陆浑尚假名有事于三涂，盖有事于涂山系常见的事，所以陆浑毫不相疑。涂山与夏这般关系密切，夏人迁徙时自然忘不了他。汤放桀于南巢，夏人当时亦必随着南迁（事实上，桀率其众奔南巢，汤无力杀之，美其名曰放而已。桀非独自南奔，想有大量夏人随之），于是到当涂寿春的一支在那里立了涂山。至于会稽，《说文解字》亦谓为涂山。越人原自称少康之庶子……夏人迁越或亦因他姓的逼迫而由南巢更东南迁者。会稽是当地一座高山，观勾践被吴败后，保栖于会稽，想必亦如涂山之为九州之险。于是涂山之名随夏人以俱迁来越，涂山的神话亦随涂山以俱来，禹会诸侯于涂山遂变成禹会诸侯于越的涂山，禹崩之处亦变为越的涂山。后越的涂山又名会稽，亦或者夏人未至越前这山旧名会稽，于是涂山的神话又随山名由涂山变为会稽山的故事。余的图腾神话共经两次迁徙，第一次由陆浑的三涂迁至越的涂山，第二次由涂山的变为会稽山的。当涂等处或亦有这同类的神话，但因越后来的武力发展加以文化努力，当涂等处的熄灭而越的独存。不只独存，且因夏为商所灭，北系神话较衰，而南系独盛，于是后人愈信禹曾会诸侯于会稽，而忘记陆浑南的旧涂山了。”[4] 以夏人图腾神话的迁徙来解释涂山名称的变化，是有一定道理和说服力的，它廓清了在涂山地望问题上的种种疑云迷雾，表明陆浑境内的古三涂山，乃是夏人最早崇奉的涂山，这是毋庸置疑的史实。

注　释

[1]闻一多：《尔雅新义》，《闻一多全集》（二），三联书店，1982年。

[2]孙作云：《〈诗经〉与周代社会研究》，中华书局，1966年，第305页。

[3]张运生：《夏初“台桑”所在地望考略》。

[4]李玄伯：《中国古代社会新研》，开明书店，1949年，第211—212页。

（原载《史学月刊》1986年第5期）

夏代葛国地望浅析

葛是夏代嬴姓国。关于葛国的地望,学术界有多种说法:一曰偃师说,认为葛在商之西亳附近。《归德府志》在记载古葛伯国时,曾提到"今偃师有之"。二曰郑州说,认为葛在郑亳附近。邹衡先生说:"郑地也有葛,而且不止一处。"[1]并引用《路史·国名纪》云:"今郑西北有葛乡城。"三曰垣曲说,认为葛在垣亳附近。清人俞正燮曾举出山西垣曲西南有葛城。[2]四曰修武说,认为葛在夏代欑茅附近。《商君书》说:"汤起于赞茅。"《路史·国名纪》云:"葛……在河内修武县有葛伯城,葛伯墓。"五曰内黄说,认为在郼亳附近。王震中先生指出,内黄、内黄邻近的方志中可以找出一些叫作"葛庄"的乡镇村名。[3]此外,还有燕地之葛和南阳之葛、长葛之葛等。从古代地名学来看,我们不能否定上述葛地的存在,不过若论夏代嬴姓葛国而言,则应于河南宁陵一带求之。

宁陵位于广袤的黄淮大平原之上,清光绪《宁陵县志》称:"右接汴梁,左通邹鲁,河洛流乎西北,淮泗达乎东南,可不谓当往来之冲而都水陆之会乎?"由此可以推知古代其地理位置之重要。从文献记载来看,许多史籍都认为葛在宁陵县之葛乡。《汉书·地理志》"陈留郡宁陵县条"注,孟康曰:"故葛伯国,今葛乡是。"《史记·殷本纪·集解》引《地理志》曰:"葛,今梁国宁陵之葛乡。"《后汉书·郡国志》"梁国宁陵县"条:"宁陵故属陈留。有葛乡,故葛伯国。"《春秋·桓公十五年》载:"葛人来朝。"杜预注:"葛国,宁陵县东北。"皇甫谧《帝王世纪》谓:"葛,今梁国之葛乡也。"《水经·汳水注》云:"汳水又东迳葛城北,故葛伯之国也……其地葛乡,即是城也,在宁陵县东四十里。"《元和郡县图志》卷七宁陵县云:"故葛城在县北十五里。"《大清一统志》载:"葛在宁陵县北一十五里,古葛伯国。"《河南通志》谓:"宁陵,夏葛伯国。"《归德府志·古封建表》云:"葛,伯爵,夏所封邑。葛,今梁国宁陵之葛乡。"清《宁陵县志》载:"葛城,在县北十五里,古葛伯国。"由上述记载可知,夏代葛国应在今河南宁陵县境。

葛是夏的与国，同商为邻，商汤灭夏，从伐葛开始。史称商汤灭夏的作战顺序，为"葛→韦→顾→昆吾→夏桀"。从其进军路线来看，葛国也应在宁陵一带。《尚书·仲虺之诰》云："葛伯仇饷，初征自葛。"当时，商是夏的方国，都于南亳。其地在今河南省商丘市睢阳区原商丘县城东南27千米的坞墙集附近。《括地志》云："宋州谷熟县西南三十五里亳故城，即南亳，汤都也。"唐代谷熟县治为今谷熟集，原属商丘县，1951年后划归谷熟县，1954年谷熟县建制撤销后并入虞城县。今商丘坞墙集在虞城县谷熟集西南，其方位与里程均同史乘所载南亳地望相合。汤从南亳开始西征，葛是其必经之地。《孟子》一书多次提及汤灭葛之事，据《滕文公下》载：

汤居亳，与葛为邻，葛伯放而不祀。汤使人问之曰："何为不祀？"曰："无以供牲牺也。"汤使人遗之牛羊。葛伯食之，又不以祀。汤又使人问之曰："何为不祀？"曰："无以供粢盛也。"汤使亳众往为之耕，老弱馈食。葛伯率其民，要其有酒食黍稻者夺之，不授者杀之。有童子以黍肉饷，杀而夺之。《书》曰："葛伯仇饷。"此之谓也。为其杀是童子而征之，四海之内皆曰："非富天下也，为匹夫匹妇复仇也。""汤始征，自葛载"，十一征而无敌于天下。东面而征，西夷怨；南面而征，北狄怨，曰："奚为后我？"民之望之，若大旱之望雨也。归市者弗止，芸者不变，诛其君，吊其民，如时雨降。民大悦。

晋代学者皇甫谧曾据此将汤都之亳，定位于"谷熟之地"。《毛诗·商颂·玄鸟》正义引皇甫谧云："《孟子》称，汤居亳，与葛为邻。案《地理志》，葛，今梁国宁陵之葛乡是也。汤地七十里耳，葛伯不祀，汤使亳众为之耕，有童子饷食，葛伯夺而杀之。古文《仲虺之诰》曰：'汤征自葛始。'计宁陵去偃师八百里，而使亳众为耕，有童子饷食，非其理也。今梁国自有二亳也。南亳在谷熟之地，北亳在蒙地，非偃师也。"伪古文《尚书·胤征》谓："汤始居亳，从先王居，作《帝告》《厘沃》。"正义引皇甫谧云："亳，今梁国谷熟县是也。"王国维《观堂集林·说亳》则谓："谷熟之去宁陵，虽较之偃师为近，中间尚隔二百余里。若蒙县西北之薄，与宁陵东北之葛乡，地正相接，汤之所都，自当在此。"皇甫谧与王国维虽然在汤都亳问题上有不同的看法，但对葛在宁陵的意见却是一致的。

关于汤灭夏过程中所伐之方国，除葛外，比较著名的尚有韦国，韦城在今河南滑县东南5千米之万古乡妹村；顾国，顾城在今河南范县东南20千米处，现已全部没入黄河中，为黄沙滩区；昆吾国，昆吾城在今河南新郑望京楼一带。[4]商汤战胜昆吾后，兵锋直指夏都偃师二里头。这就是《诗·商颂·长发》云："韦顾既伐，昆吾夏桀。"李学勤先生指出："葛在河南宁陵，谁也不能把葛搬到郑州或偃师边上去，所以《孟子》讲的亳肯定还是在商丘一带的谷熟集或别的什么地方。"[5]从商都南亳及汤伐夏进军路线来看，葛国不在郑州和偃师，而是应当在河南宁陵。

在今河南宁陵县境保留的葛国史迹甚多，最具代表性的是葛城和童子墓。葛国所都的葛城，位于宁陵县西北11千米石桥乡余庄寨村北的葛伯屯。《商丘地区地名荟萃》云："葛伯屯，在宁陵县城关回族镇西北11千米，黄茶排水沟东岸。属石桥乡。相传古葛伯地。"[6]又说，葛国"故城在今宁陵县城西北11千米葛伯屯"。[7]葛城遗址面积约2万平方米。中国社科院考古研究所曾经进行勘探，由于黄沙淤积过深，探至10米深处已无法提土，因而对城墙和宫殿布局尚不清楚。2005年3月，宁陵县人民政府在此建立葛城遗址碑。被杀童子之墓在城关镇东南1千米，当地俗称"童饷堌堆"。清宣统三年（1911）《续修宁陵县志》卷二载："童饷堌堆在县南二里，又名童相。砖包，高丈余，宽四丈余。"童子墓高出地面0.5米。类似的史迹在其他地区均未发现。因而葛伯屯与童饷堌堆为葛在宁陵提供了重要证据。需要引起人们关注的是，迄今为止，葛城内尚未发现城垣、宫殿建筑与手工业作坊遗址，严格来说，这仍是一个未解的史谜，有待考古学家们进一步破解。

综上所述，夏代葛国地望既不是河南偃师，也不在河南郑州，更与山西垣曲、河南内黄无涉，很有可能在河南宁陵一带。

葛是一个历史悠久的古国，据《宁陵县志》载："夏之末，葛伯始见经传，至商则无闻焉。按左氏葛人来朝，则葛之名历周未改。疑汤诛仇饷者而未绝其祀，故周亦因之。"这种推测不是没有道理的。《春秋·桓公十五年》载："邾人、牟人、葛人来朝。"其中"葛人"即此葛国之人。《水经·汳水注》云："葛于六国属魏，魏以封信陵君。"根据所处地理位置，葛在戴国以南，东距商丘不足30千米，可能与戴相同，春秋前期宋灭之为邑。战国时宋亡，其地入齐，后又为魏所并。

注　释

[1]邹衡：《夏商周考古论文集》，文物出版社，1980年，第200页。

[2]俞正燮:《癸巳类稿·汤从先王居义》。

[3]王震中:《甲骨文亳邑新探》,《历史研究》2004 年 5 月。

[4]邹衡:《夏商周考古学论文集》,文物出版社,1980 年,第 231 页。

[5]张立东、任飞:《手铲释天书——与夏文化探索者的对话·李学勤》,大象出版社,2001 年。

[6][7]商丘地区地名办公室:《商丘地名荟萃》,中州古籍出版社,1991 年,第 122 页、第 178 页。

(葛天氏文化与吕坤学术思想研讨会论文,2007 年 4 月,宁陵)

文王伐崇考

——兼论崇的地望问题

文王伐崇，是商周史上一桩大事。它是武王伐纣的前奏，为商王朝的灭亡敲响了丧钟。从此周族势力蒸蒸日上，版图辽阔的商殷帝国一蹶不振，曾几何时，不可一世的帝辛，经过牧野之战，在众叛亲离的情况下，落了个鹿台自焚的下场。研究商殷灭亡史，文王伐崇是其关键性的一章，由于崇的地望问题与伐崇关系甚密，历来史家争讼颇多，故而在此一并加以探讨。

伐崇原因

周文王姬昌，是周族的著名首领，西周王朝的奠基者。少时参加农牧，关心民间疾苦，《尚书·无逸》载："文王卑服，即康功田功，徽柔懿恭，怀保小民，惠鲜鳏寡；自朝至于日中昃，不遑暇食，用咸和万民。"文王当政后，被商封为西伯。周人势力逐渐向东发展，控制虞、芮，诸侯闻之，尊其为"受命之君"。史称此年为文王受命元年，即脱离商殷而独立的第一年。《尚书·大传》记述其武功时云："文王受命，一年断虞（今山西平陆北）、芮（今山西芮城）之质，二年伐于，三年伐密须，四年伐畎夷，五年伐耆，六年伐崇，七年而崩。"伐崇之役，时当文王受命六年。

崇系商世侯国，其君崇侯虎，是纣王的重要羽翼，也是帝辛手下一个头脑比较清醒的人物。他看到周人势力不断发展，使商王朝面临严重威胁，及时提醒纣王重视此事，致使西伯受囚。从此崇就成了周的仇敌。唐封演《封氏闻见记》卷八引《曹子建诰纣文》说："崇侯何功，乃用为辅？西伯何辜，囚之囹圄。"关于这个问题，史书有过详尽的记述。《史记·殷本纪》云：

百姓怨望而诸侯有畔者，于是纣乃重刑辟，有炮格之法。以西伯昌、九侯、鄂侯为三公。九侯有好女，入之纣，九侯女不喜淫，纣怒，杀之而醢九侯。鄂侯争之强，辨之疾，并脯鄂侯。西伯闻之，窃叹。崇侯虎知之，以告纣，纣囚西伯羑里。西伯之臣闳夭之徒，求美女奇物善马以献纣，纣乃赦西伯。西伯出而献洛西之地，请除炮格之刑。纣乃许之，赐弓矢斧钺，使得征伐，为西伯。

《史记·周本纪》则谓西伯受囚是因其积善累德的结果：

西伯曰文王，遵后稷、公刘之业，则古公、公季之法，笃仁，敬老，慈少。礼下贤者，日中不暇食以待士，士以此多归之。伯夷、叔齐在孤竹，闻西伯善养老，盍往归之。太颠、闳夭、散宜生、鬻子、辛甲大夫之徒，皆往归之。崇侯虎谮西伯于殷纣曰："西伯积善累德，诸侯皆向之，将不利于帝。"帝纣乃囚西伯于羑里。闳夭之徒患之，乃求有莘氏美女，骊戎之文马，有熊九驷，他奇怪物，因殷嬖臣费仲而献之纣。纣大说(悦)，曰："此一物足以释西伯，况其多乎！"乃赦西伯，赐之弓矢斧钺，使西伯得征伐。曰："谮西伯者，崇侯虎也。"西伯乃献洛西之地，以请纣去炮格之刑，纣许之。

汉蔡邕《琴操》卷上也有类似的记载：

文王备修道德，百姓亲附。文王有二子，周公、武王皆圣。是时崇侯虎与文王列为诸侯，德不能及文王，常嫉妒之。乃谮文王于纣曰："西伯昌，圣人也。长子发、中子旦皆圣人也。三圣合谋，将不利于君，君其虑之。"纣用其言，乃囚文王于羑里，择日欲杀之。于是文王四臣太颠、闳夭、散宜生、南宫适之徒往见文王。文王为瞤右目者，纣之好色也；柎桴其腹者，言欲得奇宝也；蹀躞其足者，使迅疾也。于是乃周流海内，历经风土，得美女二人，水中大贝，白马朱鬣，以献于纣，陈于中庭，纣见之，仰天而叹，曰："嘻哉！此谁宝？"散宜生趋而进曰："是西伯之宝，以赎刑罪。"纣曰："于寡人何其厚也！"立出西伯。纣谓宜生："谮岐侯者，长鼻决耳也。"宜生还，以状告文王，乃知崇侯虎谮之。

其他有关记载甚多，此不一一列举。综上所述，文王之所以伐崇，乃是由于崇侯虎谮言所致。如果仔细剖析，可知这不过是周人的一种借口而已，仅属表面现象，其中隐藏着深刻的政治原因。旧史家都把崇侯虎描绘成搬弄是非、诽谤圣贤的佞臣，是个十恶不赦的罪人，这是极不公允的。《太平御览》卷三十八引《六韬》云："纣之卒握炭流汤者十八人，崇侯虎等举五百石重沙二十四人。"具有文韬武略，是帝辛的亲信。他向纣所谮西伯之言，并非凭空捏造的诬陷之辞，从商殷王朝的生死存亡关系出发，完全是为了维护商殷的根本利益。纣王若能按照崇侯虎的建议，不释西伯，岂能致亡国灭身之祸？由此观之，崇侯一言，可以兴邦。崇是一个大国，为商殷抵御周人的重要屏障，周欲灭商，必先剪除其羽翼，方能克敌制胜，此乃西伯伐崇的真正缘由。

讨崇史略

周人以美女、名马和其他宝物献给帝辛，换取纣王的信任，不仅免去西伯的囹圄之苦，而且告诉周人："谮西伯者，崇侯虎也。"周人为了麻痹帝纣，献出洛西之地，暂时与商殷修好。陕西岐山凤雏村出土甲骨卜辞记载，文王曾在周原建立商王宗庙，祭祀商殷先公先王。运用这种斗争策略，使纣王为假象所惑，达到不断加强国力的目的。一旦时机对周有利，先伐犬戎（今陕西凤翔县境）、密须（今甘肃灵台县境），巩固了后方，继而东向败耆（亦作黎，今山西黎城县）、伐于（亦作邘，今河南沁阳县境），深入到商朝的王畿近地。最后发兵攻崇，消除了向东方发展的一大障碍，做好了灭商的准备。

从伐崇之役来看，崇为大国，势力较之耆、邘强大得多，战斗进行得十分激烈，周人付出了相当高的代价，这是一场旷日持久的战争。《说苑·指武篇》载："文王欲伐崇，先宣言曰：'余闻崇侯虎蔑侮父兄，不敬长老，听狱不中，分财不均，百姓力尽不得衣食，予将来征之，唯为民。'乃伐崇。令毋杀人，毋坏室，毋填井，毋伐树木，毋动六畜。如有不令者，死无赦。崇人闻之，因请降。"这里说的是文王的攻心战术，他所发布的宣言，等于讨崇檄文，打着"唯为民"的旗号，列数崇侯虎的罪状。欲加之罪，何患无辞？说崇君侮蔑父兄云云，不一定全属事实。但周人军纪严明，乃是战胜敌人的重要条件。崇人非因轻信西伯的宣言而降。《诗·大雅·皇矣》是西周晚期所作的祀祖歌[1]，诗中提到伐崇之役，比较接近史实：

> 帝谓文王，询尔仇方，同尔兄弟，以尔钩援，与尔临冲，以伐崇墉。临冲闲闲，崇墉言言，执讯连连，攸馘安安，是类是祃，是致是附，四方以侮。临

冲茀茀，崇墉仡仡，是伐是肆，是绝是忽，四方以无拂。

诗中所谓之墉，说的是城垣，“言言”“仡仡”，形容高大之状，“钩”是钩梯，用来钩引上城；“临”是临车，“冲”是冲车。临乃在上临下之称，冲系从旁冲击之谓，二车用途各异。“闲闲”“茀茀”，形容兵势之强盛。由此可以窥见当年崇城巍然高耸，周军声势浩大。《左传·僖公十九年》：“文王闻崇德乱而伐之，军三旬而不降，退修教而复伐之，因垒而降。”章炳麟《左传读》谓：“因垒当读作闉垒，《通典》云，于城外起土为山，乘城而上，古谓之垒道也。闉垒而降者，闉垒才就以上敌城，而崇遂降也。”“因垒而降”，一语道破了这次战争的艰巨和残酷。崇人面临强敌，毫不畏惧，曾使周人“军三旬而不降”。周军出师不利，退而休兵，再次来战，动用了钩梯、临车、冲车等先进攻城设施，并在城外起土筑垒，做出很大牺牲，方才取胜。鉴于崇人势力的强大，攻克崇城之后，周人尚无力灭其国。《左传·襄公三十一年》：“文王伐崇，再驾而降为臣。”从此崇变成周的与国了。后来，崇部族逐渐迁徙，“可能即由崇退居上庸。在这里他的部族已被削弱，它已经不能再筑那样高大的崇墉了，它只能构筑像庸方城，即如垣墉那样的方城”。[2]上庸在今湖北竹山县境。

崇地新探

关于商世崇之地望，过去说法颇多，归纳起来，大体上有如下诸说：

一曰丰镐说。《史记·周本纪》正义引皇甫谧的话，说崇为“夏鲧封。虞、夏、商、周皆有崇国，崇国盖在丰、镐之间。诗云‘既伐于崇，作邑于丰’，是国之地也。”以为在今之陕西户县境。

二曰彭城说。《寰宇记》载：“彭城北三十，垞城临泗水。《秦地志》云：垞城，古崇国。兖人谓中城曰垞，城西南有崇侯庙。”庙在庙山，另有崇侯坟，传为崇侯虎之墓地。此说以为古崇国在今江苏徐州。

三曰同州说。《左传·宣公元年》：“晋欲求成于秦。赵穿曰：‘我侵崇，秦急崇，必救之。吾以求成焉。’冬，赵穿侵崇。秦弗与成。”王夫之《春秋稗疏》云：“此崇国必在渭北河湄，虽与秦，而地则近晋。”《中国古今地名大辞典》说：“一云（崇）在旧同州府境。”以为在今陕西大荔县境。

先说彭城说。彭城古属东夷之地。史称“纣克东夷,而陨其身”。[3]崇为商之羽翼,周之劲敌,非纣用兵之国。《古今图书集成》卷七七二“职方典·徐州部”云:“坨城面临泗水,兖州人谓中城曰垞。《舆地记》为古崇国,不知何考?”此说于史无征,似难成立。

再析同州说。《左传》提到的崇,《公羊传》作柳,而曰“天子之邑”。赵坦《春秋异文笺》谓:“齐人读‘崇’为‘柳’,《公羊》‘崇’作‘柳’,正齐人方音之转。”毛奇龄《春秋简书刊误》云:“崇,秦之与国,《公》改柳而曰‘天子之邑’,则与策书晋将求成于秦而先侵崇以要其成为不合矣。”然而此崇为秦之与国,系春秋之崇,非文王所伐之国。江永《春秋地理考实》谓为别封,大概有一定道理。

崇地三说之中,以丰镐说影响最大,学者多宗之。吕振羽《简明中国通史》,尚钺主编《中国历史纲要》,翦伯赞、郑天挺主编《中国通史参考资料》,郭沫若主编《中国史稿》,朱绍侯主编《中国古代史》,吕思勉《先秦史》诸书,均主此说。但是丰镐说的主要依据,是《诗·大雅·文王有声》:“文王受命,有此武功,既伐于崇,作邑于丰。”把伐崇和作邑看成一码事,因而认为崇地在丰。据《史记·周本纪》载:“西伯阴善行,诸侯皆来决平。……明年,伐犬戎。明年伐密须。明年,败耆国。殷之祖伊闻之,惧。以告帝纣。纣曰:‘不有天命乎?是何能为?’明年伐邘。明年,伐崇侯虎。而作丰邑,自岐下而徙都之。”伐崇与迁都丰邑,显系二事,岂可混为一谈!《诗经》所称赞的文王的武功,是指伐犬戎等一系列戎事,由于崇为大国,故而特言“既伐于崇”。诚如郑玄笺曰:“武功谓伐四国及崇之功也。作邑者,徙都于丰,以应天命。”孔颖达疏云:“(诗)经别言既伐于崇,则武功之言非独伐崇而已。故受命之后,所伐邘、耆、密须、混夷之属皆是也。故云武功谓伐四国及崇之功也。武功之中既兼伐崇,而别言既伐于崇者,以其功最大,其伐最后,故特言之,为作邑张本,言功成乃作都也。”陈奂《诗毛氏传疏》:“文王受命五年伐耆,六年伐崇,七年而崩。韩子云:举丰,纣恶之。似尚在六年已前。举丰非即伐崇也。说者因谓殷崇侯虎国在今陕西西安府户县东,则皆以丰为崇。不知伐崇、邑丰,《文王有声》篇画然两事。崇、丰为异地明矣!”郑、孔及陈氏言之有理,因而认为崇在户县之说,实在是对诗义的误解。

上述三说既然均难成立,那么文王所伐之崇又在何处呢?我们认为应在今河南嵩山一带求之。古无嵩字,嵩山古名崇高山,字或作崧,亦作崈。《国语·周语上》:“昔夏之兴也,融降于崇山。”韦昭注曰:“崇,崇高山也。夏居阳城,崇高所近。”又《太平御览》卷三十九“崇山”条下引韦昭注说：“崇、嵩字古通用，夏都阳城，嵩山在焉。”崇，《汉书·地理志》也作“崈高”，颜师古说：“崈，古崇字。”《后汉书·郡国志》则作“嵩高”。崇山即嵩山，在今河南省登封县境。崇部落最早曾活动在这一带，商代崇国之地望也应在这里。

据《史记·周本纪》的记载，文王受命之后，对外用兵的路线是自西而东，所伐诸侯的次序为：犬戎→密须→耆（黎）→邘→崇。邘近太行，崇近嵩山，伐邘克崇之后，周人在军事上对商殷王畿形成钳形攻势，为武王伐纣灭商奠定了基础。当时的形势是“天下三分，其二归周”[4]，周人已经稳操胜券。假如崇地在丰或别处，绝不能出现像“三分天下有其二”[5]那样对周人有利的局面。伐崇胜利之后，文王作新都于丰（今陕西长安县境），自岐下迁居于此，其东进的意向是够彰明的了。

关于崇之具体地望，俞樾《俞楼杂纂》二十八谓在今河南嵩县。张荫麟《中国史纲·上古篇》也说在今嵩县附近。新编《辞海》（地理分册·历史地理）则主张在今河南禹县北。嵩县古名陆浑，位于伊水流域，距离登封不远；禹县古称阳翟，与登封毗邻，夹颍水而连属。崇为大国，所辖疆域非耆、邘可比，似应包括今河南登封、禹县及嵩县等地在内。崇国故城在嵩县库区乡桥北村，东北部被陆浑水库淹没，西北隅尚有夯土建筑基址。崇是周人向商殷进攻的最后一个也是最大一道防线，文王伐崇为后来武王灭商时长驱直入扫除了障碍。因而从地理位置来分析，金景芳先生断言：“这个崇国肯定在嵩山附近。”[6]这种说法是可取的。

注　释

[1]孙作云：《〈诗经〉与周代社会研究》，中华书局，1966年，第356—368页。

[2]徐中舒：《论巴蜀文化》，四川人民出版社，1982年，第87页。

[3]《左传·昭公十一年》。

[4]《史记·齐太公世家》。

[5]《论语·泰伯》。

[6]金景芳：《中国奴隶社会史》，上海人民出版社，1983年，第109页。

（原载《史学月刊》1989年第2期）

虢国史迹试探

虢是西周时期分封的诸侯国家。文献记载,除东虢、西虢外,还有南虢、北虢、小虢之称。历代言虢,甚为纷错,有些竟然相互抵牾。《汉书·地理志》弘农郡陕县云:“故虢国。……北虢在大阳,东虢在荥阳,西虢在雍州。”《左传·隐公元年》杜预注:“虢叔,东虢君也。……虢国今荥阳县。”又说:“虢,西虢国也。弘农陕县东南有虢城。”《史记·郑世家·集解》:“徐广曰:‘虢在成皋。……’骃案,虞翻曰:‘虢,姬姓,东虢也。……,”《水经·河水注》:“河南即陕城也。昔周、召分伯,以此城为东西之别。东城即虢邑之上阳也。虢仲之所都为南虢。三虢,此其一焉。”

上述情况说明,东虢在荥阳,西虢在雍州,史家无异辞。而陕县之虢则有西虢、南虢和北虢诸说。对此,杨守敬《水经注疏》有过剖析:“赵[一清]云:按《地理志》陕县下云,北虢在大阳,东虢在荥阳,西虢在雍州。盖陕与大阳,夹河对岸,南虢即北虢,故有上阳、下阳之分,亦有南虢、北虢之称矣。陕为虢都,大阳为虢塞邑。《穀梁传》及杜《注》可证。下阳失而虢不守,故《春秋》书曰灭也。何焯云:案杜预云,陕县东南有虢城,即是西虢国。此南字或是西字之误。盖虢仲之封,非雍州之虢。其说与班《志》异。宋程公说《春秋分记》曰,僖五年,虢仲、虢叔,王季之穆,此二虢,西虢也。仲之封今陕州陕县,又以别于凤翔之虢,故亦号之南虢。虢叔之封,今凤翔府虢县,以虢在中国之西,又谓之西虢。隐元年,制,岩邑也,虢叔死焉,东虢也,今郑州荥阳县。观此则北虢即南虢,而非西虢。《分记》所云,本于孟坚,足证何说之谬。”在先秦文献中,只单称虢,并无东、西、南、北之分。金文有冠以郑字的,如奠虢中簋;有冠以城字的,如城虢中簋。显然,东、西、南、北等名称,是后人为便于区别而加上的。林寿晋在《上村岭虢国墓地》一书中,为了避免混淆,采用“荥阳之虢”“平陆—陕县之虢”和“宝鸡之虢”来区分。[1]“平陆—陕县之虢”,即《汉书·地理志》所谓的“北虢”、《水经注》所称的“南虢”、《春秋经传集解》所注的“西虢”。《国语·晋语四》说文王“孝友二虢”“咨于二虢”，可知文王只有两弟分封于虢，当初不会再有第三个虢国。这二虢便是荥阳之虢和宝鸡之虢。荥阳地势险要，周初封虢叔于此，以防止东方殷商遗民的反抗，是为东虢；宝鸡古属雍州，位于丰镐之西，周初封虢仲于此，以防止西方戎、狄、羌族的侵扰，是为西虢。陕县—平陆之虢建国于西周晚期，若称西虢，在名分上便同宝鸡之虢相重复了，为避免称谓上的混乱，似不宜以“西虢”命名。

南虢与北虢，系指三门峡上阳与山西平陆下阳而言。这是一个虢国还是两个虢国？清人王先谦《汉书补注》已经说得十分明白：“陕与大阳夹河对岸，故有上阳、下阳之分，亦有南虢、北虢之称，实一虢也。”中国古代国家与都城的名称往往相同，如虢国之都亦可以“虢”名之。“虢有两都：一是下阳，一是上阳。”[2] 南虢上阳为国都，北虢下阳为要邑或别都。南虢与北虢是指一个国家的两个城市而言，实为一个国家。此虢的国都既然在上阳，上阳即南虢，为了有别于荥阳、宝鸡之二虢，将陕县—平陆之虢称作“南虢”是比较合适的。

据文献记载，南虢亦为虢仲之国，是从西虢迁徙而来的。《水经·渭水注》云：“水出邓艾祠北，故名邓公泉。数源俱发于雍县故城南，县故秦德公所居也。《晋书地道记》以为西虢地也。《汉书·地理志》以为西虢县。《太康地记》曰：‘虢叔之国矣，有虢宫，平王东迁，叔自此之上阳为南虢矣。’”虢叔与虢仲皆为文王之弟。据《左传·僖公元年》杜预注：“虢叔，东虢君也。”这是说荥阳的东虢才是虢叔之国。《续汉书·郡国志》云：“陕，本虢仲之国。”由此可知，三门峡上阳的南虢，确系西虢东迁而建，亦为虢仲的封国。

关于南虢始建的时间，也是一个千古未解的史谜。《太康地记》以为是西虢随平王东迁而建的，《国语》则说在周平王东迁以前，南虢即已存在。据《国语·郑语》载：“桓公为司徒，甚得周众与东土之人，问于史伯曰：‘王室多故，余惧及焉，其何所可以逃死？’史伯对曰：‘王室将卑，戎狄必昌，不可逼也。当成周者，……西有虞、虢、晋、隗、霍、杨、魏、芮’……”成周以西的虢，系指陕县—平陆之虢而言。说这话的时间为周幽王八年，在西周覆灭之前，表明平王尚未东迁时，南虢即已存在。根据考古资料，三门峡市上村岭虢国墓地出土的文物，时代多为西周晚期。M2009 号虢仲墓出土的墨书遣册中，有“南仲”二字。南仲是周宣王时的大夫，所以该墓下葬的时间应该定于宣王时期。上村岭虢国墓地不仅发现过虢仲遗物,也出土不少虢季遗物。

对于虢仲与虢季的关系,李学勤《三门峡虢墓新发现与虢国史》一文指出:“三门峡这里的虢是不是源于西虢,可说已有比较明显的答案。……这次新发掘的材料进一步证明这里虢国公室是季氏,世系和宝鸡的西虢显然是衔接的。至于西虢之君何以称季氏,过去邹安曾指出,虢国宗出王季,故亦称季氏,是可信的。”“还有一个问题是2001号墓墓主为什么称为虢季。要注意到,虢君多以伯仲叔季为称。……仲叔季都是虢君本人的字,与季氏无关,和周初的虢仲、虢叔二人也没有关系。”[3]

俞伟超在《上村岭虢国墓地新发现所揭示的几个问题》一文中也说:“案之传世铜器,宝鸡一带曾出有‘虢仲盨’与‘虢季子白盘’,知西虢之地本是‘虢仲’与‘虢季’两种氏称并存的。今上村岭虢国墓地中,除了上面提到的已出土有许多‘虢季氏’的铜器外,河南省文物所和三门峡市考古队在正在发掘的九号墓中,亦已在一件铜盨的盖上找到‘虢仲作虢妃宝盨,子孙永宝用’铭文。这就又知三门峡市之虢亦是‘虢仲’与‘虢季’两种氏称并存的。这当然能够证明此虢确系西虢东迁而建。”[4]

西虢为犬戎所逼而东迁上阳,自然是情理中的事。但其东迁的时间似应早于平王东迁。今本《竹书纪年》载,幽王七年(公元前775年),“虢人灭焦”。焦是西周初年分封于今三门峡市一带的小国。南虢于幽王时期灭焦,表明彼时已在上阳建国。西虢东迁后,雍州有小虢,乃羌之别种,公元前687年,被秦武公所灭。

南虢的统治地域,包括今河南三门峡市、陕县、卢氏、灵宝,山西平陆(下阳),陕西潼关(渭汭)等。《左传·庄公二十一年》载:“王巡虢守。虢公为王宫于玤。”杨伯峻《春秋左传注》说:“玤音棒,虢地,当在今河南省渑池县境。”这大约就是虢国东部的边界。其西部边界在今陕西潼关一带,南抵河南卢氏,北达山西平陆。

南虢与周王室之间一直保持着十分密切的关系,虢君在周王朝中具有较高的政治地位。公元前715年,虢公忌父始作卿士于周。顾栋高《春秋大事表》引程启生云:“郑伯为左卿士,则虢公右卿士也。郑伯夺政之后,盖周公黑肩代之,故桓五年伐郑之役,虢公将右军,周公将左军。”周王夺郑伯政后,全权交给虢公,虢公曾经率师讨伐过郑、晋和樊等不遵王命的诸侯国家。南虢的末代国君虢公丑，是一个骄横暴虐的统治者，政治腐败，迷信鬼神，穷兵黩武，多次对外发动侵略战争。虢为晋国南邻，是晋往南扩张的阻力。晋人为了拓展疆域，对虢国觊觎已久，乘虢与西方犬戎作战之机，假道于虞，一举灭掉虢国。对此，《左传·僖公二年》和《左传·僖公五年》有过详尽的记载："晋荀息请以屈产之乘与垂棘之璧假道于虞以伐虢。……乃使荀息假道于虞。……虞公许之，且请先伐虢。宫之奇谏，不听，遂起师。夏，晋里克、荀息帅师会虞师，伐虢，灭下阳。……虢公败戎于桑田。晋卜偃曰：'虢必亡矣。亡下阳不惧，而又有功，是天夺之鉴，而益其疾也。必易晋而不抚其民矣。不可以五稔。'……"这里值得一提的是，虢国在别都下阳失陷之后，并未加强北部边境的防务工作，却继续在西线用兵，同犬戎在桑田（灵宝市稠桑村，现已被三门峡水库淹没）作战，从而给晋人以可乘之机，于是晋师巧妙地假道于虞，利用宝马、玉璧拆散了虢、虞之间的联盟，渡河灭虢，回师亡虞。晋师此举，收到了一箭双雕的效果，成为历史上著名的战例。

南虢于公元前655年为晋所亡。虢都上阳，在今三门峡市湖滨区崖底乡李家窑村一带。杜预《春秋经传集解》关于《左传·隐公元年》注云："弘农陕县东南有虢城。"又于《左传·僖公元年》注云："上阳，虢国都，在弘农陕县东南。"《续汉书·郡国志》载："虢都上阳在东，有虢城。"《水经·河水注》说："河南即陕城也。昔周、召分伯，以此城为东西之别。东城即虢邑之上阳也，虢仲之所都为南虢。"《元和郡县图志》云："[陕]州理城（引者按："理"应作"里"，系指古陕州内城而言。）即古虢国城。《西征记》曰：'陕县，周、召分职处。南倚山原，北临黄河，悬水百余仞，临之者皆为悚栗。'"《舆地广记》谓："陕县，故虢国所谓上阳也，故城在今县东。"《通鉴地理通释》卷六云："陕州陕县，上阳故城在县东。"上述文献关于虢都地望的记载有二说：一曰上阳在陕州故城内；二曰上阳在陕县东南。陕城为西汉所筑，迄今尚未在此发现早于汉代的文化遗存。陕州老城东南4.5千米的李家窑遗址，北依上村岭，南临青龙涧，地势开阔平坦，东西约1300米，南北约260米，靠河部分包含丰富，文化层最厚的达3米，1957年曾在遗址南侧中部，发现有窖穴一类的遗迹，以及鬲、豆、盆、罐等陶器和瓦的残片。[5] 1992年春，又在遗址的西部边缘找到一处周代制陶作坊区，发掘陶窑6座、灰坑6个，出土有鬲、豆、罐、盆、盂、筒瓦、板瓦等器物，纹饰以绳纹为主，有少量弦纹和划纹，其形制、纹饰和时代，均与虢国墓地出土同类器物相同。[6]"根据1953年的调查，从上园到李家窑一带，在青龙涧崖头所暴露的文化层，东西蔓延达两千米，表明遗址的规模相当庞大。最近又在这里发现冶铜遗址和陶水管等遗迹，很可能是虢都上阳所在地。”[7]由此可知，陕县东或东南说与考古发现相符，因而三门峡市李家窑遗址很有可能即是虢都上阳所在。

李家窑以北约4.5千米的三门峡市上村岭，是著名的虢国贵族墓地。该墓地南北长400米，东西宽200米。1956—1957年进行第一次发掘，清理墓葬234座，车马坑3座及马坑1座，出土文物9179件，其中青铜器181件，带铭文的14件。[8]1992年开始进行第二次发掘，清理墓葬12座，车马坑4座，出土文物万余件。[9]上村岭墓地的墓葬，均为土坑竖穴墓，多数有棺椁，个别墓中有埋狗的腰坑，棺或椁顶上常有石圭。墓主人头向大都朝北，多有玦和串饰等饰物，较大的墓常有青铜器随葬，比较重要的铜器墓，是第1631、1052、2001和2009号墓。

第1631号墓位于墓地西南部。随葬器物的位置是，椁盖放置石圭，棺椁间西南角放置铜鬲，死者耳部有玉玦，脚下有石璜，铜鬲高10.4厘米，口径15.3厘米。腹部饰象首纹，内口沿铸有一行铭文：“虢季氏子饺宝，子子孙孙永宝用享。”

第1052号墓位于墓地西侧中部。该墓共出土器物970件，其位置是，外椁盖放置石圭；内、外椁间，东北角放置铜礼器和乐器，西北角放置车马器，东西两侧放置兵器；棺内，相当死者耳部有玉玦，颈部有一组鸡血石串饰，胸部有石璧等。墓内出土的铜器中，有鼎、鬲、甗、簋、豆、壶、罐、盉、盘和戈等，两件戈的内上都铸着“虢大子元徒”5字。由此可知，墓主人是虢国的太子。墓西10米的1051号车马坑内，共埋车10辆，马20匹。[10]

第2001号墓位于墓地北部偏西处。随葬器物的位置是椁盖上放置数枚圆形穿孔蚌饰；椁与外棺之间，西侧与北侧放置铜礼器，东侧与南侧主要放置兵器与车马器；内棺盖上放置玉器；棺内放置玉器，间有金石器。出土文物3200余件，其中青铜器1700多件，带铭文的35件，铭文最长的有46字。出土的青铜礼器，有鼎、簋、鬲、盨、簠、壶、盘、盂、豆、方甗、方彝、尊、爵、觯等，鼎的内壁所铸铭文为：“虢季作宝鼎，季氏其万年子子孙孙永宝用享。”鬲的口沿内侧铭文为：“虢季作宝鬲，其万年子子孙孙永宝用享。”此外，在簋、盨、簠、壶、盘和豆上，都铸有虢季作器的铭文。该墓出土的各类文物中，以玉茎铜芯柄铁剑、缀玉面罩和玉佩组饰弥足珍贵。玉茎铜芯柄铁剑长约33厘米，经北京科技大学冶金史教研室鉴定，可能是人工冶铁制品。剑的铜柄处镶以美玉，嵌有松绿石，出土时剑身外裹有一层丝织品,装入精心缝制的牛皮鞘内,被誉为“天下第一剑”。缀玉面罩是用玉片磨制成眉、目、口、鼻、耳、下颚等形状,按一定组合规律进行排列,用线缝在丝织衬底上,覆盖于墓主人的面部,在我国尚属首次发现。佩戴于墓主人颈部的一组玉饰,是由7件依次递减的玉璜间以左右对称的双排玛瑙与琉璃串珠连缀而成,其上与一组挂于颈部的玉管间以玛瑙组成的半环形玉饰相接。这些串饰挂于墓主人的项部而达于膝下,红白相间,晶莹凝润,色彩瑰丽,制作精美。是极为罕见的古代工艺品。此外,该墓出土铜编钟铭文中,有虢季作器,“用义其家、用与其邦”之语,俨然出自宗主国君之口。因而该墓主人的身份,当即虢的一代国君。[11]

第2009号墓也在上村岭虢国墓地北区,是迄今为止在这里发掘的规格最高的一座9鼎大墓。该墓出土文物3600多件,在200多件大型青铜器中,多铸有虢仲作器的铭文,而且大部分为实用器。随葬乐器4套,甬编钟1套、钮编钟1套、石磬2套、铜铙1件,经专家测音,为实用乐器。还有几件用墨笔直接写在玉片上的“遣册”,内容涉及送葬者的姓名与所送物品的名称、数量等,这不仅是我国考古发现最珍贵的书法标本,而且对该墓的断代也有极大参考价值。[12]

根据两度考古发掘资料,可将上村岭虢国墓地分为北、中、南三区。其中北区内的墓葬规格及死者身份最高,是虢国国君的兆域所在;南区内的墓葬规格及死者身份较低;中区内的墓葬规格及死者身份介乎二者之间,略低于北区,但却较南区为高。整个墓地排列有序,等次分明,反映出周代宗法及丧葬制度的一些特征。

虢国贵族墓内随葬的青铜礼器中,鼎分列鼎和非列鼎两种。列鼎的特点是形制相同,大小有序。《周礼·典命》记载:“上公九命为伯,其国家宫室、车旗衣服,皆以九为节。”《公羊传·桓公二年》何休注:“礼祭天子九鼎,诸侯七、大夫五、元士三也。”周代贵族把铜鼎视作国之重器,用来“列等级、区贵贱”,是统治权力的象征。随葬列鼎之数与墓主人身份有着密切的关系。虢墓列鼎制度可分为三等:一等的7鼎,出于第2001号虢君墓和1052号虢太子墓。第2009号墓中发现9鼎的现象,在中原地区是极其罕见的。该墓是西周晚期的虢君之墓;二等的5鼎,出于第1706和1810号墓;三等的3鼎,出于第1705、1721和1820号墓。非列鼎类,一墓的鼎数从1件到4件不等。鬲、簋、壶多为双数,甗、豆、盉、匜多为1件。

鼎以立耳蹄足半球形腹式为主,这种情况与丰镐遗址所出之鼎相同,并与毛公鼎、颂鼎等西周晚期流行的鼎制相近。

随葬的乐器,有编钟、编磬和铙等。第2001号墓出土的编钟,钟身呈合瓦形,正面右鼓部饰一鸟纹,左鼓部及钲部均有数行铭文。其形制、铭文字体及书写方式,均与陕西扶风齐家村窖藏中所出的柞钟、中义钟以及梁其钟、师臾钟相同或近似。

随葬兵器的特点,是戈的前锋都作直线三角形,与通常呈弧线三角形者迥异。绝大多数的镞为双翼镞。剑的中脊都有一条凸起的圆棱。

综上所述,三门峡上村岭墓地是一处西周晚期至春秋时代的虢国贵族墓地,从出土文物考察,可知南虢源于西虢,是雍州虢仲之国的延续,其启始年代早于平王,约当西周晚期宣幽之世。南虢地当宗周与成周之间,其文化特征与西安、洛阳一带的周文化近似或略同,属典型中原文化系统。

此外,上村岭第1820号墓出土铜豆铭文为:"苏貉作用。"铜盘铭文是:"虢侄口作宝盘,子子孙孙永宝用。"第1753号墓出土铜鼎铭云:"苏子叔作。"《三代吉金文存》著录有苏甫(夫)人匜,其铭曰:"苏甫人作侄妃襄媵匜。"侄是名字,匜为苏甫人嫁女之器,女字侄妃,名襄。1820号墓出土虢侄口盘的"虢侄口",可能即苏甫人匜的"侄妃襄",是苏女有适于虢者。关于苏的地望,《汉书·地理志》河内郡温县云:"故国,已姓,苏忿生所封也。"《御览》四八〇引《左传·隐公三年》贾逵注曰:"温,周址也,苏氏邑也。"温县的苏国同三门峡的南虢之间世代通婚,通常是虢娶苏女。清代学者方浚益《缀遗斋彝器考释》说:"虢妃当是有苏氏之女。……盖苏国于河内之温与北虢大阳、东虢荥阳地皆相近,世为婚媾,因其宜也。"根据考古资料,苏与南虢确实是世为婚媾的。苏与东虢之间是否也存在着婚媾关系?尚需要进行认真探讨。

注 释

[1][2][5][8][10]中国科学院考古研究所:《上村岭虢国墓地》,科学出版社,1959年版,第48页、第49页、第50页、第1—2页、第28—31页。

[3]李学勤:《三门峡虢墓新发现与虢国史》,《中国文物报》1991年2月3日。

[4]俞伟超:《上村岭虢国墓地新发现所揭示的几个问题》,《中国文物报》1991年2月3日。

[6]三门峡市文物工作队:《三门峡市李家窑遗址发掘简报》,《华夏考古》1993年第4期。

[7]安志敏:《虢国墓地和三门峡考古》,《中国文物报》1991年2月10日。

[9]姜涛:《虢国墓地的再发掘与认识》,《中国文物报》1991年11月8日。

[11]河南文物研究所、三门峡市文物工作队:《三门峡上村岭虢国墓地M2001发掘简报》,《华夏考古》1992年第3期。

[12]《虢国墓地发掘又获重大发现》,《中国文物报》1992年2月2日。

(原载《中州学刊》1994年第6期)

文明起源研究

试论中原地区的古代文化与文明

中原地区位于我国第二大河——黄河的中下游,包括河南省的绝大部分、晋西南、冀南、鲁西及陕西关中一带。这里有举世闻名的黄土堆积,其覆被的深厚和堆积的广袤是世界上所罕见的。那丰富多彩、千姿百态的地貌,被誉为“疯神捏就的世界”。疏松而肥沃的土壤,培植了中华民族的古代文化,被称为“黄土地区的繁荣”。按照传统的说法,大约在公元前4000年至公元前2000年间,埃及的尼罗河流域、美索不达米亚的幼发拉底河和底格里斯河流域、印度的印度河和恒河流域,以及中国的黄河流域,出现了人类历史上最早的几个奴隶制国家,因而中国被称为“世界四大文明古国”之一。有人把世界上七个古代文明称作现代文明母体的“母文明”,这些“母文明”即埃及文明、苏美尔文明、密诺斯文明、玛雅文明、安底斯文明、哈拉巴文明和中国文明,它们是各自独立发生的。在这些文明中,只有中国文明是一直到现在持续了4000多年的。[1]中国文明的发祥地之一,就是黄河流域的中原地区。本文仅就我国中原地区的古代文化与文明问题加以探讨,以就正于学术界的同仁。

丰富多彩的中原远古文化

中原远古文化是由这一地区古代人类共同创造出来的。根据调查发掘获得的考古资料,可知远在更新世初期,豫西山区及晋、陕交界处,已是史前居民活动的历史舞台。著名的山西芮城西侯度遗址,是目前所知世界上最早的古文化遗址之一,只有东非的“奥杜威文化”能够同它相提并论。1964年,陕西蓝田公王岭发现了“蓝田人”的头盖骨化石。1978年9月,河南南召云阳镇杏花山发现了“南召人”的右下第二前臼齿化石,距今四五十万年,大体上同“北京人”

的时代相当。迄今为止，我国已发掘的近百处重要旧石器时代遗址中，除上述几处外，尚有不少遗址分布在中原地区。如山西芮城匼河，沁水下川，襄汾丁村，陕西蓝田陈家窝、涝池河沟，大荔甜水沟，河南三门峡会兴镇，安阳小南海等。[2]在陕西韩城峪门口，河南新蔡诸神庙，陕县张家湾、赵家湾、侯家坡，灵宝孟村、朱阳、邢家庄、函谷关等地，也发现过旧石器时代的石器或动物化石。这些旧石器时代的遗存，就探索我国人类起源问题而论，无疑是至关重要的。

陕西大荔沙苑和河南许昌灵井出土的细石器，代表了中原地区的中石器时代遗存。黄河流域有着悠久的细石器工艺传统，约从旧石器时代晚期起，山西朔县峙峪和河南安阳小南海的出土遗物，已具有细石器的雏形。山西沁水下川等地，发现过典型的细石器。特别是河南许昌灵井遗址，仅此一地就出土石片和石器 1353 件。因而有理由认为，我国黄河流域是细石器文化的摇篮。

长期作为缺环之一的我国早期新石器时代文化，由于河北武安磁山和河南新郑裴李岗遗址的发现而被突破。据碳十四测定的年代数据，磁山遗址距今 7355±100 年和 7235±105 年，裴李岗遗址距今 7885±480 年和 7145±300 年。由此可知，这两处遗址代表了一种距今八千年左右的古老的中原文化。它以河南嵩山附近为中心，分布于黄河两岸广大地区：东到山东西部，西到豫西一带，南抵淮河之滨，北达太行山麓。除磁山和裴李岗外，在河南的密县、登封、巩县、长葛、中牟、鄢陵、郑州、郏县、尉氏、项城、潢川等地，发现同类文化遗址四五十处。这类遗址出土的器物中，石磨盘、石磨棒、两端圆刃的长条形石铲、带锯齿刃石镰，以及陶器中的小口双耳圜底壶、大口深腹罐、圜底钵、三足钵、椭圆形碗、假圈足碗和瓢形器等，显示了这种文化的独特风格。少量的打制石器，陶器均系手制和其胎质极不坚实，表明它具有早期新石器时代文化的特征。这就是通常所说的"裴李岗文化"。

继裴李岗文化之后在中原地区兴起的一种新石器时代文化，是以彩陶和磨光石器为标志的仰韶文化。仰韶文化是 1921 年在河南渑池仰韶村首先发现的。它分布的范围很广，东起豫东平原，西到青海、甘肃，南至鄂北，北达晋北、内蒙古，而其中心地带是黄河中游的河南、陕西关中和晋南。迄今为止，这种文化遗址已经发现一千多处。在黄土高原一带，可分为北首岭、半坡、庙底沟和西王村四个类型；黄土高原的东南边缘，可分为庙底沟和大河村（三、四期）两个类型；太行山麓的华北平原，则分为后岗和大司空村两个类型。[3]根据数以百计的碳十四测定的数据,仰韶文化的年代距今7000—5000年。在社会性质问题上,仰韶文化早、中、晚三期是不一致的,一般说来,早期处于母系氏族社会繁荣阶段,中、晚期处于母系氏族公社向父系氏族公社转化的发展阶段,有些地区可能已经跨入了父系氏族公社的门槛。

龙山文化因最早发现于山东章丘龙山镇城子崖而得名。它的分布范围相当广泛,由于地域上的差异,又可划分为山东龙山文化(典型龙山文化)、河南龙山文化(后岗二期文化)、陕西龙山文化(客省庄二期文化)和湖北龙山文化(青龙泉三期文化)。河南龙山文化是直接继承仰韶文化而发展起来的,由于各地区文化内涵的不同,又可分作三里桥、煤山、王油坊和大寒等类型。[4]碳十四测定的龙山文化年代数据,距今4700—3815年,持续时间达1000年之久。它是以体形匀称、厚薄均等、形式多样的精美陶器和磨光石器为标志的一种新石器时代晚期文化。龙山文化的社会性质,一般认为前期处于父系社会阶段,后期开始进入阶级社会。河南龙山文化煤山类型与夏文化的关系异常密切,而大寒和王油坊类型则可能就是先商文化。

如上所述,从遥远的旧石器时代起,就有人类广泛活动于黄河流域的中原地区,经过中石器时代以沙苑和灵井为代表的细石器文化,发展到裴李岗文化时期,已经形成以农业为基础的聚落遗址,“仰韶文化和龙山文化的农业经济日益巩固,聚落扩大,分布广泛,形成中原文化的主体”[5]。同周围地区相比,中原远古文化是异常丰富多彩的。

中原地区是我国北方农耕文化的摇篮和原始手工业中心

考古学上的新石器时代,属于“河谷文化”时期,是人们从山林走向广阔的河谷平原,进入创造生活资料维持生存的新时代[6],也是氏族社会走向文明时代具有决定意义的一个历史阶段。从考古发现来看,当时的农业、家畜饲养和原始手工业都比较发达。

中原地区是我国北方农耕文化的摇篮,也是世界上最大的农业起源中心之一。早在距今8000年左右的裴李岗文化遗址中,已经发掘出大量的农业生产工具,其中有用来砍伐林木开垦耕地的石斧,翻土播种的石铲,进行收割的石镰，加工粮食的石磨盘和石磨棒等，表明当时的农业已经脱离原始阶段而进入耕作农业阶段。仰韶和龙山文化时期，农具有了改进，出现了大型石铲和厚重的石斧，以及半月形穿孔石刀和蚌刀等。河南临汝大张和郑州大河村出土过石耜，三门峡庙底沟和三里桥发现过龙山时期人们用双齿木耒掘土时留下的痕迹，标志着当时已经进入耜耕农业阶段。

在农作物栽培方面，中原地区主要种植的作物是粟（即小米）。据统计，我国已发现有粟出土的25处新石器时代遗址中，中原地区就占13处。[7]在河北武安磁山遗址中，有80座窖穴内发现粮食堆积，一般厚度0.3—2米，取H65的标本作灰象分析，发现粟的痕迹。河南许昌丁村遗址也出土过粟。这两次重要发现，把我国中原地区植粟的记录提前到距今七八千年之久。此外，在西安半坡、彬县下孟村、华县泉护村、洛阳王湾、临汝大张等仰韶文化遗址或文化层内，均出土过碳化粟粒或粟壳。半坡、北首岭和元君庙的氏族墓地的随葬品中，发现以粟随葬的现象，这是迄今所知唯一的一种出自随葬品中的农作物。考古资料表明，适宜于生长在北方干旱的黄土地带的粟，起源于我国黄河流域的中原地区。

麻是“五谷”之一，它的纤维用来织布，其籽可供食用。郑州大河村曾发掘出5000年前的大麻子，西安半坡、南召二郎岗和三门峡庙底沟遗址内，出土过带有麻布印痕的陶器。表明早在五六千年以前，中原地区已经比较普遍地种植大麻了。

稻是我国南方最早栽培的粮食作物。中原地区的河南渑池仰韶村、陕西华县柳枝镇和户县丈八寺等新石器时代遗址中均有稻出土，当时黄河流域的个别地方，也有可能已经开始种稻。

西安半坡遗址的一只陶罐内，发现了白菜和芥菜的种子。郑州大河村仰韶文化晚期的房子里，出土了两枚莲子。可见中原地区的蔬菜种植同谷物一样具有悠久的历史。

随着农业的发展，家畜饲养也作为副业而产生了。裴李岗遗址出土过猪头和羊头的陶塑像。磁山遗址中的动物骨骼，经鉴定，猪、狗和鸡属于饲养的家畜和家禽。可见中原地区不仅养猪的年代甚早，而且是家鸡的起源地。在仰韶和龙山文化遗址内，如半坡、北首岭、庙底沟与三里桥等地，家畜家禽的骨骼不断增多，大体而言，到了龙山文化时期，黄河中下游地区的人们已经成功地驯化了六畜:狗、猪、鸡、羊、牛和马。

在以农业为主的综合经济发展和社会生活水平提高的情况下,一些原始手工业也相应地发展起来了。以石器制造业为例,一般都采用磨制法,从而造出适用的类型和锋利的刃口,为了便于使用,有的还加以钻孔。河南龙山文化时期,大型石制生产工具急剧增加,郑州大河村第五期文化层(早期龙山文化遗存)中发现的生产工具,比前四期的总和还多。

我国开始使用陶器的时间甚早,据文献记载,在古史传说中的神农之世和黄帝时代就已知作陶,并设有“陶正”来管理这项工作。《周书》说:“神农耕而作陶。”《史记》载:“黄帝命宁封为陶正。”《吕氏春秋》云:“黄帝有陶正昆吾作陶。”这些记载同考古发现基本一致。河南新郑裴李岗和密县莪沟等地出土的陶器,距今已有 8000 年左右的历史,属于我国已经发现的最早的陶器之列。仰韶和龙山文化时期,制陶技术有了新的发展,轮制陶器大大提高了生产效率。一般陶器的烧造温度都在 950℃以上,有的竟达 1000℃。这种高温技术,为金属冶炼打下了基础。

房屋的出现是建筑史上的一件大事。新石器时代中原地区房屋的平面呈方形和圆形两大类,早期的多为浅穴居,后期的多为地面上的建筑。西安半坡遗址仰韶文化时期室内地面上,已发现“炙地”遗迹。三门峡庙底沟仰韶文化 301 号建筑基址中,柱洞底部所垫的扁平砾石,是我国已发现的最早的柱础石。庙底沟二期文化第 551 号房基和安阳鲍家堂遗址 H22 中的白灰面,是迄今所知中原地区最早的白灰居住面建筑。郑州大河村仰韶文化晚期的一处房屋基址中,1—4 号房基东西横列,相互连接,这种分室建筑是当时人们对大空间分隔组织利用的例证。淮阳平粮台和汤阴白营遗址,发现了河南龙山文化时期用土坯垒砌的建筑遗存。城垣建筑是在氏族村落的基础上形成的,淮阳平粮台和登封王城岗两处城堡遗址的发现,标志着河南龙山文化时期已由聚落文化进入城邑文化阶段。

此外,居住在中原地区的先民们,在纺织、酿酒、玉器制造、打井技术等方面,也都取得了很大的成就。总之,随着农业曙光的来临,揭开了新石器时代的帷幕,中原地区进入了“河谷文化”时期。在这个重要的历史阶段里,中原地区的社会经济有了巨大发展,具备了创造古代“文明”的客观条件,并最终进入了文明时代。

中原地区是夏商文明的发祥地

按照文献记载和新发现的考古资料，我国历史上第一个奴隶制国家——夏和代夏而兴的商王朝时期人们所创造的夏、商文明，最早都发生在中原地区。《国语·周语》云："其在有虞，有崇伯鲧。""崇"为"嵩"字古写，"伯"即部族首领，就是说早在虞舜时代，以鲧为首领的夏部族就居住在中岳嵩山附近。《汉书·地理志》注引《竹书纪年》说："禹居阳城。"《世本·居篇》云："禹都阳城。"阳城地望一般认为在嵩山附近。不久前，在河南登封告成东北城山岭发现一座东周城址，从这里采集和发掘的一些陶器上，印有"阳城"字样的戳记，可知夏禹所都之阳城，有可能就在这一带。禹之子名启，《吴越春秋》说："启即天子位，治国于夏。"《左传·昭公四年》："夏启有钧台之享。"夏与钧台，均在今河南禹县境。太康、中康、桀所居之斟鄩在今河南偃师，胤甲、孔甲所居之西河在今洛阳以西一带，少康、杼所居之原在今河南济源，相所居之帝丘、斟灌在今河南濮阳，少康所居之纶在今河南虞城，杼所居之老丘在今开封东南陈留。由此可知，夏部族活动的范围和夏王朝建都的地点，主要在中原地区的河南境内。

商部族和商王朝的情况略同于夏。商的先祖契是和夏禹同时代的部族首领，《史记·殷本纪》说他曾"佐禹治水有功"。契始居商，自契至成汤，商部族有过八次大的迁徙，八迁所涉及的地点有商、蕃、砥石、东都、殷和亳。商即今河南商丘，一般认为是商部族的发祥地；蕃在今河北平山县；砥石在今河北隆平、宁晋间；东都在今山东泰山下；殷在今河南安阳；亳有杜亳、南亳、北亳、西亳和郑亳五说，其中谷熟之南亳在今河南虞城西南，而西亳在今河南偃师县境。可见先商的居地有两个重点地区：一在豫东商丘附近，一在豫北、冀南的漳河流域。《史记·殷本纪》张守节《正义》云："汤即位，都南亳，后徙西亳。"张衡的《西京赋》云："殷人屡迁，前八后五。"成汤建国之后，中丁至盘庚又有五次大的迁徙：中丁迁隞，在今河南郑州；河亶甲迁相，在今河南内黄；祖乙迁耿（或曰邢），在今河南温县东（亦说在今河北邢台）；南耿迁奄，在今山东曲阜；盘庚迁殷，在今河南安阳。由此可知，先商居地和商王朝建都的地点，大都在今中原地区的河南境内。

从考古发现来看，夏商文化大体上分布在上述的地域范围之内。当前学术界把探讨夏文化的注意力集中在河南龙山文化煤山类型和二里头文化方面。河南龙山文化煤山类型遗址，主要分布在黄河以南的伊、汝、颍、洛诸水流域。经过发掘的重要遗址有临汝煤山，洛阳王湾、矬李，孟津小潘沟，郑州旭奋王，登封王城岗等。临汝煤山一期碳十四测定的两个年代数据，一个距今 3870±115 年，另一个距今 3640±100 年，均在夏代纪年范围之内。

从临汝煤山遗址来看，在煤山类型文化层(即煤山一、二期)上，叠压着二里头文化层。从其夯土基址的建筑技术、建筑结构，以及陶器的发展和形制演变关系来看，二里头文化是直接从河南龙山文化煤山类型发展而来的。

二里头文化又可分为二里头和东下冯两个类型，其遗址主要分布在豫西和晋南一带。河南境内已发现的遗址有 40 多处，遍布于汝、洛流域，均系二里头类型，有偃师二里头、灰嘴，陕县七里铺，洛阳矬李、东干沟、孙旗屯，巩县稍柴、小芝田，临汝煤山、夏店，登封王城岗，郑州洛达庙、旭奋王等；山西境内发现的遗址有 35 处，主要分布在汾、浍、涑、湰流域，均属东下冯类型，经过发掘或试掘的遗址有永济东马铺头，翼城感军、苇沟、南石，曲沃曲村和夏县东下冯等。偃师二里头遗址一、二期碳十四测定的两个年代数据，一个距今 3470±95 年，另一个距今 3455±80 年，均属夏文化晚期。东下冯遗址碳测年代数据与二里头基本一致。从这两个类型的文化内涵对比来看，夏部族与夏文化的发祥地应在二里头类型的主要分布区的豫西地区，而不在东下冯类型主要分布区的晋南地区。

二里头文化一、二期为夏文化是没有问题的。当前学术界对于三、四期文化性质的争议较大，有的主张仍为夏文化，有的认为应是早商文化。早商文化论者说，一、二期文化与三、四期文化相比较，在范围大小、文化层厚薄、陶器的组合和器形、纹饰等各个方面均有差异，显示了两者之间发生过某种变革，这种变革正是汤都西亳建立商王朝后在物质文化方面的反映。夏文化论者则认为一、二期与三、四期文化面貌之间虽然存在某种差异，但其一致性还是主要的，二者是一脉相承的同一性质的文化。大量的考古资料表明，在河南龙山文化和二里头文化一、二期这一历史阶段中，农业、畜牧业和手工业都比较发达，并出现了以交换为目的的商品生产。商品生产促使私有制进一步发展，贫富悬殊的情况越来越严重。在一些遗址和墓葬中，出现了非正常死亡现象，如在孟津小潘沟和洛阳矬李等地的墓葬中，有的人骨架残缺不全，甚至下肢胫骨和腓骨均为半截。登封王城岗遗址的一个奠墓坑内就填埋着 7 具骨架，有成人也有儿童。这些死者的身份有可能是奴隶。煤山遗址二期的 H28、H40 中发现有炼铜的坩埚残块，有的上面还遗留着冶铜痕迹；登封王城岗遗址四期的 H617 内发掘出一件青铜容器残片。由此可见，当时可能已经进入了青铜时代。种种迹象表明，河南龙山文化煤山类型和二里头文化一、二期，作为阶级压迫工具的国家已经出现，夏王朝正式建立，夏部族已经步入了文明时代。

商是我国青铜文化的发展时期，假如说二里头三、四期文化真的属于早商文化的话，那么以河南偃师二里头、郑州二里岗和安阳小屯为代表的遗址，可以反映出商代早、中、晚三期的文化面貌。二里头遗址的中部发现两座大型宫殿基址，一号宫殿基址总面积达 1 万平方米，基址中部偏北的地方有一所面阔八间、进深三间、四坡出檐的殿堂，堂前是平坦的庭院，南面有敞阔的大门，四周有彼此相连的廊庑；二号宫殿基址面积为 4000 多平方米，除了廊庑、殿堂外，北部还有一座大墓。这两座宫殿基址均属于第三期文化。如此规模宏大的建筑，象征着早商奴隶制国家奴隶主阶级的权力和地位。此外，还出土有戈、戚等大型青铜武器，也反映出当时阶级矛盾和阶级斗争的激烈程度。

郑州商代遗址，是一处以商代二里岗期文化为主的商代中期的城市遗址。郑州商城城垣周长 6960 米，其中东墙与南墙各长 1700 米，西墙长约 1870 米，北墙长约 1690 米。发现城墙缺口 11 处，其中有的缺口可能是城门遗迹。城内东北部一带发掘出一处大型宫殿基址，东西长 65 米，南北宽 13.6 米，基址上面尚存两排共 37 个柱础槽，其中 15 个槽内保留有木柱痕和石柱础。据此可复原成一座“四阿重屋”式建筑。城外分布有铸铜、陶器和骨器作坊遗址。这是商代一处重要的军事重镇和国都。

安阳殷墟原系商代后期的王都，地点在小屯一带。它是我国奴隶制发展到鼎盛时期的政治、经济、军事和文化中心。过去在宫殿区发掘出 56 座建筑基址，其中最大的是乙组 8 号基址，南北长约 85 米，东西宽约 14.5 米。洹水北岸侯家庄、武官村以北一带的高地，又称西北岗，是商代后期的王陵所在地，曾在这里发现 10 多座大墓和 1000 多座小墓。几十年来，殷墟出土过大批精致的铜、石、玉、骨和象牙器，以及 10 余万片带有卜辞的甲骨。此外，还发现了制骨、铸铜等作坊遗址，以及反映残酷阶级压迫的祭祀坑。

河南龙山文化煤山类型和二里头文化遗址的发现，及对上述三处阶级社会早期都城遗址的发掘，充分显示了中原地区是我国夏商文明的发祥地。

结　语

黄河流域是中华民族的摇篮，也是世界文明起源的中心之一。早在“史前时期”，居住在黄河流域中原地区的先民们，就创造了丰富多彩的远古文化。由于社会发展的不平衡，中原地区的原始文化同周围地区比较起来成熟得要早一些。根据碳测年代数据，仰韶文化早期的年代较大汶口文化早期的年代早300年，河南龙山文化早期的年代较山东龙山文化最早的年代早500年，结合目前在河南中部地区发现的裴李岗文化遗址，表明中原文化长期处于领先的地位。加上它不断把周围地区文化的精华吸收融合到自己的文化中来，从而形成了一个重要的古代文化中心。[8]正是在中原远古文化的基础上，我国大步跨入文明时代，并对亚洲和世界文明史产生了极其深远的影响。当然，我们还必须指出的是，以黄河流域中原地区作为中国古代文化的中心和文明发祥地之一，并不排斥其他地区也有悠久的文化传统，及其在中华民族共同体形成过程中的积极贡献，如长江、珠江和黑龙江等三江流域，都发现了古老的文化遗存，已为学术界所瞩目。

注　释

[1]中共中央党校科学社会主义教研室编译：《文明和文化》，求实出版社，1982年，第74页。

[2]邱中郎：《我国旧石器时代地点分布》，《化石》1979年第4期。

[3][5]安志敏：《中国的新石器时代》，《考古》1981年第3期。

[4]吴汝祚：《关于夏文化及其来源的初步探索》，《文物》1978年第9期。

[6]石兴邦：《关于中国新石器时代文化体系的问题》，《南京博物院集刊》(2)，1980年。

[7]吴梓林：《古粟考》，《史前研究》(创刊号)，1983年。

[8]武律彦：《略论河南境内发现的大汶口文化》，《考古》1981年第3期。

(原载《中州学刊》1983年第3期；又载《中国古代文化史论》，北京大学出版社，1986年)

西山城址与河洛文明

西山遗址位于河南省郑州市北郊23千米处的惠济区古荥镇孙庄西，距离黄河约4千米，北依西山，为自河洛交汇处延伸而来的邙岭余脉，山岭在遗址东侧戛然而止，恰似黄河中下游之交的脊轴；南面有一条季节性河流——枯河，整个遗址坐落在枯河北岸二级阶地南缘，正是延绵不绝的豫西丘陵与东南一望无垠的黄淮平原的交点。该遗址南北长350余米，东西宽300余米，总面积10余万平方米。1993—1996年，国家文物考古领队培训班在此进行考古发掘，于遗址中部偏东处发现一座仰韶时代晚期城址。

西山城址平面近似圆形，直径约180米，推测城内面积原有25000多平方米。因枯河冲刷及山坡流水浸蚀，城址南部已被破坏。现存面积占原城址的五分之四，即19000多平方米。如果将城垣及城壕(不包括外围壕沟)的范围也计算进去，则面积可达34500平方米。

现存城垣残长约265米，宽3—5米，高1.75—2.5米，全部埋在今地表以下。其建筑方法是先在拟建城墙的区段挖筑倒梯形基槽，在槽底平面上分段分层夯筑城墙。城墙采用方块版筑法。每版的大小不同，一般长1.5—2米，宽1.2米，目前所见最大者长3.5米、宽1.5米，版块厚度也不相同，以50厘米左右者居多。筑墙所用夹板厚约5厘米。经发掘得知，至少使用了三种版筑方法：第一种是以立柱固定夹板，四面版块同时夯筑，立柱直径为6—8厘米；第二种是依次逐块夯筑，夯筑完一块就抽掉夹板，再夯筑另外一块；第三种应用于墙体中心，在版块内直接填土，稍经夯打而成，因此夯层较厚。此外，城墙最外侧的夯土，因夯打、挤压而呈上大下小的方斗形，为保持墙体结构的稳定，就用集束木棍来击打、整形。夯层厚4—5厘米，中心版块的夯层厚度则达8—10厘米。夯窝圆形，直径约3厘米，深0.3—0.5厘米。夯窝多呈“品”字形分布，当为三根一组的集束棍夯。在建造过程中，城墙随着高度的增加而逐级内收，形成台阶状，每板内收的幅度不完全相同，在城墙的外侧有厚 30—100 厘米的堆积层，斜压城墙，推测是在城墙外侧抹泥使之光滑，以防攀登。

从墙的宽度来看，城隅宽于一般城墙。如西垣与北垣相交处的西北城角为 45°，残高约 2.5 米，底宽 11 米，顶宽约 8 米，比北垣中段的城墙宽 3—5 米，城角加宽加厚，其高度也随之增加，这就增强了城墙薄弱处的防守能力。

城外有壕沟环绕，沟宽 4—7 米，西北段垣外竟宽 11 米，沟深 3—4.5 米。

2004 年春夏，为配合河南职业艺术学院基建工作，经钻探又发现了西山城址的外围壕沟，从而极大地扩展了城址的面积，并形成了三重防御体系。

西山城址现已发现城门 2 座，即北门和西门。其中西门设在西北隅，存宽约 17.5 米。西城门北侧的城墙上保留有南北向 2 排和东西向 3 排的基槽，槽内密布柱洞，从而将 9 米宽的城墙分隔成数间面积达 3—4.5 平方米的封闭的单元。由此推测，这里可能有望楼一类的建筑。西门外壕沟内的东、西两侧，各有一个直径约 3 米的半圆形生土台，两个土台间壕沟的宽度仅有 2 米左右，可能是为了架设板桥方便通行而设立的。

北门设在城址东北角，存宽约 10 米，平面形状略呈“八”字形。东西两侧分别有略呈三角形的附筑城台，西侧城台曾遭破坏，故在其外侧筑了一个长宽各 4.5 米的正方形城台。

北门外侧正中横筑了一道东西向的护门墙，长约 7 米、宽约 1.5 米，夯筑十分坚硬。这是为加强城门的防御能力而设置的。

护门墙以南 2 米正对北门处，有一条南北向的道路——一号道路，纵列于城址东北部。此路残长 25 米，宽约 1.75 米，用粗砂混合红烧土碎粒铺成。

城壕在北门两侧断开，不相连属。一号道路因受护门墙阻隔，分走两侧，与城外的郊野相连。

城内发现房基 200 余座，大都残破。从保存较好的几座来看，均为平地起建的长方形或方形房屋。建筑方法是先清理基底或挖筑基槽，多层垫土；然后挖墙基槽，槽内埋设木柱，构建木骨泥墙；接着架设梁架，搭盖屋顶；最后修整地坪。房屋布局事先经过规划设计，如 F144、F129 分别位于一号道路的东、西两侧，门皆向北，朝向北城门。F136 位于城内东北部，门向西，方向近 270°。F105 位于城内西北部，两间并排，门皆开向东南，方向 161°。以上房址似可分为两组，即门向北的一组（如 F129、F144）和门向城内中心的一组（如 F136、F105）。

西门内东侧有一座大型夯土建筑基址(F84),略呈扇面状,东西长约14米,南北宽约8米。周围还有数座房址环绕。在此基址北侧是一个面积达数百平方米的广场。

窖穴灰坑近2000座。大型袋状坑多分布于城址西北部,说明储物窖穴集中在聚落内部的地势高亢地区。

已发掘仰韶时代墓葬143座,至少分属两处墓地。第一处墓地位于城外西部,均为单人葬,不见任何随葬品;第二处墓地位于城内北部,这里既有成年男子和婴儿合葬墓(如M79),也有成年男女合葬墓(如M85)。另一些墓葬(如M86、M97、M106等)则是一次葬与二次葬的成年男女同穴分层合葬墓。这批墓葬反映出在西山遗址的中后期,作为社会基本细胞的家庭结构已发生深刻变化。

还有一批婴幼儿瓮棺葬,部分与北区成人墓地交错,且往往多层叠压,另一部分埋在房基的周围。

在房基底部、北门西侧城墙墙基底部、西城台下、西门门道下,均发现有以彩陶钵、鼎、罐、大口缸、尖底瓶等陶器为葬具,内埋婴儿骨骼的现象,这是建筑过程中具有特殊宗教意义的一种祭祀礼仪,即奠基遗存。

关于西山城址的年代,发掘者根据地层叠压、打破关系及出土遗物的类型学研究,将其确定为仰韶文化晚期(秦王寨或曰大河村类型时期)。根据碳十四测定的数据,其年代在距今5300—4800年间,是目前所知年代最早的一处版筑夯土城址。[1]

西山城址所处的历史阶段及其性质,学术界大都主张它是五帝时代诸多氏族部落的中心。许顺湛先生认为它是黄帝时代晚期有熊国的国都。他说:“郑州古城属于秦工寨类型(即大河村类型)……如果把秦王寨类型的仰韶遗址分布结合文献来分析,西山古城应属于黄帝城。《史纪·五帝本纪》说:‘黄帝者,少典之子,姓公孙,名轩辕。’《集解》引徐广曰:黄帝‘号有熊’。引谯周曰:黄帝是‘有熊国君,少典之子也’。有熊国地望何在?《集解》引皇甫谧曰:‘有熊,今河南新郑县也。’《帝王世纪辑存》说:‘新郑,古有熊国,黄帝之所都。受国于有熊,居轩辕之丘,故因以为名,又以为号。’《路史·后纪五》注:‘(黄帝)有圣德,授国于有熊,郑也。’由此可知:第一,黄帝是有熊国君少典之子;第二,黄帝都有熊;第三,黄帝所都的有熊其地望在新郑。从秦王寨类型遗址分布来看,有熊国的地域并不局限于新郑，它至少应包括密县、郑州和荥阳等地，均可称为有熊国。在有熊国所辖的区域内(即秦王寨类型分布区)其文化遗址应属于有熊国文化，当时的氏族部落应属于有熊国的组成部分，在西山发现的古城只能是有熊国的城，如果别处没有第二座城的发现，西山古城必是有熊国国都。黄帝都有熊，是有熊国君，因此把西山古城称为'黄帝城'是无可非议的。"[2]韩建业则认为西山古城应是祝融之城，他说："秦王寨类型曾被推测为属于祝融部落，那么西山古城就应当是这个部落的一个重要据点。……正是祝融族的西渐导致了秦王寨类型的形成和西山古城的兴建，随着祝融族的衰弱和西方华夏集团势力的东进，西山古城遭到废弃。"[3]据文献记载，祝融时代较晚，西山古城的兴衰似与祝融无关。黄帝为华夏集团的首领，长期活动于中原地区。《史记·五帝本纪》载："黄帝者，少典之子，姓公孙，名轩辕。"轩辕丘在今河南新郑市境。黄帝为有熊国君，《集解》引皇甫谧曰："有熊，今河南新郑是也。"《史记·封禅书》载："黄帝采首山铜，铸鼎于荆山下。鼎既成，有龙垂胡髯下迎黄帝。黄帝上骑，群臣后宫从上者七十余人，龙乃上去。余小臣不得上，乃悉持龙髯，龙髯拔，堕，堕黄帝之弓。百姓仰望黄帝既上天，乃抱其弓与胡髯号，故后世因名其处曰鼎湖，其弓曰乌号。"荆山、鼎湖在今河南灵宝市阳平镇之铸鼎原。黄帝故里、都城与升仙处，均在郑州至灵宝沿黄河一线。黄帝作为族名，经历过较长的历史阶段，西山古城正处于黄帝的活动地域之内，我们虽不敢肯定西山古城就是有熊国都，但筑城于公元前 3300 年，时间上却与黄帝之世吻合，因而很可能是黄帝族所筑之城。《史记·封禅书》谓："黄帝时，为五城十二楼。"《事物纪原》引《黄帝内传》说："帝既杀蚩尤，因之筑城阙。"又引《轩辕本纪》云："黄帝筑邑造五城。"《汉书·郊祀志》载："黄帝为五城十二楼。"《淮南子·原道训》云："黄帝始立城邑以居。"《汉唐地理书钞》辑《河图括地象》曰："昆仑之墟，西有五城十二楼。"李白《经乱离后天恩流夜郎忆旧游书怀赠江夏韦太守良宰》诗："天上白玉京，十二楼五城。"可见黄帝之世已经掌握了筑城技术。传说中的黄帝城在河北涿鹿与河南新郑。据 1994 年新编《涿鹿县志》载，该县的黄帝遗迹有轩辕城。清乾隆四十一年(1776 年)《新郑县志》载："世俗或以为黄帝城，谓之上古筑城，每依山水为固，故垣墉不必尽周。"清人马平泉《登新郑凤凰台》诗："见说凤凰曾此游，而今凤去迹还留。松盘岭际千重老，山走云端数点浮。郑相祠荒生碧草，轩黄城断牧黄牛。含情欲问台前水，溱洧不言空自流。"迄今为止，涿鹿与新郑境内均未发现与黄帝时代相当的城址,郑州西山古城的发现,填补了历史空白,印证出黄帝筑城造邑的史实。不过西山古城延续了大约500年的时间,其晚期阶段在黄帝族衰落之际,也有可能成为颛顼族的中心。史称颛顼为昌意之“子”、黄帝之“孙”,表明其氏族部落之间可能存在着一定的血缘关系。再说公元前二千八九百年间,已属颛顼之世,秦王寨类型在某些方面又带有颛顼文化的烙印。[4]因而可以说西山古城兴于黄帝,衰于颛顼。

从考古发现来看,河洛地区发现的早期城址甚多,仅以史前古城而论,就有山西襄汾陶寺、河南郑州西山、濮阳高城、安阳后岗、辉县孟庄、淮阳平粮台、登封王城岗、新密古城寨、郾城(今漯河市郾城区)郝家台等9座,除郑州西山为仰韶文化晚期城址外,其余均为龙山文化城址。相比之下以西山城址时代最早,堪称“河洛第一城”,在河洛文明的形成与发展中,占有特殊重要的地位。

“文明”一词,在中国古典文献中,最早见于《易经·乾卦·文言》:“见龙在田,天下文明。”孔颖达疏云:“天下文明者,阳气在田,始生万物,故天下有文章而光明也。”在这里,文明含有文采光明、文德辉耀的意义。从社会发展水准而言,“天下文明”已臻文化上升、社会进步的境界。现代汉语中“文明”一词,是对英文 Civi li zation 的翻译,该词源于拉丁文 Civis(市民),并派生出 Civitas(城邦)和 Civititas(市民资格),其原意与城市有关。以后大都用它来指人类社会的进步状态,即由氏族解体而进入了国家组织的阶级社会阶段。

关于文明的形成及其文化载体,历来就有多种说法。摩尔根认为,文明时代“始于标音字母的发明及文字的使用”[5]。恩格斯主张由于文字的发明及其应用于文献记录而过渡到文明时代。[6]英国著名考古学家柴尔德认为人类文明的出现,是城市革命的结果,城市的出现是文明时代的开始。[7]美国人类学家克拉克洪认为,不论任何文化,只要具备下列三项中的两项,就是一个古代文明。这三项标准是:1.有高墙围绕的城市。2.文字。3.复杂的礼仪中心。[8]美国哈佛大学教授张光直认为,初期文明的一般标志是:青铜冶金术、文字、城市、国家组织、宫殿建筑、庙宇文化以及巨型建筑。[9]夏鼐先生认为文明“具有都市、文字和青铜三个要素”[10]。安志敏先生说:“大抵以城市、文字、金属器和礼仪性建筑等要素的出现,作为文明的具体标志。”[11]从考古发现来看,城址是文明形成的最重要的标志。刘庆柱先生指出:“‘国家’是‘古代文明形成的概括’,从考古学研究讲,最早‘国家’的物化形式或载体学术界有多种多样的说法,如‘城市’

‘文字’‘金属器’‘礼器’‘王陵’，等等。上述种种物化形式或载体，如‘文字’‘金属器’‘礼器’‘王陵’等很难界定，而最早国家机器的物化形式与载体以‘城’最具代表性。……它是国家政治统治中心、军事指挥中心、社会与经济管理中心。它们遗留下来的物质载体是宫殿、宗庙、官署及其相关遗物等。”[12]考察河洛文明的形成与发展，应以早期城址为切入点。

在已发现的河洛早期城址中，陶寺城址被认为“是史前城址发展的顶峰，乃夏商都城模式的初始，是中国早期城市化的一道重要的门槛，我们认为陶寺城址已具备早期城市的雏形”[13]。

除陶寺外，古城寨城址也跨过了中国早期城市化的门槛。古城寨城址内东北部发现的由一号房基和四号房基所组成的宫殿建筑群，在早期城址中是极其罕见的。“宫殿基址的发现，不仅为商代宫殿区位于城东北的布局开了先例，也为夏代二里头宫殿基址的来源提供了依据，使古城寨城址成为夏文化发展和建筑艺术传承的桥梁。……从其性质看，城是古代文明的重要因素之一。它是直接为国家统治集团服务的，所以城中要营建宫庙之类的建筑，成为文明过程中最容易观察到的物化载体。有无这些建筑也是都邑与村寨重要区别之一。”[14]

平粮台城址，已经具备了早期城市的基本要素。“它应是政治中心，因而有较高级的房屋，有规整的市政建设；它也可能是经济中心和宗教中心，因而才有炼铜（这是当时最先进的手工业）和烧制陶器的遗迹，以及宰杀大牲畜祭奠的遗迹。……这种城堡显然已不是一般村落的土围子，而是一个雏形的城市了。”[15]

河洛地区早期的筑城高潮，发端于西山仰韶文化晚期城址。西山城址除城垣外，还环绕着两道城壕，建立起多重防御体系，这在早期城邑中是少见的；城垣的建造，采用了夯打、版筑和挖槽筑基等多种方法，表现出其建筑技术的进步；西城门北侧城垣上可能有望楼一类的建筑；城内有面积百余平方米的大型夯土建筑基址（F84）；在房址底部、城墙墙基底部和城门门道下，均发现有埋婴现象，这是建筑过程中具有特殊宗教意义的奠基礼仪。城内道路系统的形成，是其人流、物流、信息流畅通的重要保障。凡此种种，表明西山城址已经不是带围墙的原始村落。杨肇清先生认为：“郑州西山仰韶文化古城的发现，将中国始建城市的年代提前到距今5300年。”[16]任式楠、吴耀利先生说：“郑州西山仰韶晚期遗址为研究城市起源提供了重要的新证据。”[17]从西山城址的发现，到陶寺、古城寨与平粮台等古城的兴起，其间经历了漫长的历史阶段，从其规模和功能规划等方面相比，西山城址显得更加原始一些，不过从城市起源发展的历程考察，西山城址似可划入“雏形城市”之列。

同西山城址密切相关的，是当时河洛地区已经出现了原始文字。在陕西西安半坡、临潼姜寨、长安五楼、河南灵宝北阳平及西坡等仰韶文化遗址内出土的陶器上，发现有数十种刻画符号，大都刻在陶钵外面的口沿上。其中有的符号似可释为“一”“五”“七”“八”“十”“玉”“巾”“示”“爪”“羊”“阜”“矢”等字。

此外，1999年，灵宝西坡仰韶文化遗址灵阳公路旁边的灰坑中，发现一块火烧过的铜矿石，大小约4厘米×6厘米。1998年5—10月，在对荆山黄帝遗迹进行调查过程中，于海拔1980米的具茨山发现古代采铜矿遗址一处，洞高6米，宽5米，进深17米，洞口及其周围发现有砍砸器、敲砸器和高品位的铜矿石及用柴炭烧结的铜矿石块。[18]以上表明当时可能已经发明了冶铜技术。

关于礼仪性建筑，在灵宝铸鼎原奎星楼基址附近，发现一环形灰沟，宽1.5—2米，深约2米，沟内有30—50厘米黑色灰土和仰韶文化庙底沟类型的陶片。这里曾出土过大型石铲。因而被认为是远古时代的“燔祭”遗迹。[19]铸鼎原对面8千米处的轩辕台，相对垂直高度约120米，状如截顶金字塔。台上南北各有一座残破的夯土台基，均用红、黄、褐、灰、白五色土夯筑而成。[20]因而不少学者都认为轩辕台就是古代河洛地区的祭祀遗迹。

综上所述，河洛地区在距今5000年前的仰韶文化晚期，不仅发现了西山城址，而且有了文字、铸铜和礼仪性建筑，种种迹象表明，以西山城址为重要标志的河洛文明可能已经形成。

注　释

[1]国家文物局考古领队培训班：《郑州西山仰韶时代城址的发掘》，《文物》1999年第7期。

[2]许顺湛：《郑州西山发现黄帝时代古城》，《中原文物报》1995年11月12日。

[3]韩建业：《西山古城兴废缘由试探》，《中原文物》1996年第3期。

[4]马世之：《中原楚文化研究》，湖北教育出版社，1995年，第16—21页。

[5]摩尔根：《古代社会》，生活·读书·新知三联书店，1957年，第12页。

[6]恩格斯:《家庭、私有制和国家起源》,人民出版社,1972年,第23页。

[7]柴尔德:《远古文化史》,群联出版社,1954年,第131—168页。

[8]转引自陈星灿:《文明诸因素的起源与文明时代》,《考古》1997年第5期。

[9]张光直:《古代中国及在人类学上的意义》,《史前研究》1985年第2期。

[10]夏鼐:《中国文明起源》,文物出版社,1985年,第92页。

[11]安志敏:《试论文明的起源》,《考古》1987年第5期。

[12]刘庆柱:《考古学文化与中原地区的古代文明形成》,《华夏文明的形成与发展——河南省文物考古研究所建所五十周年庆祝会暨华文明的形成与发展学术讨论会论文集》,大象出版社,2003年。

[13]何努:《陶寺:中国早期城市化的重要里程碑》,《中国文物报》2004年9月3日。

[14]蔡全法:《新密古城寨城址在文明探源中研究的地位》,《华夏文明的形成与发展——河南省文物考古研究所建所五十周年庆祝会暨华夏文明的形成与发展学术研讨会论文集》,大象出版社,2003年。

[15]白寿彝总主编:《中国通史》(第二卷远古时代),上海人民出版社,1994年,第321页。

[16]杨肇清:《谈河南郑州西山发现仰韶文化古城及其重要意义》,《史前研究——西安半坡博物馆成立四十周年纪念文集》,三秦出版社,1998年。

[17]任式楠、吴耀利:《中国新石器时代考古五十年》,《考古》1999年第9期。

[18][19][20]许永生、刘苹:《黄帝铸鼎原与中华文明起源》,《炎黄颂》(中册),中国经济文化出版社,2003年。

(原载《河洛文化与汉民族散论》,河南人民出版社,2006年)

黄河流域文明起源问题初探

黄河在古代称“河”,因其流经黄土地带,挟带大量泥沙,水色黄浊,因而得名。黄河流域是我国古代文化的重要发祥地,被誉为中华民族的摇蓝。《汉书·沟洫志》云:“中国川原以百数,莫著于四渎。而河为宗。”“四渎”系指黄河、长江、淮河和济水而言,在古代人们的心目中,黄河尤为神圣,故被列为四渎之宗,百水之首。在世界上,中国的黄河与埃及的尼罗河、美索不达米亚的底格里斯河和幼发拉底河、印度的印度河齐名,均以灿烂的古老文明著称。当前,学术界在探讨中国文明起源问题时,一直把注意力集中在黄河流域地区,这是由于早在史前时期,黄河流域就逐渐形成以中原为核心的多层次的文化格局,不仅具有综合而特殊的农业体系,而且孕育着文明的诸种因素,对中国文明的形成做出巨大的贡献。毋庸置疑,要想解决中国文明起源问题,应从黄河流域着手进行研究。

“文明”一词,在中国古代文献中,初见于《易经·文言》:“见龙在田,天下文明。”现代汉语中用它来翻译英文 Civi li zation,按照世界上具有权威性的《韦氏国际大词典》对这一词的狭义解释,是“指文化发展的某一阶段,文字及文字记录的保存已经出现,同时也有城市、先进技术(农业和工业)、众多的人口以及复杂的社会结构”。著名的德国学者斯本格勒(Oswald Spcngler)及美国学者库尔伯恩(Rushton Coulborn)均主张文明高于原始文化,西方早期社会学者曾将人类社会发展序列,分为蒙昧、野蛮和文明三个时代,恩格斯在《家庭、私有制和国家的起源》一书中指出:“国家是文明社会的概括。”当代西方绝大多数学者虽已不再继续采用这一分类法,却同样以国家作为文明的标志。由此可知,在人类社会发展过程中,当国家出现之后,就进入一个新的历史时期,即文明时代,但是构成文明的诸种因素,必然产生于国家出现之前,因而关于文明起源问题,应从人类史前文化中去寻觅踪迹。在一些考古学著作中,大抵以城市、文字和金属器作为文明的标志,也有不少历史学家强调农业在文明起源中的重要作用。现就这些问题对我国黄河流域古代文明起源探讨如下。

一

根据新中国成立40年来的考古发掘资料,黄河流域似可分为三大历史文化区,即洮湟区、中原区和海岱区。

洮湟区位于黄河上游的甘肃、青海、宁夏等省区,洮河和湟水流域是其中心地带。其文化发展序列为大地湾文化—仰韶文化庙底沟类型—马家窑文化—齐家文化。大地湾文化亦称"大地湾·李家村文化"或"李家村文化",主要分布在渭河流域,以甘肃东部地区为中心地带,为公元前5850—前5400年。仰韶文化庙底沟类型,为公元前4050—前2950年。马家窑文化分为马家窑、半山、马厂等不同阶段和类型。在马家窑文化马家窑类型地层之下和仰韶文化庙底沟类型地层之上,存在着一种过渡性文化层,对于这一类遗存,有人称为马家窑文化石岭下类型,也有人把它视作马家窑类型的早期文化。马家窑文化的地理分布比较广泛,东起泾、渭水上游,西至黄河上游共和、同德县附近,北入宁夏清水河流域,南抵四川岷江流域阿坝藏族自治州文川县附近。其年代为公元前3300—前2050年,齐家文化可分为七里墩、秦魏家和皇娘娘台三个类型,它所分布的地域,东起泾、渭水流域,西达青海湖畔,南抵白龙江流域,北入内蒙古阿拉善左旗鹿团山附近,其年代在公元前2000年左右,已经进入铜石并用期到青铜时代了。

中原区位于黄河中下游一带,主要包括陕西关中、晋南、冀南、鲁西及河南大部分地区。其文化发展序列为前仰韶文化—仰韶文化—中原龙山文化。前仰韶文化即早期新石器时代文化,包括磁山、裴李岗和老官台文化。磁山文化主要分布在河北省的中南部,年代为公元前5400—前5100年。裴李岗文化主要分布在豫中一带,年代为公元前5500—前4900年,老官台文化主要分布于陕西关中地区,年代与磁山文化和裴李岗文化相近。仰韶文化分布的地域十分广泛,中心地带为关中、晋南和河南大部分地区,分为半坡、庙底沟、西王村、大河村、后岗和大司空诸类型,年代为公元前5000—前3000年。中原地区的龙山文化主要分布在河南、陕西、晋南、冀南等地，大体上可以分为王油坊、后岗、王湾、三里桥、陶寺和客省庄六个类型，年代为公元前2900—前2000年。一般认为，龙山文化虽已进入铜石并用时代，但习惯上仍可把它划在新石器时代之内。

海岱区包括山东大部分及苏北一带，其文化发展序列为北辛文化—大汶口文化—山东龙山文化。北辛文化主要分布在鲁中南及淮北地区，年代为公元前5400—前4400年。渊源于北辛文化的大汶口文化，所分布地区以鲁中南及东南丘陵地区和江苏淮北一带为中心，年代为公元前4300—前2500年。有别于中原龙山文化的山东龙山文化，亦称"典型龙山文化"，主要分布在山东省的中部、东部和江苏省的淮北地区，年代为公元前2500—前2000年，它与中原龙山文化有着密切的关系。

根据以上剖析，可知在我国黄河流域历史文化的发展进程中，由于不同的地理生态环境及其他因素，从而出现了若干不同的文化区域，各个区域内的考古学文化均有各自的个性，形成一些独特的文化谱系。为探讨黄河流域文明起源问题提供了重要线索。

二

农业出现与文明起源的关系至为重要，古代文明是随着农耕的发展而逐渐兴旺起来的，黄河流域不但土壤肥沃，具有良好的保水和供水性能，是原始农业生产的适宜土壤，因而黄河流域是我国古代农业的重要起源地。早在前仰韶文化时期，农业生产已经达到一定的水平，除了出土大量的石斧、石铲、石刀、石镰、石磨盘和石磨棒等农业生产和粮食加工工具外，在甘肃秦安大地湾遗址F374号房基内的圆形窖穴底部，发现有碳化粮食颗粒。经鉴定为稷和油菜籽，属于大地湾一期文化的农作物。有人把分布在黄滩平原西部边缘地带的裴李岗文化遗址，同两河流域浅山丘陵地区即"新月形地带"农业村落遗址进行比较研究，认为嵩山周围裴李岗文化早期遗址中经济形态以农业为主。"西亚的新月形地带和中国的嵩山东麓，好像东西并列的两座灯塔，远在八千年前，同时出现在亚洲的两翼，标志着东半球进入农业革命新时代的黎明时期。"[1]仰韶文化时期，黄河流域仍然以粟为主要作物，西安半坡、临潼姜寨、华县泉护村、元君庙、彬县下孟村、宝鸡北首岭和斗鸡台等地均有粟出土。此外，中原地区已开始种稻，渑池仰韶村、华县柳枝镇等地发现稻壳痕迹。蔬菜的种类很多，西安半坡发现白菜和芥菜的种子，郑州大河村发现莲子，河西走廊甘肃民乐县六坝乡的东灰山遗址，是一处5000年前的新石器时代遗址，这里同时出土有小麦、大麦、高粱、粟（小米）、稷（黄米）五种农作物的碳化种子，表明我国是普通小麦、大麦和高粱的原产地及重要起源中心之一。在仰韶文化时期，黄河流域可能已经出现了蚕桑业，河北正定南杨庄卧龙岗遗址曾出土两个模仿制作的家蚕陶蚕蛹。1927年山西夏县西阴村仰韶遗址出土的半个蚕茧，经美国斯米索尼安研究所推断为家蚕茧。由此可见，黄河流域的仰韶文化居民当时已经能够养蚕织绸了。龙山时代的农业生产脱离了原始锄耕农业阶段，进入耒耜耕作时期。水利是农业的命脉，河南洛阳矬李遗址中已发现沟渠遗迹。此外，河北邯郸涧沟、河南洛阳矬李、汤阴白营和山西襄汾陶寺等地，均发现龙山时期的水井，除汤阴白营的一眼井在井壁附设有方形木构井圈外，其余均为圆形土井。根据目前所见资料，我国黄河中游地区是世界上发明水井最早的地区。关于家畜饲养业，在黄河流域发生的时间也很早，裴李岗遗址出土有猪骨及栩栩如生的猪头、羊头塑像，磁山遗址中的动物骨骼，经鉴定，猪、狗和鸡均为饲养的家畜和家禽，仰韶和大汶口文化遗址中，有以狗或猪随葬的现象，大体而言，到了龙山和齐家文化时期，黄河流域地区已经成功地驯化了六畜：狗、猪、鸡、羊、牛和马。农业是古代世界决定性的生产部门，农业取得进步的地区，是文化首先得以繁荣的地区。这是因为，只有当社会生产除维持劳动者的生活外还有剩余时，才有可能促使阶级分化，使得一部分人从事非生产性活动，去进行科学技术和文艺的创造，以及驱使奴隶到田间耕作。从考古发现来看，我国古代文化在很大程度上是一个农业社会的文化，黄河流域的古代文明离不开农业经济的发展，它深深根植于农业文化土壤之中。

三

城市的形成与发展是文明的主要内容之一。从考古学遗存上进行论证的，以英国考古学家戈登·柴尔德（V.Gordon Childc）为最早，他于1950年在利物浦大学《城市规划评论》杂志上发表的《城市革命》一文,从历史上——或说从史前史上——把城市作为导致社会进化上的一个新的经济阶段的一次"革命"的结果与象征而提出,借以强调文明的特征和作用。还有一些外国学者认为,历史学的真正含义,就是对各个时代城市遗址的研究,城市和文明是同一事物的两个不同侧面,只是在城市发展的地方,人们才创造了复杂的文明。黄河流域具有优良的环境因素,如气候、土壤适合动植物的生长繁殖,水量充足,建筑取材方便,便于与外界人群沟通等,成为城市出现的客观基础。城市这种聚落类型,是古代人类规模最大的集体寓所,是一个历史久远的社会形态,即社会发展到一定阶段的必然结果。从考古发现来看,至迟在前仰韶文化时期,我国黄河流域的远古居民,已经从事定居的农业生产,步入聚落文化阶段。到了仰韶和大汶口文化时期,原始村落已经颇具规模:河南渑池仰韶村遗址面积近 30 万平方米,陕县庙底沟遗址面积约 24 万平方米,三里桥遗址面积约 18 万平方米;陕西西安半坡遗址面积约 5 万平方米,临潼姜寨遗址面积约 5.5 万平方米。特别是在半坡和姜寨遗址,均发现有围绕居住区的壕沟,壕沟内壁较外壁口沿为高,并且设有防卫栅栏和哨所,从其防御职能来看,可以说是出现城的征兆,甚至可以视作城的萌芽。到了龙山时代,聚落形态有了发展,位于山西襄汾县城东北约 7.5 千米的陶寺遗址,东西长约 2000 米,南北宽约 1500 米,总面积达 300 多万平方米。这时期,房屋的构筑形式、建筑方法和建筑材料都有了改进,并出现了许多城堡。迄今为止,根据已经公布的资料,获知龙山文化或相当于龙山时期的城堡 8 座:山东章丘县龙山镇的城子崖、寿光县孙家集镇的边线王,河南安阳后岗、登封县告成镇的王城岗、淮阳县平粮台、郾城县石槽村的郝家台等 6 座土城;内蒙古包头市阿善、乌兰察布盟凉城县永兴镇的老虎山等 2 座石城。上述几座古城,全都在黄河流域,集中分布在中原地区。关于这些城堡的性质,学术界的认识颇不一致,有的认为是城市的雏形,应"属于城市范畴"[2]。有的说:"它们属于富有的父权家族而非后来的城市,或者可以说,它们类似于后来的宫城。"[3]实则它们不过是有防御设施的军事城堡(Military Castlcs)而已。我们知道城堡早于文明时代,而文明的开端却又早于真正城市的出现。从考古发现来看,大约在仰韶文化时期,黄河流域的居民已知在村落周围设置围沟、栅栏等防御设施,后来又发明了夯筑技术,如在郑州大河村遗址中发现仰韶文化晚期的 F5 和 F10 的室内地坪经过填土夯实。正是在仰韶文化时期人们发明壕沟设施和夯筑技术的基础上，方才出现了龙山文化的城堡。这些最早的城和市原是分离的，大约到了夏商或者更晚时期，方才出现"城"与"市"合为一体的真正的城市。尽管这些城堡并不完全是城市，但二者之间确实存在着渊源关系。某些重要城堡的出现，应属文明曙光来临的标志。

四

文字的发明和使用，是人类历史上惊天地、泣鬼神的大事，它是古代人类在长期生产、生活实践中，出于记事和传递信息的需要而逐渐发明的。文字的产生，在人类历史上具有里程碑的意义，为古代文化增添了色彩、活力和丰富的内容，是文明的重要标志。黄河流域的文字起源甚早。过去在陕西西安半坡、临潼姜寨、零口、垣头、长安五楼、郃阳莘野、铜川李家沟和宝鸡北首岭等仰韶文化遗址内，出土一批刻有符号的陶器，符号多刻在陶钵外面的口沿上。半坡出土的 113 件陶器上刻有 38 种符号，李家沟出土的 23 件陶器上刻有 8 种符号。据七个遗址不完全统计，发现在 270 件陶器上刻有 52 种符号，其中有的符号可以释为"一""五""七""八""十""玉""巾""豕""示""羊"等字。关中地区发现刻画符号的 8 个地点的范围，东西相距约 300 千米，南北约 100 千米，在这 3 万平方千米地区居住的人们，已经普遍使用这些符号了。[4] 对于上述仰韶文化陶器上的符号，有人认为它们是代表陶器制造者的记号或族徽，有人认为它们已有基本上固定的形状或相似的特征，可以称作文字了。在马家窑文化的部分陶器上绘有符号花纹，仅青海乐都柳湾一地，就发现这样的陶器数百件，符号百余种。比较常见的有十、一、×、○等十多种，大多数画在彩陶壶的腹下部。大汶口文化陶器上曾经发现过 17 种刻画符号，山东莒县陵阳河、大朱村和诸城前寨等遗址出土的陶尊上，刻画有"戊""斤""炟""炅""凡""南""享"等字的形象，被誉为"远古文明的火花"。马家窑文化陶器上的符号为指示符记，大汶口文化陶尊上的符号是形象符号。"我国文字可能就是东西两大系统融合而形成的。"[5] 龙山时代文字发现的不少，河南登封王城岗出土的龙山文化晚期的陶器上所刻的符号已超过了象形文字阶段，而是会意字了。陕西西安郊区长安县斗门乡花园村龙山文化晚期遗址中，过去曾经出土过刻有"万"字的陶片。自 1985 年 5

月以来,发现过两批甲骨文实物,已经辨认出来的,有“万”“退”“人”“羊”等字。有关学者指出,西安郊区出土的这批原始甲骨文,标志着“龙山文化晚期华夏民族已跨入文明时代”[6]。最近在河南舞阳县贾湖遗址,新发现的骨契刻符,刻于裴李岗文化墓中随葬的龟甲、骨器上,年代距今 7920±150 年,比西安半坡仰韶文化陶器上的刻画符号要早两千年。其中个别契刻符号的形体,与安阳殷墟甲骨文的某些字形近似,为探索我国文字起源提供了重要线索。大约从裴李岗文化时期开始,黄河流域地区进入了文字创制时期,经历了一段漫长的历史阶段以后,真正的文字才正式形成。从此沿着象形、指事、会意、形声、转注、假借等途径发展。非拼音文字的方块字,是中国文化的一大特色,在世界上有重要影响,铸造了著名的“东亚文化圈”,堪称世界文字的表率。

五

在人类历史上,金属器的出现,是划时代的重大事件,是文明时代的重要标志之一。在各种金属中,铜是人类最先认识和使用的金属。铜器是人们第一次采用化学方法,将天然的矿石溶化,铸造出工具与用器,促使人类社会生产力发生一次质的飞跃。迄今为止,黄河流域发现年代最早的金属实物,是陕西临潼姜寨第一期文化的残铜片,出土于该遗址 F29 的居住面。铜片呈半圆形,经化验含铜 65%、锌 25%,余为少量的锡、铅、硫、铁等,是一种杂质较多的黄铜。碳测年代为公元前 4020±110 年,按达曼表校正为公元前 4675±135 年。

马家窑文化和大汶口文化遗址中也发现过铜的遗物。甘肃东乡林家遗址 F20 北壁下出土铜刀一件,经激光光谱分析,是含锡的青铜。林家遗址属马家窑文化马家窑类型,其年代为公元前 3280—前 2740 年。永登蒋家坪遗址出过一件马家窑文化马厂类型的铜刀(残),年代为公元前 2180 年。这可谓目前所知最早的两件青铜器了,因而关于我国早期青铜器的起源问题,同甘肃新石器时代文化有着密切的关系。

到了龙山文化时期,铜器冶炼铸造相对普遍起来。河南郑州牛砦出土的龙山文化晚期的炼铜炉壁残片上,含有一小块铜。临汝煤山遗址二期文化灰坑(H28、H40)中,发现有龙山晚期炼铜坩埚残块,上面附有多层铜液留下的痕迹。

淮阳平粮台遗址三期灰坑(H15)近坑底部,发现一块龙山文化晚期的绿色铜渣。这些均属龙山时代的遗物。龙山时代的铜器制造已越出最初的阶段而相对普遍起来,技术上也有所进步。

黄河上游的齐家文化遗址和墓葬里,比较普遍出土红铜器与青铜器,甘肃武威皇娘娘台墓葬发现铜刀、锥、凿、环、钻头与铜片等共30件。永靖大何庄发现铜匕与铜片各一件。由于齐家文化的年代晚于中原龙山文化,同时它的下限又接近于商代。那么,齐家文化之所以出现青铜器,可能与先进的商文化有一定联系。

综上所述,我国黄河流域文明起源甚早,它同史前远古文化——磁山、裴李岗、老官台、大地湾和北辛等新石器时代早期文化有着密切关系。仰韶文化在黄河流域文明起源中的作用,更是不可低估的,有的学者认为它是产生中国文明的一种“基因”[7],或谓“中国的文明从这时候起已经往黄河流域大地上孕育着”[8],以及“在这个时期已经处在文明时代的前夜,露出文明的曙光了”。[9]由此可知,仰韶文化时期已经露出了文明的曙光。从大量考古发掘资料获知,龙山文化时期黄河流域地区的农业比较发达,出现许多带有军事防御性质的城堡,以及能够辨认的陶文和甲骨文,铜器冶铸技术达到了较高的水平。种种迹象表明,至迟到龙山文化时期,社会发生重要变革,大约已进入了文明时代。在黄河流域三大文化区域中,中原地区文化的发展一直处于领先地位。约从新石器时代早期起,人们冲破山河的险阻,开始进行广泛而持续的文化交流,中原地区特别是其中以伊洛-郑州为主的地带,成为各个历史文化区频繁接触的场所,更是它们进行文化角逐的中心。“这一文化地理优势,当是使伊洛-郑州地区最早迈入文明门坎而成为东方古代文明发源地的重要原因之一。”[10]众所周知,促成文明形成的因素是多种多样的,除我们在上面列举的以外,尚有生态环境、经济形式、人口增长的速度以及带来的压力、远程贸易、经济组织和社会组织的改变等。尽管我国文明最早形成于黄河流域的中原地区,但并非每一种文明因素均由这里先民所首创,其他地区民族集团也有自己的文化传统,创造了带有地方特色的文明因素,这些因素逐渐汇合到中原地区,才演变成中华文明的主流。那种中原之外无文明的说法,是难以成立的。有人曾以“百川汇海”来形容中国文明的形成和发展,征之于历史文献和考古资料,可谓言而有据,完全符合中国古代历史的实际。

注　释

[1]赵世纲:《关于裴李岗文化若干问题的探讨》,《华夏考古》1987 年第 2 期。

[2]杜瑜:《中国古代城市的起源与发展》,《中国史研究》1983 年第 4 期。

[3][9]田昌五:《马克思主义与华夏文明的起源》,《华夏文明》第 1 辑,北京大学出版社,1987 年。

[4]王志俊:《关中地区仰韶文化刻画符号综述》,《考古与文物》1980 年第 3 期。

[5]石兴邦:《从考古学文化探讨我国私有制和国家的起源》,《史前研究》1983 年创刊号。

[6]《西安郊区出土一批原始甲骨文》,《文物报》1987 年 4 月 17 日。

[7]苏秉琦:《纪念仰韶村遗址发现 65 周年》,《论仰韶文化》(《中原文物》1986 年特刊)。

[8]张学政:《论黄河流域仰韶文化区系类型》,《论仰韶文化》(《中原文物》1986 年特刊)。

[10]张忠培:《研究考古文化需要探索的几个问题》,《考古与文物论集》,文物出版社,1986 年。

(原载《中州学刊》1989 年第 4 期)

“覃怀厎绩”与黄河文明

“覃怀厎绩”的由来，同唐虞之世大禹治水有关。《尚书·禹贡》载：“禹敷土，随山刊木，奠高山大川。冀州既载……覃怀厎绩，至于衡漳。”“覃怀厎绩”，《史记·夏本纪》作“覃怀致功”。孙星衍《尚书今古文注疏》云：“史公说‘厎’为‘致’者，《释言》文。‘绩’为‘功’者，《释诂》文也。”由此可知，“厎绩”与“致功”为同意语，是说禹在冀州覃怀指挥抗洪，从这里开始，沿着黄河的主河道向东北一直疏导到横着的漳河那里，然后向东导入大海，终于将黄河治理好了，其丰功伟绩永载史册。著名的“禹贡河”道在覃怀之地确立之后，启开了黄河文明的新篇章。

释“覃怀”

“覃怀厎绩”中提到的“覃怀”，有的史家认为就是河内。“在地理名著《禹贡》中，河内称‘覃怀’，其中大部分地段在今焦作境内。后来，河内的地域衍变为专指太行山南麓至黄河之间的地区，历史上先后建置为怀川、河内郡、怀庆府等，即今焦作市和济源市地域。”[1]这里是指大的地域范围而言，具体而论，“怀”为地名，古代县、州、路、府都曾称怀。怀县本是战国魏的怀邑，西汉置县，为河内郡治，隋大业初并入安昌县（县治在今温县东），唐武德初复置，贞观元年（627年）又并入武陟县。据《括地志》载：“故怀城在怀州武陟县西十一里。”清道光《武陟县志》载：“故怀城在怀州武陟县西十一里张村。”《怀庆府志》有内容相同的记述。张村今属武陟县阳城镇所辖；怀州置于北魏天安二年（467年），治所在野王县，即今河南省沁阳市。金天会六年（1128年）改名南怀州，不久又恢复旧名；怀孟路是在怀州基础上设置的，始于元宪宗七年（1257年），延祐六年(1319年)改称怀庆路,明代初年改为怀庆府,清因之。有的史书记载怀与邢丘相近或为一地,《韩诗外传》卷三载:“武王伐纣,到于邢丘,扼折为三,天雨三日不休,武王惧,召太公而问。……更名邢丘曰怀。”邢丘在今温县赵堡镇北平皋村。《荀子·儒效》也说:“武王之诛纣也,行之日以兵忌,东南而逆太岁,至汜而汎,至怀而坏。”不过杨伯峻据《左传·宣公六年》“秋,赤狄伐晋,围怀及邢丘”的记载,则认为:“《韩诗外传三》云:‘武王伐纣,到于邢丘,更名邢丘曰怀。’若其言,则怀与邢丘为一地而前后异名。但以后《传》文考之,恐不然。《史记·秦本纪》云:‘昭襄王四十一年夏,攻魏,取邢丘、怀。’则邢丘与怀为两地,至战国时犹如此。怀已见隐十一年《传》,在今河南省武陟县西南,《尚书·禹贡》所谓‘覃怀厎绩’者也。邢丘即今河南省温县东二十里之平皋故城,怀与邢丘仅相近。”[2]实则怀邑虽于春秋战国时代在今武陟县境,但商代末年可能在温县东,后由温县北平皋迁往武陟张村的。北平皋与张村近在咫尺,历史上两地共同用一名也是极有可能的。

关于覃怀连属,司马贞《史记索隐》云:“河内有怀县,今验地无名‘覃’者,盖‘覃怀’两字或当时共为一地之名。”金履祥《尚书注》谓:“覃,大也;怀,地名。太行为河北脊,其山脊诸州皆山险。惟太行以南怀州濒河之地平夷广衍,田皆腴美,俗称小江南,即古覃怀也。”裴骃《史记集解》引孔安国曰:“覃怀,近河地名。”覃怀所在,据《沁阳市志》称:“沁阳历史久远,夏代,地处覃怀地。”《武陟县志》也说:“夏,称覃怀。”温县《平皋遗事》云:“平皋古为覃怀厎绩。”此外,刻于东魏武定七年(549年)的《武德于府君等义桥石像之碑》文中写道:“惟此区域,号称旧邑,舜禹怀谭之地,殷周畿甸之土。”武德郡置于东魏天平初年,治所州城在今温县武德镇西张计村。由此可知,狭义的“覃怀”,系指今河南省沁阳市、温县、武陟县及从沁阳析置出来的博爱县而言,其核心地带,在今温县武德镇、北平皋至武陟张村一带。

禹在覃怀治洪水

唐虞之世,黄河等河流泛滥成灾,洪水横流,民不聊生。《尚书·尧典》载,尧时“汤汤洪水方割,荡荡怀山襄陵,浩浩滔天,下民其咨”。《孟子·滕文公下》说:“当尧之时,水逆行,氾滥于中国,蛇龙居之,民无所定;下者为巢,上者为营窟。”《史记·夏本纪》也谓:“当帝尧之时,鸿水滔天,浩浩怀山襄陵,下民其忧。”俞伟超先生在致“纪念城子崖遗址发掘六十周年国际学术讨论会”的贺信中指出:“2000年来的史学记录,则明确说到尧、舜之时是‘鸿水滔天’,‘下民其忧’,‘求能治水者’。最初,曾以鲧治水,但‘鲧之治水无状’。其后,则用大禹治水,大禹‘居外十三年’而‘天下于是太平治’(皆见《史记·夏本纪》)。4000多年前我国曾发生一次延续了若干年的特大洪水水灾,应该是历史事实。”[3]据历史气象学研究,这一时期相当于全新世大暖期的后段,也是仰韶温暖期的中期,气候湿润多雨,温度较今为高,平原地区常遭洪水之灾。

覃怀一带,地势平夷。《汉书·地理志》应劭注:“邢丘,以其在河之皋,处势平夷,故曰平皋。”“皋”意为沼泽。覃怀、平皋地名的由来,或与禹治水有关。当年,大禹治水时,疏导了很多河流,但最艰难、花时间最长也是最后取得成功的地方是在覃怀。“覃怀位于太行山南麓,沁水、沇水等大小河流出山后,汇在覃怀,形成大泽。更由于黄河行至覃怀武陟境时,地势平坦,落差减小,造成河道淤积,河水便肆意漫流,与大泽之水汇在一起,形成了‘荡荡怀山襄陵’的滔天洪水。只有把覃怀的水排下去,九州中心冀州人民才能免于灾难,同时黄河上下游才能减少水患。”[4]后来禹治水成功,“覃怀”“平皋”等地名永远留下作为历史的见证。

据历史传说,大禹治水时一度居住在今温县祥云镇乡夏庄村。“三过家门而不入”的故事就发生在这里,人们为纪念治水英雄夏禹而定名夏庄。禹在这一带昼夜勘查水情,率民众疏理河道,和百姓同舟共济。为表示根治洪水的决心,将其嫡生二女大兰和小兰分别下嫁于两位抗洪立功的青年人,大兰之家后称“大禹兰村”,小兰之家后称“小禹兰村”。今大小禹兰合并为一村,通称“大禹兰”或“大玉兰”,属祥云镇所辖。[5]在覃怀地区的温县、武陟一带,确曾留下大禹治水的足迹。

覃怀地带的黄河文明

覃怀地带位于豫西北地区,北面是巍巍太行山,南面是滔滔黄河水,中间是黄土平川。古老的黄河文明较早发生在这里,它的重要标志就是史前城址的出现、农业经济的发展及洪水控制体系的建立。

一、史前城址的出现。黄河流域龙山文化城址的出现,应是文明的重要标志之一。刘庆柱先生说:"对'文明社会'考古学研究而言,'城'是最重要的标志,最易操作的学术切入点。中国古代文明社会的城是政治中心,城的作用主要是为国家统治集团服务的,'城'的出现是与国家的形成密不可分的。"[6]城址是文明的主要物化形式,是检验国家形成与发展的尺度。覃怀地区发现的龙山文化城址有两座,即温县徐堡城址与博爱西金城城址,两座城址南北相距仅7.5千米。徐堡城址位于沁河南岸,平面略呈圆角长方形,面积约20万平方米。"它是目前全国所发现的龙山文化规模较大的城址之一,在豫西北地区属首次出现,填补了豫西、豫西北、晋东南地区没有龙山文化城址的空白,具有重大的学术价值。也为研究龙山文化向夏文化过渡、史前城址聚落形态、我国文明起源、国家的形成、筑城技术等诸多问题提供了重要的实物资料。"[7]西金城城址的发现,"充分显示了中原地区龙山时期社会急剧转变的历史面貌,对研究中原地区的文明起源具有重要意义"[8]。这两座龙山文化城址具有原始城市的性质,其时代与唐虞时代相当,很有可能是大禹治水时的区域政治中心。

二、农业经济的发展。根据覃怀地理环境分析,这里属东亚季风气候,降雨集中在夏秋季,且年变率大,多春旱。其土壤以黄土为母质,具有节理垂直、土砂细致、土层单一、疏松多孔的特点,土壤中含有丰富的适宜于作物生长的各种元素,非常肥沃,易于开垦。只要选择耐春旱的作物度过春旱期,夏季得到充足的雨水,就能够获得丰收。由于耕作技术的进步,古代覃怀地区的农业生产相当发达,这里种植有多种农作物。根据"覃"的释义来看,它有稻、小麦、菽诸说。甲骨文中无"覃"而有"燂"或"獐"字,三字互通。唐兰说:"燂与稻为同一谷名。"李平心云:"糧,从米从覃,当是一种谷类。……分明就是一种小麦,与大麦为对名。"[9]于省吾说是"菽",即豆类。[10]上述推测从考古发掘中得到证实。博爱西金城城址东垣外土岗高处有小片龙山时期的居住堆积,在居住堆积的灰坑中浮选出粟、黍、水稻、小麦和大豆等粮食作物的炭化遗存。"小麦遗存在河南境内的龙山文化遗址中还是首次发现,对研究小麦在我国的出现和传播路线以及中原地区文明起源阶段的人地关系演变,都具有重要学术价值。"[11]覃怀地带在黄河流域较早地产生了农业经济,农业生产的发展使少数人可以脱离农业，专门从事制陶、制骨等手工业生产，经济发展及阶级分化使得黄河流域较早进入文明时代。

三、洪水控制体系的建立。治水与文明的关系极其密切。史前时期，覃怀地近黄河，又是沁、济诸水交汇处，因而洪灾特别严重。温县徐堡龙山城址北垣被沁河冲毁就是最好的例证。大禹在这里指挥治水，疏通黄河、济河等诸水河道，最终将洪水治理下去。为了从事治水等大型公共工程，需要建立中央权力机构，从而使跨宗族地域的早期国家形成并得到初步发展。“黄河改道在给人类造成灭顶之灾的同时，又促使人们必须团结起来去治理它。就是在向这一巨大的自然灾害进行斗争的过程中，中华民族迎来了文明的曙光。在治水过程中，部落首领所必须拥有号令一切的绝对权威，全体成员所必须具备集中全部物力和意志的统一思想和服从的习惯，当是以王权至上和中央集权为特征的东方文明形成的重要原因之一。”[12]大禹带领覃怀先民疏河抗洪，谱写了向大自然开战的雄浑乐章，极大地促进了社会生产力的进步，从而形成以王权至上和中央集权为特征的黄河文明。

综上所述，“覃怀底绩”所反映的大禹率领民众疏河治水的史实，结合豫西北地区的史前城址与农业经济等考古资料，表明早在4000多年以前，黄河流域的覃怀地带已经进入了文明时代。

注　释

[1][4]高登云、李晓飞：《中华文明怀川寻根》，大象出版社，2003年，第4页、第36页。

[2]杨伯峻：《春秋左传注》第二册，中华书局，1981年，第688页。

[3]俞伟超：《龙山文化与良渚文化衰变的奥秘——致“纪念城子崖遗址发掘六十周年国际学术讨论会”的贺信》，《纪念城子崖遗址发掘60周年国际学术讨论会文集》，齐鲁书社，1993年。

[5]杨文翰：《古温司马故里颂考》，三秦出版社，2006年，第67—68页、第156—157页。

[6]刘庆柱：《中国古代文明形成的考古学研究几点意见》，《中国社会科学院古代文明研究中心通讯》2001年第1期。

[7]毋建庄、邢心田、韩长松、张丽芳：《河南焦作徐堡发现龙山文化城址》，《中

国文物报》2007年2月2日。

[8][11]王冉:《博爱县西金城龙山文化城址首次发现小麦遗存》,《郑州晚报》2008年1月26日。

[9]唐兰:《殷墟文字论》,中华书局,1981年,第26页。

[10]于省吾:《甲骨文字诂林》第三册,中华书局,1996年,第2709—2711页。

[12]龚书铎总主编:《中国社会通史》先秦卷,山西教育出版社,1996年,第23—24页。

(原载《焦作师范高等专科学校学报》第25卷第2期,2009年6月)

中外文明起源问题对比研究

“文明”一词，在中国古典文献中，最早见于《易经·文言》：“见龙在田，天下文明。”孔颖达疏云：“天下文明者，阳气在田，始生万物，故天下有文章而光明也。”在这里，“文明”含有文采光明、文德辉耀的意义。从社会发展水准而言，“天下文明”已臻文化上升、社会进步的境界。清代李渔在《闲情偶记》中说：“若因好句不来，遂以俚词塞责，则走入荒芜一条，求辟草昧而致文明，不可得矣。”将“文明”同“草昧”并举，无疑于同“野蛮”相对。现代汉语中的“文明”一词，是对英文 Civi li zation 的翻译，该词源于拉丁文 Civis（市民），并派生出 Civitas（城邦）和 Civititas（市民资格），其原意与城市有关。以后大都用它来指人类社会的进步状态，即由氏族制度解体而进入有了国家组织的阶级社会的阶段。

文明社会的产生是人类历史上划时代的大事。美国人类学家摩尔根在《古代社会》一书中论及文明社会时指出：“这一阶段始于标音字母的使用和文献记载的出现。文明社会分为古代文明社会和近代文明社会，刻在石头上的象形文字可以视为与标音字母相等的标准。”后来，恩格斯基本上肯定了这个说法，并在《家庭、私有制和国家的起源》中做了进一步的阐述，指出“文明时代是社会发展的一个阶段，在这个阶段上，分工，由分工而产生的个人之间的交换，以及把这两个过程结合起来的商品生产，得到了充分的发展，完全改变了先前的整个社会”，并且认为“国家是文明社会的概括”。英国史前考古学家戈登·柴尔德在《城市革命》一文中，把“文明”同“城市革命”的概念联系一起，提出了著名的10项标准：城市类型的大型定居地；宏伟的公共建筑；有税收制度或定期的征贡制度以及资金的集中积蓄；经济包括商品交换有一定程度的发展；专门的工匠已经分离出来；文字的产生；科学的萌芽（算术、几何学、天文学）有了某种程度的发展；发达的艺术；特权阶级的存在；国家的出现。已故中国著名考古学家夏鼐先生在《中国文明的起源》一书中指出：“现今史学界一般把‘文明’一词用来以指一个社会已由氏族制度解体而进入有了国家组织阶级社会阶段。这种社会中,除了政治组织上的国家以外,已有城市作为政治(宫殿和官署)、经济(手工业以外,又有商业)、文化(包括宗教)各方面活动的中心。它们一般都已经发明文字和能够利用文字作记载(秘鲁似为例外,仅有结绳记事),并且都已知道冶炼金属。文明的这些标志中以文字最为重要。”[1]此外,还有不少学者在其著作中都很强调礼制和礼仪性建筑在文明起源中的重要作用。综合中外学人的意见,我们认为,从考古学范畴来讲,似可以文字、城市、金属器和礼仪性建筑等,作为文明起源诸要素。现就中外文明起源问题进行对比研究,以就正于诸方家。

一

文字是一种社会文化现象,是记事和传递信息的符号,是人类社会交际的工具。它是古代人们在长期的生产、生活实践中逐渐发明创造的。英国学者詹姆斯·哈维·罗滨逊在《文明》一文中,将文字与文明之间的关系作了十分精辟的论述,他说:“从行为的角度认识文字——人类文明的最伟大的一个组成部分,直到现在只是偶然提到——那就是文字。没有语言文字,文明甚至不会出现,而且肯定永远不会达到它的高级形式。……文明中主要的感情成分——人类生活中非常尖锐和独特的成分就是主要由文字组成的。它们可以建立敏感的、激动的新境界。文字在很大程度上提高了我们记忆力的清晰度,同时还活跃了我们的想象力,如果没有文字,则想象不可能广泛存在,用这些文字创造的词汇,使我们能详尽表述和发挥我们的希望、害怕、顾忌、沾沾自喜、嫉妒、悔恨和报复等心境,这远远超过了在旁观者看来是合理的程度。我们用文字建造的宫殿能比任何用手建造的宫殿更加富丽堂皇,用文字建造的地牢能比任何用手建造的地牢更加阴森恐怖。”[2]中国古代传说汉字系仓颉发明,许多前贤早已认识到文字发明的重要意义,在他们看来,这是一桩惊天地、泣鬼神的创举。《淮南子·本经训》云:“仓颉作书而天雨粟,鬼夜哭。”《春秋纬元命苞》载仓颉生而能书,“指掌而创文字,天为雨粟,鬼为夜哭,龙乃潜藏”。张彦远《历代名画记》对此解释说,由于文字的诞生,“造化不能藏其秘,故天雨粟;灵怪不能遁其形,故鬼夜哭”。这种神异说所渲染的是文字创造的伟大。当然,文字的发明绝非出自一人之手，而是远古人类的集体创作，并经过漫长的历程。文字发明以后，书籍应运而生，书籍所提供的信息，丰富翔实，突破时空限制，其传递知识的功能更为完善。诚如庾肩吾《书品》所言："开篇玩古，则千载共明；削简传今，则万里对面。"人类文化所以能延续不断，并在积累中日臻进步，全赖文字之功。

从人类文化史来看，早在公元前4000年的乌鲁克文化阶段，古代两河流域的苏美尔人，就已创造了图画式文字，后来逐渐发展成"楔形文字"。埃及尼罗河流域，在涅伽达文化二期（公元前3500—前3100年）也出现了象形文字。印度河流域在哈拉巴文化时期（公元前3000—前1750年），也已发现一些刻在石、陶、象牙等印章上的文字符号。公元前13世纪，西亚的腓尼基人主要利用古埃及象形文字中的音符字母，创造了世界上第一套拼音字母，它是古希腊字母和阿拉米亚字母文字的基础。希腊字母后来发展为拉丁、斯拉夫字母；阿拉米亚字母后来发展为印度、阿拉伯、亚美尼亚等字母。腓尼基字母系统的形成，是对世界文化的重要贡献。

中国文字何时发明？从考古学范畴来看，迄今仍是一个使人难解的斯芬克司之谜。近年来，河南舞阳贾湖裴李岗文化墓葬中随葬的龟甲、骨器上，发现了距今8000年前的契刻符号，这些刻符同后世甲骨文在某些方面颇有近似之处。仰韶和大汶口文化遗址出土的陶器上，发现了更加复杂的刻画符号，据西安半坡、临潼姜寨、长安五楼、郃阳莘野、铜川李家沟和宝鸡北首岭等七处仰韶文化遗址出土的270多件陶器上，发现刻有52种符号，大都刻在陶钵外面的口沿上。关中地区发现刻画符号的地点范围，东西相距约300千米，南北约100千米，在这3万平方千米地区居住的人们，已经普遍使用这些符号了。此外，在河北永年台口村、甘肃秦安大地湾也出土过仰韶文化时期的刻符。甘肃马家窑文化遗址出土的陶器上绘有符号花纹，大都画在彩陶壶的下腹部。山东莒县陵阳河、大朱村和诸城前寨等地大汶口文化遗址出土的陶器上曾经发现过17种刻画符号，这些符号大都刻在陶尊上，被认为是"远古文明的火花"。对于这些符号，学术界的认识尚未取得共识，或认为是刻画标记，或主张是原始文字。取得比较一致意见的，是至迟在龙山文化时期，文字即已诞生。陕西西安郊区长安县斗门乡花园村龙山文化晚期遗址中，出土过刻有"万"字的陶片和刻着"万""退""人""羊"等字的甲骨。河南登封王城岗出土的龙山文化晚期陶器上，刻有一个"共"字。陶寺龙山文化晚期居址的一件陶扁壶上，毛笔朱书一字，从字形结构看,与甲骨文十分相像,甚至几乎一样。逮至商代,中国文字已进入完全成熟阶段,在文字结构方法上,“六书齐备”,即通常所谓的指事、象形、形声、会意、转注、假借兼而有之。就世界范围而言,中国的非拼音文字方块汉字是最完善的记录语言工具,自4世纪后,便相继传入朝鲜、越南、日本等国,成为通行于这些国度的唯一公用文字以及国际间交往通用的文字。随着汉字的传入,中国的典章制度及学术、宗教亦传播于各国,从而形成了具有共同文化要素的中国文化圈。此文化圈亦称“东亚文化圈”或“汉字文化圈”。大体而言,中国文字孕育于裴李岗和仰韶文化时期,肇始于龙山文化时代,成熟于殷商之世。龙山时代文字掌握在极少数人手中,因而不可能到处都被发现。从中国文字发生发展的历程来看,仰韶、大汶口文化时期的刻符与古代两河流域乌鲁克文化阶段发现的“图画式文字”相当,龙山时代的陶文可与印度河流域哈拉巴文化时期的“印章文字”媲美。

二

城市是人类社会的重要聚落形态,作为文明的标志之一,在中国古代,城市是统治权力的中心,社会物质精华的聚敛中心,维护社会秩序的礼制与宗教的中心。在中国古代文献中,曾将上古时代社会发展划为两大阶段,即原始社会的“大同”和进入“文明”的“小康”。《礼记·礼运》提及“小康”之世时说:“大道既隐,天下为家。各亲其亲,各子其子,货力为已。大人世及以为礼,城郭沟池以为固。”“城郭沟池”四字,形象地描绘出当时已以高峻的城墙与深陷的护城河作为人类的防御手段。正如恩格斯在《家庭、私有制和国家的起源》中所指出的那样:“在新的设防城市的周围屹立着高峻的墙壁并非无故:它们的壕沟深陷为氏族制度的墓地,而它们的城楼已经耸入文明时代了。”城市的形成与发展,是文明的主要内容之一。从考古学方面进行论证的,以戈登·柴尔德为最早,他于1950年在英国利物浦大学《城市规划评论》杂志上发表的《城市革命》一文,把城市作为导致社会进化上的一个新的经济阶段的一次“革命”的结果与象征而提出,它所发生的作用,与18世纪英国的产业革命具有同样的重要性。关于城市对人类社会产生的“革命”作用,美国城市文化专家刘易斯·芒福德在

《城市发展史》一书中作了富于哲理的论证。他指出:“城市‘文明’是创造与控制的奇异综合,是扬与抑、张与驰的奇异综合,它的外在形式即是古代历史上的城市。的确可以说,城市从其起源时代开始便是一种特殊的构造,它专门用来贮存并流传人类文明的成果;这种构造致密而紧凑,足以用最小的空间容纳最多的设施;同时又能扩大自身的结构,以适应不断变化的需求和社会发展更加繁复的形式,从而保存不断积累起来社会遗产。……社区的各种不同构成因素,以前只是分散在广大的河谷平原,偶尔也传及更远的地区,现在都在压力之下被动员起来并束集在一起,统统进入了城市的高大围墙的封闭之中。就连自然界的伟力,现在也开始处于觉醒的人类的指挥之下:成千上万的人,在集中统一的指挥下,像一架机器般地行动起来,开凿灌溉渠道、运河,构筑城台、宝塔、祭坛、庙宇、宫殿、金字塔,其规模之大是以前不敢设想的。作为这种新的权力神话的一个直接产物,复杂的社会机构和体系已经被发明出来了。”[3]从某种意义上来讲,简直可以说“城市”与“文明”是同一事物的两个不同侧面。

城市是在城堡基础上逐渐形成的。从世界范围的考古发现来看,迄今为止所知最早的古城,当为巴勒斯坦死海北岸约旦河谷平原中央的耶利哥城,始建于公元前7000年。其后,在两河流域发现有修筑于公元前3500年左右的埃里都城、乌尔城、乌鲁克城。尼罗河流域发现的最早古城址,为修筑于公元前3500年的涅加达附近的“南城”。印度河流域发现最早的古城址,为修筑于公元前3000年左右的摩亨佐达罗城和哈拉帕城,分别位于巴基斯坦信德省拉尔卡纳县和旁遮普省拉维河左岸。史乘所载,我国的城池始筑于炎黄或夏鲧之世。《汉书·食货志》引晁错的话说:“神农之教曰,有石城十仞,汤池百步。”《轩辕本纪》载:“黄帝筑城造五邑。”《世本·作篇》谓:“鲧作城郭。”《太平御览》卷一百九十二引《博物志》云:“处士东里隗责禹乱天下,禹退作三城,强者攻,弱者守,敌者战,城郭盖禹始也。”考古发现同文献记载颇为近似。迄今所公布的资料,有湖南澧县城头山屈家岭文化古城,山东章丘县的城子崖、寿光县的边线王、邹平县的丁公,湖北天门县的石家河、石首县的走马岭,河南安阳市的后岗、登封县的王城岗、淮阳县的平粮台、郾城县的郝家台,内蒙古包头市的阿善、凉城县的老虎山等龙山或相当于龙山时代的古城址。

据近期公布的资料,城头山古城址位于澧县西北20千米的车溪乡南岳村,坐落在高于澧水支流沮水河约5米的徐家岗高地东南端。城址平面呈圆形,直径 310 多米(包括城墙在内)。夯土墙底宽约 20 米,顶部残宽约 7 米。城的四面保存有两两相对四个缺口,东门正中有一条宽约 5 米、自内向外倾斜的河卵石铺垫的道路。城的北门是一座城内外相通的水上通道,当地群众称为“水门”。城内西南区地势最高,有一组由几个长方形的夯土台基组合的台基群。该城建造年代上限为屈家岭文化中期,下限为屈家岭文化晚期,即距今 4700—4000 年。[4]

郝家台古城址位于漯河市郾城县东 2.5 千米的石槽赵村东北 0.5 千米的台地上,遗址高出周围地面 2 米左右。城址平面呈长方形,南北长 143 米,东西宽 130 米。城垣宽度不等,夯土层厚薄不一,城外设有城壕。城内有数座成排的房基,排房平面呈长方形,布局合理,排列有序。每座排房长数十米,宽数米,分为 10 间左右,坐北朝南,室内有红烧土地面,墙由草拌泥抹平。另有一座木板地面房子。此外,还发现数以百计的灰坑和窖穴以及陶窑、水井、墓葬等,出土一批石、骨和陶器。郝家台遗址的龙山文化共分五期,城垣建筑于二期,属河南龙山文化中期偏早。这里的龙山文化既有王湾类型的特征,又有王油坊类型的因素,还有一些地方特色,是东西两种文化类型在此交汇的结果。[5]

山东章丘龙山镇的城子崖遗址,近年来又有新的发现,城子崖龙山文化城址平面近方形,东、南、西三面的城垣规整,北面城垣弯曲外凸,城垣拐角呈弧形。城内东西宽 430 余米,南北最长处为 530 米,残存的城墙深埋于地表以下 2.5 至 5 米,残宽 8 至 13 米,城墙大部挖有基槽。从城垣夯土结构分析,可知一种用石块夯筑,一种采用单棍夯筑。城内出土有精美的陶器和石器。[6]

丁公城址位于山东邹平县苑城乡丁公村东,地处泰沂山脉与鲁北平原过渡地带。城址平面略呈方形,城内部分南北长约 350 米,东西宽约 310 米,面积 10 万多平方米。城墙宽约 20 米,现存高度 1.5—2 米。城墙夯土层厚 5 厘米左右。城垣外面有宽 20 余米的壕沟。从解剖的情况看,城墙可分为两大期,早期城墙被龙山文化中期灰坑打破,晚期城墙则叠压在中期灰坑之上,并被龙山晚期的灰坑与房基打破或叠压,其年代在距今 4600—4000 年。城内遗迹有房基,陶窑、窖穴和墓葬,出土陶器近千件,石、骨、蚌器 1500 余件,其中黑陶高柄杯和白陶鬶,均属不可多得的精品。[7]

上述情况表明,我国城池的出现时间,虽略晚于两河流域,但大体上同印度河流域相当。我国已发现的龙山文化古城,一般面积较小,只有 1 万—5 万平方米,因而它们还很难说是城市。“在城市形成的过程中,所谓‘小城’,即城堡,依然耸立在村庄上空,并且压倒了村庄中乡土气息浓厚的社会习俗。但是,单凭城堡的各组成部分在尺度、体量上的扩延并不足以使村落变为新型的城市形象;因为,所谓城市,系指一种新型的具有象征意义的世界,它不仅代表了当地的人民,还代表了城市的守护神祇,以及整个井然有序的空间。”[8] 相比之下,平粮台城虽小,城内有带走廊的高台建筑,还发现有铜渣和陶窑,“显然不单纯是一个军事城堡,而可能是一个经济和社会权力的中心”[9]。面积 20 多万平方米的城子崖龙山文化城。“应是某种政治、文化中心的象征,或者说是都城的雏形亦无不可。”[10] 因而已经脱离了“城堡”的原始形态,正向“新型城市”转化。中国城堡的出现,主要是防御的需要,并不是商业发达的后果和动因,不像西亚古城那样,具有贸易中心的性质。

三

金属器的出现,是人类社会进入文明时代的重要标志之一。在各种金属中,铜是人类最先认识和使用的金属,铜器是人们第一次采用化学方法,将天然的矿石溶化,铸造出来的工具与用器,促使人类社会生产力发生一次质的飞跃。戈登·柴尔德在《远古文化史》中,对于铜器铸造与文明的关系作了精辟的论述:“金属的真正优点,在于它可以熔解和能够铸造,可熔性给了铜某些陶土的长处。在制作铜器时,聪明的匠人,可以不受骨或石所给的那种大小和形式的束缚。一把石质的斧头,一个燧石的矛尖,或是一把骨制的鱼叉,都只能把原来那块材料磨去、敲去或砍去一些。然而熔化了的铜却是完全有可塑性的,它适合于所要做成的任何形式;它可以倾入任何式样的模子里,可以丝毫不爽地取得那模子里的形式,而且冷却以后,还可照样地维持这个形式不变。……由坚硬的、固体的铜,到熔化的金属,然后再又回复到固体状态,这个变化,是令人注意的,而且必定也会是神秘的。无形式的一团生铜,坩埚里的液体和形式精美的铸造物,这三者同是一件东西,最初必使人不易理解。人类在这里,控制着一种物理变化的非凡过程。”[11] 科学技术是一种社会的观念形态,也是人类探索自然规律的文化活动。从青铜器的冶炼铸造,可以表明当时科学技术的进步。

回顾人类文化发展的历史，获知最早的铜器出自西亚，在伊拉克北部同土耳其相近的扎威·彻米遗址，曾经出土过用天然铜做的装饰品，其时代为公元前9000年左右。附近属于同一时代的沙尼达尔洞穴遗址，也出土过天然铜饰件。距离两地不远的卡约鲁土岗以西的一个遗址下层，发现了年代稍晚的用天然铜做的扣子和锥子。年代在公元前6500—前6000年的伊朗南部的阿里·柯什遗址，也发现用天然铜锻造的器具。偶尔发现的小件铜器均属红铜，在社会生活中起不了多大作用，也改变不了时代的性质。在两河流域，直到公元前5600年以后的哈苏纳文化时期，人们学会采矿和冶炼，这才进入了早期铜、石并用时代。伊拉克、埃及和印度等地进入文明以后，在一些早期城址中陆续发现了使用青铜器和金属制品的迹象。

中国古代文献记载炼铜之事，首先提到的是黄帝、蚩尤等人。《史记·封禅书》称："黄帝采首山铜，铸鼎于荆山下。"《太平御览》卷八百三十三引《尸子》云："造冶者，蚩尤也。"《世本·作篇》也说："蚩尤以金作兵器。"考古发现最早的铜器遗物是陕西临潼姜寨仰韶文化早期的黄铜片和黄铜管，碳测年代为公元前4675±135年，距今已有6000多年的历史。在辽西敖汉旗西台红山文化遗址的房基中，发现过铸造铜鱼钩的陶范，距今也有5000多年的时间了。其后，在马家窑文化、中原龙山文化、山东龙山文化和齐家文化诸遗址中，都曾发现过铜器。目前出土地点近20处，成分有红铜、青铜和黄铜，器物种类有刀、削、锥、凿、斧、铃、镜和指环等。其中最为引人注目的是陶寺遗址一座龙山文化晚期小墓中出土的一件红铜铃，是舞蹈时挂在腰间的乐器，系迄今已知最早的一件用复合范铸造成型的铜器。登封王城岗城址H617中出土一件龙山文化晚期的青铜容器残片，残高5厘米，残宽5.5厘米，厚0.11—0.15厘米，胎质薄而均匀，部分表面有绿色铜锈及黑褐色土锈。经金相及描绘电子显微镜等分析，系含锡约7%，并含有一定量铅的用多合范铸造的青铜器。该片呈圆弧状，下部并有转折，似为铜鬶的腹底残片。青海贵南尕马台第25号墓内，出土一件齐家文化铜镜，器形完整，直径约9厘米、厚0.3厘米，重109克。镜面已生锈，背面有两个同心圆圈，两圈之中为七角星形图案，地纹为平行斜线填满。镜钮早期残损，后又在边缘钻两孔以便系绳悬挂。经化验分析，含铜为91.2%，含锡为8.8%，属青铜器。及至商代，我国青铜冶铸技术高度发达，工艺有范铸法、分铸法、镶铸法等，制范材料有石范、泥范、陶范、铜范，型范的结构有单面范、双面范、复合范、叠铸范,而且提出了世界上最早的青铜配比和性能、用途关系的规律——“六齐”法则。东周时期铁器开始使用,后来逐渐代替铜器。从龙山文化晚期到清代的4000余年间,金属使用可分为两大阶段,前段属青铜的天下,后段为黑铁的世界,青铜与黑铁各领风骚2000年。同西亚相比,我国开始用铜器的时间稍晚,但同印度河文明相比,则大体相当。

四

礼仪性建筑的出现被视为文明的重要标志之一。礼仪虽源于原始习俗,但它却是根植于私有制基础上等级制的产物,用来区分上下、尊卑、亲疏、长幼之间的关系。在西亚地区的两河流域文明,礼仪性建筑的代表是庙宇和祭坛。当地人们在平地或山坡上,建起一座座用来祭祀的神圣庙宇。庙内的神,“不过只是公社意志的一种虚幻的假定而已,力量还是得由他的仆人们来供给。想像中的神,在地上找到了一些代表人与传话人,这些人乐于去管理并扩大神在地面上的财产,借以换取一些收入,这种事实,是够自然的了。据揣测,新石器时代村庄中的那些术士与魔法师,必定是以一个祭司团体的姿态出现,这个团体,具有神授的权威,而且毋须作任何世俗的田间或牧场上的劳动。这些人,向劳苦群众解说神的意志,或者换句话说,即把社会所赖以逼迫自然力的那些魔术仪式,歪曲成为一些更复杂的礼仪,去安抚现在化身为这些人的那个力量”。[12]庙宇的出现、表明社会上存在着一个僧侣阶层。中国古代把他们称为巫觋,是高踞于广大人民群众之上的神职人员,不少巫觋是由部落首领或国王充当的。

两河流域地区,在著名的耶利哥和恰塔尔·休于两个遗址内,均发现有6000年前的史前神庙。约旦西部的约旦河口西北约15千米处耶利哥遗址前陶新石器时期的神庙,涂红色灰泥,中有靠壁神龛,有供奉的石柱放置其中,还发现一些泥塑像,以一男一女一儿童为一组,被称作三位一体的神像。庙内出土的头骨,面部涂泥复原并施加彩绘,眼窝嵌以贝壳,可能是祖先崇拜的象征。土耳其科尼亚城东南约52千米处,在恰塔尔·休于遗址VIB层中发现12座神庙,庙内有巨大的灰泥浮雕女神,高2—4米,许多女神双臂上举,两脚跷起做生育状,生的是牛或公羊。一些精美的彩色壁画,内容有狩猎场面和丧葬礼仪等,其中最为引人注目的是猎鹿图，从猎人歌舞的形象看，可知正在举行重大的宗教仪式。伊拉克境内的乌鲁克城址内，发现有公元前3000多年前的大型神庙建筑中心，集中在伊安纳塔庙和天神安努塔庙区，前者的代表性建筑是石庙、红庙、迷宫和镶嵌厅。镶嵌厅筑于台基之上，大厅的柱廊由两排直径达2.62米的柱子拱立，围墙以红、白、黑色的圆锥形镶嵌物装饰，气势十分宏伟。伊拉克巴尔格达东南约300千米的乌尔城址内，残留有公元前2000年前的月神南纳及其妻子宁伽尔的塔庙，塔庙四周的广场被称为“圣区”。巴基斯坦信德省拉尔卡纳县的摩亨佐达罗城内，也发现有公元前3000年的寺庙和礼仪沐浴池。……在西方学者的心目中，城市就是各种宗教纪念中心。“城墙（起初只是宗教象征性构筑物，以后才变成军事设施）、剧场、天文台、图书馆、学校、大学和医院等，则来源于庙宇。”[13]因而礼仪性建筑是文明诸要素中最重要的一种。

中国考古发现的礼仪建筑多为祭祀遗迹。有人通过对仰韶文化磁山遗址进行研究，认为有关灰坑和S形卵石面建筑遗迹，构成了一处7000多年前的大型祭祀遗址，“与社会基本经济——农业相联系的祭地祈年活动，是这种崇拜意识的核心”[14]。

辽西大凌河流域，发现了5000年前红山文化晚期的祭坛、积石冢和女神庙。喀左县东山嘴遗址的南部设有圆形台基址，中部为方形台基址，构成一组坐北朝南东西对称的石砌建筑。遗址南部的石圈形台址的周围黄土层中发现了20件陶塑人像残块，有的为小型孕妇像，有的为大型人物坐像。在凌源、建平交界的牛河梁北山南侧平缓山坡上发现的女神庙，系由一个多室和一个单室两组建筑物构成，二者大体在一中轴线上。这组有中心、多单元而又富于变化的宗教建筑，系土木结构，墙上的壁画绘有赭红相间、黄白交错的三角几何纹和勾连纹图案。遗址内出土了上臂、肩、手、鼻、耳及乳房等泥塑残块，分属于六个不同的个体，有的与真人大小相当，有的约等于真人的三倍，组成了多姿多彩的女神群像。还有一尊女神头像，额部隆起，浓眉长目，面颊丰满，下颏尖圆，头顶发髻平直起棱，眼球用晶莹碧绿的圆形玉片镶嵌而成，嘴角流出一丝笑意，颇具北方蒙古人的典型特征。这是一处神的世界。在女神庙南面山头上，还分布着巨大的积石冢群，以石垒墙筑墓。巨冢中心为椁式大墓，四周上下绕以小墓，呈众星捧月之势。牛河梁祭祀遗址群以庙为主体，庙、冢、坛结合的布局格式，反映出其祭祀内容是一个统一的整体，即以祖先崇拜为主的祭祀性质。红山文化坛、庙、冢的发现，被誉为“中华文明的曙光”。

甘肃秦安大地湾遗址，发现一处仰韶文化晚期的殿堂遗址（F901），包括主室、侧室、后室和附属建筑，占地420平方米，出土有四足鼎、敛口小平底釜、条形盘、带环形把手的异形器，构成一组远古陶礼器。这处大型建筑，可能是祭祀或举行某种仪式的公共活动场所。此外，大地湾还发现一所带地画的居室（F411），室内近后壁的居住面上，有用黑色颜料绘制的人与动物图案。这种罕见的地画，可能与祭仪有关。

浙江余杭良渚镇附近的瑶山，发现过一处良渚文化祭坛，它的筑法是在一个被削平的小山顶上，用不同颜色和质地的土筑成的三重方台：中间为红土台，外面是灰土圈，最外是黄褐色斑土台面。方台外面用砾石砌筑护坡，整个面积约400平方米。在祭坛附近，还发现一些人工堆筑的坟山，这些良渚文化大墓，被称为“土筑的金字塔”。

甘肃永靖大何庄与秦魏家，有6处齐家文化“石圆圈”遗迹，其周围发现卜骨与被砍头的牛、羊全身骨架，表明这些“石圆圈”的性质与祭坛类似，当是进行礼仪性祭祀等宗教活动的场所。

中国古代礼乐制度涉及祭祀、宴享、朝聘、征伐、婚冠、丧葬等各个方面，被视为“经国家、定社稷、序民人”[15]的大事，从大型礼仪性建筑的发现，可以窥见礼制的起源。由于中国古代宗族观念根深蒂固，对祖先的崇拜高于对神祇的崇拜，因而远古礼仪性建筑，均表现为对祖先的祭祀；而西亚等地的神庙或祭坛，则为祀神的公共宗教建筑中心。

五

通过中外文明起源问题对比研究，从文字、城市、金属器和礼仪性建筑等方面考察，可知上述文明诸因素在中华大地上起源甚早，同尼罗河、幼发拉底河、底格里斯河、印度河诸文明相比，在城市和青铜器铸造方面较晚，而在文字与礼仪性建筑方面却不相上下。众所周知，在世界古文明中，最为著名的有七个，即埃及文明、苏美尔文明、克里特文明、玛雅文明、安底斯文明、哈拉巴文明和中国文明，这些各自独立发生发展的文明当中，一直延续至今从未中断的只有中国文明,因而中国文明在世界文明史上占有特别重要的地位。

我们在探讨文明起源时,要分清文明要素的起源和文明社会的产生这两个不同的概念,某一文明要素的起源同文明社会之间绝不能画等号,因为两者并非一码事,不可混为一谈。一般而言,从考古学范畴判断,凡具备上述大多数条件的,可以说进入了文明时代,否则,就不能称之为文明。上述文明要素或标志,并不是每一种都具有普遍意义。例如,南美洲秘鲁的印加文明虽然建立了国家,却用结绳来记事和记标赋税,并未使用文字;中美洲的玛雅文明没有发明冶金术,大部分欧洲地区到铁器时代后才进入文明社会;玛雅文明、高棉文明和麦锡尼文明都没有城市出现;许多尚处于氏族社会阶段的居民,都已经建起了大型礼仪性建筑。……因而,上面列举的要素,只能是文明的重要标志,不可一概而论,把它们视作文明社会中不可缺少的条件。

根据考古发现提供的资料,获知文明诸要素在我国出现甚早。约在公元前3000年,许多地区都发生了大规模、大幅度的文化面貌的改变,仰韶文化、大汶口文化、大溪文化、马家浜文化等开始进入“龙山文化形成期”,不迟于公元前2500年,最终进入“龙山文化时代”。这时黄河上游的齐家文化、黄河中游的中原龙山文化、黄河下游的山东龙山文化、长江上游的“早期巴蜀文化”、长江中游的石家河文化、长江下游的良渚文化等,“其社会发展大体同步,从而形成了一个松散的龙山文化群体,或称龙山文化圈”[16]。龙山时代,出现了文字和城堡,青铜开始登上历史舞台,礼仪性建筑逐渐增多,农业和各种手工业生产得到重大发展,阶级对立十分尖锐。“总起来看,在龙山时代,每个考古学文化大概都已走进文明社会的门槛,有的甚至已迈入早期文明社会,从这个意义来说,中国文明不是单元而是多元起源的。不过这些文化并非彼此孤立,而是相互联系、相互影响和相互激发,形成一个相互作用圈。从这个意义来说,中国文明的起源又似乎是整体的,最后发展出光辉灿烂的夏商文明。”[17]各地区各具特色的文化,均为中国古文明的起源、形成和发展做出了巨大贡献,它们走完了一段漫长的道路之后,最终汇入中国古代文明的巨流之中。“其中以晋南、河南、关中为中心的三区发展道路大致相同,后成为中央王朝的王畿,其间的分野最早融合,成为中国古代文明基地的核心;而其他区系的发展则属于另一种情况。”[18]中国文明之所以特别璀璨,并被赋予“黄河文明”的桂冠,同世界诸文明相比毫不逊色,是有其深刻历史原因的。

注　释

[1]夏鼐:《中国文明的起源》,文物出版社,1985年版,第81页。

[2]中共中央党校科学社会主义教研室编译:《文明和文化》,求实出版社,1982年,第30—33页。

[3][8][美]刘易斯·芒德福:《城市发展史》,中国建筑出版社,1989年,第23—26页、第27页。

[4]《洞庭湖区史前考古又获重大成果,澧县城头山屈家岭文化城址被确认》,《中国文物报》1992年3月15日。

[5]杨清:《河南郾城郝家台遗址出土的陶瓶和陶鬶》,《华夏考古》1991年第2期。

[6]《城子崖遗址又有重大发现,龙山岳石周代城址重见天日》,《中国文物报》1990年7月26日。

[7]《邹平丁公发现龙山文化城址》,《中国文物报》1991年1月12日。

[9]严文明:《中国新石器时代聚落形态的考察》,《庆祝苏秉琦考古五十五年论文集》,文物出版社,1989年。

[10][17]严文明:《略论中国文明的起源》,《文物》1992年第1期。

[11][12][英]柴尔德:《远古文化史》,上海文艺出版社,1990年,第108—109页、第136页。

[13][美]刘易斯·芒福德:《城市的形成与功能》,《国外城市科学文选》,贵州人民出版社,1984年。

[14]卜工:《磁山祭祀遗址及相关问题》,《文物》1987年第11期。

[15]《左传·隐公十一年》。

[16][18]邵望平:《〈禹贡〉"九州"的考古学研究》,《考古学文化论集》第二集,文物出版社,1989年。

(原载《中原文物》1992年第3期)

伏羲文化研究

伏羲女娲与中国远古文化

伏羲是中华民族敬仰的“人文初祖”，被尊为“三皇之首”和“百代之先”。伏羲也是从渔猎过渡到农业时代的代表人物，传说他结网罟而发明渔猎工具，制作琴瑟等乐器，规范婚姻制度与嫁娶礼仪，始画八卦，用“太极”学说来分析宇宙发展变化之理。女娲是伏羲族中另一位颇具神话色彩的传奇人物，她是远古时代“三皇”之一。相传女娲曾抟土造人，炼五色石补天，断鳌足以立四极，发明笙簧等乐器，为女媒而设置婚姻，是中华民族的总先妣。伏羲与女娲被誉为中国的“亚当”和“夏娃”，其丰功伟绩，从远古流传至今。

伏羲与女娲的关系，据《汉书人表考》卷二引《春秋世谱》载：“华胥生男子为伏羲，女子为女蜗。”两者本为兄妹。卢仝《与马异结交诗》谓“女蜗本是伏羲妇”，是说两者为夫妇关系。实则可能属于同一部落联盟中具有通婚关系的两个氏族部落。因而伏羲之族可称为伏羲—女娲族，而伏羲文化也应将女娲文化涵盖在内。伏羲—女娲族早期居地在今甘肃天水一带。《帝王世纪》《遁甲开山图》都说“伏羲生于成纪”。《后汉书·隗嚣传》刘绍注云：“成纪县在陇城县西北。”汉陇城县治即今甘肃省秦安县陇城镇。成纪县于北宋初移至今天水市秦城区。《水经·渭水注》云：“故渎东迳成纪县故城东，帝太皞庖牺所生之处也，汉以属天水郡。……瓦亭水又西南，出显亲峡，石岩水注之。水出北山，山上有女娲祠，庖牺之后有帝女娲焉，与神农为三皇矣。”历史文化名城天水号称“羲皇故里”，秦城区西关伏羲路北有建于明成化年间的伏羲庙。北道区渭南乡境内的卦台山又名画卦台、伏羲台，传说“台有羲皇遗画，著雪即融”，为伏羲创画八卦之所。卦台山西北 1.5 千米的余家峡口、渭河北崖龙马山半腰的龙马洞，相传为龙马负图处。甘谷县大象山华盖寺有伏羲宫、伏羲塑像及“羲皇故里”石刻。据清道光《秦安县志》载：“陇城镇有‘羲皇故里’牌坊。”秦安县城北 48 千米的陇城镇为女娲生地。秦汉以来，陇城镇北的风台山上建有女娲庙，后因山体滑坡而毁。相传女娲风姓,生于风峪,长于风台,葬于风茔。风峪又名风沟,在陇城镇东风村附近,风峪西崖有“女娲洞”。风台在陇城镇常沟村境内,风茔在陇城镇南7千米处。陇城镇北门外有一口大井,世称龙泉,相传是女娲抟土造人之泉。此地还有娲皇村、“娲皇故里”石碑。“女娲炼石补天处,石破天惊逗秋雨。”据说“天水”的得名就源于女娲补天的故事。在伏羲女娲故里,考古学家发现了著名的大地湾遗址。这是一处以大地湾一期文化和仰韶文化为主的新石器时代遗址,还有少量的马家窑文化遗存。大地湾遗址位于秦安县五营乡邵店村东侧,清水河南岸的第二、第三级阶地及缓坡山地上。分为山下(河边台地)和山上两部分,总面积约100万平方米。根据碳十四测定并经校正的年代,大地湾一期为公元前5850—前5400年,仰韶文化早、中、晚期遗存为公元前4050—前2950年。大地湾一期发现有圆形半地穴式房子,面积仅六七平方米,窖穴里发现有黍和油菜籽。墓葬为单人仰身直肢葬,一般有随葬品,个别墓有猪下颌骨。陶器以夹细砂红陶为主,泥质红陶少见。器形主要有圜底钵、三足钵、三足罐和圈足碗。纹饰以交叉绳纹为常见,部分钵形器绘有紫红色宽带纹,罐和碗的口沿多呈锯齿状。[1]同类遗存也发现于天水师赵村、西山坪。大地湾一期文化或称大地湾文化、老官台・大地湾文化、老官台文化、前仰韶文化等。张忠培先生指出:“也有的认为老官台与大地湾下层同类,后者文物丰富更具代表性,可称为大地湾文化。”[2]郑乃武先生也主张大地湾一期遗存为“大地湾文化”。[3]甘肃省文物考古研究所的同仁们则认为:“1979年,在大地湾遗址下层首先发现了前仰韶文化遗存。……我们称这类遗存为老官台文化。大地湾一期的主要遗存应属老官台文化的偏早阶段。”[4]“泾渭上游前仰韶文化的面貌与关中地区相同,均属老官台文化的范畴。”[5]据此我们暂且称大地湾一期遗存为“大地湾文化”或曰“老官台文化”。从时空概念上分析,考古发现的大地湾文化很可能就是历史上长期存在的伏羲文化。试以大地湾一期遗存为例,这里出土了黍和油菜籽,表明当时已由渔猎时期步入初期农耕文化阶段。从随葬猪下颌骨的情况判断,可能已经开始了家畜饲养业。彩陶的出现,说明当时已经比较重视装饰艺术。在钵形器内壁发现了十余种彩绘符号,其中有的符号同老官台等地钵外壁上的刻画符号完全相同,可能属于“造书契以代结绳之政”的滥觞。那种半地穴式的窟室建筑,则是古代东方居室的一种基本形式。

以大地湾文化为代表的伏羲文化,是一支重要的史前文化,它在中国远古文化史上占有很高的地位。

远古时代,中华大地上存在着华夏、苗蛮(或称南蛮)、北狄、东夷和西戎诸多部落集团,其中以华夏、东夷、苗蛮三大部落集团尤为重要,这三大部落集团曾经缔造出著名的三大文化系统,并分别以华夏文化、东夷文化和苗蛮文化的名称而彪炳史册。

华夏集团的代表部族及其首领,为炎帝、黄帝、颛顼、帝喾、唐尧、虞舜等,从考古发现来看,炎帝、黄帝时期的文化为仰韶文化,颛顼、帝喾、唐尧、虞舜时期的文化为中原龙山文化。一般所谓的华夏文化系统主要包括仰韶文化和中原龙山文化。追溯华夏文化之源,势必要从伏羲文化那里寻找。在前仰韶文化中,除大地湾文化或曰老官台文化外,尚有裴李岗文化和磁山文化,它们都是仰韶文化的源头。目前脉络比较清楚的是,在关陇地区,以大地湾一期遗存为代表的考古学文化,同仰韶文化半坡类型有着明显的传承关系。“继大地湾之后,甘肃天水师赵村、西和宁家庄遗址都发现了老官台文化遗存,陕西关中一带的情况同甘肃东部渭河流域大体相同。看来,老官台文化的分布区域也正是仰韶文化半坡类型的主要分布区。如果将上述分析扩展到整个渭河流域,那么由大地湾、北刘下层经老官台、元君庙 H406 遗存,再经师赵村、北首岭下层到仰韶半坡类型这样一条发展演进的序列则清晰地树立在人们面前。这个序列无可辩驳地说明以大地湾为代表的老官台文化就是渭河流域的仰韶半坡类型的祖先和渊源。”[6]仰韶文化因最早发掘的河南渑池县仰韶村而得名。其分布以渭、汾、洛诸黄河支流汇集的中原地区为中心,北到长城沿线及河套地区,南达鄂西北,东至豫东一带,西到甘、青接壤地带。年代为公元前 5000—前 3000 年。根据地域和年代不同所造成的文化面貌的差异,又可分为如下类型:在黄土高原一带,可分为北首岭、半坡、史家和西王村类型;黄土高原东南边缘与华北平原过渡地带,可分为庙底沟和秦王寨(或称大河村)类型;在沿太行山东麓的华北平原即豫北、冀南一带,可分为后岗、大司空村类型;在江汉平原以北及唐白河一带,为下王岗类型。仰韶文化的居民主要从事原始锄耕农业生产,种植粟、黍等粮食作物和蔬菜。农具有石斧、石铲、石刀和陶刀等。同时饲养家畜,兼营采集、狩猎、捕鱼。最能代表仰韶文化工艺的是彩陶艺术。早期以红地黑彩或紫彩为多,中期盛行先加白衣或红衣为底,再绘黑色、棕色或红色的彩绘。习见几何图案和鱼、鹿、鸟、人面、花瓣等纹样。一些陶器上附有动物、人物画像或有类似原始文字的刻画符号。仰韶文化的住房，在漫长的发展过程中，房基由半地穴到地面式，平面形状由圆形到方形再到长方形，结构由单间、双间到多间。在一些大型遗址中，均以居住区为核心，住宅呈向心圆形整齐排列。在埋葬制度方面，成人集体埋葬在公共墓地，有单人葬和多人葬。儿童用瓮棺，多不入墓地，有女性厚葬和母子合葬习俗。仰韶文化在长达2000年的历史进程中，逐渐形成为中华民族原始文化的核心部分，与周围文化一起，共同为中华民族文化机体的形成奠定了基础。[7]学术界有将仰韶文化各个类型分别以单独的文化来命名的，其渊源或有不同，但一般都把它们列入"炎黄文化"系统，因而它们大都由伏羲文化发展而来。从文献记载来看，《国语·晋语四》说："昔少典娶于有蟜氏，生黄帝、炎帝。黄帝以姬水成，炎帝以姜水成。成而异德，故黄帝为姬，炎帝为姜。"姜水为渭水支流，在今陕西岐山县境。姬水的情况不太清楚，有人认为在今陕西的北部。"可以推断黄帝氏族的发祥地大约在今陕西的北部，它与发祥在陕西西部偏南的炎帝氏族的居住地相距并不很远。"[8]在华夏文化系统中，炎黄文化占有重要的地位，其发祥地大约在关中一带，或谓在河南中部地区。它与伏羲文化发祥地相距甚近，因而可以说伏羲文化是华夏文化之源，或者说它是华夏文化的早期阶段。《史记·五帝本纪》载："黄帝者，少典之子。"《国语》云："少典娶于有蟜氏，生黄帝、炎帝。"据《炎黄氏族文化考》所载《伏羲庙残碑》说："东迁少典君于颛顼，以奉伏羲之祀。"少典奉祀伏羲，知为伏羲—女娲族后裔。因而华夏文化的发展序列，似可释作：伏羲文化—炎黄文化—颛顼、帝喾、尧、舜文化；与其对应的考古学文化为前仰韶文化—仰韶文化—中原龙山文化。不过，学术界谈华夏文化，一般都从炎黄文化（仰韶文化）算起，那么伏羲文化则成为华夏文化的源头了。诚如侯哲安指出的那样，伏羲氏、夏后氏两者有密切的关系，但两者不可能是夏后氏在前，伏羲氏在后，或两者并列，而应是伏羲氏在前，夏后氏在后，夏后氏是伏羲氏后裔中一支，伏羲氏所代表的还是没有分化的原始的华夏族。[9]在华夏文化圈内的中原核心地带，即今关中、晋南与河南省境，保留有许多伏羲文化的史迹。《纲鉴易知录》说："大昊之母居于华胥之渚。"注云："华胥，在今陕西蓝田县，小渊曰渚。"伏羲之母族华胥氏所居之华胥渚，在今陕西蓝田华胥乡；《遁甲开山图》称："伏羲生于成纪，徙治陈仓。"陈仓即今陕西宝鸡。《诗含神雾》称："大迹出雷泽，华胥履之，生宓羲。"雷泽在今河南濮阳县王称湎、白堽乡和范县濮城镇与山东鄄城县董口集一带；乾隆《临潼县志》载:“丽戎国古女娲氏,继兴于此。”陕西西安市临潼区之骊山北麓有女娲氏谷,西麓有女娲氏庄。关中人尊称女娲为“骊山老母”,现骊山西绣岭的老母殿,传为汉武帝时的女娲祠;女娲陵俗称“风陵”,在今河南灵宝市豫灵镇杨家村西北,原在河滨,现在河中,地近陕西潼关县城与山西芮城风陵渡交界地带,黄河水流经此处,吼声如雷,波浪激天,因而“风陵波浪”成为灵宝胜景之一。《元丰九域志》说“女娲墓在今潼关口河滩上”,《清一统志》说风陵坡在蒲州南六十里风陵乡,均指此女娲陵;《路史·后纪》载:“女娲治于中皇山之原。”中皇山大约是“中(岳)霍山”的错记,在今山西洪洞县赵城镇侯村,有当年女娲“布政统民”及“娲皇故都”和“女娲陵”。侯村东北的“女娲陵”分正、副二陵,正陵埋葬女娲之体,副陵埋葬女娲生前所用之物。在副陵东边,有一座规模宏大、历史悠久的“娲皇庙”,自古以来侯村“娲皇庙”与陕西“黄帝陵”、湖南“炎帝陵”地位相当,一直是享受历代帝王祭祀的国家神庙,《古今图书集成·职方典》称:“上古伏羲时,龙马负图出于河。”今河南孟津县老城乡雷河村有始建于晋穆帝永和四年(348 年)的“龙马负图寺”,寺内供奉有伏羲和龙马的塑像;巩义市河洛镇洛口村东黄河南岸有“伏羲台”,台东有一个 15 平方米的洼地,称“羲皇池”,相传台为当年伏羲画八卦之处,池为画卦着墨处。《山海经·中山经·中次七经》载:“又东三十里,曰浮戏之山。”浮戏山在今河南省登封、新密、荥阳、巩义一带,以浮戏山为主区形成了河洛地带的伏羲文化圈。新密市来集乡的“伏羲女娲祠”也叫作“娘娘庙”,庙门额题“伏羲女娲祠”及“人祖之源”。新密西北牛店乡的“补子庙”即伏羲庙。新密尖山天皇顶的“祖始庙”或称“始祖庙”,庙内供奉伏羲、女娲。祖始庙下面的“红石沟”,传说是女娲补天时炼五色石的地方。大火把沟里的石头都烧红了,因此叫“红石沟”。此外,登封市的三皇庙内,供奉伏羲、女娲与神农。在少室山侧的中坡上建有伏羲女娲庙。荥阳汜水紫金山上有伏羲庙,汜水白玉岭上有女娲祠。新密与新郑交界处风后岭的得名,据说与伏羲、女娲姓风有关。在豫东平原,历史文化名城淮阳古称“陈”,被誉为“羲皇故都”。《左传》说:“陈,太皞之虚也。”王符《潜夫论》、皇甫谧《帝王世纪》、司马贞《补三皇本纪》、罗泌《路史》、徐坚《初学记》、郑樵《通志》、马骕《绎史》、顾炎武《历代宅京记》等,都说伏羲都于陈。淮阳作为羲皇故都,这里还有著名的“太昊伏羲陵”。淮阳西邻西华县,西华县城北 7.5 千米的聂堆乡思都岗村的女娲城,被称为“女娲氏之故墟”或“女娲之都”。女娲城西有女娲陵,城内有女娲阁;上蔡县塔桥乡白圭庙村建有白龟祠，亦称白龟庙，庙内祀伏羲，有伏羲墓和伏羲画卦亭，相传为伏羲当年画卦处。此外，豫北济源市王屋山主峰天坛山顶有女娲补天五色石，沁阳市境内有始祖山、女娲山、伏羲祠、女娲祠、祖先洞、补天台、女娲洞、泥人场等，如此等等，不一而足。上述地点，大都分布着仰韶文化遗存。文献记载、历史传说可与考古发现互相补证，表明这里既属于远古华夏文化系统，也在伏羲文化圈内，由此可见伏羲文化与华夏文化之间的密切关系。张振犁说："至于陕、甘及巴蜀等地的伏羲、女娲时代的文化，在最近的考古、历史、民族迁徙的研究，基本上属于中原伏羲文化的辐射现象，时间也晚得多。"[10]巴蜀等地有关伏羲、女娲的史迹，时间可能较晚。但是关陇地区的伏羲文化应从大地湾一期遗存算起，距今有近8000年的历史了，时间不能算晚，倒是中原伏羲文化的时间较晚，基本上属于关陇地区伏羲文化的辐射现象。伏羲文化与华夏文化的关系，由此可见一斑。

东夷文化主要分布于海岱地区，大体上以泰沂山系为中心，主要包括山东全省、豫鲁交界及苏、皖北部。"夷"是古代中原地区华夏族对东方各族的泛称。夷人种姓繁多，各有专名。史前时期，东夷集团的代表部族及其首领有太昊、少昊、蚩尤、爽鸠、季萴等。其考古学文化为大汶口文化—山东龙山文化。大坟口文化因发掘山东泰安大汶口遗址而得名。主要分布在山东泰山周围地区，东达黄海之滨，北抵渤海南岸，西到鲁西平原东部边缘，南及江苏淮北一带，安徽和河南境内也有零星发现。年代为公元前4300—前2500年。大汶口文化以一群特点鲜明的陶器为主要特征。以夹砂红陶和泥质红陶为主，也有灰陶、黑陶和少量硬质白陶。泥质陶器上常饰镂孔、划纹，有彩陶和简单的朱绘陶。三足器、圈足器发达，也有平底器、圜底器和袋足器。大汶口文化的经济以原始农业为主，主要是种粟。家畜饲养比较发达，渔猎在社会经济中占有一定地位。手工业有制陶、制石、制玉等，白陶器、玉器、象牙器的出现和快轮制陶技术的应用，说明一部分手工制作已从农业中分离出来，成为相对独立的经济部门。房屋为方形或椭圆形地面建筑。在氏族公共墓地内，早期墓葬未发现葬具，晚期有结构复杂的"井"字形和其他形式的木椁。葬式一般为单人仰身直肢葬，也有俯身葬、屈肢葬和二次葬。居民盛行枕骨人工变形和青春期拔齿的习俗。中、晚期墓的规模、葬具、随葬品方面，显示出贫富差别。[11]大汶口文化陶尊上刻画的"文字"，被认为是远古文明的火花。大汶口文化因年代和地域的不同，又可分若干类型，有人认为分布于皖北、豫东和鲁西南地区的尉迟寺类型和颍水类型为太昊族文化。

太昊或作太皞，本为东夷部族的首领，他与少昊之间可能是先后相继的关系，也可能是同一时代相邻的两个部落或部落群。《左传·昭公十七年》云："陈，太昊之虚也。"是说太昊集团的地域在今河南淮阳县。《左传·僖公二十一年》云："任、宿、须句、颛臾；风姓也，实司太皞与有济之祀，以服事诸夏。"是说太昊的后人多居山东西南。史前时期，太昊部族曾做过自西南向东北的迁移。[12]表明该部族曾活动于山东境内与豫东地区。历史上常常把伏羲与太昊当作一人而称为"太昊伏羲氏"。田继周先生指出："伏羲氏又称庖牺氏、虙羲氏，也有称为太皞的。……在我国古代文献中，绝大多数都把伏羲和太皞当作一个人。"[13]《路史》说："伏羲亦号人帝皇雄氏。"王献唐先生云："伏羲伏字既为族地名称，羲字又作何解？曰：羲犹雄也、皇也，推尊之呼号也。……伏羲亦曰太昊，昊，弘声，声转训大训高，亦犹皇也，雄也，羲也。其称太昊，犹云太皇、太雄、太羲。太即泰字，泰山之谓。《史记》：'泰帝兴，神鼎一。'师古谓泰帝即伏羲。"[14]蒙文通《古史甄微》提出中国上古民族可以江汉、海岱、河洛分为三系，伏羲属东方海岱民族。孙作云说："伏牺原是东夷族一个氏族的酋长，以凤凰为图腾。"[15]在东夷太昊族活动的地域，有许多伏羲、女娲史迹。山东泗水县城东北 22.5 千米处有华胥山，俗讹为黄粟山，山下东南之黄沟，据说就是古代的"华渚"。泗水城西有风后岭，岭上有风后庙；史称女娲居承匡山，此山在任城县（今山东济宁市）境，任城东南 20 千米处有女娲陵。《元丰九域志》载："兖、单皆有伏羲陵。"《路史》注称："帝冢在今山阳高平西北。"王献唐云："伏羲族居泰山一带，故称泰皇。……今邹县、凫山、染山均有伏羲庙，鱼台、寨里有伏羲陵，陵南有伏羲画石，其他鲁南各地，如嘉祥、滕县及兰山各处，有伏羲、女娲画石，作蛇身者亦伙。而山陵古迹，父老传闻，时有羲娲旧事，正以地为羲族旧壤，崇祀仰镜，迄今不替，非无因而然也。古代帝王受命，必封告泰山……故凡得天下者，易姓而后，必告泰宗，示不忘本，犹其祭告宗庙之义。"[16]主张以泰山为中心，形成了东方的伏羲文化圈。他还认为："伏羲出于泗水，以泗水之故，知古代羲族实居泰山一带高耸之地，为中国东方古族发源之乡。其源既明，则凡他处如濮县、永济各地，地名与泗水相同者，皆族迁名随，为羲族后徙所居，不能执此以为伏羲生长之乡也。而凡伏羲施政之处，如陈与仇池各地，又皆都迁所在，足迹所经,亦不能执此以为伏羲兴于西方也。”[17]据文献记载,伏羲生于成纪,太昊生于海岱,本非同族或同一人。崔述《补上古考信录》卷下“炎帝”条说,伏羲、太昊相混“始于《汉书·律历志》”。袁珂《山海经校注·海内经》下注说:“大皞(太皞、太昊)与伏羲在先秦古籍中,本各不相谋,至秦末汉初人撰《世本》,始以太昊与伏羲连文,而为太昊伏羲氏。故《吕氏春秋·孟春纪》云‘其帝太皞’。高诱注:‘太皞,伏羲氏。’或即本于《世本》之说也。”实际上早在先秦时代,文献记载已有太昊、伏羲互换之事。《山海经·海内经》载:“大皞爰过。”郭璞注:“言庖羲于此经过也。”郝懿行注:“庖羲生于成纪,去此不远,容得经过之。”《海内经》又谓:“大皞生咸鸟。”吴任臣、郝懿行均以此为伏羲而非太皞之传说。这是太昊与伏羲连文之前一个逐渐相混的过程。太昊与伏羲之连称,可能同伏羲文化的东渐有关。伏羲文化形成于成纪后,从西向东发展,沿渭河上中游谷地入关中、出潼关,沿黄河干流,傍崤山、王屋山、太行东徙,折向东南,建都于陈,陈地本为太昊之墟。在豫东地区,伏羲族与太昊族融合之后,称太昊伏羲氏,又以东夷文化的面貌向东北发展,经过泰山一带而到达渤海地区。所谓与伏羲有关的地名,皆族迁名随,是由西向东,而非自东向西。由此可知,山东泗水非伏羲故里,那里的有关史迹,是在伏羲文化东渐过程中形成的。

苗蛮文化主要分布于江汉地区,该地区也称“两湖文化区”或“荆湘文化区”,系指长江中游以江汉——洞庭湖平原为主体的地域,地跨鄂、湘两省。“苗蛮”系指“三苗”或称之为“南蛮”的部族而言。苗字今音为 miáo,古音少齐齿,当读作 mao,苗蛮二声系阴阳对转,音同意通。苗蛮部落集团的主体为三苗族,此外还有九黎族和驩兜族,早于三苗的是伏羲—女娲族。其考古学文化为大溪文化—屈家岭文化—石家河文化。其中和伏羲、女娲关系密切的大溪文化,因最早发现于重庆市巫山县大溪遗址而得名。其分布范围东起鄂中南,西至三峡地区,南抵洞庭湖滨,北达汉水中游。年代为公元前 4400—前 3300 年。大溪文化的特征,是陶器,以红陶为主,普遍涂红衣。盛行圆形、长方形、新月形等戳印纹,一般成组印在圈足部位。有少量彩陶,多为红陶黑彩,常见的是陶索纹、横人字形纹、条带纹和漩涡纹。主要器形有釜、罐、壶、盆、钵、豆、簋、圈足碗、筒形瓶、曲腹杯等。石器中两侧磨刃对称的圭形石凿颇具特色,偶见长达三四十厘米的巨型石斧,有相当数量的石锄和切割器。流行红烧土房屋并较多使用竹材建房。葬式复杂多样,跪屈式、蹲屈式的仰身屈肢葬是其特殊葬俗,绝大多数墓有随葬品。在几座墓里发现整条鱼骨和龟甲，有的把鱼摆放在死者身上，或者置于口边，也有的是将两条大鱼分别垫压在两臂之下。从社会经济方面考察，大溪文化居民以稻作农业为主，渔猎、采集等辅助经济仍占一定比重。[18]湖南澧县城头山发现的大溪文化城址，位于澧县车溪乡南岳村东南，平面略呈圆形，外圆直径325米，面积约8万平方米。城垣四面各有一座城门，城外有城壕环绕，城内发现有道路、祭坛、水稻田等。该城始建于大溪文化早期，距今约6000年，是迄今所知我国发现的最早史前城址。董立章先生认为，澧县城头山古城是"公元前4000年前伏羲朝时期"的遗址。[19]

长江中游洞庭湖地区的早期苗蛮文化，大约是伏羲—女娲族南渐所创造的。《帝王世纪》云："伏羲葬南郡，在襄阳。"杜光庭《录异记》载："房州上庸界有伏羲女娲庙，云是抟土为人民之所，古迹在焉。"《楚辞·大招》云："伏戏《驾辩》，楚《劳商》只。"王逸注："伏戏，古王者也，使作瑟。《驾辩》《劳商》，皆曲名也。言伏戏氏作瑟，造《驾辩》之曲。楚人因之，作《劳商》之歌，皆要妙之音。"吕思勉先生因谓："伏戏遗声在楚，亦其本在东南之征。"[20]至于女娲氏，则多以为属"南方民族"。《淮南子·览冥训》载："女娲炼五色石以补苍天，断鳌之足以立四极。"《列子·汤问》云："天地亦物也。物有不足，故昔者女娲氏炼五色石以补其阙，断鳌之足以立四极。"南方少数民族也有女娲造人和重整天地的传说。吕思勉先生说："女娲盖南方之神。"[21]顾铁符先生说："女蜗的神话传说可能也是起源于南方。"[22]萧兵先生谓："女娲是唯我独尊的大女神，是南方民族总先妣。"[23]徐旭生先生指出："伏羲、女娲属于南方的苗蛮集团。"[24]又说："苗人所说最早的祖先就是伏羲、女娲。"[25]杨复俊先生也曾提出："伏羲是南蛮集团的代表人物，女娲同属于这个集团。……苗蛮至今称伏羲为祖先。"[26]芮逸夫认为："伏羲、女娲之名，古籍少见，疑非汉族旧有之说。或伏羲与Bu-i、女娲与ku-eh音近，传说多相似Bu-i与ku-eh为苗族之祖，苗族自说其洪水之后人类之故事，吾人误用以为已有也。"[27]刘俊南先生说："苗语Bu-i念'伏羲'，'Bu'义为'祖先'，'i'义为'一'或'第一'，'Bu-i'就是第一祖先的意思。"[28]也有学者主张伏羲文化发祥于东南方，据吴承志《山海经地理今释》卷六曰："雷泽即震泽。《汉书》具区泽在会稽郡吴西。"《史记集解》引孔安国云："震泽，吴南太湖名。"认为"大迹出雷泽"之雷泽当即太湖。太湖之滨的惠山，古代又称华山，与伏羲有关的神话传说，曾在太湖流域广泛流传。[29]或谓伏羲文化源于西南方。“总的看来,女娲、伏羲发生于南方(或更准确的西南方)是无疑的。但是,很值得指出的是,洪水遗民——兄妹结婚的故事早已逸出中国西南部的范围,而进入太平洋—亚洲南部文化区,或成其中重要的文化因子,不但台湾高山族同胞有此类型的丰富传说,东南亚洲和南亚洲大陆都有与此颇为相似的故事。”[30]伏羲、女蜗不仅属于苗蛮集团,而且可能就是三苗的先祖。在我国南方少数民族中,普遍流行对伏羲、女娲的崇拜。广西都安、凌云、三江、象县等瑶族,贵州侗族和湖南凤凰北乡、吉首乾城的苗族,都有上古洪水时伏羲、女娲兄妹结为夫妇的传说,贵州、湖南苗族祭祀圣母女娲,云南哀牢山苗族把彝族祖灵葫芦里的龙女娲视为苗祖,这些远古苗蛮后裔,都认同伏羲、女娲为其祖先。长江中下游和珠江下游地区,大都以正月二十日为女娲补天日,将这一天定为“天穿节”,女子于此日穿耳,或以红丝缕系煎饼投置屋上,谓之“补天穿”。以此怀念女娲,并祝雨水节后屋无穿漏。由此可知伏羲、女娲在远古苗蛮集团中的地位。

有些主张伏羲、女娲为南方人物的学者,认为华夏文化与东夷文化是伏羲—女娲族的一支北上发展而成。“伏羲氏后来逐渐扩展分化……一支北行,发展成为炎黄—夷夏诸族。”[31]此说可商。伏羲、女娲虽然是苗蛮文化的创造者,但原本并非南方土著,大约是关陇地区伏羲—女娲族中的一支南下发展的结果。

有关伏羲、女娲的传说,普遍地保留在我国各族人民的记忆中。伏羲不是一两个民族的祖先,而是我国古代许多民族共同的始祖。女娲则是各民族共同的始祖母。由伏羲—女娲族创造的伏羲文化,是中华民族的本源文化,她同华夏、东夷和苗蛮诸文化之间存在着深刻的影响和传承关系。从考古发现来看,华夏集团的仰韶文化、东夷集团的大汶口文化和苗蛮集团的大溪文化,在年代和社会发展阶段上均晚于伏羲—女娲族以大地湾一期为代表的大地湾或曰老官台文化,华夏文化是由伏羲文化直接发展而来,东夷文化与苗蛮文化则是伏羲文化在东进南渐过程中经过互相融合而逐渐形成的。中国远古三大文化系统无不带着伏羲文化的印痕。在中华民族文化史上,伏羲文化占有极其光辉灿烂的一页,它像历史长河中的灯塔,照亮了中华民族的伟大征程。

注 释

[1][3]郑乃武:《大地湾遗址》,《中国大百科全书·考古学》,中国大百科全书

出版社,1988年。

[2]张忠培:《老官台遗址》,《中国大百科全书·考古学》,中国大百科全书出版社,1988年。

[4]甘肃省文物考古研究所:《甘肃省文物考古工作十年》,《文物考古工作十年(1979—1989)》,文物出版社,1990年。

[5]甘肃省文物考古研究所:《甘肃省文物考古五十年》,《新中国考古五十年》,文物出版社,1999年。

[6]郎树德:《大地湾考古对仰韶文化的贡献》,《论仰韶文化》(《中原文物》特刊),1986年。

[7]石兴邦:《仰韶文化》,《中国大百科全书·考古学》,中国大百科全书出版社,1986年。

[8][24][25]徐旭生:《中国古史的传说时代》(增订本),文物出版社,1985年,第43页、第221页、第238页。

[9]侯哲安:《中国古代南方传说人物考》,《民族研究参考资料》第6集。

[10]张振犁:《"浮戏"本是"伏羲山",华夏文明此有源——新密市浮戏山考察记》,《溱洧文化》2002年第2期。

[11]邵望平:《大汶口文化》,《中国大百科全书·考古学》,中国大百科全书出版社,1986年。

[12]张志华:《试论周口地区大汶口文化及其相关问题》,《中原文物》2001年第5期。

[13]田继周:《先秦民族史》,四川民族出版社,1988年,第96页。

[14][16][17]王献唐:《炎黄氏族文化考》,齐鲁书社,1985年,第453—455页、第534—537页、第492—493页。

[15]孙作云:《洛阳西汉卜千秋墓壁画考释》,《文物》1977年第6期。

[18]任式楠:《大溪文化》,《中国大百科全书·考古学》,中国大百科全书出版社,1986年。

[19]董立章:《三皇五帝史断代》,暨南大学出版社,1999年,第345页。

[20]吕思勉:《伏羲考》,《吕思勉读史札记》,上海古籍出版社,1982年。

[21]吕思勉:《女娲与共工》,《吕思勉读史札记》,上海古籍出版社,1982年。

[22]顾铁符:《楚国民族述略》,湖北人民出版社,1984年,第134页。

[23][30]萧兵:《楚辞与神话》,江苏古籍出版社,1987年,第359页、第359页。

[26]杨复俊:《中华民族始祖太昊伏羲》,中州古籍出版社,1994年,第3页。

[27]芮逸夫:《苗族的伏羲故事与伏羲女娲的传说》,史语所《人类学集刊》第1卷第1期,1938年。

[28]刘俊男:《华夏上古史研究》,延边大学出版社,2000年,第66页。

[29][31]程德祺:《伏羲新考》,《原始社会新探》,中央民族学院出版社,1988年。

(原载《伏羲文化论丛》(2003),甘肃人民出版社,2004年)

华胥氏与伏羲女娲

华胥氏是伏羲、女娲的母族，也是华夏——汉族的祖先，处于原始社会中母系社会的末期。华夏族的得名，乃由华胥及其嫡裔夏人所构成。文献记载，伏羲、女娲均由华胥所生。

伏羲亦作伏牺、伏戏、包羲、庖羲、宓戏、宓仪、宓牺等，是中华民族敬仰的“人文初祖”，被尊为“三皇之首”和“百代之先”。伏羲也是从渔猎过渡到农业时代的代表人物，传说他结网罟而发明渔猎工具，制作琴瑟等乐器，规划婚姻制度与嫁娶礼仪，始画八卦，用“太极”学说来分析宇宙变化之理。最早创造姓氏，华夏姓氏自此起源。伏羲族中另一位颇具神话色彩的传奇式人物是女娲，她是远古时代的“三皇”之一。相传女娲曾抟土造人，炼五色石补天，断鳌足以立四极，发明笙簧等乐器，为女媒而设置婚姻，是中华民族的总先妣。伏羲与女娲被誉为中国的“亚当”与“夏娃”。其丰功伟绩，如日月经天，江河行地，永世长存。

伏羲与女娲的关系，据梁玉绳《汉书人表考》卷二引《春秋世谱》说：“华胥生男子为伏羲，女子为女娲。”两者本为兄妹。而卢仝《与马异结交诗》则云“女娲本是伏羲妇”，是说两者是夫妇关系。实则可能属于同一部落联盟中具有通婚关系的两个氏族部落。因而伏羲之族或可称之为伏羲—女娲族。

华胥氏及其居地蓝田

记载华胥与伏羲关系的古籍甚多，皇甫谧《帝王世纪》云：“太昊帝庖牺氏，风姓也。燧人之世，有巨人迹出于雷泽，华胥以足履之，有娠，生伏羲于成纪，蛇身人首，有圣德。”《太平御览》卷七十八引《诗纬・含神雾》说：“大迹出雷泽，华胥履之生宓牺。”《潜夫论・五德志》称：“大人迹生雷泽，华胥履之，生伏羲。”

《纬攟》卷十一载："燧人之世，大迹出雷泽，华胥履之生伏羲。"《河图握矩起》载："燧人之世，大迹在雷泽，华胥履之，而生伏羲。"《孝经·钩命诀》也说："华胥履迹，怪生皇牺。"王嘉《拾遗记》云："春皇者，庖牺之别号。所都之国，有华胥之洲。神母游其上，有青虹绕神母，久而方灭，即觉有娠，历十二年而生庖牺。"均谓华胥于雷泽履大人迹有娠而生伏羲。

《拾遗记》中提到的"华胥之洲"，或称"华胥之渚"、古华胥国，因华胥居此而得名。其地望有泗水、延川诸说。关于泗水说，吕思勉认为"华胥之名，当有所本，疑即《庄子·马蹄篇》之赫胥氏也"[1]。王献唐说："《庄子》书中有赫胥氏，注者谓炎帝。赫华纽音俱通，赫胥即华胥。华胥为东方伏羲之旧族，散居泗水一带。泗水、曲阜接壤，并在一方。族之所居，亦以华胥为号。"[2]关于延川说，梁福誓云："伏母寨遗址，载名于《延川县志》。民间世代传说，这里就是华胥生伏羲时居住的古寨子。位于乾坤湾南端伏义河村西北方向的黄河石岸顶部。现存寨门、寨墙及部分居住遗址。"[3]王昙也指出，延川县土岗乡"虎头峁北侧的悬崖上，有一长条岩洞，约30多米长，最深处有五六米，叫伏母寨，面对黄河乾坤湾，传说是伏羲母亲风华胥住的地方"[4]。其实，赫胥氏并非生伏羲、女娲的华胥氏，古华胥国并不在山东泗水。伏母寨的资料过于简略，很难说明有关问题，因而古华胥国也不可能在陕北延川。

华胥氏的居地究竟在何处？一般主张在今陕西蓝田县境。《纲鉴易知录》载："太昊之母居于华胥之渚。"注云："华胥，在今陕西兰田县，小渊曰渚。"又据《竹书纪年前编》："太昊庖羲氏，太昊之母居于华胥之渚，履巨人迹，意有所动，虹且绕之，因而始娠。"徐文靖笺："按，华胥，地名，在陕西蓝田县，小渊曰渚。"大体而言，古华胥国在今陕西省西安市东约20千米的蓝田县华胥镇。这里保留的史迹，有华胥氏踏大人迹妊娠伏羲、女娲的雷泽所在的雷庄、华胥沟、华胥窑、华胥河、毓仙桥、毓圣桥、华胥陵、女娲谷、娲氏村、女娲陵、炼石台、人宗庙、老母殿、五龙宫、磨针观、画卦台。据《云笈七签》卷一百集唐王瓘的《轩辕本纪》写道："黄帝游华胥国，此国乃神仙国也。"因而这里还有黄帝游视古华胥的纪念地——轩辕庙遗址，黄帝游华胥国时拴马的柏树，在经过了数代的繁衍后，还旺盛地生长在华胥镇轩辕小学院内。华胥沟所在的宋家村，至今还保留着一通记载三皇功绩的古石碑，碑的上方正中，勒有"古华胥"三个阴刻大字，左边有"伏羲肇娠"，右边有"黄帝梦游"字样。因而陕西蓝田华胥镇应为古华胥国所在，是伏羲、女娲母族华胥氏的居地。

伏羲女娲故里在天水

伏羲、女娲的故里，过去曾有濮阳、荥阳诸说。关于濮阳说，许顺湛先生认为，“濮阳雷泽地区是伏羲女娲的祖庭地”[5]。关于荥阳说，因荥阳属郑州市所辖，故而又称郑州说。白宗尚先生主张，“河南荥阳环翠峪浮戏山乃伏羲故里”[6]。上述两说的理由都不够充分，学术界大都主张伏羲、女娲故里在成纪：“曰有伏羲，世称人祖。生于成纪，史有明文。”[7]司马贞《史记·补三皇本纪》谓：“太昊庖牺氏，风姓，代燧人氏继天而王，母曰华胥，履大人迹于雷泽，而生庖牺于成纪。”《河图稽命徵》云：“华胥于雷泽履大人迹，而生伏羲于成纪。”《水经·渭水注》载：“瓦亭又南……左与成纪水合，水导源西北当亭川，东流出破石峡，津流遂断，故渎东迳成纪县故城东，帝太皞庖牺所生之处也，汉以属天水郡，王莽之阿阳郡治也。”《续汉书·郡国志》云：“成纪，古帝庖牺氏所生之地。”《元和郡县图志》曰：“成纪县，本汉旧县，属天水。伏羲氏母曰华胥，履大人迹，生伏羲于成纪，即此丘也。”天水地区保留的古代石刻碑文，也有类似记述。元至正七年（1347 年）曾奕《伏羲画卦台记》云：“昔羲皇，成纪人也。”明弘治三年（1490 年）《新修太昊宫门坊记》云：“太昊伏羲氏生于秦州之成纪。”嘉靖三年（1544 年）唐龙《重修伏羲庙记》曰：“今之秦州即古之成纪也，帝实生于斯。”清乾隆五年（1740 年）李鋐《重修伏羲庙记》曰：“帝诞生于成纪。成纪，今秦州也。”嘉庆十二年（1807 年）邹曹纯《重修伏羲庙碑记》云：“秦州，古成纪也。昔者，伏羲氏实生此州。”成纪作为地域之名和伏羲诞生有关。《广韵·上声止韵第六》载：“纪，十二年曰纪。”《尚书·毕命》云：“既历三纪，世变移风。”孔安国传：“十二年曰纪。”另据《路史·后纪》引《宝椟记》云：“帝女游于华胥之渊，感蛇而孕，十二年生庖牺。”相传华胥怀伏羲历十二年而始生，故其出生地名之曰“成纪”。成纪县始置于西汉。《后汉书·隗嚣传》章怀太子注：“成纪，县名。故城在今秦州陇城县西北。”陇城县西北，今属甘肃天水市秦安县。清道光《秦安县志》称汉置成纪在静宁县的治平川，称为“治平成纪”，位于今秦安县魏店乡的魏店河。一般而言，治平成纪在今秦安县陇城镇与魏店乡一带。南北朝时期，北周沿用汉置“成纪”之名,将县治移至今秦安县北面 15 千米郭嘉河谷的显亲川,称“显亲成纪”。唐大中年间,成纪县移治秦州,称为“秦州成纪”,治址在今天水市秦城区。如以古成纪为伏羲的出生地,大体上在今秦安县陇城镇一带。徐日辉先生对此有详细的考证。他说:“伏羲生于成纪,在今天水市境内秦安县东北的清水河流域,清水河又叫五营河,古称略阳川水。该水发源于天水市张家川回族自治县境的大陇山南麓,自东向北向南流,汇入渭水。略阳川得名于略。略是中国西部最早的地名……略阳川水是甘肃文明的发源地之一。这一流域先后建立过略阳、街泉、陇等郡县。在该水入口处与成纪水交汇一带就是成纪故城和伏羲所生之处。”[8]由此看来,甘肃天水市秦安县应为伏羲、女娲的出生地。章太炎《訄书·序种姓》云:“方夏之族,自科派利者见石刻,订其出于加尔亚特(Chaldea),东踰葱岭与九黎、三苗战,始自太皞,至禹然后得其志。”这里所说的太皞,即指伏羲,表明伏羲原本属于华夏族系。史学大师王国维《读史》谓:“两条云岭摩天出,九曲黄河绕地回。自是当年游牧地,有人曾号伏羲来。”说明伏羲当初尚处于渔猎游牧时代。华胥履大人迹而娠,钟河岳之灵奇,生伏羲于成纪。1992 年 8 月 13 日,江泽民同志到天水视察时书写了“羲皇故里”的题词。由此看来,羲皇故里在成纪已取得学术界的共识。

历史文化名城天水号称“羲皇故里”,实际上也是“娲皇故里”。这里有关伏羲、女娲的史迹甚多,如在天水市秦城区西关伏羲路北有始建于明成化十九至二十年间(1483—1484 年)的伏羲庙,该庙又名太昊宫,俗称人祖庙,是我国传统的宫殿式建筑。伏羲庙坐北向南,一条中轴线贯穿南北。现存建筑为两门三进,有坊、亭、庑、殿构成,布局严谨,主体建筑排列在中轴线上。伏羲庙内原有 64 株古柏,据说是按照伏羲先天 64 卦的方位排列种植,现存 37 株,龙枝虬干,苍劲挺拔;卦台山坐落在秦城区以北的北道区三阳川,正值葫芦河与渭河交汇处。卦台山又名画卦台,拔地而起的高山上有一座城堡形的庙宇。“秦山秦水拱卦台,一曲垣圜九域开。”相传“台有羲皇遗画,着雪即融”。为伏羲创画八卦之所;卦台山西北 1.5 千米的余家口,渭河北崖龙马山半腰的龙马洞,相传为龙马负图处;甘谷县大象山华盖寺有伏羲宫、伏羲塑像及“羲皇故里”石刻;清水县南部的万紫山,又名花石崖。万紫山有山、有石、有树、有泉、有溪,五彩斑斓,万紫千红。这里奇石兀立,一石高 30 多米,宽 10 多米,名曰补天石,山下是横铺竖挺的乱石滩。相传这里是当年女娲的采石场,那块高大的柱石就是补天石；据清道光《秦安县志》载“陇城镇有‘羲皇故里’牌坊”；秦安县城北48千米的陇城镇为女娲出生地。秦汉以来，陇城镇北的风台山上建有女娲庙，后因山体滑坡而毁。据说女娲风姓，生于风峪，长于风台，葬于风茔。风峪又名风沟，在陇城镇东风村附近，风峪西崖有“女娲洞”。风台在陇城镇常沟村境内，风茔在陇城镇南7千米处。陇城镇北门外有一口大井，世称龙泉，相传是女娲抟土造人之泉。此地还有娲皇村、“娲皇故里”石碑。“女娲炼石补天处，石破天惊逗秋雨。”天水的得名就源于女娲补天的故事。

此外，仇池也离天水不远。《路史》说伏羲“生于仇池，长于成起（纪）”。《太平御览》引《循甲开山图》曰：“仇夷山，四绝孤立，太昊之治，伏羲生处。”仇夷山，又名仇池山，在今甘肃省西和县西南百里之地。1985年以前归属于天水地区所辖。柯杨先生指出：“说不定‘雷泽’就是仇池（即仇夷）的别名。而仇池在今甘肃省西和县境，距成纪不远。其实，神话的时代，未见得有什么具体的地名，初民只知有山、丘、河、泽的区别而已。所谓‘雷泽’，就是‘雷神所居的水泽’一语的简化，是一个并不确定的地点。……先民神话中之所以强调伏羲的母亲华胥在雷泽附近‘履巨人迹’，重要的目的，就是为了突出伏羲这位人文初祖来历的尊贵和不凡。”[9]按照这种说法，天水附近的仇池，也可称为雷泽。《山海经·海内东经》说：“雷泽中有雷神……在吴西。”古代的吴山、吴国均在今陕西宝鸡市境，仇池的雷泽则是名副其实在吴西了。因而可以说吴西雷泽在陇东，伏羲、女娲故里在成纪。

结　语

综上所述，华胥氏与“人文初祖”伏羲及三皇之一的女娲的关系极其密切。华胥氏的居地在今陕西蓝田，为伏羲、女娲的母族。相传华胥怀伏羲、女娲十有二年，古代十二年为纪，因而伏羲、女娲的出生地叫成纪，即今甘肃天水市秦安县。从历史考古学分析，华胥是一个古老的氏族部落，在其不断发展壮大过程中，裂变出伏羲、女娲两大氏族部落，这两个氏族部落又长期互相通婚，从而形成了伏羲、女娲既是兄妹又为夫妇的传说。有人主张伏羲代表太阳，女娲象征月亮。实则伏羲、女娲为中国的“亚当”与“夏娃”。

注　释

[1]吕思勉:《华胥氏》,《吕思勉读史札记》,上海古籍出版社,1982 年。

[2]王献唐:《炎黄氏族文化考》,齐鲁书社,1985 年,第 417 页。

[3]梁福晢:《延川县伏羲太极文化圣迹的田野考察报告》,《华圣文化》2005 年第 1 期。

[4]王昙:《延川县伏羲文化遗址是个亮点》,《华圣文化》2005 年第 1 期。

[5]许顺湛:《说雷泽》,载《中华第一龙——'95 濮阳"龙文化与中华民族"学术讨论会论文集》,中州古籍出版社,2000 年。

[6]王战龙:《伏羲故里在郑州浮戏山》,《郑州晚报》2005 年 5 月 17 日。

[7]霍松林:《伏羲祭文》,《伏羲文化》,中国社会科学出版社,1994 年。

[8]徐日辉:《伏羲文化研究》,中国教育文化出版社,2005 年,第 51—52 页。

[9]柯杨:《论伏羲神话传说的文化历史意义》,《伏羲文化》,中国社会科学出版社,1994 年。

(原载《伏羲文化研究》2008 年第 3 期)

浅议羲皇故里

——兼析女娲文化的发祥地

伏羲是中华民族的人文始祖，位居三皇之首，百王之先，被尊为“羲皇”和“上上圣人”，是我国古史传说时代的杰出英雄人物。他为发展中华远古历史文化和铸造华夏文明做出了重大贡献，其丰功伟绩与世长存，永载史册。关于羲皇故里问题，过去曾经存在一些不同的看法。近年来，随着考古学、历史地理学、民俗学的不断发展，学术界的思想空前活跃，羲皇故里在濮阳、羲皇故里在郑州之说纷起。有的学者更主张陕西平利为女娲文化的发祥地。因而，我们认为很有必要对羲皇故里进行认真探索，这里自然也要涉及女娲文化发祥地的定位问题。

濮阳雷泽与羲皇故里

根据历史文献记载，雷泽与羲皇故里的关系极其密切。《帝王世纪》载：“太皞帝包牺氏，风姓也。母曰华胥，燧人之世，有大人迹，出于雷泽，华胥履之而生包牺，长于成纪。”《史记·补三皇本纪》云：“母曰华胥，履大人迹于雷泽，而生庖牺于成纪。”《太平御览·王部三》引《诗含神雾》云：“大迹出雷泽，华胥履之生宓牺。”《孝经·钩命诀》也谓：“华胥履迹，怪生皇牺。”《河图稽命徵》云：“华胥于雷泽履大人迹，而生伏羲于成纪。”上述记载都说伏羲之母华胥于雷泽履迹而孕。这里既充满了图腾主义的神秘色彩，也反映出母系氏族时代“知母而不知父”和“无父而生”的原始社会习俗。由于它迁涉到华胥所游之雷泽，因而雷泽便成了感生伏羲圣地之所在。雷泽的地望有多说，较为普遍的说法是在今河南濮阳一带。因其地近负夏，故而又称雷夏泽。据《尚书·禹贡》载：“雷夏既泽，雍、沮会同。”《史记·五帝本纪·正义》引郑玄曰：“雷夏，兖州泽，今属济阴。”《括地志》云：“雷夏泽在濮州雷泽县(北)郭外西北。”隋唐雷泽县本汉成阳县，古属济阴，其地域在今山东鄄城县境。《水经·瓠子河注》云：“瓠河又右迳雷泽北，其泽薮在大城阳县故城西北一十余里，昔华胥履大人迹也。其陂东西二十八里，南北一十五里。”汉魏大成阳县故城，即隋唐雷泽县城，城西南数里，有小城阳城，俗作“尧城”。大体而言，隋唐雷泽县城在今山东鄄城县董口集东南，雷泽在雷泽县城西北十余里处，面积东西二十余里，南北一十五里，远古时代其范围可能更大。具体方位在今山东鄄城县董口集与河南濮阳县王称堌乡、白堽乡及范县濮城镇之间。古时鄄城、范县及濮阳县均属濮阳郡，因而此雷泽或可称之为濮阳雷泽。许顺湛先生经过对雷泽地望的考证，提出“华胥氏族在甘肃的成纪生伏羲更不合理”，并说：“濮阳雷泽地区是伏羲女娲的祖庭地。”[1]陈昌远先生也有类似看法，认为雷泽就在今河南濮阳县，“太皞伏羲氏应属于东夷集团是毫无问题的”[2]。此外，还有不少学者均主张濮阳为羲皇故里。

濮阳雷泽虽是文献记载中的远古名薮，但它是否就是华胥履迹而孕的圣地和伏羲氏之祖庭所在呢？有必要做进一步的分析。

一、文献记载古代雷泽不止一处，除濮阳雷泽外，尚有河东雷泽、吴西雷泽等。据《蒲州府志》载：“雷泽在永济县雷首山下，南流入河。”此雷泽即《穆天子传》中提到的雷水，在今山西永济市境，一般称之为河东雷泽。另据《山海经·海内东经》载：“雷泽中有雷神，龙身而人头，鼓其腹则雷，在吴西。”吴西雷泽说影响甚大。濮阳雷泽既不在吴西，很难说这里就是伏羲的出生地。

二、《纲鉴易知录》载：“太昊之母居于华胥之渚。”注云：“华胥，在今陕西蓝田县，小渊曰渚。”又据《竹书纪年前编》载：“太昊庖羲氏，太昊之母居于华胥之渚，履巨人迹，意有所动，虹且绕之，因而始娠。”徐文靖笺：“按，华胥，地名，在陕西兰田县，小渊曰渚。”[3]如果此说不误，则陕西兰田距濮阳雷泽甚远，说华胥于濮阳生伏羲不太合理。

三、文献记载华胥游雷泽履大人迹而娠，并没有说生伏羲于雷泽之滨。同濮阳雷泽关系极其密切的方志——《开州志》和《濮州志》，均未提及伏羲事迹。

四、濮阳一带尚未形成伏羲文化圈。

综上所述，濮阳雷泽说的理由并不充分，因而应于别处寻找羲皇故里。

羲皇故里不在郑州浮戏山

河南省郑州市所辖荥阳、巩义、登封和新密境内的浮戏山，俗称老庙山，是嵩山之余脉。这里风景绮丽，有著名的雪花洞和环翠峪风景名胜区。浮戏山的得名，据《汜水县志》载："泉石欹危，映带左右。晨起俯而凭之，烟雾弥漫，万顷茫然，峰峦仅露其巅，烟移风动，如众鸟浮水而戏……山名浮戏取意于此。"在荥阳到新密的浮戏山区，广泛流传着许多有关伏羲、女娲的故事，并分布着一些遗迹。如在新密市来集乡南三里的浮山岭上有一座伏羲女娲祠，祠内保留有明代万历三十四年(1606年)的《重修伏羲女娲庙记》碑文说："密邑东三十里，浮山岭上有伏羲女娲祠。"牛店乡的补子庙，为补国城址。补子庙内的女娲神像，右手托天，风姿卓约。尖山乡天皇山上的祖始庙供奉着伏羲、女娲像，祖始庙下的红石沟相传是女娲补天时炼五色石的地方。张振犁先生据此认为，这些遗存是以浮戏山为主区的伏羲女娲文化圈的典型标志，"说新密市是'羲皇故里'是有说服力的"[4]。陈志忠先生据王嘉《拾遗记》载，伏羲"所都之国，有华胥之洲"，认为华胥之洲即今新郑县郭店镇的华阳故城，华阳原属新密，并主张伏羲生长的成纪，即今荥阳汜水镇。他说："晋王嘉在《拾遗记》中，对历史找出了华胥之洲，在春皇庖羲氏'所都之国'中。这个三皇之世的华胥之洲，即今密县与新郑交界处之华阳国(后世封国)。指明了羲、娲二皇由华胥生养在羲皇所都的成纪。更肯定了'汜水'发源地即是其生养羲、娲的纪地。因为古文释'巳同纪'。……今河南浮戏山的中心区——密县尖山乡即其故里。"[5]又说："伏羲之山中的伏(浮)山、汜水应是伏羲氏族故里的见证。"[6]在荥阳境内的浮戏山环翠峪风景区，白宗尚先生将历史记载、民间传说和浮戏遗迹相互印证，认为浮戏山原为"华山"，因山上石头多存有"宛如白莲"的花纹而得名，"华胥"原作"华宿"，表示伏羲母亲所属氏族居住在此。环翠峪流传着"华山与羲娲"的传说，提到浮戏就是伏羲，现存的浮戏山卧龙台才是真正的画卦台。据此王战龙认为，"伏羲故里在郑州浮戏山"[7]。新密与荥阳均为郑州的县级市，其境内有关伏羲遗迹都分布在浮戏山中，因而可以称为郑州浮戏山。以浮戏山为中心的郑州西南地区，属于伏羲文化圈。

浮戏之“浮”与“伏”音同,也可以写作“伏”。关于羲,《尚书序》孔传曰:“伏羲氏,伏,古作虙。牺,本又作羲,亦作戏。”张揖《字诂》谓:“羲古字,戏今字。”因而浮戏山可以认为就是伏羲之山。郑州浮戏山一带分布着众多的伏羲、女娲祠庙,流传着一些动人的伏羲、女娲故事,应该引起学术界的足够重视。从文献记载来看,华胥所居的华胥之洲或华胥之渊,在陕西兰田而不在郑州,华胥履迹之雷迹,距郑州较远,把华山说成华阳寨或浮戏山,将汜水说成成纪,也有些牵强。从各种迹象来看,就现有的条件而论,我们认为郑州浮戏山并非羲皇故里。

伏羲生于成纪

关于羲皇故里,霍松林先生《伏羲祭文》云:“曰有伏羲,世称人祖。生于成纪,史有明文。”[8]历史文献有关伏羲生于成纪的记载甚多。如《史记·补三皇本纪》载:“太皞庖牺氏,风姓,代燧人氏继天而王。母曰华胥,履大人迹于雷泽,而生庖牺于成纪。”《帝王世纪》曰:“太昊帝庖牺氏,风姓也。母曰华胥,燧人之世,有巨人迹,出于雷泽。华胥以足履之有娠,生伏牺,长于成纪。”《水经·渭水注》云:“瓦亭又南……左与成纪水合,水导源西北当亭川,东流出破石峡,津流遂断,故渎东迳成纪县故城东,帝太皞庖牺所生之处也,汉以属天水郡,王莽之阿阳郡治也。”《河图稽命徵》谓:“华胥于雷泽履大人迹,而生伏羲于成纪。”《拾遗记》说:“春皇者,庖牺之别号。所都之国,有华胥之洲。神母游其上,有青虹绕神母,久而方灭,即觉有娠,历十二年而生庖牺。”荣氏《遁甲开山图》称:“伏羲生于成纪,徙治陈仓。”《续汉书·郡国志》云:“成纪,古帝庖牺氏所生之地。”《元和郡县图志》曰:“成纪县,本汉旧县,属天水。伏羲氏母曰华胥,履大人迹,生伏羲于成纪,即此丘也。”《史纲评要》云:“太昊伏羲氏,帝生于成纪。”综上所记,都说伏羲生于成纪。石刻碑文也有类似记述。元至正七年(1347 年)曾奕《伏羲画卦台记》云:“昔羲皇,成纪人也。”明弘治三年(1490 年)《新修太昊宫门坊记》云:“太昊伏羲氏生于秦州之成纪。”嘉靖三年(1524 年)唐龙《重修伏羲庙记》曰:“今之秦州即古之成纪也,帝实生于斯。”清乾隆五年(1740 年)李鋐《重修伏羲庙记》曰:“帝诞生于成纪。成纪,今秦州也。”嘉庆十二年(1807 年)邹曹纯《重修伏羲庙碑记》云:“秦州,古成纪也。昔者,伏羲氏实生此州。”成纪作为地域之名和伏羲诞生有关。《广韵·上声止韵第六》载:“纪,十二年曰纪。”《尚书·毕命》云:“既历三纪,世变移风。”孔安国传:“十二年曰纪。”相传华胥怀伏羲历十二年而始生,故其出生地名之曰“成纪”。成纪县始置于西汉。《后汉书·隗嚣传》章怀太子注:“成纪,县名。故城在今秦州陇城县西北。”陇城县西北,今属甘肃天水市秦安县。清道光《秦安县志》称汉置成纪在静宁县的治平川,称为“治平成纪”,在今秦安县魏店乡的魏店河。大体而言,治平成纪在今秦安县陇城镇与魏店乡一带。南北朝时期,北周沿用汉置“成纪”之名,将县治移至今秦安县北面15千米郭嘉河谷的显亲川,称“显亲成纪”。唐大中年间,成纪县移治秦州,称为“秦州成纪”,治址在今天水市秦城区。如以古成纪为伏羲的出生地,大体上在今秦安县陇城镇一带。由此看来,甘肃天水秦安应为伏羲的出生地。在有关《祭伏羲氏文》中,提到伏羲出生地时,大都说是成纪。如:“古郡天水,史称成纪;人文始祖,太昊生地。”“陇在天水,成纪秦州;地灵人杰,历史悠久。人祖伏羲,生衍于此。”“维我羲皇,华夏始祖。钟河岳之灵奇,诞生成纪。”[9]……1992年8月13日,江泽民同志到天水视察时书写了“羲皇故里”的题词。由此看来,羲皇故里在天水已为学术界所公认。

释“吴西”

我们将伏羲出生地定在陇右成纪,有史可依,这比郑州汜水说更加合理。不过,它同样牵涉到吴西雷泽问题。

关于华胥所游的泽薮,文献记载除雷泽外,还有华胥之渊与仇池。王嘉《拾遗记》载:“春皇者,庖牺之别号。所都之国,有华胥之洲。神母游其上,有青虹绕神母,久而方灭,即觉有娠,历十二年而生庖牺。”《路史·后纪》注引《宝椟记》云:“帝女游于华胥之渊,感蛇而孕,十二年生庖牺。”此外,《路史》还说伏羲“生于仇池,长于成起(纪)”。《太平御览》引《遁甲开山图》曰:“仇夷山,四绝孤立,太昊之治,伏羲生处。”仇夷山,又名仇池山,在今甘肃省西和县西南百里之地。华胥之渊与仇夷山所在的仇池,可能都是指的雷泽而言。过去学术界主张雷泽即是太湖[10],也有人认为雷泽在东海[11]。肖发荣先生据此指出:“雷泽到底在东海上还是在太湖,这恐怕永远也搞不清楚,因为神话中的地名往往是虚实参半,今之学者欲一一指实,必将失之迂阔。若不明此理而强考之,即使包括博引旁征,也难免落入考证的陷阱。”[12]柯杨先生则说:“说不定‘雷泽’就是仇池(即仇夷)的别名。而仇池在今甘肃省西和县境,距成纪不远。其实,神话的时代,未见得有什么具体的地名,初民只知有山、丘、河、泽的区别而已。所谓‘雷泽’,就是‘雷神所居的水泽’一语的简化,是一个并不确定的地点。……先民神话中之所以强调伏羲的母亲华胥在雷泽附近‘履巨人迹’,重要的目的,就是为了突出伏羲这位人文初祖来历的尊贵和不凡。”[13]按照这种说法,雷泽既为雷夏泽,仇池自然也可以称为“雷泽”了。

据《山海经·海内东经》载:“雷泽中有雷神,龙身而人头,鼓其腹则雷,在吴西。”历来注释家都认为“吴西”之吴,指的是古吴国都城而言,即今江苏省苏州市。实际上比它更早的吴在今陕西宝鸡。

《史记·吴太伯世家》说:“吴太伯,太伯弟仲雍,皆周太王子,而王季历之兄也。季历贤,而有圣子昌,太伯欲立季历以及昌,于是太伯、仲雍二人乃奔荆蛮,文身断发,示不可用,以避季历。季历果立,是为王季,而昌为文王。太伯之奔荆蛮,自号句吴。荆蛮义之,从而归之千余家,立为吴太伯。”太伯、仲雍奔吴,也就是奔“荆蛮”,即商周时活动在宝鸡一带的弓鱼族。《汉书·地理志》云:“吴山在西,古文以为汧山。”顾颉刚先生说:“吴者何?吴岳也。《史记·封禅书》记其山于岐山之西,明即《禹贡》之岍,《周官》《尔雅》之岳也。”[14]太伯、仲雍奔吴是到了吴岳,俗名吴山之下。吴山地在汧陇,位于陇县西南约七十里,今属宝鸡县新街乡。[15]

从方位上看,宝鸡的吴山、吴国,位居西和之东,因而西和境内仇池即雷泽,当然可以称“在吴西”了。仇池雷泽东距兰田不远,是华胥履迹而孕的圣地。人文始祖伏羲就近生养于成纪,比较合乎情理。因而吴西雷泽在陇东,羲皇故里在成纪。

平利不是女娲文化的发祥地

女娲是我国远古时代最负盛名的创世英雄,在古代文献中,她是伏羲之妹或妻。《淮南子·览冥训》载:“往古之时,四极废,九州裂,天不兼覆,地不周载。……于是女娲炼五色石以补苍天,断鳌足以立四极,杀黑龙以济冀州,积芦灰以止淫水。”“女娲补天"成为人类抗御自然、把握自己命运的象征。"考其功烈,上际九天,下契黄垆,名声被后世,光晖熏万物。"[16]女娲文化系伏羲文化的一支,可称之为伏羲文化的亚文化。女娲文化与伏羲文化本为一体,同属一个发祥地。

陕西省安康市平利县城西 15 千米的中皇山,又名女娲山,地处秦岭南端,大巴山北麓,位于陕、鄂、渝三省市交界处。相传这里是当年女娲炼石补天的所在地。女娲庙坐落在女娲山乡七里村。唐宋以来,历经修葺扩建,直到解放初期,仍有四扇大门,房宇百余间,殿堂三层,故又名"三台寺",堪称平利第一寺庙。历经战乱和"文革"等劫难后,现仅存一间正殿和"平心门"的残墙断壁。平利县收藏一块清雍正十三年(1735 年)的《中皇山女娲氏庙碑》,系统地记述了女娲的神话传说。庙内保存一块清道光二十年(1840 年)的石碑,就女娲庙的庙界、土地、庙宇的管理和僧人、居士、香客应遵守的条规刻碑告示。有专家对女娲山进行考证后认为,平利的自然资源和人文景观的开发将发展成为陕西的"后花园"。[17]2004 年 9 月 10 日,新华社发布电讯,称这里是女娲"抟土造人"之处。由于发现几块与女娲有关的石碑,"专家认为,这一发现有力地证实了女娲文化的发祥地在陕西平利"[18]。

陕西平利女娲山建有女娲庙,并发现几块清代有关女娲庙的石碑,尚不足以证明这里就是女娲文化的发祥地。理由如下:

一、女娲所在的中皇山与女娲庙全国甚多,不可胜数。罗泌《路史·后纪》载:"女娲治于中皇山之原。"不少学者认为"中皇山"就是《禹贡》所记"冀州之域"的"中(岳)霍山"。在北方人口语里,"皇"与"霍"发音相近,"中(岳)霍山"遂被错记为"中(岳)皇山"。关于女娲庙,更是不止一处,以山西洪洞县赵城镇侯村的女娲庙为例,全称为"娲皇圣母庙",庙周围约五里。现在庙内还有传说中黄帝所植的古柏,它与陕西"皇帝陵"和湖南"炎帝陵"的地位相当,一直是享受历代帝王祭祀的国家级神庙。从规模和规格上来说,山西洪洞的娲皇庙远高于陕西平利的女娲庙。

二、关于女娲抟土造人的传说,甘肃秦安、河南济源和西华、山西洪洞等地均流传着这样的传说,并有相关遗存。因而这一传说不是陕西平利所独有,不能视为当地的专利。

三、陕西平利发现几块清代有关女娲庙的石碑,应被视作珍贵文物加以保护。不过全国各地类似碑刻屡有发现,如山西洪洞侯村娲皇庙内除保存有宋开宝六年(973 年)《大宋新修娲皇庙碑铭并序》碑和元至元十四年(1277 年)《大元国重修娲皇庙碑》两块巨碑外,还出土过多块明、清两代皇帝遣官致祭的"御制碑",这些碑刻的价值均不在平利石碑之下。

四、在河南西华、灵宝和山西洪洞、高平及山东任城都建有女娲陵。山西洪洞、河南西华等地,均为传说中的"娲皇故都"。陕西平利缺乏这些重要人文资源,不能不说是一件憾事。

五、甘肃天水既是"羲皇故里"所在,也是羲皇之妻或妹女娲的故里。天水市秦安县城北 48 千米的陇城镇,就是女娲的出生地。秦汉以来,陇城镇北的凤台山上建有女娲庙,后因山体滑坡而毁。相传女娲姓风,生于风峪,长于风台,葬于风茔。风峪又名风沟,在陇城镇常村境内,风茔在陇城镇南 7 千米处。陇城镇北门外有一口大井,世称龙泉,相传是女娲抟土造人之泉。此地还有女娲村、"娲皇故里"碑等。这些重要史迹,都是陕西平利所没有的。

综上所述,陕西平利有女娲山、女娲庙和清代石碑,形成了以平利为中心的伏羲文化圈,但就现有资料来看,还不能说明平利就是女娲文化的发祥地。相比之下,甘肃天水秦安的文化资源更加丰富,我们认为甘肃天水应是女娲文化的发祥地。

结　语

羲皇故里问题,是我国学术界长期以来争讼不已的一个学术问题。很久以前,就有学者主张他是东夷人,或谓"伏羲遗声"在楚。近年来,又有羲皇故里在濮阳与郑州等新说。从历史文献记载来看,结合有关史迹,羲皇故里应从陇右地区求之。章太炎《訄书·序种姓》云:"方夏之族,自科派利者见石刻,订其出于加尔亚特(Chaldea),东踰葱岭与九黎、三苗战,始自太皞,至禹然后得其志。"这里所说的太皞,即指伏羲,表明伏羲其人原本属于华夏族系。史学大师王国维《读史》谓:"两条云岭摩天出,九曲黄河绕地回。自是当年游牧地,有人曾号伏羲来。"说明伏羲生于中国西部,当时尚处于渔猎游牧时代。史称华胥居陕西兰田,于甘肃雷泽(或称仇池)履大人迹而娠,钟河岳之灵奇,生伏羲于成纪,地处陇右,正值昊西。如果我们一定要找羲皇故里,则非天水莫属。大体与之同时，圣哲女娲亦生于斯，因而这里又是女娲文化的发祥地。伏羲文化形成以后，以陇右地区为核心，逐渐向四方辐射，在今陕西平利、河南郑州等地形成若干文化圈，始有全国各地的中皇山、女娲庙、伏羲陵、画卦台、女娲陵等遗迹，映入人们眼帘的是一幅幅光彩夺目的伏羲文化历史画卷！

注　释

[1]许顺湛：《说雷泽》，《中华第一龙——'95濮阳"龙文化与中华民族"学术讨论会论文集》，中州古籍出版社，2000年。

[2]陈昌远：《伏羲氏的历史地位》，《伏羲与中华姓氏文化》，黄河水利出版社，2004年。

[3]徐文靖：《竹书纪年统笺》。

[4]张振犁：《"浮戏"本是"伏羲山"，华夏文明此有源》，《溱洧文化》2002年第2期。

[5]陈志忠：《伏羲故里在密县》，《溱洧文化》2002年第2期。

[6]陈志忠：《浅谈伏羲业绩与河洛文明》，《溱洧文化》2002年第2期。

[7]王战龙：《伏羲故里在郑州浮戏山》，《郑州晚报》2005年5月17日。

[8]霍松林：《伏羲祭文》，《伏羲文化》，中国社会科学出版社，1994年。

[9]天水市政协文史资料委员会：《羲皇颂》，天水，2002年，第155—161页。

[10]董楚平：《中国上古创世神话钩沉》，《中国社会科学》2002年第5期。

[11]陆思贤：《神话考古》，文物出版社，1995年，第29页。

[12]肖发荣：《"神话考古"的若干反思》，《考古与文物》2005年第2期。

[13]柯杨：《论伏羲神话传说的文化历史意义》，《伏羲文化》，中国社会科学出版社，1994年。

[14]顾颉刚：《史林杂识·四岳与五岳》。

[15]尹盛平：《西周强氏的族属及其相关问题》，《华夏文明》第二集，北京大学出版社，1990年。

[16]《淮南子·览冥训》。

[17]庞博：《女娲山·女娲庙》，《中国文物报》2005年3月11日。

[18]《陕西发现女娲石碑》，《郑州晚报》2004年9月11日。

（原载《天水师范学院学报》2007年第6期）

中原地区的伏羲文化

中原是一个地域概念。在古代,它与中国、中州是同义语,系指黄河流域中下游地区,亦即今之河南省而言。

河南界于北纬 31°21′—36°22′,东经 110°21′—116°39′之间,总面积 16.7 万平方千米。位于我国地势第二阶梯向第三阶梯的过渡地带,其中北、西、南三面分别为太行山、伏牛山、桐柏山和大别山所环绕,巍峨峻峭,雄伟壮观,妩媚多姿,气象万千。中部和东部,沃野千里,是一望无际的黄淮大平原。境内江河纵横,伊、洛、沁、卫、淮、沙、颍、洪、汝、唐、白、丹渚水,分属黄河、淮河、长江和海河四大水系。被誉为中华民族文化摇篮的黄河,自西而东,越境而过,以其百折不回、汹涌澎湃的气势而名扬天下,也为辽阔中原增添了无限风光。

中原地区土地肥沃、经济发达、交通便利、文化底蕴丰厚,伏羲文化在这里得到广泛的分布与发展。由伏羲、女娲及其族人共同缔造的伏羲文化,发祥于陇右地区成纪(今天水)一带,随着伏羲族势力的强大,其文化也不断发展,并渐呈向四周辐射之势,锋芒所向,直指中原。伏羲文化东渐的轨迹,可能是自陇右沿渭河上中游谷地入关中,出潼关,沿黄河干流,傍崤山、王屋山、太行山东行,并经函谷关至伊洛盆地,出虎牢关而抵达豫东平原,在此融合了东夷太昊族文化,从而形成了以陈(今淮阳)为都的新的文化中心。在中原地区的黄河两岸,太行山麓、伊洛盆地和豫东平原,到处都有伏羲、女娲的史迹与传说,比较著名的有淮阳羲皇故都与太昊伏羲陵、濮阳雷泽华胥履迹处、郑州浮戏山、巩义伏羲台、孟津龙马负图寺、洛宁洛出书处、西华女娲城与女娲坟、沁阳伏羲女娲殿、济源女娲补天石等。

淮阳羲皇故都与太昊伏羲陵

淮阳古称“宛丘”或“陈”，地处黄河冲积扇南沿的颍水中游，左挹嵩山，右控商丘，南襟淮蔡，北枕魏梁，是历史上的交通枢纽和财赋之区。文献记载，陈为太昊伏羲之都。《左传·昭公十七年》载：“陈，大皞之虚也。”杜预注：“大皞居陈，木火所自出。”王符《潜夫论·五德志》云：“伏羲……世号太皞，都于陈。”皇甫谧《帝王世纪》云：“太昊帝庖牺氏，风姓也。蛇首人身，有圣德，都陈。”罗泌《路史·后纪一》引作“天皇伏羲都陈留”。司马贞《史记·补三皇五纪》谓：“太皞庖牺氏，风姓，代燧人氏继天而王……都于陈，东封太山。”徐坚等《初学记·居处部》说：“伏羲都陈，神农亦都陈。”郑樵《通志·都邑略》云：“伏牺都陈，神农都鲁，或云始都陈。”马骕《绎史·太皞纪》引《帝王世纪》说：“庖牺氏……称太昊，都陈。”顾炎武《历代宅京记》云：“伏羲氏都陈。”吴乘权等辑《纲鉴易知录·太昊伏羲氏》谓：“太昊伏羲氏，以木德王……作都于陈。”《水经·渠水注》载：“沙水又东南迳陈城北，故陈国也。伏羲、神农并都之。城东北三十里许，犹有羲城实中。”当代学者多袭此说。淮阳境内分布着许多大汶口文化遗址，它们属于大汶口文化颍水类型。这一类型的大汶口文化是公认的太昊文化，说明淮阳确实是太昊伏羲氏之都邑。1997 年 6 月，朱镕基同志来淮阳考察时曾写了“羲皇故都”的题词。

伏羲都陈，死后亦葬于此。《历代陵寝备考》云：“太昊伏羲氏，风姓……陵在河南陈州府城北三里淮宁县界。”其墓通称“太昊陵”或“太昊伏羲陵”，系中国十八大名陵之一，因为是中华“人文始祖”墓，故称天下第一陵。该陵位于淮阳县城北 1.5 千米处的蔡河之滨，面临万顷湖水。其陵庙的历史悠久，至少可以追溯到春秋时期。据孔子《家语》载：“孔子自卫适陈，陈侯启陵阳之台。”“朝祖”碑载，孔子在陈时已建了庙。三国时曹植曾被封思王于陈，拜谒伏羲后作《伏羲赞》曰：“木德风姓，八卦创焉；龙瑞官名，法地象天。庖厨祭祀，罟网鱼畋。瑟以象时，神德通玄。”唐、宋时期，诏立陵庙，并派专人看守。元朝时，陵庙多年不修，渐渐毁坏，至元末，宋以前遗物仅留下一块墓碑。明英宗正统十三年（1448 年），在原有的废墟上进行重建。清乾隆十年（1745 年），又拨专款修葺。

至此，形成规模宏大、殿宇巍峨的陵寝。

太昊伏羲陵重建于明朝，按伏羲先天八卦之理数而兴修，其结构与明代皇宫相仿，是中国帝王陵庙中大规模宫殿式古建筑群之孤例，整个建筑群占地875亩，分内城、外城、紫禁城，总体布局坐北朝南。现有三殿、两庑、两楼、两坊、一台、一园、七观、十六门。主体建筑分布于南北750多米长的中轴线上，陵园正中为统天殿，殿内塑伏羲坐像，手托八卦。两侧配有神农、黄帝、少昊、颛顼塑像；殿前有月台，高7级，可容纳千人朝拜；再进为显仁殿，殿后是太始门，太始门后为太昊伏羲陵，陵周围即紫荆城。陵高20米，周长182米，上圆下方，取天圆地方之意，规模宏大，建筑雄伟。陵前有八卦坛和宋代石碑一通，宽1米，高5米，上镌"太昊伏羲氏之墓"七个大字，据传此碑为苏小妹用汗巾做笔写成。陵上有白檀、古柏，苍翠峥嵘，素有"羲陵岳峙"之称，是淮阳七台八景之一。清人雷方晓到此，拜祭后赋有《羲陵岳峙》诗曰："宛丘龙蟠面碧湖，岿然岳峙一孤陵；功开天地规模大，道冠皇王气象殊。宫阙云霞生栋牖，河喷烟雾隐龟图；千霄松柏凌高峤，园寝争看壮旧都。"陵后为蓍草园，传说伏羲曾在此揲蓍画卦。园内蓍草茂盛，名为"蓍草春荣"，列为古陈八景之一。从前太昊伏羲陵东西两侧还分布着观、殿多座，东边有岳飞观、老君观，西边有玉皇观、女娲观等。由于沧桑之变，这些建筑多遭毁坏，今仅存遗址而已[1]。

除了伏羲陵庙，还有画卦台与白龟池。画卦台又称八卦坛，相传为伏羲始画八卦的地方，在淮阳城东500米处的城湖之中，台高2米，台基大约占地10亩，环台皆水，唯西南边有一条小道可供人通行。明代台上建有大殿和八角亭，亭内奉侍有伏羲的铜像。经过历代风雨剥蚀，如今画卦台上的庙宇已不存在，只有那株传为伏羲栽种的八卦柏依然挺立如故。1981年，人们又在台上重建了一座八卦亭。

在伏羲画卦台前，有一个面积600平方丈的水池，传说为伏羲于蔡水得白龟掘池放养之地。他从白龟背壳上的纹理受到启示，创画了八卦。明人王良臣《白龟灵池》诗曰："寒碧平开土一泓，庖羲从此注精英。天上神物呈嘉瑞，池泄元机兆圣明。剖破阴阳从背见，兆来奇偶自爻生。谁知有象含天缘，止水天波分外清。"1984年8月16日凌晨，有人在白龟池内钓出一只白龟，印证了当年伏羲凿池养龟这一历史传说。

在淮阳还有一种叫"泥泥狗"的特殊工艺品。每年二月二到三月三的太昊伏羲陵古庙会,可以买到这种珍贵的纪念品。这些泥泥狗用黄淤泥捏制,全涂黑底,然后用红、黄、白、绿、粉五色绘以点线结构的图案,有草帽老虎、人面猴、对脸人、猴头燕、双头狗等数百种造型,浑厚古朴,艳而不俗。泥泥狗的名字由来已久,传说是伏羲喂的狗,又叫"陵狗",是给伏羲守陵的。另据《太平御览》卷七十八引《风俗通》谓:"俗说天开地辟,未有人民。女娲抟黄土作人,剧务,力不暇供,乃引绳于絙泥中,举以为人。"传说伏羲时代发生一次大的地震,天塌地陷过后,普天下只剩下伏羲、女娲兄妹二人,他们滚石为婚,女娲用黄土造人,所以中国人都是黄皮肤。泥泥狗也是女娲造人过程中的产物,故有"真图腾、活化石"之誉。[2]

濮阳雷泽华胥履迹处

雷泽又称"雷夏泽",因其地近负夏而得名。《尚书·禹贡》载:"雷夏既泽,雍、沮会同。"是说雍、沮二水汇流于雷泽之中。《括地志》谓:"雷夏泽在濮州雷泽县(北)郭外西北。"隋唐雷泽县本汉成阳县,古属济阳,其地在今山东鄄城县董口集东南,雷泽在古雷泽县城郭外面北 10 余里处,其面积东西 20 余里,南北 15 里,远古时代范围更大。其方位约在今山东鄄城县董口集与河南濮阳县王称堌、白堽乡、范县濮城镇之间。[3]一说雷泽在濮阳县西南 2 千米新习乡、城关镇与五星乡交界处,现名黑龙潭。站在长岭上可以看到一望无际的洼地。[4]文献记载华胥游雷泽履大迹而孕伏羲。《帝王世纪》载:"太皞帝包牺氏,风姓也。母曰华胥,燧人之世,有大人迹出于雷泽,华胥履之,而生包牺,长于成纪。"司马贞《史记·补三皇本纪》云:"母曰华胥,履大人迹于雷泽,而生庖牺于成纪。"《水经·瓠子河注》曰:"瓠河又右迳雷泽北,其泽薮在大成阳县故城西北一十余里,昔华胥履大人迹处也。"《太平御览》卷七十八引《诗含神雾》云:"大迹出雷泽,华胥履之生宓牺。"《潜夫论·五德志》称:"大人迹生雷泽,华胥履之,生伏羲。"《纬攟》卷十一载:"燧人之世,大迹出雷泽,华胥履之生伏羲。"《河图稽命徵》云:"华胥于雷泽履大人迹,而生伏羲于成纪。"《河图握矩起》载:"燧人之世,大迹在雷泽,华胥履之,而生伏羲。"《孝经·钩命诀》也谓:"华胥履迹,怪生皇牺。"上述文献记载,是说伏羲的母亲华胥,因在雷泽附近踩上了巨大的脚印后而身怀有孕,后来生下伏羲。这种神话传说,突出了伏羲这位人文初祖来历的尊贵和不凡。张振犁先生说:“伏羲生于中原濮阳雷泽。”[5]陈志忠先生云:“伏羲氏,传谓三皇时代补国君主,生于雷泽(今河南濮阳)。”[6]许顺湛先生据此主张,“濮阳雷泽地区是伏羲女娲的祖庭圣地”[7]。

郑州浮戏山

在河南省会郑州市所辖巩义、荥阳、新密和登封境内的浮戏山,俗称老庙山,是嵩山之余脉。这里风景绮丽,有著名的雪花洞和环翠峪风景名胜区。浮戏山的得名,据《汜水县志》载:“泉石欹危,映带左右。晨起俯而凭之,烟雾弥漫,万顷茫然,峰峦仅露其巅,烟移风动,如众鸟浮水而戏……山名浮戏取意于此。”不过,另外还有一种说法,是浮戏之“浮”与“伏”音同,也可写作“伏”。关于羲,《尚书序》孔传曰:“伏羲氏,伏,古作虙。牺,本又作羲,亦作戏。”张揖《字诂》谓:“羲古字,戏今字。”因而浮戏山可以认为是伏羲之山。郑州浮戏山一带,分布着众多伏羲、女娲祠庙,广泛流传着一些动人的伏羲、女娲故事,以浮戏山为中心,形成了河洛地带的一个伏羲文化圈。

荥阳市环翠峪一带,传说伏羲、女娲是当地一对孪生兄妹,两人练就一身好水性,男孩常仰卧水面而不沉,女孩时而潜入水底,时而浮出水面,活像一只大青蛙,人们把男孩叫浮戏(伏羲),女孩叫女蛙(娲)。有人主张浮戏山卧龙台是伏羲画卦台,以浮戏山为中心的地理图就是一幅八卦图。[8]

新密市来集乡南三里的浮山岭上,有一座伏羲女娲祠,当地也叫“娘娘庙”。庙门题额为“伏羲女娲祠”及“人源之祖”。过庭的门联是:“浮山自成曲千古,庙宇拔地享万年。”正殿敬祀伏羲、女娲并坐的塑像,这种伏羲、女娲以夫妻身份并排同坐殿堂享受祭祀的情况较为罕见。西配殿是三位送子娘娘塑像,说明女娲在民间繁衍后代的信仰和心态。庙内明万历三十四年(1606年)的《重修伏羲女娲庙记》云:“密邑东三十里,浮山岭上有伏羲女娲祠。……夫伏羲,古之继天而帝者也。洪荒之地,文明未开,而始画八卦,造六书,作甲历,正大婚之礼,制歌咏之乐。非特万古文明之祖,实开(天)成务之举矣。”

新密市牛店乡的补子庙,因“补”“伏”古音相通,又称伏羲庙。庙里的伏羲塑像早已被扒掉,仅在正殿北侧的偏殿内塑有女娲像,女娲右手托着五色石补天的风姿,颇有乡土风味。

新密市尖山乡的天皇山(也叫“祖始山”,属浮戏山脉)顶有一座始祖庙,庙的门联是:“开天辟地始祖先,香火兴盛黎民安。”横额为“祖始爷殿”。殿里供奉着伏羲、女娲塑像。现庙已被毁。当地仍然流传着这样的神话:祖师庙下的钟沟,是女娲补天炼五色石的地方,因此叫“红石沟”。伏羲、女娲是在这一带共同创世的。

根据上述有关历史遗迹和传说故事,张振犁先生指出:“‘浮戏’本是‘伏羲山’,华夏文明此有源。”[9]

巩义伏羲台

伏羲台位于巩义市东北约 10 千米处的河洛镇洛口村东黄河南岸的台地上,该台地正值黄河与洛河交汇处以东的夹角地带,高出黄河河床 80 余米。东部沟壑纵横,西部紧靠洛口,南边依望莲花山,此山诸峰连绵起伏,形似莲花,当地人古辈千年口耳相传,名之曰“连山”。伏羲台为一土丘,高 15 米,东西长 150 米,南北宽 100 米,略呈椭圆形,是一处以仰韶文化为主要内涵的新石器时代遗址。台东有一个 15 平方米的洼地,称“羲皇池”,据说为伏羲画卦着墨处。隋文帝开皇二年(582 年),颁诏于此建“羲皇祠”,元代谯国公曹铎在祠侧建“河洛书院”,现祠、院均毁。清代嘉庆年间,重建洛口寨门时,寨门上镌刻“古洛汭”三个大字,两侧的对联为:“荣光休气兆北阙,赤文绿字焕东周。”[10]相传伏羲台为当年伏羲画八卦之处。据《水经·河水注》载:“洛水于巩县东迳洛汭,北对琅邪渚,入于河,谓之洛口矣。自县西来,而北流注河,清浊异流,皦焉殊别。应玚《灵河赋》曰:资灵河之遐源,出昆仑之神丘,涉津洛之峻泉,播九道于中州者也。”伏羲台以西的河洛交汇处,洛水清,黄河浊,洛水注入黄河时,黑白相间,清浊异流,形成漩涡现象。伏羲在台上察日月交替,思寒暑循环,观河洛汇流所形成的漩涡,有感而绘制“太极图”。他在连山北麓伏羲台上创立八卦,完成了“易”的最初构思,就是后世所说的连山《易》。

孟津龙马负图寺

龙马负图寺位于孟津县城东北 20 千米的老城乡雷河村。相传上古之世，有龙马负图出于河，伏羲据此而画八卦。孟津县有一条小河，名叫图河，图河是黄河的一条小支流，发源于孟津县城东南 3 千米之邙山伯乐原诸坟岭，东北向逶迤注入黄河，全长 21.5 千米，流域面积 63.3 平方千米。现为“图河故道”。据说图河中有龙马怪物，兴风作浪，危害人民。伏羲于图河下游的老城乡孟河村降伏了龙马，把它圈养起来。龙马负图寺中有西汉孔安国语录云：“龙马者，天地之精也。其为形也，马身而龙鳞，类骆有翼，蹈水不没。圣人在位，龙马出于孟河之中焉。”伏羲经过认真观察，从龙马背上的旋毛图纹中受到启发，画出了八卦。“龙马恰为天地用，河图先得圣人心。”后人为缅怀伏羲降龙马、画八卦的伟大业绩，于晋穆帝永和四年（348 年），在此建寺纪念。《孟津县志》载：“寺在孟津县（今老城西），始名浮图寺。晋天竺僧浮图澄西来，住锡于此。怀帝永嘉时曰河图寺，梁武帝改曰龙马寺，唐高宗麟德中改曰兴国寺，又改曰负图寺。”明嘉靖四十二年（1563 年），于原寺后重建新寺，名“伏羲庙”，河南知府张汉书龛联：“读无字书忽想到羲皇以上，行负图里恍若游太极之初。”并吟诗曰：“性癖耽奇古，重游河水隈；行过负图里，接近读书台；七日初阳发，先天一画开；归时夸父老，亲见伏羲来。”乾隆十九年（1754 年）重修后改为“羲皇庙”。龙马负图寺建立于雷河北岸，供殿巍峨，规模宏伟，前有邙岭逶迤，后有大河奔腾。寺内伏羲殿内，供奉着伏羲和龙马的塑像。原来建筑比较完整，历经毁坏，仅明嘉靖年间所建一座大殿旧貌未变。该殿砖木结构，单檐歇山式，面阔 3 间，进深 7 间，挑角斗拱，灰瓦绿脊，琉璃吻兽。殿内东西山墙上镶石碑 24 通，镌有全寺建筑分布图和程颐、邵雍、张戴、朱熹、王铎等名家撰写的碑记。原山门左侧，立有“龙马负图处”碑一通。

1992 年 9 月，孟津县政府对伏羲大殿进行全面落架提升修复，在原有地平线上提高 2 米台基，对原建筑物件：立柱、墙体、檩条、斗拱等经修整后，重新上架，保持了原有的建筑风貌。在大殿前山门的遗存基础上，按其旧制修建了山门及钟鼓楼。

伏羲八卦最初源于天赐祥瑞。《尚书·顾命》载，策立康王时，堂上“越玉五重，陈宝，赤刀、大训、弘璧、琬、琰，在西序。大玉、夷玉、天球、河图，在东序”。河图是其中所陈设的一件宝器。孔安国为之传曰：“河图八卦，伏羲王天下，龙马出河，遂则其文以画八卦，谓之河图。”郑玄疏曰：“河图，图出于河，帝王圣者之所受。”《论语·子罕》曰：“子曰：凤鸟不至，河不出图，吾已矣夫！”《礼记·记运》疏引《中候·注》：“伏羲氏有天下，龙马负图出于河，遂法之，画八卦。”《汉书·五行志》说：“刘歆以为伏羲氏继天而王，受河图，则而画之，八卦是也。”班固赞云：“河图命庖，八卦成列。”《水经·河水注》说：“粤在伏羲，受龙马图于河，八卦是也。故《命历序》曰：《河图》，帝王之阶，图载江河山川州界之分野。”《古今图书集成·职方典》谓：“上古伏羲时，龙马负图出于河，其图之数，一六居下，二七居上，三八居左，四九居右，五十居中。伏羲则之，以画八卦。”元代吴澄《易纂言》云：“河图者，羲皇时河出龙马，背之旋毛，后一六，前一七，左三八，右四九，中五十，以象旋毛星点，而谓之图。羲皇则阳奇阴隅之数，以画卦生蓍。”“河图”神话意在伏羲征服自然灾害，并从中得到科学知识的启迪，开始创造出符号文化。传说当年伏羲拴龙马的地方叫马庄（桩），圈养龙马处叫“前圈”和“后圈”（后改称雷河村和卫河村），面对龙马研制八卦的高台叫“读书台”，该台又称“八卦台”，在图河下游注入黄河的入河口三角地带，即雷河村东北不远处。在雷河下游两岸地区，有八个村子以“河”命名，它们是雷河、卫河、陈河、东李河、西李河、郑河、上图河、下图河。当地人称之为“七里八河”，即在七华里范围内有八条小河。这八条小河的来历，传说伏羲得到龙马之后，时时与龙马为伴，天长日久，龙马与伏羲之间便产生了浓厚的感情。后来伏羲病逝后，龙马痛不欲生，便从马庄（伏羲养马处）一带开始，在地上打滚，向黄河滚去，凡是龙马所滚过的地方，便出现一条小河，成为图河的支流，在这些小支流附近人们聚居的村子便以河为名了。这些地方都在负图寺附近，为伏羲降伏龙马的传说增添了几许神秘色彩。[11]正像《孟津铭》说的：“洋洋河水，朝宗于海，经自中州，龙图所在。”

洛宁洛出书处

洛宁位于河南省西部的洛河中游，熊耳山矗立于南，峭山虎踞西、北，三面重峦叠嶂，一面平坦无垠。从洛宁县城西行约20千米，就是全长442.5千米的洛河上下游分界处，也是洛宁历史上的长水县县城所在地，即今之长水乡西长水村，这里为伏羲发现洛书处。

伏羲之世，河洛地区有两个大的氏族部落：有河氏活动在黄河之滨，其首领称河伯；有洛氏活动在洛河之滨，其首领称洛伯。伏羲将自己善良而美貌的女儿宓妃下嫁给洛伯为妻，因此宓妃又称洛嫔或洛妃。河伯久闻宓妃天姿国色，为了霸占宓妃，便对洛伯发动了一次大规模的掠夺战争。结果洛伯战败，宓妃投洛河而死。伏羲为替女儿报仇，率兵诛杀河伯的同时，亲临女儿殉义处察看，竟然从洛水中发现了灵龟献书。于是伏羲便寓居于此，据河图、洛书，画八卦，造书契，演古易，作甲历定四时，治田里，并且特意将龟书图案刻画在龙头山南面临洛水的石壁上，以作永久纪念。

在洛出书处的洛宁县西长水村，相传为“老龟坑”即龟窝所在地，两碑并排面南而立，相距3.18米。东边古碑高2.01米，宽0.675米，厚0.27米，碑额刻有圭首图案，图中方形线基本脱落，似为洛书图样。碑文仅剩一魏书“洛”字，当为汉魏遗碑。西边古碑高1.825米，宽0.235米，厚0.17米，为清雍正二年（1724年）永宁县令沈育所立，碑上刻有“洛出书处”四个大字。这是专记洛书之源的重要碑刻。[12]

《易·系辞上》云：“河出图，洛出书，圣人则之。”这是最早记载洛出书的文献。此外，还有许多文人墨客对之吟诵不绝。如唐中令李峤《洛》诗云：“九洛韶光媚，三川物候新……神龟方锡瑞，绿字重采臻。”又李峤《书》诗曰：“削简龙文见，临池鸟迹舒。河图八卦出，洛字九畴初。”唐张钦敬《洛出书》诗谓：“浮空九洛水，瑞圣千年质。奇象八卦分，图书九畴出。”明张论《坛屋山赋》曰：“帝不忍长夜之未旦兮，阐至丹而禅通。既发表图于洪河之涘兮，复感龟书于泸洛之泓。”……这些诗词中充满了对伏羲发现洛书的赞美之情。

在河南洛宁，除了“洛出书”处，还有伏羲因思念女儿而为之懊悔的懊来山，伏羲得洛书而设坛祭天，造屋寓居的龙头山——被后人传称的坛山、坛屋山，龙头山顶有一座祀奉伏羲的羲皇庙和奉祀洛伯与宓妃的洛河龙神庙。

西华女娲城与女娲坟

西华古称长平，位于河南省中部偏东的黄淮平原中部，东邻“羲皇故都”淮阳，是著名的“娲皇故都”所在。《说文》称：“娲，古之神圣女，化万物者也。”《淮南子·览冥训》提到女娲时说：“考其功烈，上际九天，下契黄垆，名声被后世，光辉熏万物。乘雷车，服驾应龙，骖青虬，援绝瑞，席萝图，黄云络，前白螭，后奔蛇，道鬼神，登九天。”文献记载中的女娲城，位于西华县城北 9 千米的聂堆镇思都岗村，相传为“女娲氏之故墟”或“女娲之都”，城系女娲补天时所筑。《太平寰宇记》卷十载：“县西二十里，旧传女娲之都，本名娲城。”《东野纪闻》云：“陈之长平即女娲炼石补天处。今有女娲城在焉。”《读史方舆纪要》卷四十七云：“娲城在西华县西，女娲之都也。”《河南通志》云：“女娲氏遗民思故都，因以为名。”《陈州府志》载：“西华县。女娲城在县西北十里。曹植赞曰：‘古之国君，造簧作笙。人物未就，轩辕纂成。’”清《西华县志》谓：“娲城，以为女娲所筑之城，故老相传，其来已久。城上朝来缤纷，烟霞袅袅，尤以春夏之交，以此景为壮观。”有人以此赋诗：“女娲炼石自何年？补足人间缺漏天。石屑化为城上土，常将五色幻朝烟。”思都岗村内有古刹，名龙泉寺。寺内存有一明代碑碣，碑文说：“西华县治北十五里有城遗址，半就湮没，传为女娲故墟也。”女娲死后，人们在思都岗村修女娲城，在城内建女娲阁，阁分上下两层，上供女娲，下供伏羲。女娲身披树叶，赤足散发，左手折鳌，右手持蛇，气宇轩昂，栩栩如生。后经历代增修，娲城已具相当规模，城垣坚实。庙宇堂皇，已达五庙十殿，颇为壮观。后来城、阁被毁，百姓思念娲皇故都，因名“思都岗”。民间传说，这一带就是当年女娲补天处。

1981 年，周口地区文物工作队对女娲城进行钻探试掘，发现一座春秋战国城址。城址平面呈正方形，为内城外郭式格局。外城城墙边长 500 米，内城城墙边长 360 米。城墙存高 3 米，宽约 6 米，周围有城壕环绕。西城墙上筑有一座烽火台。城内出土的陶器有釜、罐、鼎、鬲、瓮、豆、筒瓦、排水管道等。以上表明春秋战国之际这里已筑有以“女娲”命名的城邑。20 世纪 80 年代后期，除在西华县城广场建立一尊女娲补天塑像外，新建的女娲阁拔地而起，坐北向南，高 8 米，占地 200 多平方米。整个建筑飞檐斗拱，黄瓦鎏金，一派古朴肃穆景象。四周古柏参天，绿水荡漾，景色宜人。

女娲坟位于西华县城北，在女娲城西南 280 米处。原高 6 米，面积近 400 平方米，后为黄河水淤没。1984 年当地群众加封土冢，增高至 13 米。坟前有女娲墓碑。传说农历腊月十一是女娲生日，正月十五是女娲补天完工的日子，故每年腊月十七到二十三，正月十二到二十女娲城庙会期间，附近县乡甚至外省不少群众都到女娲坟前烧香祭拜，人数最多时一天竟达两万余人。[13]

上蔡白龟庙

白龟庙又称白龟祠，位于上蔡县城东 15 千米的塔桥乡白龟庙村。上蔡的“蔡”字，由“艹”和“祭”组成，为会意字。“艹”代表蓍草，“祭”代表祭祀中所用占卜的神龟。蓍草一株数茎，多少不等，叶如槐而小，以卜吉凶。《本草纲目》云：“此类亦神物，故不可常有。”龟长寿，古为吉祥物，人们常用龟甲占卜。王象晋《群芳谱》云：“蓍满百茎，其下神龟守之，其上常有青云覆之。”蔡地传说有白龟浮于蔡河。《清一统志 · 汝宁府》云，蔡水“因龟行之迹成河”。相传当年伏羲创画八卦于蔡水之滨。明代河南巡抚阎兴邦《蓍台碑记》云：“上蔡县东三十里，一台屹然立于蔡沟，曰蓍台。蓍草生也。盖伏羲氏画卦地也。其西北有庙以祀伏羲。……伏羲画八卦，开万世文字祖，文王、周、孔共发明之。伏羲之德如是。则台也，庙也，当与河图洛书并垂永久矣。”明代杨埙《蓍草台记》也说：“上蔡，古建侯之国也，由东门不二里许，有水一脉，萦纡委折，东流三十里，注于洪河。旧有元龟，素甲缟身，浮游其中，故名曰‘蔡沟’。适强沟半，有台窿然临于沟北。台之四周，方广二十顷。蓍草丛生其间，首若龙矫，尾若凤翔，盈于台畔。伏羲氏作，取而筮之，以画八卦之变，故名曰‘蓍台’。又于其西北为八卦台，后人建白龟庙于台上，以祀元龟之神。其创始年月漫不可考，意者唐虞三代之旧欤！”伏羲画卦之地为蔡，其所在之岗为蔡岗，河为蔡河，又名蔡沟，泛称蔡水。

伏羲画卦所在的白龟庙村，宋时称羲皇城，明代称羲和寨，建有 6 万平方米的一城一庙。其城东西宽800米,南北长1200米,四面各建有城门,双重护河。东有青龙沟,西有白虎沟,南有朱雀沟,北有玄武沟,并有20余亩祭田。白龟庙坐北向南,门前有玉带河,桥头立有“蓍台”石坊。门内左右为钟鼓楼,其北有仪门,仪门左右各有5间配殿。仪门以北正中为面阔5间、进深3间的伏羲大殿,大殿建在5尺高的月台之上,为琉璃瓦顶,门悬“人文始祖”匾额,殿中塑有伏羲坐像,殿前建有5层铁塔两座,塔高8米。伏羲殿后为三皇阁,内塑天皇、地皇、人皇坐像。阁西有垂花门通蓍草园,蓍草园中有先天八卦亭一座。先天八卦亭又称画卦亭,建于高2米的砖台之上。为八角形攒尖琉璃瓦顶,青石圆柱,顶部有八个拱角,檐下八方分别有“乾、坤、坎、离、震、艮、巽、兑”八个大字,并立有八根方形石桩,柱间装饰有青石栏板,雕以花卉图案。门在南面,门侧两根石柱上刻对联一副:“仰观俯察一画明天地之道;数往知来六爻发古今之藏。”亭旁旧有东汉蔡邕所题的“伏羲画卦碑”。画卦亭后有伏羲墓,当地俗称人祖坟,坟高数丈,上有两人合抱的古楸数株。东配殿有圆门东通接官厅,厅前有后天八卦亭一座,其形如西院的先天八卦亭。接官厅后为道院,又东有道教诸庙,其北为菜园花圃,经过历史的剥蚀,殿内建筑大都遭到破坏,保护较好的主要为伏羲画卦亭。庙内蓍草葳蕤,历数千载而不衰。[14]

沁阳伏羲女娲殿

沁阳市位于河南省西北部的沁河下游,西与济源相邻,南望滔滔黄河,北依巍巍太行,太行山从北到南纵卧腑地,沁水自西向东横贯全境。沁阳古称“野王”,又称“河内”,属怀州所辖,境内的太行山一名女娲山,王伯厚《地理通释·十道山川考》云:“河北名山太行,在怀州河内县西北,连亘河北诸州,为天下之脊。一名皇母,一名女娲。其上有女娲祠。”远古时代女娲氏族部落曾在太行山地区活动,故而该山又以女娲命名。沁阳境内的金顶山属太行山南麓主峰之一,位于沁阳市紫陵乡赵寨村北,山上原有一天然石洞,元代在此倚洞建有女娲殿宇,清代进行重修。现存伏羲女娲殿为石砌山墙,硬山灰瓦顶,殿内供奉有伏羲、女娲塑像,殿前有清代重修碑记一通。[15]

济源女娲补天石

济源位于豫西北地区的黄河北岸，中国古代四大名渎之一济水发源于此，济源北依太行、王屋两山，王屋山系太行山南段的一个支脉，山峦重叠，以其"状若王者车盖"而得名。王屋山下有著名的女娲补天石。宋人崔伯易《感山赋》云："客有为余言太行之富。其山一名皇母，一名女娲。或云：于此炼石补天。今其上有女娲祠。因感其说，为之赋，其辞曰：……仁智所依，仙圣其迹。其动能龙，非迅雷烈风不起；其出如风，非醴泉甘露不食。服皇娲之妙道，藏补天之神石；或饵术而采芝，或吞阳而嗽液；或偶怀于老易，引公和之余韵，振文举之归策。"赋中提到的"补天之神石"，又称"王屋山五色石"。据《淮南子·览冥训》载："往古之时，四极废，九州裂；天不兼覆，地不周载；火滥炎而不废，水浩洋而不息；猛兽食颛民，鸷鸟攫老弱。于是女娲炼五色石以补苍天，断鳌足以立四极。"女娲补天石在王屋山紫金崖下三官洞外，这里有一块色彩斑斓、大而奇特的五彩砾岩，传为当年女娲补天时所剩之石，故称"女娲补天石"，象征吉祥如意。

济源市西北 55 千米的邵原镇小沟背村，其地貌特征属山间盆地，以小沟背村为中心，狭长幽深的银河贯穿全境。河谷两岸群峰壁立，沟壑纵横，五色奇石遍布，大的似楼宇，小的如鸟卵，五色胶结之状，真的就像"熔炼"的一样，相传这里是女娲炼石补天的地方，当地民谣形象地说："天上银河星星稠，地上银河彩石谷。"因此，小沟背村又称"炼石村"。

小沟背村河谷傍依的山峰，宛如一个傲视众生、展翅欲飞的金凤凰，凤凰台高高耸立为凤首，沿凤颈向上延伸的山梁为凤身，两侧山岭像凤翅，活灵活现，栩栩如生。前面河床经千万年河水冲刷，形成"龙槽凤池"，相传为女娲、伏羲嬉戏沐浴之处。

在济源市邵原镇和王屋乡一带，还流传着这样的故事：当年女娲炼的五色石头少了点儿，没有把天补齐，西北角的上空是用冰块堵的，因而太行、王屋山一带，每年夏秋时节，雷雨频繁，只要天上西北角发出了黑云，常常是骤风暴雨，往往还夹带着冰雹。[16]

中原地区的伏羲文化史迹,除上面提到的几处外,还有登封三皇庙、禹州方山八卦台、荥阳汜水紫金山伏羲庙和汜水白玉岭女娲祠、泌阳女娲山、信阳鸡公山女娲祠等。伏羲是人文初祖,他曾结网罟而发明渔猎工具,制作琴瑟等乐器,并规范婚姻制度与嫁娶礼仪,以及始画八卦,用"太极"学说来分析宇宙发展变化之理。女娲是"三皇"之一,为我国上古最负盛名的一位女神。相传她曾炼石补天,发明笙簧,抟土造人,为女媒而设置婚姻。伏羲、女娲的丰功伟绩,如日月经天,江河行地,将永存史册,长留于人们心目之中。

注　释

[1]马世之:《伏羲文化中原觅踪》,《寻根》2003年第1期。

[2]段金生、穆仁光主编:《周口》,河南人民出版社,2001年,第58—64页。

[3]马世之:《濮水流域虞舜史迹探索》,《帝舜故里》,濮阳帝舜文化研究会,2001年。

[4]朱绍侯:《帝舜故里负夏(瑕丘)考》,《帝舜故里》,濮阳帝舜文化研究会,2001年。

[5][9]张振犁:《"浮戏"本是"伏羲山",华夏文明此有源》,《溱洧文化》2002年第2期。

[6]陈志忠:《浅谈伏羲业绩与河洛文明》,《溱洧文化》2002年第2期。

[7]许顺湛:《说雷泽》,《中华第一龙——'95濮阳"龙文化与中华民族"学术讨论会论文集》,中州古籍出版社,2000年。

[8]王战龙:《伏羲故里在郑州浮戏山》,《郑州晚报》2005年5月17日。

[10]于长君、廖永民等:《河洛"伏羲台"遗址考古综述》,《洛汭与河图洛书》,河南科技出版社,1996年。

[11]孙顺通主编:《河图之源》,中州古籍出版社,1997年。

[12]李德龙:《洛书之源探析》,《河洛文化研究》,解放军外语音像出版社,2006年。

[13][15]张放涛主编:《中原文化旅游概览》,当代中国出版社,2003年,第148—169页、第149页。

[14]梁俊峰:《伏羲文化在蔡的遗存及影响》,《厚重天中——天中文化论集》,中国国际文化出版社,2006年。

[16]张振犁、程健君:《中原神话专题资料》,中国民间文艺家协会河南分会,1987年,第60页。

(原载《中州学刊》2007年第4期)

黄土高原地带的伏羲文化

黄土高原是世界上最大的黄土沉积区。位于中国中部偏北。北纬34°—40°,东经103°—114°。东西1000余千米,南北700千米,包括太行山以西、青海省日月山以东,秦岭以北、长城以南广大地区。跨山西、陕西、甘肃、青海、宁夏及河南等省区,面积约40万平方千米,海拔1000—1500米,除少数石质山地外,高原上覆盖着深厚的黄土,黄土颗粒土质松软,富含可溶性矿物质养分,利于耕作。由于黄土孔隙度较高,透水性强,垂直节理发育,具有沉淀性,在长期流水侵蚀下地面被分割得非常破碎,形成沟壑交错其间的塬、梁、峁及河谷与盆地。那丰富多彩、千姿百态的地貌,被誉为“疯神捏就的世界”。疏松而肥沃的土壤,培育了中华民族的古代文化,被称为“黄土地区的繁荣”。在黄土高原东部的陕北、陕南、关中、晋南和陕、晋、豫三省交界的金三角地带,到处都有伏羲、女娲的史迹与传说,可以称之为黄土高原地带的伏羲文化。比较著名的有延川伏义河、平利女娲庙、临潼老母殿、洪洞娲皇庙与女娲陵、芮城风陵堆等。

延川伏义河

伏义河是陕北延川县土岗乡黄河岸边的一个村庄。传说伏羲曾经居住在这里,当时有龙马从黄河中出现,背负《河图》,伏羲得河图于此,据河图而画八卦,故而人们将黄河这一段叫“伏羲河”。伏义河村附近的一座山,名叫圣览山,相传伏羲经常在此山上观察黄河,极目向东鸟瞰,黄河之水在秦晋大峡谷中的伏义河村南北画了两个反方向的半圆,然后向南流去,这是大自然造就的太极两仪图。人们把此黄河之湾称为“乾坤湾”。据《乾坤湾碑记》云:“乾坤湾凝聚了天地之灵气,集聚了九曲黄河之神韵,外延苍莽,内涵深邃。相传远古时,圣人伏羲氏多次到此仰头观天象，低头看河山，神悟阴阳鱼，点化太极图。后人因此称这一胜景为乾坤湾。”

距伏义河村不远有个伏寺村，也叫伏祀里，据说是伏羲祭祀天地的地方，村内有一座伏羲庙，庙里供奉着人头蛇身的伏羲和女娲。

从伏义河村上山到虎头峁，虎头峁北侧的悬崖上有一长条岩洞，30多米长，最深处有五六米，叫伏母寨，面对黄河乾坤湾，传说是伏羲母亲华胥居住的地方。虎头峁三面悬崖峭壁而且环水，是天然的堡垒，应为伏羲族活动的中心地带。在这一带还流传着伏羲和女娲婚配的传说，从虎头峁北望，黄河岸边有一块磨盘形状的大石头，相传是伏羲和女娲从山上滚下的磨盘。再从民间碾磙和场里石磙上的图案看，基本上都是由八块组成，成八卦象。[1]

此外，在延川神储峰通往会峰寨有一条云路。在云路北端的石凹中有一幅地质史上天然形成的八卦巨石图。其排列结构是由下往上，第一排有一个圆形巨石，第二排有两个圆形巨石，第三排有四个圆形巨石，第四排有八个圆形巨石残体。“这幅先天太极始生八卦巨石图与中国传统历史文化中伏羲先天太极八卦图完全一致，按理推断，这幅先天太极始生八卦巨石图应该是伏羲先天太极始生八卦图的蓝本。”[2]

在会峰寨南5千米处有一座古寨，叫风合寨，相传是伏羲、女娲婚后生儿育女时居住的地方。在风合寨的南端，有一个村落叫枣洼，谐音造娃，相传是女娲造人的地方。

在会峰寨与清水关之间的黄头湾，溪水潺潺，飞瀑流彩，小河之北的石山形神酷似神龟负书，小河之南的石山形神好像蛟龙衔珠，形成了河谷口的龟蛇华表捍卫门庭的地理格局。[3]

在延川伏义河村一带，凡谈及伏羲与女娲的传说故事，大多与黄河有直接的联系，黄河是伏羲文化永恒的源渊。“伏羲从黄河中得到《河图》而画八卦，据科学家考证，我国的《河图》与埃及的金字塔，在数值比、倍数关系、方位、对7的重视及含义的理解等诸多方面都存在着统一的对应关系。可见我国的远古文明起码与埃及一样辉煌。华夏始祖智慧之伟大，确实令人叹服，这就是东方文化神秘之所在。”[4]

平利中皇山与女娲庙

陕南平利县城西 15 千米有座海拔 988 米的中皇山，异峰独秀，又名女娲山。五代蜀杜先庭《录异记》云："房州上庸界，有伏羲女娲庙……"这是最早记载女娲庙在平利的史料。房州即今毗邻平利的湖北房县，西晋时平利属房州管辖。"上庸界"即今平利县。

在中皇山东北方向不远处，有一条山沟名叫"磨沟"，此沟因伏羲、女娲兄妹"滚磨成婚"的传说而得名至今。

《淮南子·览冥训》载："往古之时，四极废，九州裂，天不兼覆，地不周载。……于是女娲炼五色石以补苍天，断鳌足以立四极，杀黑龙以济冀州，积芦灰以止滔水。"《论衡·谈天》引儒书言："共工与颛顼争为天子，不胜，怒而触不周之山，使天柱折，地维绝。女娲销炼五色石以补苍天，断鳌足以立四极。天不足西北，故日月移焉；地不足东南，故百川注焉。"在安康东南距平利五六十千米的地方，有座巍峨挺拔的大山名叫"天柱山"，传说此山乃鳌足演化而来。

女娲炼石补天处也在中皇山。女娲庙所在山峰向南 500 米有座"偏头山"。相传女娲炼石成功之后，奋力举石补天，第一脚踏力过猛，将此山踏歪偏向山南一侧，故名"偏头山"，据说山上留有女娲的脚印。女娲的第二脚踏向中皇山，将该山山头西侧夷为平地，后在平地上建起了现在的女娲庙。中皇山因而又得名女娲山。

女娲庙坐落在女娲山乡七里村，气势宏伟，殿宇纷繁。相传女娲采金州（今安康）南山五色石炼之补天，救民于水火之中，从此风调雨顺，百姓康泰。女娲在此修造了一座土地庙，教南山民众种桑养蚕，缫丝织绸，福祉于民。当地百姓为祭祀女娲的贤能厚德，将土地庙改建为女娲庙。《路史》云："女娲始治于中皇山，继兴于骊山之下，中皇山即女娲山，有天台鼎峙，今建女娲庙。"唐宋以来，女娲庙历经修葺扩建，尤其是清乾隆元年（1736 年）重修后，拥有正殿四重，房屋百余间，被誉为"名胜之方"。

解放初期，女娲庙仍保存完好。那时的女娲庙共分三层殿。一层是天井，内有一棵千年桂花树，人称"中皇古桂"。二层是拜殿，楼宇古朴，雕梁画栋，气宇不凡。三层正北为正殿,供奉女娲娘娘。另有东厢房、西厢房和南厢房。

女娲庙北有座塔院,塔院正面有门楼,四周内有走廊贯通。塔院中央有一座七层圆体八角、高 20 余米的女娲塔,琉璃塔顶金光闪烁,高耸云端。

平利县收藏一块清雍正十三年(1735 年)的《中皇山女娲氏庙碑》,高 3.3 米,宽 1.3 米,由三块梨木精刻而成。碑文记述了女娲神话传说。

庙内还保存着一块完好的石碑,为清道光二十年(1840 年)十一月刻立,内容是女娲庙的庙界、土地、庙宇的管理和僧人、居士、香客应遵守的条规刻碑告示。[5]

此外,平利县文物旅游局对女娲庙遗址进行文物调查时,又发现了三块与女娲有关的石碑。"专家认为,这一发现有力地证实了女娲文化的发祥地在陕西平利。"[6]

临潼老母殿

骊山是终南山的支脉,位于西安市东 20 千米处,主峰在临潼区的南面,山势高耸,绿树成荫,风光绮丽,景色宜人。罗泌《路史》云:"女娲立治于中皇山,山在金州之平利。……继兴于骊,治百三十载而殂落。"清乾隆《临潼县志》载:"丽戎国(今西安市临潼区),古女娲氏,继兴于此。"骊山西麓有女娲氏庄(俗名娲氏庄),北麓则有女娲谷等。骊山巅有人祖庙,元代骆天骧《类编长安志》引《三秦记》说:"骊山巅有三皇庙,不斋戒而往,即风雨迷道……又呼人祖庙。"何光岳先生释云:"因女娲氏被华夏族视作人类祖先,祭祀的人祖女娲氏,元代以后讹为仁宗庙。今骊山最高峰有村名仁宗庙,临潼县仁宗乡也以此而得名。"[7]骊山女娲史迹中,最负盛名的莫过西绣岭上的"老母殿"。相传为汉武帝时的女娲祠。殿内塑有女娲像,手持五色石,供人祭祀和瞻仰。唐玄宗时期,陇西(今甘肃临洮)人道士李筌(号达观子)在嵩山(今属河南)隐居,修炼道术,在虎口岩石中发现了《黄帝阴符经》,西行入关求教,曾道遇骊山老母。宋敏求《长安志》云:"唐李筌于此遇骊山老母,说《阴符经》。传教既毕,令筌取水。筌乃携瓢就泉汲水,已失老母,因泣,名咽瓢泉。""咽瓢泉"名称包含了一段曲折委婉的同女娲有关的民间故事。郭沫若《重游华清宫》诗里有"老母长生剩吉羊"的句子。郭老解释说："相传女娲氏曾在此炼石补天，她死后，人们葬其于骊山之阳白鹿塬鲸鱼沟北坡，属蓝田县，又在骊山之阴筑女娲祠，俗名老母殿。"传说女娲当年补天时，用骊马驮五色石，被石中的火焰烧死后变成山，因此得名骊山。临潼百姓为了祭祀女娲补天的功绩，每年正月二十日过女皇节，又称女娲生日、女娲补天节。届时家家做"补天饼"抛到屋顶，象征补天，同时往地上、井里投掷，象征补地，然后全家吃补天饼。当今临潼的小吃里，就有补天饼、女娲包子等，洋溢着敬仰女娲的感情。

洪洞娲皇庙与女娲陵

山西洪洞县处在丘陵、平原的交接地区，东北凭依霍山，西临汾河，气候温暖，土地肥沃，是古代人类理想的生存居地。相传女娲炼石补天、积芦灰止滔水等功绩都发生在这里。洪洞县越城镇侯村东北隅，有一座娲皇庙，全称为"娲皇圣母庙"，坐北面南，就地势建造，南低北高，南北长约 1 千米，东西宽约 500 米。《大清一统志》载："庙周围约五里许。"庙中原有古柏 108 株，这个数字在古天文历法学里被称作"大周天"的数，现在庙中还有 3 株古柏，最大的一株为"猴头柏"，高 20 多米，径围在 8.5 米以上。有人推断，它是黄帝来此朝拜女娲时所植。自古以来，侯村"娲皇庙"与陕西"黄帝陵"、湖南"炎帝陵"地位相当，一直是享受历代帝王祭祀的国家级神庙。庙中除宋开宝六年(973 年)《大宋新修娲皇庙碑铭并序》碑和元至元十四年(1277 年)《大元国重修娲皇碑》两块巨碑外，还出土多块明、清两代皇帝遣官致祭的"御制碑"。

娲皇庙后面为著名的女娲陵。据《太平寰宇记》载："女娲墓，在赵简子城东南五里，高二丈。"清道光十七年(1837 年)《赵城县志》云："女娲陵，在县东八里侯村，正、副陵各一，皆在庙后，东、西相距四十九步……陵前古柏一百八，树多八九人围……宋乾德四年(966 年)，诏给守陵'五户长'吏，春秋奉祀，其后代有祭告……"女娲陵分为正、副二陵，东西并峙。正陵在娲皇庙正北，是一个高四五米的圆形土丘，周长约 50 米；副陵在娲皇庙西侧，大小与正陵相近。正陵埋葬女娲之体，副陵为衣冠冢，埋葬女娲生前所用之物。[8]正、副陵中间，有一座补天石亭，亭中央有一块高 1.8 米的补天石。石亭的墙壁上嵌有一方碑刻。碑刻撰文说“这块石头，是女娲补天后剩下的一块……”现在看来，这是一块陨石。

女娲陵上原有古柏多株，表面遍布小土坑。土坑是人们“刨娃娃”求嗣留下的痕迹。女娲陵正对女娲母亲华胥圣母楼。传说很早以前大帝在一块石头上撒尿，华胥圣母恰巧路过这里坐在这块石头上休息，回家后身怀有孕，生下了女娲。侯村人把这个地方叫老母洼，农历三月初十是女娲生日。这一天那些婚后不育或没生儿子的妇女有去陵上“刨娃娃”求嗣的习俗。

女娲陵所在的洪洞县赵城镇，有一个流传几千年的故事，说当年伏羲与女娲都住在侯村女娲宫中，伏羲负责照料女娲的生活起居。有一天伏羲在为女娲梳头时，因偷看宫女一眼而没把头梳好，女娲大怒，一脚把伏羲踢到九里十三步远的伏牛村。1948 年前伏牛村的爷爷庙里，伏羲塑像背上还有一个脚印。

关于女娲炼石补天，传说她一次做饭釜破，釜底一粒烧过的石子遇水，先成白灰，继而成白泥，泥干抠之不碎，用水滴不漏。由此受到启发，将五颜六色的石灰岩烧成石灰，加水成浆，用灰浆去补天上的窟窿。由于她十分劳累，天的西北方向还有一个窟窿没有补上，所以晋南地区下冰雹总是来自西北方向。

女娲炼石补天后，洪水泛滥成灾。她又将芦苇绑成捆，拴上石头投入涧河的决口处，用碎石相压。再把石灰掺入泥土倒在上面，夯实筑成堤坝。这样洪水就只能沿涧、河床流入汾河，再经黄河流入东海。赵城百姓为牢记女娲“止滔水”的功绩，就把芦苇叫“女秆儿”和“堤秆儿”。

芮城风陵堆

女娲陵即“风陵”，因女娲姓风，故而其墓又称风陵堆。风陵堆位于豫陕晋三省交界处，故而旧有河南阌乡、陕西潼关和山西河东三说，其实均指一地。

关于河南阌乡说，《新唐书 · 五行志二》载：“天宝十一载（752 年）六月，虢州阌乡黄河中女娲墓，因大雨晦冥，失其所在，至乾元二年（759 年）六月乙未夜……其墓涌出。”《丹铅总录》引《旧唐书》云：“天宝十一年（752 年）六月，阌乡县黄河中女娲墓，因大雨晦冥，失所在。至乾元二年（759 年）六月，濒河人闻有风雷，晓见其墓涌出土，有巨石，上有双柳，号风陵堆。盖女娲亦风姓也。事又见《女娲陵记》，千万年后，灵异如此，补天之说，亦或不诬乎。”《太平寰宇记》

卷五“河南道陕州阌乡县”载:“阌乡津,去县三十里,即风陵故关也。女娲之墓,秦汉以来,俱系祀典。”《河南府志》云:“女娲陵在阌乡县黄河滨。唐天宝末忽失。乾元初,复涌出。遂名风陵渡,盖后风姓故也。”《阌乡县志》云:“天宝十一年(752 年)六月,阌乡县黄河滨女娲墓因大雨晦冥,失所在。乾元二年(759 年)六月,濒河人闻有雷,晓见其墓涌出。上有巨石,石有双柳,时号风陵堆。盖女娲亦风姓。”唐宋阌乡县治今为河南灵宝市朱阳镇文乡村,文乡西约 20 千米的黄河滨(今在河中)有一古墓,名曰风陵堆。黄河水流经此处,吼声如雷,波浪激天,“风陵波浪”为当地胜景之一。

关于陕西潼关说,潼关古称桃林塞,东汉始置县,位于关中盆地东端,东接河南灵宝,北临黄河,与山西芮城隔河相望。《酉阳杂俎·忠志》虢州(治所在今河南灵宝)刺史王光奇向唐肃宗上奏女娲坟事云:“天宝十三载(754 年),大雨晦冥忽沉。今月一日夜,河上有人觉风雷声,晓见其坟涌出,上生双柳树,高丈余,下有巨石。兼画图进。上初克复,使祝史就其所祭之。”《太平广记》卷三九〇引《唐晤》载,乾元二年(759 年)六月,虢州刺史王晋光曾向唐肃宗奏曰:“潼关河津上有树数株,虽水暴涨,亦不漂没。时人号为女娲墓。”《元丰九域志》云:“女娲墓在今潼关口河滩上,屹然介河,有木数株,虽暴涨不漂没也。”上述文献记载,女娲墓在陕西潼关境内。

关于山西河东说,文献记载颇多,如《水经·河水注》载:“河水自潼关北,东流。……关之直北,隔河有层阜,巍然独秀,孤峙河阳,世谓之风陵。戴延之所谓风塠者也。”《太平御览》作“风堆”,又引戴延之《西征记》云:“伏羲、女娲,风姓也,此当是女娲之墓。”《元和郡县图志》卷十二“河东道河中府河东县”载:“风陵堆山,在县南五十五里,与潼关相对。”又云:“风陵故关,一名风陵津,在县南五十里。魏太祖西征韩遂,自潼关北渡,即其处也。”《大清一统志》称,旧《志》,风陵堆在蒲州南六十里风陵乡。《读史方舆纪要》卷五十四“陕西华州华阴县”载:“风陵堆,在潼关卫城东三里黄河北岸,北至蒲关六十里。”河东风陵关,今为山西芮城县风陵渡镇。

唐宋时代,风陵堆这座女娲陵,位于河南阌乡县(今属灵宝市)、陕西潼关县、山西河东县(今属芮城县)交界处,被三县视作本县的重要史迹。由于黄河的改道,今属山西芮城,它是唐朝时已淹没在黄河中的一座小山陵。滔滔的黄河之水,日夜不停地诉说着人们对女娲的景仰及缅怀之情。

黄土高原地带的伏羲文化史迹，除了上面提到的几处，还有陕西蓝田华胥陵、女娲谷、炼石台；甘肃天水伏羲庙、卦台山，秦安伏羲生地、娲皇村，西和仇夷山；山西吉县柿子滩女娲岩画，长治天台山女娲“炼石补天”处和“望儿台”，晋城浮山北谷“娲皇窟”，黎城广志山“娲皇庙”，平定浮化山女娲“补天台”等。

伏羲、女娲的传说为华夏民族古史中最早的一段，是所谓创世的时代。古文献记载最早见于《山海经·大荒西经》，还有战国晚期的《楚辞·天问》、西汉的《淮南子》等。从考古上看，1942年在湖南长沙子弹库楚墓出土的帛书上，有一段文字记述着伏羲、女娲。中国的女娲传说里包含着一种独特精神，是其他民族没有的，就是补天和治水，包含着人类改造自然的思想意愿。“我们的先人从远古就开始仰观天文，俯察地理，并逐渐形成‘天人合一’思想的精髓即是指人继续了天的发展。女娲补天、治水等传说象征了我们中华民族用自己双手的力量来改造发展自然，这是激励我们艰苦奋斗、勇于创新、自强不息的精神力量。”[9]

注　释

[1][4]王昙：《延川县伏羲文化遗址是个亮点》，《华圣文化》2005年第1期。

[2][3]梁福誓：《延川县伏羲太极文化圣迹的田野考察报告》，《华圣文化》2005年第1期。

[5]庞博：《女娲山·女娲庙》，《中国文物报》2005年3月11日。

[6]《陕西平利发现女娲石碑》，《郑州晚报》2004年9月11日。

[7]何光岳：《炎黄源流史》，江西教育出版社，1992年，第42页。

[8]孟繁仁：《“女娲陵”和“中华根”》，《寻根》2002年第5期。

[9]李学勤：《女娲传说与其在文化史上的意义》，《中国文物报》2004年12月10日。

（原载《天水师范学院学报》2007年第4期）

炎黄文化研究

试析炎黄文化的发祥地

炎黄文化系指炎帝与黄帝两大部族共同铸造的一种远古文化，它是早期华夏文化的代称，同东夷文化、苗蛮文化齐名。炎黄文化发祥于何处？这是史家争讼不已的一个重大学术问题。有谓在陕西宝鸡，或云在山东曲阜、河北涿鹿、湖南酃县、湖北随州等地。根据文献记载和考古资料，我们认为应在今河南嵩山地区及伊洛流域一带。现从以下几个方面进行剖析。

一、少典与有蟜氏的居地

炎黄文化得名于炎帝与黄帝，炎、黄二族是由少典、有蟜两大氏族部落裂变而来的。《国语・晋语》载："昔少典娶于有蟜氏，生黄帝、炎帝。黄帝以姬水成，炎帝以姜水成。成而异德，故黄帝为姬，炎帝为姜。"中国古代文献一般都把炎黄二帝说成"兄弟"，表明他们是同一祖先的后裔，后来分别成为姜、姬两部落首领。

关于"少典"解释，自古以来主要有两种不同的说法：一说是炎黄父名，一说是诸侯国号。司马迁《史记》、皇甫谧《帝王世纪》等均主前说。晋郭璞注释《山海经・大荒东经》论及"帝俊生黑齿"时，就已指出："诸言生者，多谓其苗裔，未必是亲所产。"唐司马贞《索隐》始创后说："少典者，诸侯国号，非人名也。又按《国语》云：'少典娶有蟜氏，生黄帝、炎帝。'然则炎帝亦少典之子。炎、黄二帝虽则相承，如《帝王世纪》中间凡隔八帝，五百余年。若以少典是其父名，岂黄帝经五百余年而始代炎帝为天子乎？何其年之长也！"此说极是。这里所谓的"诸侯"，并不是后世的"国君"，系指古代部落首领而言。远古时期，氏族部落与个人名字相互混淆，少典生炎帝、黄帝，是说这两个部族最初是从少典氏族或部落裂变而来的。“有蟜”是与少典相互通婚的氏族部落，有蟜的女子嫁于少典，因而又谓有蟜氏为炎黄之“母”。

少典与有蟜，是中原地区两个著名的氏族部落。少典氏又作小典氏，其上应有大典氏。“大典”未见史籍，可能因其“在位”时间短暂而湮没无闻。“从典字看，它与册字形象相似。典似乎是以竹册、木牍串在一起的简片，置于祭台上，供祭司、酋长们查看本氏族人员情况，和记载祭神过程。假如这个事实存在的话，那么，少典氏可能是最早发明文字的人。不过仓颉发明文字，是刻于陶器上或岩壁上，而少典氏则可能是刻于竹木片上，用藤葛串联起来保存，比仓颉更早。疑仓颉是在少典氏创造文字的基础上加以规范化和形象化。所以典字后来被衍化为典册、典籍、典常、典型、典范等名词。由于竹木板很难保存至今，故一直未发现典的实物。”[1]从“少典”的取名，暗示彼时已有原始文字记录出现。

反映少典历史阶段的考古学文化，为距今七八千年以前的裴李岗文化。它是分布在河南省境内以嵩山地区为中心的一支早期新石器文化，1977年发现于新郑县裴李岗，以豫中地区为中心，分布于新郑、密县、登封、巩县、中牟、长葛、鄢陵、郏县、漯河、舞阳、扶沟、项城、商水、临汝、渑池、潢川、方城、淇县等地，共发现遗址五六十处。史称黄帝号“有熊”。司马贞《索隐》：“（黄帝）号有熊者，以其本是有熊国君之子故也。”裴骃《史记集解》引谯周曰：“有熊国君少典之子也。”皇甫谧曰：“有熊，今河南新郑也。”新郑及其周邻地区，是我国古史传说中少典氏生息、繁衍之地。因而在新郑发现裴李岗文化绝不是偶然的。特别需要指出的是，在舞阳贾湖裴李岗文化遗址出土的遗物中，在骨笛、龟甲和石器上均有刻画符号，其中个别符号形体与安阳殷墟甲骨文的某些字形相似。这些刻符是仰韶文化陶器刻画符号的先声，从某种意义上讲，似可释为“典”的实物例证。

《国语·晋语》提到的有蟜氏，并非像后世人们所附会的那样是炎黄二帝的生身“母亲”。关于炎帝之母，《春秋纬元命苞》作安登，《帝王世纪》作女登；关于黄帝之母，《孝经钩命诀》《帝王世纪》谓附宝，《宋史·符瑞志》作符宝，《路史》作符葆，音同意通，不闻为女登也。因而安登、附宝可能同为有蟜氏女，有蟜是与少典相互通婚的氏族部落。蟜字从虫，乔声。《山海经·中山经·中次六经》：“缟羝山之首，曰平逢之山，南望伊洛，东望谷城之山，无草木，无水，多沙石。有神焉，其状如人而二首，名曰蟜虫，是为螫虫，实惟蜜蜂之庐。”蟜为蜜蜂类，有蟜氏应是崇拜蜜蜂的氏族部落，长期与少典相互通婚。

或谓蟜字取义于蛇虺及其夭矫之状，有蟜氏犹言双虺氏、虹霓氏，这同虹霓有首如龙蛇可以饮水飞天的神话相互参证。从黄帝的“诞生和死亡都可以看出他与‘有蟜’‘虺虹’‘璞龙’的密切关系。……‘蟜’可以转化为双首蛇虺之状的虹霓。而虹霓正是女神、女性之象征（古埃及母神 ISIS 也曾化身为虹；古希腊之 IZIS 为虹之女神，她是天地之间的报信者，暗示她可以在天地之间“搭桥”）”。[2]

蟜与嬌字通。有蟜氏或作有嬌氏，是一个历史悠久的氏族部落，自黄帝之前一直延续到夏代。《吴越春秋·越王无余外传》说：“禹三十未娶，行到涂山，恐时之暮，失其度制……因娶涂山，谓之女嬌。”女嬌所在的涂山或称“三涂”。《左传·昭公四年》云：“四岳、三涂、大室、荆山、中南，九州之险也。”杜预注“三涂”云：“在河南陆浑县南。”汉陆浑县在今河南嵩县东北。杨伯峻《春秋左传注》说：“今河南嵩县西南十里伊水北之三涂山，俗名崖口，又名水门者也。”闻一多《天问疏证》说：“涂山本即三涂，在今河南嵩县。”“三涂即涂山本地，在今河南嵩县。”顾颉刚《古代巴蜀与中原的关系说及其批判》也指出：“这三涂山大约就是熊耳山的东角。禹娶涂山，从禹传说的核心来看，应当在这一边才对，所以我以为涂山即是三涂山的简称。”此外，也有人主张有蟜氏故里在今河南孟津县境。大体而言，在今河南洛阳地区。

从少典氏与有蟜氏的居地来看，由其分化而来的炎帝族与黄帝族，早期分布地域大体上在河南新郑到嵩县一带。

二、“华夏”的名义

炎黄文化即早期华夏文化。中国古代华夏集团的主体系由炎帝族与黄帝族构成，“华夏”一词的由来，同炎黄文化直接攸关。关于“华”，不少学者认为，《周礼》和《国语》中提到的华即华山，古代华山就在河南境内，很可能即今嵩山。[3]或谓源自“华阳”。《史记·秦本纪》载：“（昭襄王）三十三年，客卿胡伤攻魏卷、蔡阳、长社，取之。击芒卯华阳，破之。”《集解》：“司马彪曰：华阳，亭名，在密县。”《正义》：“《括地志》云：“故华城在郑州管城县南三十里。《国语》云史伯对郑桓公，虢、郐十邑，华其一也。华阳即此城也。”华阳故城位于新郑县城北约20千米的华阳寨，平面略呈长方形，周长约5千米，城垣高4—8米，城内有许多古代建筑台基、墓葬、灰坑、水井，出土有各种陶器和铜镞等，是一座保存较好的周代古城。1975年，湖北云梦县睡虎地出土的秦简《编年记》，载有“三十四年，攻华阳”。年数虽与《史记·秦本纪》相差一年，二者所记应是一件事。此“华阳”又可称“华”或“华城”。史称少典妃安登游华阳而生炎帝，其地同古华山不远，因而“华”的由来，可能同炎帝族的兴起地有关。唐兰《西周青铜器铭文分代史徵》释命簋铭说：“华，地名。……在今河南省密县，西为嵩山，是夏族旧居，所以华即是夏，中华民族起于此。”

关于“夏”，章太炎《中华民国解》说：“夏之为名实因夏水而得，是水或谓之夏，或谓之汉……本出武都，至汉中而始盛，地在雍梁之际。”汉水古称“江”，《史记·周本纪》云：“昭王南巡狩，不返，卒于江上。”这里所称之江，显然不是长江，而只能汉水。诚如蒙文通先生谓：“汉水名夏，为楚庄王以后事。”[4]春秋以前，汉水尚不称夏水，因而“夏”之得名似与汉水无涉。

有谓夏是地名，在今河南禹州市。禹州古时盛产夏翟鸟，因此而称作夏地。桂馥《说文解字义证》引《本草嘉祐图经》云：“江淮伊洛间有一种尾长而小者为山鸡，人多畜之樊中，则所谓翟，山雉者也。”翟鸟又称作夏翟，夏翟在古代又单称夏。“翟鸟在古代曾称作夏翟，又单称作夏……今河南禹县地区曾以翟鸟命为地名，则此地最早当称作夏地，后称作夏翟，至春秋战国时期才称作栎和阳翟。”[5]

有的学者认为，“夏”是族称，“夏人”本是“黄帝族”的诨号。杨雄《方言》卷一：“自关而西秦晋之间，凡物之壮大者而爱伟之，谓之夏。”《诗·秦风·权舆》：“于我乎夏屋渠渠。”毛传：“夏，大也。”夏可训大，远古时期黄帝族势力强大，故以“夏人”称之。“秦晋之地正与黄帝族相邻，他们用自己的方言称呼黄帝族为夏族，是完全有可能的。……正因为‘夏人’的称号逐渐深入人心，而原来的‘黄帝族’的称号却日益被人们所淡忘，于是诨号‘夏人’就慢慢成了真名字，代替了‘黄帝族’之称而流传下来。”[6]最早的“夏”或许是族称与鸟名，后来逐渐演变成地名，古代“夏”之地望，应在今豫中地区嵩山、伊洛一带。“华”字本来是个名词性的形容词，用作定语来修饰“夏”的方位的，后来却变成名词，与“夏”字构成叠义名词了。二者连称或分别使用，都能表示同样的意思。从“华夏”一词的来源，足以窥见炎黄文化的发祥之地。

三、炎黄二帝的故里

关于传说中炎黄二帝的故里所在，据《史记·五帝本纪》"正义"引《帝王世纪》云："神农氏，姜姓也。母曰任姒，有蟜氏女登为少典妃，游华阳，有神龙首，感生炎帝。人身牛首，长于江水。有圣德，以火德王，故号炎帝。初都陈，又徙鲁。"关于"华阳"，历来史家均以为华山之阳："秦岭古代通称华山，秦岭南面就叫作华阳，区域很广。"据此将炎帝族的发迹起家之地定于陕西宝鸡姜城堡："现在宝鸡县城南门外就临着渭水，过渭水南一二里，在黄土原边上有一村，叫作姜城堡。堡西有一小水，从秦岭中流出，叫作清姜河。堡的东面约一里地的光景有一个很大的神农庙，庙前面有一个泉，叫作九圣泉，俗传为神农皇帝洗三的地方。"[7]实则嵩山古称崇山，又叫华山，"华阳"即河南新郑之华阳寨，而非秦岭以南的广柔地域。炎帝初都之陈，在今河南淮阳城关一带，同新郑近在咫尺，而与宝鸡则相距千里之遥，相比之下，以新郑说较为合理。

或谓今河南荥阳县庙子乡境内的浮戏山即古华山，其南坡叫"华阳"，华阳坡上榆树成林，末代炎帝出生于此，因榆林密集而取名"榆罔"。其地距新郑亦不甚远，新郑至荥阳一带，似可视为炎帝故里所在。

关于黄帝的出生地，主要有寿丘和天水两说。晋皇甫谧《帝王世纪》主张黄帝生于寿丘："黄帝生于寿丘，长于姬水，因以为姓。"唐张守节《史记正义》说："寿丘在鲁东门之北，今在兖州曲阜县东北六里。"据此则黄帝生于今山东曲阜。此说可商，因为鲁国本为"少昊之墟"，是东夷集团的势力范围，华夏集团的黄帝不可能出生在那里，在周成王"践奄"以前，尚未发现姬姓势力到此的痕迹。

在寿丘说之外，北魏郦道元认为黄帝生于天水。他在《水经·渭水注》中说："南安姚瞻以为黄帝生于天水，在上封城东七十里轩辕谷。"天水在今甘肃天水县，秦时为上邽县。上封即上邽，因避拓跋珪讳而称上封。"郦氏此说也难以成立。遍阅有关文献典籍，没有任何事实足以证明黄帝生于天水。"[8]

我们认为黄帝生于河南新郑。新郑古称"有熊"与"轩辕丘"。东晋王嘉《拾遗记》说："轩辕黄帝出自有熊之国。"明陆应明《广舆记》说："轩辕丘新郑，古有熊氏之国，黄帝生此因名。"清吴乘权等辑《纲鉴易知录》云："黄帝生于轩辕之丘，姓公孙，国有熊。”郭袁恒《历代帝都考》中虽然提到“黄帝生于寿丘”，但主张此寿丘不在山东曲阜，而是在河南新郑，亦即轩辕丘。清康熙三十四年《开封府志》载：“黄帝者，有熊国君少典之子，姓公孙，名曰轩辕。其母附宝，感电光绕北斗而有妊，生帝于轩辕之丘，因名轩辕。”《大清一统志》注谓：“轩辕丘，在开封府新郑。”黄帝生地也是其最早的都邑所在。皇甫谧《帝王世纪》说：“新郑，古有熊国，黄帝之所都，受国于有熊，居轩辕之丘，故因以为名，又以为号。”又云：“或言（新郑）县故有熊氏之墟，黄帝之所都也。郑氏徙居之，故曰新郑矣。”或谓黄帝生于陕西黄陵县境。[9]有的学者指出，陕西是周人的老家，周人“既不追尊黄帝，也不理会尧舜，而是有他们自己的一套家谱。从这些家谱中我们也可以看出……姬姜二水和黄帝炎帝得姓之由，决不可能在陕西，所以陕西的土著周人不郊禘炎黄二帝，甚至一直到春秋时代他们还不把黄帝或者炎帝作为自己的祖先。”[10]如果此说不误，则黄帝故里非河南新郑莫属。

四、涿鹿与阪泉的地望

在中华远古史上，炎黄之战揭开了中国战争的序幕。贾谊《新书·益壤》载：“黄帝者，炎帝之兄也。炎帝无道，黄帝伐之涿鹿之野，血流漂杵，诛炎帝而兼其地，天下乃治。”又《制不定》说：“炎帝者，黄帝同父母弟也，各有天下之半。黄帝行道，而炎帝不听，故战涿鹿之野，血流漂杵。夫地制不得，自黄帝而以困。”涿鹿附近有阪泉，故《史记·五帝本纪》称黄帝与“炎帝战于阪泉之野，三战然后得其志”。涿鹿之战，就其规模和意义来说，都可相侔于西方希腊古史上的特洛伊之战，是中国历史上有记载的第一次大规模战争。黄帝战胜炎帝，由一个部族的首领，变成所有部族的首领。“在这一点上，黄帝与希腊神话传说中高踞于奥林匹斯山的‘众神之王’——宙斯多所相似。在希腊神话中，宙斯开始仅是神国里与其他诸神地位平等的一员。后来他采用暴力夺取奥林匹斯的政权，成为至高无上的统治者和人类的主宰。”[11]

炎黄之战刚刚结束，又爆发了另一场规模巨大的战争，即黄帝族与九黎族之间的战争——黄帝、蚩尤之战。《尚书·吕刑》疏云：“九黎之君，号曰蚩尤。”张衡《西京赋》说：“蚩尤秉钺，奋鬣被般，禁御不若，以知神奸，魑魅魍魉，莫能逢旃。”《山海经·大荒北经》:“蚩尤作兵伐黄帝。”《太平御览》卷十五引《志林》:“黄帝与蚩尤战于涿鹿之野,蚩尤作大雾弥日,军人皆惑,黄帝乃令风后法斗机作指南车以别四方,遂擒蚩尤。”《史记·五帝本纪》:“蚩尤作乱,不用帝命,于是黄帝乃徵师诸侯,与蚩尤战于涿鹿之野,遂擒杀蚩尤,而诸侯咸尊轩辕为天子。”黄帝与蚩尤之战,是华夏集团与九黎族之间爆发的一场激烈战争,以华夏集团胜利而告终。

涿鹿与阪泉近在咫尺。《晋太康地志》云:“涿鹿城东一里有阪泉,上有黄帝祠。”关于其地望,历来有多种说法:一曰解州说。沈括《梦溪笔谈》卷三:“解州盐泽方百二十里。久雨,四山之水悉注其中,未尝溢。大旱,未尝涸。卤色正赤,在阪泉之下,俚俗谓之‘蚩尤血’。惟中间有一泉,乃是甘泉,得此水,然后可以聚。”据《清一统志》载,解州东南二里许有蚩尤村,州西二十五里有浊泽,一名涿泽。解州治所即今山西运城县西南解州镇。“则黄帝与蚩尤战涿鹿之野者,其地望应在此。”[12]二曰扶沟说。柏杨《中国人史纲》谓:“姬轩辕决定先发制人,他首先突击神农部落,在阪泉(河南扶沟)郊野的战役中,把神农部落击溃,俘虏了敌人全部人口和牛羊。”三曰修武说。王献唐《炎黄氏族文化考》认为,涿鹿或称浊鹿,“盖即今河南修武县之浊鹿也。《郡县志》:‘浊鹿城在修武东北二十三里,山阳公所居。’修武位置河南西北部,正为黄河流域,绳以炎族东西分布之势,蚩尤在此,正当其地”。关于浊鹿,据《元和郡县图志》卷十六载:“浊鹿故城,在县界东北二十三里。魏文帝受禅,封汉帝为山阳公,居河内山阳之浊鹿城,即此城也。”该城位于今修武县东北12千米五里源乡的李固村南,现存城垣仅南北长约300米,东西长为100米,最高处7米。另在该村还发现有龙山和商文化遗存。四曰彭城说。《续汉书·郡国志》注引《世本》:“涿鹿在彭城南。”彭城即今江苏徐州市。五曰冀州说。《述异记》卷上:“轩辕之初立也,有蚩尤氏兄弟七十二人,铜头铁额,食铁石,轩辕诛之于涿鹿之野。……今冀州有蚩尤川,即涿鹿之野。”《尸子》卷下:“黄帝斩蚩尤于中冀。”上述诸说多附会之词。唯冀州说影响甚大,学者多从之。据《史记·五帝本纪·集解》,关于涿鹿,服虔曰:“涿鹿,山名,在涿郡。”张晏曰:“涿鹿在上谷。”关于阪泉,服虔曰:“阪泉,地名。”皇甫谧曰:“在上谷。”另据《括地志》载:“阪泉,今名黄帝泉,在妫州怀戎县东五十六里。出五里至涿鹿东北,与涿水合。又有涿鹿故城,在妫州东南五十里,本黄帝所都也。”汉涿郡治所在今河北涿县,汉上谷郡及唐妫州怀戎县治所在今河北涿鹿县西。后世学者对此多有异议,有谓:“古帝王都邑之可考者,始于黄帝邑于涿鹿之阿。以史称其与炎帝战于阪泉,又与蚩尤战于涿鹿,有战事相证,非如泛言丘邑、陵墓者,可以信口开河也。……论其地,则服虔谓在涿郡,张晏、皇甫谧谓在上谷,皆以汉世郡县名相附会,不足据。纣都朝歌,其游乐之地在于沙丘,盖即武王克殷后狩禽之所。尔时尚为兽蹄鸟迹所萃,安得黄帝时乃为名都?”[13]或云:“无论黄帝、炎帝或蚩尤,现在大家一般都认为他们都活跃在黄河中下游,那么,他们也毫无理由都带上大军跋涉千里到荒远的‘涿鹿’去决战。因为那里不仅给养成问题,而且那时打仗无非是掠夺人畜财物,但苦寒山谷中的‘涿鹿’会有什么呢?”[14]因而冀州说也难成立。有人推测河北涿鹿与阪泉等地名,是黄帝族的一支北迁时带去的[15],倒有一定道理。

涿鹿、阪泉究竟在哪里?有的学者主张在今河南巩义市境。先说阪泉,三国时魏人应玚《灵河赋》云:“资灵川之遐源,出昆仑之神丘,涉津洛之阪泉,播九道于中州。”这个“阪泉”是指洛水与河水在巩义市交汇的洛汭地区。再说涿鹿,《史记·五帝本纪》载:“于是黄帝乃征师诸侯,与蚩尤战于涿鹿之野。”《索隐》说:“或作浊鹿,古今字异耳。”涿与浊通,盖即水名。古代巩义市境内有两条浊水,一条是黄河,另一条叫黄水。《水经·洛水注》:“(洛水)又东,浊水注之,即古黄水也。”根据有的学者考证,“所谓‘涿鹿’,其实就是‘浊陆’,即两条‘浊河’边的陆地”[16]。换言之,涿鹿也在巩义境内河洛相汇处的岸旁。

还有的学者认为,先秦史籍中提到的冀、冀中和冀州,并不在今河北,而是指的“中国”或“中土”。如《逸周书·尝麦解》:“黄帝执蚩尤,杀之于中冀。”《楚辞·九歌·云中君》:“览冀州兮有余,横四海兮焉穷?”顾亭林据此以为“古之天子常居冀州,后人因以冀州为中国之号。故书皆称中国为冀州,或曰中冀,或曰中土。”丁山就顾氏之说更加推阐,以为“冀之为言中,非北方州之名”。[17]讫战国之世,冀州的范围尚未确定。《禹贡》中的地名,原本多为泛称,其所指范围又往往是一大片地方,并非后世的一城一市所能当之。《淮南子·坠形训》:“正中冀州,曰中土。”注:“冀,大也。”巩义河洛之汇一带,地处中原腹心,南依嵩岳,北濒大河,既是“中国”“中土”的一隅,当然可以被包括在古冀州范围之内。《汉书·郊祀志》曰:“昔三代之居,皆在河洛之间,故嵩高为中岳,而四岳各如其方。”位于河洛、嵩高之间的巩义,正是三代所居的理想之地,史家将涿鹿、阪泉定位于此,绝非空穴来风。除文献记载外,尚有考古资料足资佐证。伊水、洛水两岸，特别是伊、洛汇流后的伊洛河流域与河洛交汇处，密布着许多史前文化遗址。比较著名的有康沟、仓西、董沟、伏羲台、滩小关等仰韶文化遗址。滩小关遗址位于巩义市沙鱼沟乡滩关村西岭上，东西长约700米，南北宽约650米，面积约45万平方米，文化层厚2—4米，内涵十分丰富。发现大量房基、墓葬、窖穴等遗迹。出土石器、陶器等文物100余件，其中钵、盆、碗、罐等陶器多有彩绘。[18]如果说仰韶文化可以代表炎黄两大部族的物质文化遗存的话，那么从考古学文化方面考察，说涿鹿、阪泉在河南巩义并非空穴来风。

五、“黄土崇拜”与“天下之中”

炎黄文化缔造者黄帝族之所以被称作“黄帝”，可能同黄土崇拜有关。“中国人不但是黄种人，而且自称‘黄’帝子孙；吃的是黄米（粟）、黄豆，住的是黄河沿岸、黄海之滨。位到至尊则穿黄袍走黄道。死了以后的去处叫黄泉。……中国文化渊源于华北，而华北住民生活环境里最有支配性的颜色，除了青天之外，便是黄土之黄；《易经》所谓‘天玄而地黄’，刮风时候，‘黄埃’飞物，连天也是黄的。”[19]中国人崇奉黄土，实滥觞于炎黄。黄帝或称皇帝，《庄子·齐物论》中说到“黄帝”，王先谦《集解》：“黄原作皇，《释文》本作黄。黄皇通用，今本作黄。”《吕氏春秋·贵公篇》：“丑不若黄帝。”毕沅校正云：“黄帝，刘本作皇帝，皇黄古通用。”皇帝之所以称黄帝，是由于她是一个崇奉黄土地的部族。《史记·五帝本纪》：“（黄帝）有土德之瑞，故号黄帝。”《索隐》：“有土德之瑞，土色黄，故称黄帝。”《正义》：“以土德王，土气胜故曰黄帝。”《吕氏春秋·应同篇》：“黄帝曰：‘土气胜’，故其色尚黄，其事则土。”当代学者多主张黄帝即“黄地”，这种称呼，是对地母崇拜的表现。马衡《释帝兼论高原文化》指出，帝即“地”字，黄帝就是“黄地”，亦即“后土”。党晴梵《先秦思想史论略》也说：“金文黄（为）日初出土之色。黄……从田，是田土沾濡予人身之色。……黄帝即是后土，殷人犹有古代氏族母系传统的。思想孑遗，以土象征母，所谓人生于土，即是人生于母。”由此看来，黄帝之得名，很可能是把黄土神化，将它视若神祇，加以崇拜，“或者说把自己的传说祖先和黄土崇拜结合起来，使黄帝之形象具有‘自然’与‘社会’之‘两重性’”[20]。迄今所知，最早的黄土崇拜实例在中原。新中国成立前，安阳殷墟曾发现两组基址,其中一个“黄土堂基”,南北长 11.3 米,东西长 11.8 米,厚0.5—1 米,面积约为 133.34 平方米。黄土相当纯净,“绝对不掺杂他种泥土”[21]。郭宝钧先生称之为“黄土堂基”[22]。李济先生认为这就是“崇拜最高神的神坛基址”[23]。由此可知,黄土崇拜是一种极其古老的社会现象,从安阳殷墟发现黄土神坛这一实例,崇奉黄土的黄帝族,最早活动区域应在距此不远的中原腹心地带。

根据文献记载,黄帝族最早居于天下中心地带。《吕氏春秋·季夏纪》:“中央土:中日戊己。其帝黄帝。”高诱注云:“戊己,土日。土王中央也。”又说:“黄帝,少典之子,以土德王天下,号轩辕氏。死,托祀为中央之帝。”《淮南子·天文训》:“中央土也,其帝黄帝。”在古代人们的心目中,天下的中心在嵩山伊洛地区。《淮南子·天文训》:“日至于昆吾,是谓正中。”张衡《思玄赋》曰:“跻日中于昆吾兮,憩炎天之所陶。”挚虞《思游赋》云:“感昆吾之易越。”这些都把昆吾之墟看成天之中心,而昆吾氏最早活动的地域在今河南新郑。新郑县城关竹园村过去保存有一块高约 5 米的“天心石”,以此作为天之中心的标志。

另据《史记·封禅书》云:“昔三代之居,皆在河洛之间,故嵩高为中岳,而四岳各如其方。”《何尊》铭谓:“惟武王既克大邑商,则廷告于天曰:余其宅兹中国,自兹×民。……”武王所选新都洛邑,就在距中岳不远的“中国”。于省吾先生释“中国”的由来时指出:“这种称谓,是由于用土圭测量日光照射于地上的影子的距离尺度,以判定其中心所在,因而称之为土中或中土。至于成王迁都洛邑,洛邑接近阳城,故称之为土中,引而伸之,这也是后世称河南地为中州或中原的由来。”[24]表明中岳嵩山是天下的中心。

河南巩义市洛汭地区,被称为“中心的中心”。徐显之先生指出,《出海经》时代先民对世界的认识:“伊水全长不过二百四十千米。洛水全长也不过四百二十千米,其在河南境内不及三百千米。这两条河流密迩相邻,自西南平行地向东北流,堪称中国古代的‘两河流域’。……伊洛地区是夏的中心,伊洛入河之会又是中心的中心。”[25]

河南汝宁也被视作“天中”。《天中记》载:“天中,宋刘敬云:豫州,天地之中,而汝南又为豫州之中,故汝宁北三里有山名天中,一名天台,是故测影植圭莫准于此。”《读史方舆纪要》云:“自古考日景,测分数以此为正。”汝宁即今汝南,天中山位于县城北 1.5 千米处,上土下石,高丈余。

关于“天中”，有新郑、嵩岳、伊洛和汝宁诸说，大体而言，古代人们心目中，大都以新郑至洛阳一带为天下之中，黄帝号称“中央之帝”，最早以这里为其历史舞台。

六、炎黄二帝的传说与史迹

根据文献记载，炎帝族起源于姜水。有人指出：“虽然姜水究竟在何地，我们目前尚不能回答。但炎帝族主要活动区域，是在今日中原即河南伊洛平原上，这一点却是可以肯定的。”[26]以伊洛平原为中心，黄河中游地区所见史迹，除炎帝生地新郑华阳寨、炎帝初都淮阳陈城外，据《潜确类书》卷三十一载：“神农涧在卫辉府温县。神农采药至此，以杖画地，遂成涧。”炎帝族的后裔共工居地，在今河南辉县市；齐祖吕尚的祖籍，在今河南卫辉境。共工族系的齐、许、申、吕等，直到春秋战国时仍然是中原华夏的诸侯之国，是华夏族的支柱和重要组成部分。

黄帝是涿鹿之战的胜利者，其传说和史迹远较炎帝为多。汝州市有黄帝问道处，《广博物志》卷五引《三水小牍》：“汝州临汝县广成坡之西垠，有小山曰崆峒，即黄帝访道地，广成子所隐也。”灵宝有黄帝铸鼎原，《史记·封禅书》：“黄帝采首山铜，铸鼎于荆山下。鼎既成，有龙垂胡髯下迎黄帝。黄帝上骑，群臣后宫从上者七十余人，龙乃上去。余小臣不得上，乃悉持龙髯。龙髯拔，堕，堕黄帝之弓。百姓仰望黄帝，既上天，乃抱其弓与胡髯号，故后世因名其处曰鼎湖，其弓曰乌号。”铸鼎原在灵宝县阳平乡，这里的黄帝陵，相传为黄帝靴袜冢。《黄帝内传》说：“（黄帝）采首山铜，铸鼎荆山下，鼎成而崩。其臣彻，取衣冠几杖，庙祀之。”据《阌乡县志》载，黄帝陵前建有一座黄帝庙，创于汉唐，中门匾书“骑龙遗踪”，山门题额“古荆山”。唐代诗人李白来此拜谒，赋诗凭吊云：“黄帝铸鼎荆山涯，不炼黄金炼丹砂；骑龙飞去太清家，云愁海思令人嗟。”这里所保存的唐贞元十七年《轩辕黄帝铸鼎原碑》，为国内所见专记轩辕黄帝事迹的最早碑刻。

巩义市河洛交汇的洛汭地区，是黄帝修坛沉璧之处。《初学记》卷六引《河图》说：“黄帝游于洛。”引《帝王世纪》云：“黄帝时天大雾三日，帝游洛水之上。”

《御览》引《尚书·中候》:"黄帝东巡河过洛,修坛沉璧,受龙图于河,龟书于洛,赤文绿地,广袤九尺,负理平上,有列星之分,七政之度,帝王录记兴亡之数。"于此得到河图洛书。

襄城县有黄帝问路处。《庄子·徐无鬼》载:"黄帝将见大隗乎具茨之山……至于襄城之野,七圣皆迷,无所问涂,适遇牧马童子问涂焉。"

相传黄帝登过嵩山。《黄帝内传》说:"且谓帝会嵩山,王母欲以金液。"《登封县志》载:"虎头峰,峰有虎口岩,乃唐李筌得黄帝阴符本经处。"

新郑古为熊氏之墟,县城北关有轩辕故里旧址,城内碑刻有清康熙五十四年的"轩辕故里碑"。乾隆二十九年,重修"始祖庙"碑云:"古传为轩辕氏旧墟,行在北有轩辕丘遗迹。"道光三年,重修"文庙"碑载:"新郑为轩辕黄帝故都,文明肇启有自来矣。"城西南二十里的溴水河,相传即是黄帝出生的姬水。溴水沿岸唐户村的"黄帝口",据说是黄帝屯兵设防的要塞,太清村的"天寿宫",相传为黄帝乘龙升天处。

密县县城东南22千米的刘寨乡境内,有轩辕黄帝宫。《左传·昭公十七年》:"昔者黄帝氏以云纪,故为云师而云名。"《史记·五帝本纪》"集解"引应劭曰:"黄帝受命有云瑞,故以云纪事也。"黄帝"以云纪事",其宫建在能透水的岩石上面,故又称"云岩宫"。相传黄帝在此与风后研创了我国最早的八阵图,唐孤独及《风后八阵图记碑》称:"帝用经略,北清涿鹿,南平蚩尤,勘黎阪泉,省分于崆峒,底定万国。……"清张于阶撰写云岩讲武诗一首:"徘徊风后阵,八面列高嵩。马走烟雾外,人行日月中。流泉寒小鹫,硖石引长虹。远望龙蛇岫,图旋十二宫。"轩辕黄帝宫附近,有黄帝拜力牧为将的"力牧台",黄帝养马的"养马庄",黄帝存放粮草的"草场岗",黄帝遛马的"马骥岭",黄帝囤粮的"仓王庄",黄帝立旗的"摩旗山"和"议事台"等。密县城东1.5千米处的"天仙庙",又称"天仙院",相传是黄帝女儿成仙之处。《徐霞客游记》云:"天仙院,院祀天仙,黄帝之三女也。白松在祠后中庭,相传三女脱骨于其下。树周垒石为栏,一轩临北,轩中题咏绝盛。"题咏诗词主要称颂黄帝在此葬女成仙故事。

在密县城东南25千米处的密县、新郑、禹县交界处,有一座历史名山——大隗山,大隗山即具茨山。山上不少山峰都是以黄帝及其大臣命名的,如风后岭、大鸿山等。山上的花园坡(黄帝花园)、避暑洞、梳妆台、黄帝庙等传说,至少在战国、秦汉以来就很流行了。

中原地区炎黄文化遗迹颇多,此不一一赘述。

综上所述,炎帝族与黄帝族最早以黄河中游一带为其历史舞台,活动于河南嵩山周围与伊洛地区。传说中的一些著名远古"英雄"人物,出生于斯,"建都"于斯,在这里发展生产,战胜强敌,建立了丰功伟绩,并留下许多优美动人的传说和遗迹,华夏文明历史从这里揭开了帷幕,谱写了新的篇章,这里应是炎黄文化的发祥地。

注 释

[1]何光岳:《炎黄源流史》,江西教育出版社,1992 年,第 63 页。

[2][20]萧兵:《楚辞与神话》,江苏古籍出版社,1986 年,第 423 页、第 397 页。

[3]唐嘉弘:《炎黄传说考述——兼论姜炎文化的源流》,《史学月刊》1991 年第 1 期。

[4]童书业:《蛮夏考》引,《禹贡》第二卷第八期。

[5]郑杰祥:《夏史初探》,中州古籍出版社,1988 年,第 21 页。

[6][10][14][16]杨国勇:《黄炎华夏考》,《山西大学学报》1992 年第 4 期。

[7]徐旭生:《中国古史的传说时代》(增订本),文物出版社,1985 年,第 41 页。

[8][9][11]柏明、李颖科:《黄帝传》,陕西人民出版社,1990 年,第 21 页、第 22 页、第 48 页。

[12]钱穆:《黄帝故事地望考》,《禹贡》(半月刊),第二卷第一期。

[13]吕思勉:《古史时地略说上》,《吕思勉读史扎记》,上海古籍出版社,1982 年。

[15]何光岳:《黄帝轩辕氏的来源和迁徙》,《炎黄文化论文集》,《中国文学研究》增刊,1981 年 9 月。

[17]转引自陈连庆:《〈禹贡〉研究》,《夏史论丛》,齐鲁书社,1985 年。

[18]《巩义市发现大型密集新石器遗址》,《光明日报》1992 年 5 月 19 日。

[19]张光直:《黄土期中国高级旧石器文化与现代人类的出现》,《中国上古史特定稿》第 1 本,台湾省历史语言研究所,1972 年,第 185 页。

[21]李济:《安阳最近发掘报告及六次工作之总估计》,《安阳发掘报告》第 4 期,1937 年。

[22]郭宝钧:《B 区发掘记之二》,《安阳发掘报告》第 4 期,1937 年。

[23]李济:《殷虚建筑遗存序》,1959 年,台北,第 2—3 页。

[24]于省吾:《释中国》,《中华学术论文集》,中华书局,1981 年。

[25]徐显之:《山海经探源》,武汉出版社,1991 年,第 150—156 页。

[26]何新:《诸神的起源》,生活·读书·新知三联书店,1986 年,第 163—164 页。

(原载《黄帝故里——新郑》,河南科学技术出版社,1993 年)

有蟜氏故里及其相关问题

有蟜氏是中国古代一个著名的氏族部落，在这个氏族部落里，先后出现过两位伟大的女性——安登和附宝，她们分别是中华人文始祖炎帝和黄帝的母亲，因而有蟜氏作为炎黄的母族而彪炳史册。

《国语·晋语》载："昔少典娶于有蟜氏，生黄帝、炎帝，黄帝以姬水成，炎帝以姜水成。生而异德，故黄帝为姬，炎帝为姜。"《史记·五帝本纪·索隐》引《国语》云："少典娶有蟜氏女，生黄帝、炎帝。"有蟜氏的得名，可能同图腾崇拜有关。《山海经·中山经·中次六经》载："缟羝山之首，曰平逢之山，南望伊洛，东望谷城之山，无草木，无水，多沙石。有神焉，其状如人而二首，名曰骄虫，是为螫虫，实为蜂蜜之庐。"骄即蟜，为蜜蜂类，有蟜氏应是崇拜蜜蜂的氏族部落。

关于有蟜氏的居地，学术界存在着多种不同的说法：一曰东阿说。晋代学者郭璞注《山海经》谷城之山时说："在济北谷城县，黄石公石在此山下，张良取以合葬尔。"袁珂先生案："谷城山在今山东东阿县东北，一名黄山。"

二曰桥山说。何光岳先生主张："有桥氏所在地，当系黄帝所葬之桥山。黄帝崩后，归葬于外祖母有乔氏的家乡，这是符合原始社会丧葬制度的。《史记·五帝本纪》谓黄帝崩葬桥山。《集解》骃案《皇览》曰：黄帝冢在上郡桥山。《索隐》：《地理志》桥山在上郡同阳县，山有黄帝冢也。"[1]

三曰洛阳说。许顺湛先生认为："平逢之山在河南洛阳谷水以西。有蟜氏大概就是居住在这里。"[2]李德方、黄吉博先生说："平逢山当即洛阳北面的邙山。这便说明黄帝母族有蟜氏聚居于今洛阳以北的邙山一带。"[3]洛阳说具体系指河南省洛阳市孟津县，故而或可称作孟津说。

经过对比研究，我们认为洛阳说比较合理，现就有关问题探讨如下：

有蟜氏族部落的活动中心为远古名山平逢山。《山海经·中山经·中次六经》说："平逢之山，南望伊洛，东望谷城之山。"当代学者大部分主张今洛阳市孟津县横水镇西北的龙马古堆，就是古平逢山。该山北濒黄河，西临瀍河，南望伊洛，东望谷城山，海拔 451 米，为孟津境内邙山山脉的主峰之一。山上无草木，无水，多沙石。两个山头毗邻衔接，恰似两个人首模样，形象逼真，与《山海经》里“其状如人而二首”的记述奇妙的一致。关于平逢山南望的“伊洛”，学术界普遍将它释为“伊洛门”，并认为“伊洛门”就是宜苏山。首创此说的陈昌远先生在《炎黄母族故里考》一文中指出：“南望伊洛的‘伊洛’，有人认为是伊洛河，误。实际上，‘伊洛’指的是‘伊洛门’。《水经·河水注》引《山海经》称宜苏山为‘伊洛门也’。宜苏山在何处？据清乾隆《河南府志·山川》载：‘宜苏山在谷城山南’，今横水镇谷城山之南有山，即宜苏山。从龙马古堆正可望见宜苏山，即‘伊洛门’。这与《山海经》中‘南望伊洛’正相合。”我们对照《水经·河水注》：“河水又东，合庸庸之水。水出河南东垣县宜苏山，俗谓之长泉水。《山海经》曰：‘水多黄贝，伊洛门也。’”看来所谓的“伊洛门”指的并非宜苏山，而是长泉水。对于这样的称呼，清代学者杨守敬曾经提出过置疑：“此水去伊洛甚运，不通流，且中隔谷水。郦氏以为伊洛之门，未详。”由此可知，“伊洛门”是北魏学者郦道元对庸庸之水即长泉水的称呼。据《豫西水文地质资料》载：“古伊洛河是从今孟津进入黄河的，由于地质的变动而改变了方向。”既然古伊洛河曾经流经孟津境内，那么平逢山南望之“伊洛”，当然应该是指古伊洛河了。

平逢山东望的“谷城山”，位于龙马古堆之东，今故县村北。《括地志》卷三载：“故谷城在洛州河南县西北十八里苑中。”《明史·地理志》云：“洛阳县西北(今孟津县)谷城山，亦曰潜亭山。”明嘉靖《孟津县志》谓：“谷城，即谷城山，瀍水之源，成周旧邑。今其地又名谷县，谷城山在县西七十里平岗之上，突起重峰，土腴泉甘，湾环如抱。”《清一统志》说：“谷城山在河南府西北五十里，连孟津县界，旧名潜亭山，瀍水出此。”此山位于龙马古堆之东，正是平逢山东望之处。

从历史地理学考察，可知只有洛阳说符合《山海经》的记载，山东东阿找不到“伊洛”，陕西桥山不见“伊洛”与“谷城山”，因而洛阳市孟津县龙马谷堆一带应是炎黄母族有蟜氏的居地。

平逢山为什么称龙马古堆？这是千古难解的史谜。我们推测很可能同有蟜氏与炎黄二族的图腾有关。萧兵先生在《楚辞与神话》中主张有蟜氏以蛇虺虹霓为图腾，并把它称为“双首龙蛇”。由此看来，除了蜜蜂，龙也是有蟜氏的图腾。

炎帝族的图腾之一为龙。《帝王世纪》载:“有蟜氏女,名女登。为少典妃,游华阳,有神龙首,感女登,生炎帝。”《诗含神雾》云,炎帝“龙首,颜似龙也”。《路史》说,炎帝“龙颜而大唇”。

黄帝族图腾之一也是龙。《史记·天官书》载:“轩辕,黄龙体。”《史记·封禅书》谓:“黄帝得土德,黄龙、地螾见。”《淮南子·天文训》云:“中央土也,其神黄帝,其佐后土。……其兽黄龙。”《拾遗记》说:“帝(指黄帝)乘云龙而游,殊乡绝域,至今望祭焉。”《开元占经·龙鱼蛇占篇》引《春秋合诚图》说:“黄帝将亡,则黄龙坠。”

黄帝族又以马为图腾,《山海经·海内经》载:“黄帝生骆明,骆明生白马,白马是为鲧。”袁珂先生注:“此经‘骆明生白马,白马是为鲧’之白马,亦当是生物之白马,而非人姓名也。”

综上所述,龙马古堆的得名,可能与有蟜氏与炎黄二帝之族的图腾有关。

有蟜氏是炎黄二帝的母族。《国语·晋语》说:“昔少典娶于有蟜氏,生黄帝、炎帝。”炎帝、黄帝虽然是从少典与有蟜两大氏族部落中裂变出来的,但相比之下,有蟜氏要比少典的影响大得多。萧兵先生指出:“分析一个神话人物,追溯他的来源,最好从他的母家开始而不顾由后人附会追加的父亲。这对于处在‘知母不知父’的母系氏族后期并向父系氏族过渡的关键性人物(例如黄帝、契、稷等)尤其重要。……少典,此公虚无缥缈,无从查考(可能企图暗示此时已有原始文字记录出现)。母系氏族并没有显赫的祖神,这是父系氏族成立,夫权确定之时追附的外加物,表示炎黄并非无父而生,以资讳饰。”[4]由此看来,有蟜氏的历史地位要比少典显赫得多。

以有蟜氏的居地平逢山为中心,在黄河之南,东起郑州,西至灵宝,形成一个著名的少典—有蟜与炎黄文化带。在这个文化带上,除了有蟜氏故里平逢山外,还分布着少典国都、有蟜遗存、炎黄故里与黄帝之都等。

在少典—有蟜与炎黄文化带的东端,新郑市唐户裴李岗文化遗址非常引人注目。该遗址位于石洞寺河和溟水河的夹角地带,东、西、南三面环水,北面发现有长达300米的壕沟,沟深2—4米,沟宽20—40米。居住区内发现有多处房基及排水沟。唐户遗址“形成了具有防卫功能的都邑性质的中心聚落。这处遗址可能就是史书记载的‘少典国’的国都”[5]。

关于黄帝的出生地,《帝王世纪》载:“黄帝有熊氏,少典之子,姬姓也。母曰附宝,其先即炎帝。母家有蟜氏之女,世与少典氏婚,故《国语》兼称焉。及神农氏之末,少典氏又娶附宝,见大电绕北斗枢星,照郊野,感附宝,孕二十五月,生黄帝于寿丘。”寿丘在今山东曲阜。此外,还有人主张黄帝出生于天水或新郑,其中以新郑说居多。东晋王嘉《拾遗记》说:“轩辕黄帝出自有熊之国。”明陆应明《广舆记》说:“轩辕丘新郑,古有熊氏之国,黄帝生此因名。”清人吴乘权等辑《纲鉴易知录》云:“黄帝生于轩辕之丘,姓公孙,国有熊。”迄今学术界已达成广泛共识,新郑成为公认的黄帝故里。

郑州西山仰韶文化晚期城址,面积3万余平方米,城外有两重壕沟,城内发现房址200余座和一个面积达数百平方米的广场。《史记·封禅书》说:“黄帝时为五城十二楼。”从时代和地域来看,该城址应为黄帝“五城”之一,甚至有可能是有熊国的国都。[6]

新密市刘寨镇有一座轩辕黄帝宫。清人张于阶诗云:“远望龙蛇岫,图旋十二宫。”指的就是此宫。

在少典—有蟜与炎黄文化带的中部,除了有蟜氏故里平逢山外,孟津朱寨,洛阳杨窑,偃师宫家窑、高崖、西石桥、诸葛水库等遗址,均发现裴李岗文化遗存。裴李岗文化同有蟜氏的时代一致,因而这些遗址有可能是有蟜氏族部落曾经活动过的地域。

关于炎帝的出生地,《帝王世纪》载:“神农氏,姜姓也,母曰妊姒,有蟜氏之女,名女登,游于华阳,有神龙首,感女登于尚羊,生炎帝。”炎帝故里有多说,主要有陕西宝鸡、湖北随州、湖南炎陵和山西高平等。最新的说法是洛阳伊川。20世纪90年代中期,在伊川发现了“巨型天然石龙”。1996年2月12日,新华社报道:“由自然沉积岩形成的巨型石龙,不久前在河南洛阳龙门石窟西南26千米的伊川县平等乡大莘店村被发现。这个石龙位于大莘店村龙头沟的沟壁上……石龙对面南沟沿,有望龙台,台上石碑刻有‘龙头沟内龙泉佳,九里土沟有石龙’的诗句。经测量,石龙露出部分约70.9米,高约9.5米,石质龙身通体连贯。龙吻大张,上下各有六颗天然石头组成的龙牙。龙鼻上扬,前方有两棵椿树作龙须状。龙眼轮廓分明,斜状石岩恰好组成龙角,石质龙身线条全由自然地壳变化形成。龙身后脊上有翼状石层显露似为龙翅,龙的后尾尚埋于黄土之中。”此天然石龙被当地百姓视为“神龙”。石龙所在地叫上元羊家坡。文献记载有蟜氏之女女登所感之“尚羊”，文献或作“常羊”“裳羊”等，上与“尚”“常”“裳”音同意通，故而伊川上元羊家坡亦可简称为“尚羊”或“裳羊”。与石龙相对的伊河东，有两条朝向石龙方向流来的河流。由东北流向西南方向的名“姜子河”，又称犟河。另一条由东南向西北流，称“大戟(姬)水”。二水均入伊河。伊川大莘店位于熊耳山麓，地属“华阳”，这里不仅有天然石龙之“神龙首”，还有“尚羊”“姜水”，与文献记载炎帝之母女登所游与感的地望相符，被认为是炎帝诞生、活动的地方。[7]

《山海经·中山经·中次三经》载：“萯山之首，曰敖岸之山。……又东十里，曰青要之山，实维帝之密都，是多驾鸟。”青要山在平逢山之西，即今新安县西沃乡境内的南石山，北临黄河，是畛河的发源地。这里苍山叠翠，深谷清幽，怪石嶙峋，碧水长流，《说文》释“密都”为“山形之类堂屋者”。它是黄帝的秘密行宫。

相当于黄帝时代的古文化遗存，平逢山附近主要有孟津县妯娌遗址、寨根遗址，新安县荒坡遗址、西沃遗址、槐林遗址等。属于仰韶文化晚期的妯娌遗址，发现有居住区、仓窖区、制石工场和墓葬。有一座大墓(M50)墓口长5.15米，宽4.05米。木棺内壁涂有朱彩，棺底铺有朱砂。墓主人为一青年男性，右臂套1件象牙箍，似为黄帝时代某一方国的首领。该墓被誉为“中原地区步入文明时代的里程碑”[8]。

在少典—有蟜与炎黄文化带的西端，灵宝铸鼎原的有关史迹同黄帝密切相关。《史记·封禅书》载：“黄帝采首山铜，铸鼎于荆山下。鼎既成，有龙垂胡髯下迎黄帝。黄帝上骑，群臣后宫从上者七十余人，龙乃上去。余小臣不得上，乃悉持龙髯。龙髯拔，堕，堕黄帝之弓。百姓仰望黄帝，既上天，乃抱其弓与胡髯号，故后世因名其处曰鼎湖，其弓曰乌号。”铸鼎原在灵宝市阳平镇，这里的黄帝陵，相传为黄帝靴袜冢。《黄帝内传》说：“(黄帝)采首山铜，铸鼎荆山下，鼎成而崩。其臣御，取衣冠几杖，庙祀之。”据《阌乡县志》载，黄帝陵前建有一座黄帝庙，创于汉唐，中门匾书“骑龙遗踪”，山门题额“古荆山”。唐代诗人李白来此拜谒，赋诗凭吊云：“黄帝铸鼎荆山涯，不炼黄金炼丹砂；骑龙飞去太清家，云悉海思令人嗟。”这里所保存的唐贞元十七年《轩辕黄帝铸鼎原碑》，为目前国内发现专记轩辕黄帝事迹的最早碑刻。

黄帝铸鼎原位于灵宝市西部约20千米处，南依荆山，北濒黄河，西接关陕，东连河洛,正值豫、晋、陕交界地带。这里分布着相当于黄帝时代的仰韶文化遗址 30 多处,其中北平阳遗址面积约 100 平方米,西坡遗址面积约 40 万平方米。北平阳遗址中,出土有口径 94 厘米的大缸,口径 90 厘米的黑陶大瓮,口径 50 厘米的夹砂大缸和超薄大型小口尖底瓶。西坡遗址东西为两条河流夹峙,南北有人工挖掘的壕沟,形成一个都邑性质的中心聚落。遗址内除发现 2 处蓄水池外,并有特大型房址 2 座。房址 F105 占地面积 516 平方米,室内面积达 204 平方米,四周设回廊。房址 F106 占地面积约 296 平方米,室内面积约 240 平方米。两座房址距离甚近,可以复原成两座古代宫殿建筑。

铸鼎原上还发远古时代的燔祭遗迹、古代铜矿遗址及铜矿石等。

根据文献记载和考古发现,有些学者认为灵宝铸鼎原大约是豫、晋、陕金三角仰韶文化的核心,甚至可能为黄帝后期的都城。[9]

通过上面的剖析,可知河南洛阳市孟津县平逢山地带,是炎黄母族有蟜氏的故里。以平逢山为中心,形成一条少典—有蟜与炎黄文化带。这个巨大的文化之索,控扼有嫣氏之墟(孟津平逢山),指点少典之遗踪(新郑唐户遗址),遥望炎黄故里(伊川大莘店与新郑轩辕丘),地跨轩辕旧都(郑州西山、新安青要山和灵宝聚鼎原),风云际会,文赋纷华,实乃华夏文明的发祥地。

注　释

[1]何光岳:《炎黄源流史》,江西人民出版社,1992 年,第 65 页。

[2]许顺湛:《中原远古文化》,河南人民出版社,1983 年,第 411 页。

[3]李德方、黄吉博:《黄帝的故里和老家分别为新郑、洛阳》,《中国古都研究》(第十五辑),三秦出版社,2004 年。

[4]萧兵:《楚辞与神话》,江苏古籍出版社,1986 年,第 409—410 页。

[5]许顺湛:《太昊少典与考古学文化的联想》,中原地区古城、古都与古国学术讨论会论文,郑州,2010 年 12 月。

[6]许顺湛:《郑州西山发现黄帝时代古城》,《中国文物报》1995 年 11 月 12 日。

[7]翟智高:《炎帝神农诞生地寻根》,《洛阳月谈》1997 年第 7 期。

[8]李德方:《妯娌大墓是中原地区步入文明时代的里程碑》,中原地区古城、古都与古国学术讨论会论文,郑州,2010 年 12 月。

[9]李京华:《黄帝后期的首都——灵宝铸鼎原》,《黄帝铸鼎原论文集》,灵宝,2006年。

(原载《黄河科技大学学报》2011年第2期)

具茨山黄帝文化试析

具茨山属伏牛山系嵩山余脉，位于河南省中部登封、新密、新郑、禹州四市交界处。地理坐标为北纬34°17′—34°28′，东经113°16′—113°39′。山势呈东北—西南走向，长40千米，宽平均12千米。一般海拔600—700米，主峰风后顶海拔793米。该山有大小山峰30多个，主要包括密岵山、香山、荟翠山、承云山、崆峒山、灵崖山、火门山、讲武山、七敏山、大龙山、大鸿山、石楼山、大隗山、风后顶、老山岬、石固堆、陉山等，重峦叠嶂，为历史名山之一。昔人有诗云："兹山盘郑郊，络绎连嵩门。西南开黛色，暖暖迎朝暾……上古有真人，身晦道弥尊。肇来轩后驾，虚心求至言。"是说古时大隗真人隐居于此，人文始祖黄帝来这里问道，遂使该山成为充满神密色彩的圣山。具茨山及其周围地区，自然风光绮丽，历史底蕴丰厚，形成了别具特色的黄帝文化中心。根据历史传说和文献记载，经过初步梳理，其文化内涵大体上可以分作黄帝访师问道、黄帝及其臣属、黄帝故里故都三大部分，现试分析如下。

黄帝访师问道

根据《庄子》记载，黄帝时代有两位神仙一类的人物：一位是大隗，亦作泰隗；另一位是广成子。因为他们的住所均距黄帝都城不远，相传黄帝曾专门拜访他们，请教治国之道。《庄子·徐无鬼》载："黄帝将见大隗乎具茨之山，方明为御，昌寓骖乘，张若、謵朋前马，昆阍、滑稽后车。至于襄城之野，七圣皆迷，无所问涂，适遇牧马童子问涂焉，曰：'若知具茨之山乎？'曰：'然。''若知大隗之所存乎？'曰：'然。'黄帝曰：'异哉小童！非徒知具茨之山，又知大隗之所存。请问为天下。'小童曰：'夫为天下者，亦若此而已矣，又奚事焉！予少而自游于六合之内，予适有瞀病，有长者教予曰：若乘日之车而游于襄城之野。今予病少痊，予又且复游于六合之外。夫为天下亦若此而已，予又奚事焉！’黄帝曰：‘夫为天下者，则诚非吾子之事，虽然，请问为天下。’小童辞。黄帝又问。小童曰：‘夫为天下者，亦奚以异乎牧马者哉！亦去其害马者而已矣！’黄帝再拜稽首，称天师而退。”《水经·潩水注》载：“潩水出河南密县大騩山。大騩即具茨山也。黄帝登具茨之山，升于洪堤之上，受《神芝图》于黄盖童子，即是山也。潩水出其阿，流而为陂，俗谓之玉女池。”黄帝问道大隗所登具茨山主峰之一，因黄帝问道而得名大隗山，位于新密市区东南25千米苟堂镇与禹州市交界处。清康熙三十二年《新郑县志·仙释》云：“大隗真人，轩辕时栖大隗山，黄帝访之，遂授以《九芝图》，后不知所往。山旧曰具茨，以真人号故名。”此外，清钱青简《大隗怀古》诗云：“十里晴岚翠色重，扪萝引蔓访遗踪……渔樵指点真人处，知在烟霞第几峰。”为纪念黄帝登具茨访大隗，后人在新密市大隗镇十字街建有大隗真人祠，南街建有黄帝庙，镇西南窑沟村建有七圣祠。在襄城县城北3.5千米的首山西麓，有一个地方叫“七迷店”，后人称这里是黄帝等七人访大隗途中迷路处。明代有《七里迷处》诗云：“车从填山谷，谁知道者栖；若非逢牧马，七圣至今迷。”

关于黄帝问道广成子的故事，《庄子·在宥》说：“黄帝立为天子十九年，令行天下，闻广成子在空同之上，故往见之，曰：‘我闻吾子达于至道，敢问至道之精。吾欲取天地之精，以佐五谷，以养民人。吾又欲官阴阳以遂群生，为之奈何？’广成子曰：‘而所欲问者，物之质也；而所欲官者，物之残也。自而治天下，云气不待族而雨，草木不待黄而落，日月之光益以荒矣，而佞人之心翦翦者，又奚足以语至道。’黄帝退，捐天下，筑特室，席白茅，闲居三月，复往邀之。广成子南首而卧，黄帝顺下风膝行而进，再拜稽首而问曰：‘吾闻子达于至道，敢问治身奈何而可以长久？’广成子蹶然而起，曰：‘善哉问乎！来，吾语女至道。至道之精，窈窈冥冥；至道之极，昏昏默默。无视无听，抱神以静，形将至正。必静必清，无劳女形，无摇女精，乃可以长生。目无所见，目无所闻，必无所知，女神将守，形形乃长生。慎女内，闭女外，多知为败。我为女遂于大明之上矣，至被至阳之原也；为女入于窈冥之门矣，至彼至阴之原也。天地有官，阴阳有藏。甚守女身，物将自壮。我守其一以处其和。故我修身千二百岁矣，吾形未常衰。’黄帝再拜稽首曰：‘广成子之谓天矣！’……”黄帝问道广成子的故事，据说就发生在禹州市浅井乡马沟村北面的崆峒山上。后人在此山南麓建有一座道观，名叫大仙观，因它建于逍遥河滨，也叫逍遥观，此观分上下两观，素有“上观下观七十二院”之称。逍遥观北部山腰石崖上有石洞，据说是黄帝问道于广成子的问道处，俗称“得道庵”。得道庵南有奉侍广成子的广成子庙，得道庵下有广成墓及广成城。《太平寰宇记》引《九州域记》云：“广成子为黄帝之师，始居此城，后于崆峒山成道，今此城犹有庙像存焉。”崆峒山下有散驾村，传说是黄帝只身访道广成子，同随行大臣告别的地方。

上述黄帝问道的故事，《庄子》假托于大隗真人和广成子，遂演绎成千古佳话，揭开了具茨山黄帝文化的璀璨篇章。

黄帝及其臣属

具茨主峰之一名曰大隗山，“大隗”以黄帝师命名。具茨山及其周围地名，多以黄帝臣属命名。诚如清嘉庆二十二年《密县志》云：“据《庄子》，大隗似以人名名山，故风后顶亦取黄帝六相之称。而在密境者，又有力牧台、大鸿山，皆其类也。”反映出黄帝及其臣属在这一地区频繁活动的情况，说明这里是当年黄帝创业的基地。以黄帝臣属命名的地方，主要有风后顶与风后城、西太山、大鸿山、力牧台、雍氏城、仓帝城等。

风后顶与风后城　风后顶又称风后岭，位于新郑市区西南 15 千米，为具茨山主峰之一。清乾隆四十一年《新郑县志》载，山上世传有风后城，皆为石砌，今存残垣。风后为黄帝三公之一，因八卦设九宫以安营垒，著有《握奇经》一卷，《风后兵法》十三篇、图二卷，《孤虚》二十卷。

西太山　西太山位于新郑市区西北 22 千米龙湖镇太山村。《淮南子》说：“黄帝治天下，而力牧、太山稽辅之。”此山以黄帝臣太山稽之名命山。这里是黄帝战胜蚩尤后大会诸侯的地方。《韩非子·十过》云：“昔者黄帝合鬼神于泰山上，驾象车而六蛟龙，毕方并辖，蚩尤居前，风伯进扫，雨师洒道，虎狼在前，鬼神在后，腾蛇伏地，凤凰覆上，大合鬼神，作为《清角》。”此泰山即西太山。据《文中子·问易》载：“黄帝有合宫之听。”合宫是明堂的异名，建在西太山下，黄帝在此召开诸侯会议，采纳天下之策，商讨建国方略。

大鸿山　大鸿山又称大鸿寨山，位于新密市苟堂镇申门村南部与禹州市交界处，东接大隗山，西连七敏峰，独出天表，苍翠巍峨。《古今图书集成・方舆汇编・职方典》称："昔黄帝臣大鸿氏屯兵于此，故名。"范金中、陈丙寅《密县史话》说："在密县东南大隗山之西，有一个大鸿山，相传是黄帝大臣大鸿在此屯兵居住的地方，所以叫大鸿山。山势陡峭，北麓有南泉寺，水皆夹岸伏流，林壑幽胜，竹涧泉鸣。"大鸿山上有大鸿城，东曰"东华门"，西为"西华门"，南设"南华门"，北谓"北华门"。城垣连环，宽约丈余，其门巨石拱券，巍巍壮观。城内垒石为室，交错相向，相传大鸿长期在此屯兵演练。

力牧台　力牧台位于新密市区东南 18 千米的刘寨镇黄台岗村南。台高 15 米，自下而上分四层台基，南北长约 133 米，东西宽约 118 米，用夯土筑成。相传黄帝得力牧于大泽，在此拜力牧为将，因此，这个台也称拜将台。

雍氏城　雍氏或作雍父，是杵臼的发明者。《世本》说："雍父作臼""雍父作杵""雍父作舂"。宋衷注："雍父，黄帝臣也。"传说雍父的居地在禹州境内。《禹州市志・名胜及古建筑》载："城东北有雍氏城(今古城)。雍氏是黄帝大臣，曾在此发明杵臼。证明谷物已成为主要农产品和主要食物。"禹州雍氏城就是传说中黄帝大臣雍父之城。

仓帝城　仓帝是指黄帝史官仓颉，传说他是文字的发明者。《吕氏春秋・君守》云："仓颉作书。"李斯《仓颉篇》说："仓颉作书，以致后诣。"《淮南子・本经训》谓："昔者仓颉作书而天雨粟，鬼夜哭。"传说仓颉所居的仓帝城，位于登封市境。《神通纪》说："仓帝史皇氏姓侯冈，名颉，治百有十载，都于阳城。"

黄帝故里故都

具茨山下溱洧河滨，是黄帝故里故都所在。清梁道奂《古槐行》："轩辕城在茨山麓，故国从来多乔木。"清刘玉威《神芝图歌》："崆峒矗立凌云起，东接有熊旧帝里。"将黄帝故里故都定位于具茨山下新郑境内。《史记・五帝本纪》载："黄帝者，少典之子，姓公孙，名曰轩辕……黄帝居轩辕之丘。"《帝王世纪》说："黄帝有熊氏，少典之子，姬姓也……有圣德，受国于有熊，居轩辕之丘，故因以为名，又以为号。"由此可知，黄帝故里名轩辕丘，故都为有熊。

轩辕丘　轩辕丘位于新郑市区一带。晋《名胜志》载："新郑县城内有轩辕丘。"《大明一统志·古迹》云："轩辕丘，在新郑县境，古有熊氏之国，轩辕黄帝生于此，故名。"《大清一统志》云："轩辕丘，在新郑县西北故城。"清乾隆二十九年新郑县《重修（显龙宫）大殿碑记》云："古传郑邑为轩辕氏旧墟，行在北有轩辕丘遗迹，乃当年故址。"据刘文学主编《黄帝故里志》说，轩辕丘即在新郑市黄水河（古溱水）和双洎河（古洧水）交汇处的高台地上，面积30多平方千米。其地貌形态东有马陵岗，西有双岭岗，南有黄岗，中间似盆地。溱水、洧水自西北而来，于盆地中切割一凸起的高台地，即是轩辕丘。其中心区在今黄帝故里景区一带。

有熊　有熊系黄帝国名，也是都城之名，或称"有熊氏之墟"。具茨山诸峰之一熊耳山，位于风后顶西，其状如熊，世谓大熊山。相传黄帝有熊氏因熊山得名。《史记·五帝本纪·正义》引《舆地志》云："涿鹿本名彭城，黄帝初都，迁有熊。"《续汉书·郡国志》谓："河南尹新郑县，古有熊国，黄帝之所都。"《帝王世纪》说："黄帝都有熊，今河南新郑县是也。"《水经·洧水注》云："洧水又东迳新郑故城中……或言县，故有熊氏之墟，黄帝之所都也。郑氏徙居之，故曰新郑矣。"《括地志》载："郑州新郑县，本有熊氏之墟也。"《通志·都邑略》说："黄帝都有熊，又迁涿鹿。有熊，今郑州新郑。"顾祖禹《读史方舆纪要》云："开封府新郑县，古有熊地，黄帝都焉。"清道光二年《重修新郑县文庙碑记》云："新郑为轩辕黄帝故都，文明肇启有自来矣。"由此可知，黄帝所都之有熊，即今新郑。

具茨山附近地区，同黄帝故里故都有关的遗踪甚多，现举例如下：

黄帝御花园　黄帝御花园在大隗山畔，清雍正九年《河南通志·古迹下》说："御花园在新郑县西南四十里大隗山畔，相传黄帝种花处。"

黄帝饮马泉　黄帝饮马泉位于新郑市区西南自然山东北，泉水东南流入潩水。

观兽台　观兽台位于具茨山东麓千虎沟南崖下，土台高50米，相传巨灵氏驯兽时，黄帝曾率群臣登台观看。

黄帝宫　黄帝宫位于新密市区东22千米刘寨镇刘寨村南的武定湖北岸。《左传·昭公十七年》载："昔者黄帝氏以云纪，故为云师而云名。"《史记·五帝本纪·集解》引应劭曰："黄帝受命有云瑞，故以云纪事也。"黄帝"以云纪事"，其宫建在能透水的岩石上面，故又称"云岩宫"。相传黄帝与风后在此练兵讲武,研创了我国最早的八阵图。唐孤独及《风后八阵图记碑》称:“帝用经略,北清涿鹿,南平蚩尤,勘黎阪泉,省分于崆峒,底定万国。”清钱青简有诗赞云:“战败蚩尤犒旅徒,云岩深涧葬兵符。千秋永罢干戈事,蔓草寒烟锁阵图。”

黄帝三女冢 黄帝三女冢又名天仙庙或天仙院,位于新密市区南 4 千米处。相传黄帝葬三女成天仙处。《徐霞客游记》载:“天仙院,院祀天仙,黄帝三女也。白松在祠后中庭,相传三女脱骨于其下。树周垒石为栏,一轩临北,轩中题咏绝盛。”题咏诗词主要称颂黄帝在此葬女成仙的故事。

此外,黄帝活动遗址及纪念性建筑甚多,在新郑境的有黄帝口、黄帝故里祠、轩辕庙、轩辕宫、三皇庙、古禅寺;在新密境的有黄帝岭、讲武山、摩旗山、卧龙台、大仙山、灵岩山、黄帝庙、开始庙、养马庄、草场岗、马骥岭、仓王庄、龙轩寺、河屯村、修德观、擂鼓台;在登封境的有嵩山、中岳洞、太室、三皇庙等。

结　语

黄帝,姓公孙,名轩辕,号称有熊氏,是中华民族的人文始祖。他生于轩辕丘,建都有熊。轩辕丘和有熊氏之墟,均在今河南新郑市境。五千多年前的黄帝时代,华夏大地上氏族部落林立,“有万诸侯”。黄帝乃习用干戈,以征不享,诸侯咸来宾从。在中华远古史上第一次统一了黄河中下游各部落,从而出现了具有初步国家职能的社会管理机构。黄帝都有熊期间,曾经“登崆峒而问广成,至具茨而事大隗”,到处寻求治国之道。他又在黄帝宫、力牧台、讲武山练兵讲武,在西太山大会诸侯,表现了其文功武治的雄才大略。“轩帝曾经具茨游”,在具茨诸峰及其附近的河谷平原,到处都留下黄帝的踪迹,从而形成了一个巨大的黄帝文化中心。要破解黄帝文化的千古之谜,探索中华人文始祖的丰功伟绩,需从具茨山始!

(原载《中原文史》2009 年第 4 期)

嫘祖与嫘祖故里

嫘祖也作累祖、傫祖、雷祖，是中华人文始祖黄帝的妻子，即通常所谓的黄帝“正妃”，被誉为“人文女祖”，祀为“先蚕”和“行神”。嫘祖文化是炎黄文化的重要组成部分，为了继承和弘扬中华民族优秀的传统文化，应当重视嫘祖与嫘祖故里的研究。

嫘祖其人

关于嫘祖其人，文献记载一般比较简略。《山海经·海内经》载：“黄帝妻雷祖，生昌意；昌意降处若水，生韩流；韩流擢首、谨耳、人面、豕喙、麟身、豚止，取淖子曰阿女，生帝颛顼。”《史记·五帝本纪》说：“黄帝居轩辕之丘，而娶于西陵之女，是为嫘祖。嫘祖为黄帝正妃，生二子，其后皆有天下。其一曰玄嚣，是为青阳，青阳降居江水。其二曰昌意，降居若水。昌意取蜀山氏女曰昌仆，生高阳，高阳有正德焉。黄帝崩，葬桥山。其孙昌意之子高阳立，是为帝颛顼也。”这里告诉我们，嫘祖为西陵氏之女，是黄帝的正妃，她为黄帝生下两个儿子：一个是玄嚣，即青阳；另一个叫昌意，昌意是高阳的父亲，高阳就是著名的五帝之一颛顼。不过，嫘祖的伟大业绩，除了为黄帝生儿育女、延续香火，更主要的是发明了养蚕，《隋书·礼仪志》载：“后周制，皇后乘翠辂，率三妃、三嫔、御媛、御婉、三公夫人、三孤内子至蚕所，以一太牢亲祭，进奠先蚕西陵氏神。……”《路史·后纪五》云：“黄帝元妃西陵氏曰傫祖，以其始蚕，故又祀为先蚕。”刘恕《通鉴前编·外纪》谓：“西陵之女嫘祖，为黄帝元妃，治丝、养蚕、供衣服，后世祀为先蚕。”金履祥《通鉴前编·外纪》谓：“西陵氏之女嫘祖为帝妃，始教民育蚕，治丝茧以供衣服，而天下无皴瘃之患，后世祀为先蚕。”林汉达、曹余章《上下五千年》

说："传说黄帝有个妻子名叫嫘祖，亲自参加劳动。本来蚕只有野生的，人们还不知道蚕的用处。嫘祖叫妇女养蚕缫丝、织帛，打那时候起，就有了丝和帛了。"台湾著名史学家柏杨指出："姬轩辕的妻子嫘祖，和姬轩辕的大臣苍颉、隶首、容成，都有同样伟大的贡献：嫘祖发明养蚕抽丝。蚕看起来是一种丑陋的昆虫，经过嫘祖细心的观察，终于发现它们吐出来的东西可以织成绸缎。中国以丝织品独霸世界四千余年，完全是她开创的功绩。"[1]由此可知，嫘祖是一位伟大的养蚕缫丝发明家，在中国纺织史上写下了极其璀璨的篇章。

关于旅游，北宋人丁度《集韵·平脂》载："黄帝娶西陵氏女，是为嫘祖。嫘祖好远游，死于道，后人祀以为行神。"《云笈七签》卷一百辑《轩辕本纪》谓："帝周游行时，元妃嫘祖死于道，帝祭之以为祖神。"《宋书·礼志》注引崔寔《四民月令》："祖，道神也。黄帝之子曰累祖，好远游，死道路，故祀以为道神，以求道路之福。"清人李元度重修《南岳志》引《湘衡稽古》云："雷祖从（黄）帝南游，死于衡山，遂葬之。今岣嵝有雷祖峰，上有雷祖之墓，谓之先蚕冢。其峰下曰西陵路，盖西陵氏始蚕，后人祀之为先蚕也。"嫘祖开中国历史上远游之风，被祀为"道神""行神"和"祖神"，用现代的话来说，就叫作旅游之神。嫘祖喜爱名山大川，到各地去旅行考察，因而除"先蚕"外，"行神"是她头上另一顶桂冠。嫘祖是当之无愧的旅游文化的创始人。

说西陵

嫘祖又称"西陵氏女"。张守节《史记正义》说："西陵，国名。"这里所说的"国"，系指远古氏族部落而言，或可称之为"古国"与"邦国"。由于历史久远，远古时期的西陵国已经很难寻觅，只能从后世地名中去探索。秦汉三国以来的地名中，有的称"西陵郡"，有的叫"西陵乡""西陵亭"，更多的则是以"西陵县"来命名。西陵的地望有多说：一曰湖北黄冈，黄冈之为西陵，战国已见记载，为楚邑。《史记·楚世家》载：楚顷襄王二十年（公元前279年），"秦将白起拔我西陵"。《集解》引徐广曰："属江夏。"《正义》引《括地志》云："西陵故城在黄州黄山西二里。"秦于其地置西陵县，汉因而未改，属江夏郡。《汉书·地理志》"江夏郡西陵县"下，班固原注"有云梦官"，可见其地临近古云梦泽，在今黄冈市西北。二曰湖北浠水,在黄冈以东的浠水流域,据《三国志·吴书·甘宁传》载,三国时吴于此地置有西陵郡,甘宁拜“西陵太守”。治所在今湖北浠水县西南。三曰湖北宜昌,三国吴黄武元年(222年)以夷陵改置西陵县,西晋太康元年(280年)又复名为夷陵县。治所在今宜昌市西陵区。四曰四川茂县,岷江上游的茂县,《汉书·地理志》载为“蚕陵”,《水经·江水注》引梁李膺《益州记》称为“西陵县”,可能是南北朝时将蚕陵改名为“西陵”的。五曰四川盐亭,相传此地曾出土有《嫘祖故地》碑,有人便推测这里古代也叫西陵。[2]六曰河南开封,南宋《轩辕黄帝传》云:“帝娶西陵氏于大梁,曰嫘祖,为元妃,生二子:玄嚣、昌意。”大梁即今河南开封。上属诸说均不足取。因为它们有的方位不合,有的地名晚出,有的于史无徵。根据最新考古发现,河南西平古称“西陵”。1959—1981年间,甘肃武威县磨咀子汉墓先后出土木鸠杖3根,王杖诏令简36枚。所出土的王杖简记载了西汉宣帝、成帝时期的有关诏令。据《武威汉简》载:“河平元年(公元前28年),汝南西陵县昌里,先年七十受王杖,颊部游徼吴赏使从者殴击先,先用诉,地太守上谳。廷尉报:罪名明白,赏当弃市。”又载:“汝南大守谳廷尉,吏有殴辱受王杖主者,罪名明白。制曰:谳何,论应弃市。”[3]先为汝南郡西陵县人,《汉书·地理志》“西陵县”不属汝南而属江夏郡,汝南郡西陵县则是西汉河平以后所改置的,其地在今河南西平。

西平除在西汉时期设“西陵县”外,三国时还置有“西陵乡”。《三国志·魏书·和洽传》载:“和洽字阳士,汝南西平人也。……明帝即位,进封西陵乡侯,邑二百户。”和洽故里在西平县城西和楼村,古西陵乡应在这一带。至迟在北魏时期,西平境内还有地名叫“西陵亭”。《水经·潕水注》云:“(潕水)又东过西平县北。县,故柏国也。《春秋传》所谓江、黄、道、柏,方睦于齐也。汉曰西平。其西吕墟,即西陵亭也。西陵平夷,故曰西平。”西陵亭在今西平县城西27.5千米的吕店乡董桥村南,北距潕水故道10余千米,东距师灵(西陵)古镇3千米,名曰师灵(西陵)岗,是伏牛山余脉的延伸,岗顶平缓,颇具“西陵平夷”的地貌特征。西平一地,先后有“西陵县”“西陵乡”和“西陵亭”三个以“西陵”相称的地名,可见它同“西陵”的关系绝非一般。根据方志记载,西平县始置于汉高帝四年(公元前203年)。《水经注》说西平县名的由来,是因为“西陵平夷,故曰西平”。显然西陵地名应早于西平,河南西平很可能就是远古西陵国之所在。

黄帝所居之轩辕丘

《史记·五帝本纪》载："黄帝居轩辕之丘，而娶于西陵之女，是为嫘祖。"说明嫘祖出嫁于"黄帝居轩辕之丘"之时，古西陵国不会距轩辕丘太远。

关于轩辕丘，皇甫谧《帝王世纪》载："新郑，古有熊国，黄帝之所都。受国于有熊，居轩辕之丘，故因以为名，又以为号。"明《广舆记》载："轩辕丘，新郑古有熊氏之国，黄帝生此故名。"明人曹学佺《天下名胜志》谓："新郑县城内有轩辕丘。"《大明一统志》卷二十六谓："轩辕丘，在新郑县境，古有熊氏之国，轩辕黄帝生于此故名。"《御批王凤洲纲鉴会纂》云："黄帝母之祈野，见大电绕北斗枢星，感而怀妊，二十四月而生帝于轩辕之丘，因名轩辕。轩辕丘在开封府新郑县。"《御批历代资治通鉴》云："黄帝母曰附宝，之郊野，见大电绕北斗枢星，感而怀孕，二十四月而生黄帝于轩辕之丘，因名轩辕。轩辕丘在开封府新郑县境。"《大清一统志》卷五十二云："轩辕丘，在新郑县西北故城。"清顺治十六年(1659年)《新郑县志》云："轩辕丘，在县境，黄帝生于斯。"清乾隆二十九年(1764年)新郑县显龙宫《重修大殿碑记》云："玄帝行在建于邑之北门外。……古传郑邑为轩辕氏旧墟，行在北有轩辕丘遗址，乃当年故址，故行在建于前以为镇。"大量历史文献记载，黄帝故里轩辕丘在今河南新郑，南距西平仅120千米，与嫘祖故里西陵相近，便于两大氏族部落之间通婚。远古时期，交通极不发达，湖北、四川等地同新郑相隔千山万水，在"蜀道难，难于上青天"的情况下，彼此交往极其困难，因而那里的所谓"西陵"实与嫘祖无关。

古江水、若水在中原

《史记·五帝本纪》载："嫘祖为黄帝正妃，生二子，其后皆有天下：其一曰玄嚣，是为青阳，青阳降居江水；其二曰昌意，降居若水。"嫘祖所生二子，玄嚣与昌意。他们的居地与西陵国相距也不可能很远，根据考证，古江水、若水均在中原地区。

关于江水,《史记正义》引《括地志》云:“安阳故城在豫州新息县西南八十里。应劭云古江国也。《地理志》亦云安阳古江国也。”安阳县,西汉置,治所在今河南正阳县西南,至隋始废,唐代属新息县。新息县即今息县。息县西南40千米的江国故城,在今河南正阳县大林乡涂店东北,江国故城城址平面呈长方形,面积17.5万平方米。涂店又称涂家店或涂店街,附近有安阳堰、涂山堰诸水环绕外,南面还临四渎之一的淮水。淮水古亦称江,《左传·哀公元年》载:“春,楚子围蔡,报柏举也。……蔡人男女以辨,使疆于江、汝之间而还。”杜预注:“楚欲使蔡徙国,在江之北,汝水之南,求田以自安也。”蔡国故地本在淮北的汝水一带,此“江”当指淮水而言。《左传·哀公四年》载:“夏,楚人……乃谋北方。……致蔡于负函,致方城之外于缯关,曰:‘吴将泝江入郢,将奔命焉!’为一昔之期,袭梁及霍。”这里“吴将泝江入郢”之“江”,应指淮水而言。此外,在古文献中,还常有同一史事在不同的书或同一书的不同版本中,出现了以“江”作“淮”,或以“淮”作“江”的情况。如《史记·秦始皇本纪》载:“荆将项燕立昌平君为荆王,反秦于淮南。”裴骃《集解》引徐广曰:“‘淮’亦作‘江’。”又如《国语·吴语》云:“于是勾践乃命范蠡、舌庸率师,沿海泝淮,以绝吴路”。《吴越春秋》记此事则作“屯海通江,以绝吴路。”再如《晏子春秋·内篇·杂下第六》云:“宴子……对曰:‘婴闻之,橘生淮南则为橘,生于淮北则为枳。’”而《淮南子·原道训》则云:“故橘之江北,则化而为枳。”由此可知,古文献中的“江”不是长江的专称,淮水亦可称江。[4]唐代张守节《史记正义》将江水定位于“安阳古江国”之域,显系指淮水而言。黄帝支族之一的玄嚣,最早可能活动在今河南正阳县境的淮水流域地区。

关于若水,过去学者大都认为即是泸水。《水经·若水注》云:“若水出蜀郡旄牛徼外,东南至故关,为若水也……黄帝长子昌意,德务不足绍承大位,降居斯水,为诸侯焉。”《后汉书·西南夷传》注谓:“泸水一名若水,出旄牛徼外。”古代泸水,指今四川省西北部的雅砻江下游和金沙江汇合以后的一段。姜亮夫先生据此而论:“(若水)即今鸦砻江,源出巴颜喀拉山东,南流入金沙江。”[5]不过此说不甚可靠,且有异议。顾颉刚先生根本不赞同这种观点。他认为,“若水”如在四川,那是楚人把他们的“始祖”带进去的:“推原他们所以如此拉拢的缘故,大概因为楚国出于颛顼和祝融,春秋时楚和巴的交往较密,把楚祖传了进去。”[6]徐中舒先生认为这种说法实不可信:“至于《史记·五帝本纪》说黄帝的儿子昌意，降居若水，娶蜀山氏，后来《华阳国志》和《十三州志》，以为这就是蜀的先代。严格地说，这些传说并出西汉以后，除牵合若水蜀山地名人名一二字外，并无其他史迹可据，其可信的条件并不具备。”[7]吕思勉先生更指出：“‘昌意降居若水’，后人以蜀地释之者实误。”[8]若水既然不是雅砻江，其地不在今四川省境，那么它究竟是何地何水呢？不少学者认为它就是今河南省境内的汝河。田昌五先生说：“若水即河南的汝水。汝、若，音同义通。”[9]孙华先生以古音韵学考释，认为：“昌意和颛顼所居的若水，即为古之汝水。汝、若同属日母，汝属鱼部韵，若属铎部韵，铎为鱼部之入声，鱼铎二部本可对转。《庄子·渔父》‘吾语汝’，《人间世》又作‘吾语若’，若汝在上古音俱通，汝水即若水。”[10]由此看来，若水即汝水，应在今河南境内。据《水经·汝水注》：“汝水出河南梁县勉乡西天息山。……又东至原鹿县。……南入于淮。”梁县即今河南汝州市，原鹿县即今安徽阜南县。杨守敬疏曰：“今汝水自嵩县东北流迳伊阳县，又东南迳汝州宝丰县、郏县、襄城县，至郾城县，皆故道。元末，堨断故汝，令归今沙河，东出合颍河。而《水经注》自郾城县至上蔡县之流遂绝。上蔡以下，犹是故道。《水道提纲》谓之南汝，承遂平县水，东南迳汝南县、正阳县、新蔡县、息县，至阜阳县西，入淮。”汝水发源于河南嵩县车村乡龙池曼山西麓天桥沟，东北流又折向东南，经今汝阳、汝州、郏县、襄城、舞阳、郾城、西平、上蔡、汝南、平舆、正阳、新蔡、安徽阜南等县境，在今河南淮滨县谷堆乡洪河口村东南入淮。元至元三十年（1293年），因下游泛滥为害，江北行省平章伯颜下令自郾（今郾城东南干河陈村）以下截流南流。原汝水上游（即今郾城以南）河段则改以原支流潕水（即今西平境内小洪河）为源，称南汝。明嘉靖末，潕水东注入澺（今洪河），南汝又改以溵水（今沙河）为源，以下至汝口仍为旧道。大体而言，古汝水包括北汝河与南汝河。由此可知，从地理形势来看，以西陵亭为中心，轩辕丘在其北，江水在其南，均相距不远。若水又从附近流过，彼此相距更近。不仅便于轩辕氏与西陵氏两大氏族部落通婚，其支族——玄嚣与昌意分居于南北两侧，也便于这些具有血缘关系的氏族部落之间的交往。

嫘祖故里在西平

西平位于河南省中部，居驻马店地区的最北端。地势西高东低，海拔最高

550多米,最低53米,平均59.9米。伏牛山余脉自县西南绵延入境,形成西部山区向平原过渡的浅山丘陵区。东部则为广袤的平原。境内较大的河流有洪河、柳堰河和淤泥河,属淮河流域的洪汝河系。西平地处亚热带向暖温带过渡地带,属东亚大陆性季风型亚湿润气候。西平附近地带全新世的原始景观结构,是由众多的低山、丘陵、平原、湖泊等景观镶嵌块和纵横交错的河流、道路、沟谷等景观廊道所构成,具有强烈的空间异质性。其边缘效应首先表现为生物多样性增加、种群密度加大、食物链长、生物"金字塔"基宽等。对于早期人类提供从事经济生产活动的优越条件,既可耕可牧,宜粟宜稻,又利于采集、狩猎和捕捞[11],也非常适宜于植桑养蚕。"上古时期的西平,沃野百里,桑树遍地,野蚕吐丝而人不知所用。相传嫘祖从蜘蛛网中受到启发,利用蚕丝织成衣服。"[12]西平境内有一座海拔520.8米的蜘蛛山,就是螺祖观察蜘蛛织网和发明养蚕缫丝的地方。为纪念嫘祖的丰功伟绩,此山又被尊称为始祖峰。始祖峰上有一座嫘祖庙,原有正殿三间和东西厢房,现仅存石礅、碑座、残碑、砖瓦等遗物。每年农历四月二十三日,当地群众都要举办传统的嫘祖庙会,称为"蚕桑节"。追念嫘祖的功德业绩。在西平境内的师灵岗、五沟营镇、专探乡、吕店乡、出山镇和西平县城,分别发现多处嫘祖庙,成为西平县是嫘祖故里的历史见证。

嫘祖文化为炎黄文化的亚文化,从考古发现来看,应属于仰韶文化范畴。以西平所在的驻马店地区而言,已发现仰韶文化遗址20余处。特别值得注意的是西平董桥仰韶文化遗址,位于西平县吕店乡董桥村南,遗址高出周围地面5米多,面积约48万平方米,出土有纺轮、碗、钵、罐等陶器及石斧、石铲等石器。董桥遗址所在的师灵岗,正是古西陵亭所在地,表明该遗址同古西陵国之间的密切关系。

西平县西小孟庄村北,原有一处墓地,当地群众叫它嫘坟,其中最高的一座娘娘坟,人们说那就是嫘祖陵。史称"先蚕冢"在湖南衡山雷祖峰上,不过,大凡名人之墓皆不止一处,因而并不能排除西平嫘祖陵的存在。

西平县北邻内陆特区漯河市,漯河名称的由来,据何光岳先生考证,"漯""嫘"二字音同义通,漯河实为嫘河,因远古时期嫘祖在这一带活动而得名。[13]

据湖南岳阳县《方氏族谱》卷首之三《源流通考》,载宋潜溪先生《徽州方山谱序》云:"惟方氏出自方雷氏。方雷者,西陵氏女也,轩辕之正妃,是音雷、嫘祖。"方雷氏分布的地区,"河南嵩县东北的方山,当也为方雷氏所迁居的地方。……河南叶县南四十里有方城山，北魏方城县，位于嵩县方山之南。《左传·僖公四年》楚屈完对齐侯曰："楚国方城以为城者即此。亦当于方雷氏分布于此有关。"[14]西平北有嵩县，南望方城，与方雷氏关系密切，实为嫘祖理想的居地。

综上所述，河南西平古称"西陵"，因"西陵平夷"而得名，北距黄帝故里轩辕丘仅120千米，以古西陵国为中心，北有嵩县方山，南望方城山，其支族——玄嚣与昌意分居于南北两侧，便于远古氏族部落之间的交往。

西平不仅古称西陵县，有西陵乡和西陵亭，并保留有螺祖峰、嫘坟等遗迹和董桥遗址，自古以来，家家户户植桑养蚕，敬蚕神、祭嫘祖，每年农历四月二十三日都要举办一年一度的蚕桑节。种种迹象表明，嫘祖故里应在河南西平。

注　释

[1]柏杨:《中国人史纲》上册，时代文艺出版社，1987年，第67页。

[2]王德奎、赵均中主编:《嫘祖研究》，成都科技大学出版社，1993年。

[3]a.武威县博物馆:《武威新出土王杖诏令册》，《汉简研究文集》，甘肃人民出版社，1984年。

b.李并成:《武威王杖简与汉代尊老扶弱制度》，《人民政协报》2000年10月23日。

[4]石泉:《古文献中的"江"不是长江的专称》，《古代荆楚地理新探》，武汉大学出版社，1988年。

[5]姜亮夫:《说高阳》，《楚辞学论文集》，上海古籍出版社，1984年。

[6]顾颉刚:《论巴蜀与中原的关系》，四川人民出版社，1981年，第40页。

[7]徐仲舒:《论巴蜀文化》，四川人民出版社，1981年，第3页。

[8]吕思勉:《少昊考》，《读史扎记》上册，上海古籍出版社，1982年，第51页。

[9]田昌五:《古代社会形态研究》，四川人民出版社，1980年，第152页。

[10]孙华:《蜀族起源考》，《民族论丛》第2辑《先秦民族史论集》，四川民族研究所，1982年。

[11]北京大学考古系、驻马店市文物保护管理所:《驻马店杨庄——中全新世淮河上游的文化遗存与环境信息》，科学出版社，1998年，第5页。

[12]郭超、刘海峰、余全有主编:《驻马店通史》,中州古籍出版社,2000年,第24页。

[13]何光岳先生2006年7月15日函告。

[14]何光岳:《炎黄源流史》,江西教育出版社,1992年,第534页。

(原载《嫘祖文化研究》,文物出版社,2007年)

从两河流域到溱洧之滨

——黄帝族的发祥地研究

黄帝是中华人文始祖，被誉为五帝之首。中国古代哲人庄子曾经说过："世之所高，莫若黄帝。"国学大师钱穆在《黄帝的故事》中指出："黄帝是中国历史上第一个伟人，是奠定中国文明的第一座基石。"黄帝在中华民族史上贡献最大，地位最高，开启了一个伟大的文明时代。其丰功伟绩与天地长存，和日月同辉，亘千秋而愈烈，历万世而益昌。长期以来，关于黄帝部族起源问题，一直是学术界的热门话题，受到有关方面的广泛关注，应该进行认真探讨。

黄帝族起源问题观察

黄帝是黄帝部族的首领，关于黄帝族的发祥地，必然涉及黄帝故里、故都等一系列问题，这里应该主要从文献记载寻找依据。《史记·五帝本纪》载："黄帝者，姓公孙，名曰轩辕……黄帝居轩辕之丘。"黄帝故里为轩辕丘。《帝王世纪》说："黄帝有熊氏，少典之子，姬姓也……有圣德，受国于有熊，居轩辕丘，故因以为名，又以为号。"黄帝是有熊国君，其故都之名为"有熊"，或称"有熊氏之墟"。《国语·晋语四》载："昔少典娶于有蟜氏，生黄帝、炎帝。黄帝以姬水成，炎帝以姜水成。故黄帝姓姬，炎帝姓姜。"黄帝故里、故都附近，应有姬水存在。由此看来，作为黄帝族的发祥地，必须具备三个条件，那就是轩辕丘、有熊和姬水，对于这三个标尺，需要进行综合研究。不过，由于年代久远，历史渺茫，以及文献记载缺失，故而关于黄帝族起源于何处？历来聚讼纷然，从而形成了多种说法。经过认真梳理，可知主要有以下观点，现初步分析如下：

一曰古巴比伦说。巴比伦位于小亚细亚东部亚美尼亚山区的两条古老河流——底格里斯河与幼发拉底河流域一带，这里是两河流域文明的历史舞台，人类在此展现出多彩多姿的独特风韵。因而古巴比伦说或可称之为“两河流域说”。1894 年，法国人拉克柏里《古代中国文化西源考》认为，公元前 2282 年率闪米特人一支——巴克族东迁的震南国王奈亨台，以中国古史传说证之，即为黄河流域部落联盟首领黄帝。此说提出后，曾遭到中外学人的痛斥。德国学者夏德《中国上古史》认为此说穿凿附会，不足为信。何炳松《中华民族起源之新神话》谓此说“至多只能视为西洋新撰之《山海经》而已”，又云：“其立说极尽穿凿附会之能事，故已为中外史学界所摈弃。”黄帝源于古巴比伦说是在“中国文化西来说”影响下的产物，缺乏任何历史依据，理所当然地遭到学术界的批判。

二曰匈亚利与俄罗斯说。胡远鹏发表在《北方论丛》(1995 年第 2 期)上的《中华民族的“人文初祖”轩辕黄帝史迹钩沉》说：“轩辕之国，为黄帝入主中原之前的领地；‘国于有罴’，也就是‘国于有熊’。然而，轩辕之国在何处呢？……我们认为，轩辕之国，它并不在东方而在西方，即现在的匈亚利。中国历史上载轩辕之国是黄帝当诸侯时的领地。因名轩辕，故称轩辕之国。《海外西经》曰‘轩辕之国在穷山之际’，正是说明它在欧洲西部。据匈亚利人自己叙述他们的第一代国王是位了不起的英雄，名‘阿尔伯特’。从语言学角度看，阿尔伯特正是有罴氏的古读。”此外，《山海经·西次山经》中曾经提到过丘时之水、泑水、瑶水等地名。《韩非子·十过》说“黄帝合鬼神于泰山之上”，此泰山或作西泰山。该文据此认为：“丘时之水，就是额尔齐斯河，额尔，就是河；泑水，即鄂毕河；瑶水，就是叶尼塞河，塞，为水的古读。这些地方，全在前苏联境内。这些进一步说明，西泰山就是阿尔泰山，可见黄帝当时的活动范围有多么大，是不可以现时中国境域来局限的。”从而将黄帝当时的活动范围划定在今俄罗斯境内。此说依据不足，论证乏力，所引资料存在明显错误，因而丧失了一切学术价值。

三曰曲阜说。该说主张黄帝部族起源于山东曲阜。《帝王世纪》载：“黄帝生于寿丘，在鲁东门之北。”《史记·五帝本纪·正义》案：“黄帝有熊国君，乃少典国君之次子，号曰有熊氏……母曰附宝，之祁野，见大电绕北斗枢星，感而怀孕，二十四月而生黄帝于寿丘。寿丘在鲁东门之北，今在兖州曲阜县东北六里。”张为民《黄帝族源于东夷说》据此而论：“黄帝部族出于曲阜周围名为‘寿丘’的东夷某地并非不可能。”王燕均《黄帝族发祥于东方初证》先是认为黄帝、颛顼、帝喾、唐尧、虞舜均是从东方入主中原的古帝，接着说：“从传世的黄帝族世系来看,其中所收到的几个主要成员皆是从东方黄河下游一带徙居中原的古夷人后裔。这是黄帝族发祥于东方的一个有力证明。”景以恩《炎黄虞夏根在海岱新考》认为寿丘在今山东曲阜市东旧县村。轩辕丘有两个,分别在新泰市境与肥城市南,黄帝时代的姬水即是今天的泗水。他还说:“曲阜寿丘是中国传说时代黄帝的唯一生地。”我们知道,黄帝为华夏集团的盟主,其时代大体上相当于考古学上的仰韶文化中晚期。少昊为东夷集团首领,从考古学文化上来看,少昊文化为大汶口文化,曲阜不在仰韶文化分布地域范围之内,因而这里不可能是黄帝的生地。诚如徐旭生《中国古史的传说时代》所云:“实在,鲁国本为‘少皞之虚’,是东夷集团的大本营,华夏集团的黄帝绝不能生在那里。”柏明、李颖科《黄帝传》也对曲阜说提出质疑:“其实这种说法不无商榷之处。第一,黄帝出生于母系氏族公社时期,而当时山东是夷人的大本营或主要生活区,作为姬姓的少典族后裔的黄帝不可能出生于夷人的活动区域内。第二,从考古发现来看,在新石器时代,我国北方的人们主要居住在黄河支流的二级台地上,而山东在当时正处于奔腾浩荡的黄河干流两岸,特别是在那洪水肆虐的年代,人们不可能居住在那里。多年来,在山东黄河干流两岸很少发现新石器时代遗址,这也充分说明这一点。第三,从历史上看,在周成王‘残奄’以前,没有任何迹象表明姬姓势力已发展到山东境内。所以,我们认为黄帝生于寿丘之说不能成立。”

四曰黄陵说。陕西黄陵县是传说中黄帝陵寝所在地。《史记·五帝本纪》载:“黄帝崩,葬桥山。”《太平寰宇记》载:“坊州中部县……桥山有黄帝陵,按《山海经》云:蒲谷水源其山下。水流通行,故谓之桥山。今陵冢尚在。”《大清一统志》谓:“黄帝陵在中部县西北桥山上。”中部即今黄陵县。黄帝陵位于黄陵县东1千米处的桥山之巅。宋太祖开宝五年(972年)下诏在此建黄帝庙,元至正时重建,明清多次重修,建成庄严雄伟的古建筑群。庙内保留有黄帝手植柏和黄帝脚印石。1961年国务院公布为全国重点文物保护单位“古墓葬第一号”。徐旭生《中国古史的传说时代》据此以及姬姓传说流传的地方,认为“可以推断黄帝氏族的发祥地大约在今陕西的北部”。凤凰网所载《“黄帝生平年表”初编》则主张:“公元前2878年阴历二月初二,黄帝轩辕氏生于寿丘(今陕西省黄陵县黄帝陵桥山东南桥沟塔之长寿山)。”同黄陵说有关的是,有些学者还分别主张流经陕西境内的渭水、泾水、横水、漆水或歧水等可能是古代的姬水。需要指出的是陕西黄陵县仅仅是黄帝衣冠冢所在,这里不是黄帝生地,因而黄帝族并非起源于此。

五曰清水说。清水为甘肃天水市辖县,因而此说又称“天水说”。《水经·渭水注》载:“渭水……出泾谷峡。又西北,轩辕谷水注之,水出南山轩辕溪。南安姚瞻以为黄帝生于天水,在上封城东七十里轩辕谷。”姚瞻是东汉灵帝时南安郡人。上封即上邽,因避拓跋珪讳而称上封,即今天水市,距清水甚近,故熊会贞引《陕西通志》说,轩辕谷在今清水县东南六十里。《帝王世纪》载:“黄帝生于寿丘,长于姬水。”《路史·后纪》卷五罗苹注:“寿丘,在上邽。”《直隶秦州新志》载:“轩辕谷隘,清水县东七十里,黄帝诞此。”《甘肃省志考异》云:“轩辕谷在上邽城东七十里,轩辕黄帝生处也。”明代著名学者胡缵宗考证,认为轩辕黄帝生于清水,遂题写“轩辕故里”石碑,赠立于清水当时的“三皇庙塬”。范文澜《中国通史简编》说:“轩辕黄帝诞生于甘肃天水。”清水县因“清泉四注”而得县名,素有“陇右要冲,关中屏障”之称。该县城民国时称“轩辕镇”,刚解放时称“轩辕区”。县境保留的黄帝史迹,有永清镇李崖村的轩辕窑,山门镇关山深处的轩辕谷森林公园,有轩辕之丘,丘前流淌着轩辕溪水,有轩辕洞、轩辕王爷睡觉石,以及黄帝“手植杜梨树”等。此外,在清水民间流传的轩辕黄帝文化遗存中,有年代久远、文化底蕴浓厚的“轩辕鼓”,阵容庞大,气势恢宏,表现轩辕黄帝“观天”“理地”“治民”与天地人和谐生存的精神追求。吴文举《轩辕黄帝故里三说》云:甘肃省甘南博物馆馆长李振翼认为,轩辕黄帝就出生在轩辕谷,清水县轩辕谷为轩辕黄帝部落东迁中原,跨越关山前重要的生活居住地。清水说未能得到学术界的认同。柏明、李颖科《黄帝传》指出:“因为黄帝得以号轩辕是由于他曾居住在河南新郑县境的轩辕之丘,并非天水县境内的轩辕谷。”杨东晨《黄帝的故乡在何方》也指出,寿丘、轩辕丘“这二地名本为有熊氏故地新郑附近地名,系少典氏部分迁邽而带入”。由此看来,清水说难以成立。

六曰长沙说。《史记·五帝本纪》载,黄帝“南至于江,登熊湘”。《庄子·天运》云:“黄帝张咸池之乐于洞庭之野。”《抱朴子》说:“黄帝过洞庭从容成子受《自然之经》。”徐灵期《南岳记》谓:“黄帝受戒于衡山金简峰。”《湖南通志》载:“湘阴县……县有地名黄陵,即二妃所葬。”《湖南风物志》谓:“君山……山上有轩辕谷,传为黄帝铸鼎的地方。”唐代胡曾诗云:“五月扁舟过洞庭,鱼龙吹浪水云腥。轩辕黄帝今何在?回首巴山芦叶青。”刘俊男《华夏上古史研究》据上述文献,结合古星象学研究,认为:“黄帝出生地在古长沙国,当今湖南境。”并说黄帝葬于洞庭湖畔的黄陵。黄陵附近的黄水，疑为姬水。林河《中国巫傩史》据四川盐亭一则有关嫘祖的民间故事，联系弗雷泽《金枝》中所谈到的的"原始民族喜欢用异族人为领袖的文化现象"，认为"黄帝是从南方农耕民族中抢来的氏族领袖"。上述说法可商。因为从考古学来看，湖南长沙一带为大溪—屈家岭文化分布地域，属苗蛮文化范畴，这里与华夏族的仰韶文化相距甚远，因而作为华夏集团首领的黄帝绝对不可能出生于长沙一带。

七曰蒙古高原说。《史记·五帝本纪》载，黄帝"官名皆以云命，为云师"。《集解》引应劭曰："黄帝受命，有云瑞，故以云纪事也。春官为青云，夏官为缙云，秋官为白云，冬官为黑云，中官为黄云。"张晏曰："黄帝有景云之瑞，因以名师与官。"庄寿雨《黄帝部落从哪来?》据此而论："蒙古高原上的云，无论从空间上、时间上，以及作用强度上都胜于平原上的云对人生存的作用。"并因黄帝族以云为图腾，便认为"黄帝部落曾是一个生活在蒙古高原的部落"。又说："黄帝部落在打败了蚩尤之后由内蒙古高原迁移到了宣化、怀来盆地、山地。"对于上述观点，叶修成、梁葆莉《黄帝族的发祥地及其时代》指出："此说若仅从云图腾崇拜产生的物质基础来看，似乎合于情理。然仅以蒙古高原上的云与平原上云作比较，而尚未对蒙古高原与陕甘黄土高原上的云进行比较。按：内蒙古高原与陕甘黄土高原在地理学上均属我国第二级阶梯，海拔都在 1500 米左右，故此两处的人们对云的感受应该没有太大的不同。若依其理，则黄帝族未尝不可生活于陕甘黄土高原。又因此说既无古籍记载可考，又无民间传说为据，且无考古实物印证，故不足信也。"

八曰涿鹿说。河北涿鹿被认为是当年黄帝筑城造邑之地。《史记·五帝本纪》载，黄帝"与蚩尤战于涿鹿之野"。又说："北涿荤粥，合符釜山，而邑于涿鹿之阿。"《正义》云："广平曰阿。涿鹿，山名……涿鹿故城在山下，即黄帝所都之邑于山下平地。"《水经·瀔水注》云："涿水出涿鹿山，世谓之张公泉。东北流，迳涿鹿原县故城南，王莽所谓褫陆也。黄帝与蚩尤战于涿鹿之野，而邑于涿鹿之阿，即于是也。其水又东北与阪泉合，水导源县之东泉。《魏土地记》曰：'下洛城东南六十里，有涿鹿城，城东一里有阪泉，泉上有黄帝祠……涿鹿城东六里有蚩尤城。'"阪泉今名黄帝泉。《世本》载："涿鹿在彭城，黄帝都之。"《舆地志》云："涿鹿本名彭城，黄帝初都，迁有熊也。"黄帝城在涿鹿县东南约 40 千米的矾山镇，城址平面近方形，东西长 1000 米，南北宽 800 米。古城附近分布有黄帝庙、龙王塘、蚩尤泉等古迹。沈长云《从周族的起源论及黄帝氏族的发祥地》据此及有关西周铭文认为："比较可信的，还应当是黄帝族发祥于古涿鹿一带的。"涿鹿一带是黄帝与蚩尤打仗的地方，黄帝在这里建有城邑。仅凭这一点就说黄帝族发祥于此，缺乏更多的证据，难以使人置信。

此外，还有彭城说，主张黄帝故里在今江苏徐州；晋南说，认为黄帝生地在今山西南部汾水流域；滨海说，倡导黄帝部族源于燕山以东的滨海地区。如此等等，不一而足。上述说法大都牵强附会，缺乏文献记载和考古资料，其结论自然无法为学术界所认可。

黄帝族发祥于新郑

除前面提到的诸说之外，最受学界青睐的莫过于新郑说。新郑位于河南中部嵩山东麓的黄水河与双洎河交汇地带。黄水河古称溱水，双洎河古称洧水，因而此说又称溱洧说。该说具有很大的优势，归纳起来有如下几点值得关注。

一、黄帝故里轩辕丘在新郑。史乘所载，黄帝生于轩辕丘。《史记・五帝本纪》说："黄帝居轩辕之丘。"《帝王世纪》谓："黄帝有熊氏……受国于有熊，居轩辕之丘，故因以为名，又以为号。"宋代潘自牧《记纂渊海・郡县志》说："轩辕丘在新郑县境，黄帝生此。"《大明一统志》云："轩辕丘在新郑县境，古有熊氏之国，轩辕黄帝生于此，故名。"《大清一统志》云："轩辕丘，在新郑县西北故城。"清乾隆二十九年新郑县《重修(显龙宫)大殿碑记》云："古传郑邑为轩辕氏旧墟，行在北有轩辕丘遗迹，乃当年故址。"据刘文学主编《黄帝故里志》说，轩辕丘在新郑市黄水河(古溱水)与双洎河(古洧水)交汇处的高台地上，面积30多平方千米。其地貌形态东有马陵岗，西有双岭岗，南有黄岗，中间是盆地。溱水、洧水自西北而来，于盆地中切割一凸起的高台地，其中心区在今黄帝故里景区一带。

二、黄帝之国有熊故都在新郑。有熊，是黄帝国名，也是都城之名，或称"有熊氏之墟"。新郑附近具茨山诸峰之一熊耳山，位于风后顶西，其状如熊，世谓大熊山。相传黄帝有熊氏因熊山得名。《国语・晋语》载："昔少典娶于有蟜氏，生黄帝、炎帝。"汉代焦延寿《焦氏易林》说："黄帝者，有熊国君少典之子。有熊,今河南新郑是也。”《史记·五帝本纪·集解》谓:“谯周曰:黄帝,有熊国少典之子也。皇甫谧曰:有熊,今河南新郑是也。”《续汉书·郡国志》谓:“河南尹新郑县,古有熊国,黄帝之所都。”《帝王世纪》说:“新郑,古有熊国,黄帝之所都。”《水经·洧水注》云:“洧水又东迳新郑故城中……或言县,故有熊氏之墟,黄帝之所都也。郑氏徙居之,故曰新郑矣。”《括地志》载:“郑州新郑县,本有熊氏之墟也。”《路史·国名纪》云:“少典,有熊帝之开国,今郑之新郑。”顾祖禹《读史方舆纪要》云:“开封府新郑县,古有熊也,黄帝都焉。”清道光二年《重修新郑县文庙碑记》云:“新郑为轩辕黄帝故都,文明肇启有自来矣。”黄帝故都有熊氏之墟在新郑何处?20 世纪 90 年代有重要考古发现,1993—1996 年间,新郑城区以北数十千米处,在郑州市惠济区古荥镇孙庄村西的西山遗址,发现一座仰韶文化晚期古城,该城址面积 3 万多平方米,遗迹有城垣、城壕、城门、道路及 200 多座房址,距今 5300 多年,被考古工作者认定为黄帝时代的城址,有的学者更进一步主张是有熊国的国都。西山城址的发现,为有熊氏之墟在新郑找到了考古学的支撑。

三、黄帝之父少典国都在新郑。文献记载黄帝父族为少典氏。《国语·晋语》载:“昔少典娶于有蟜氏,生黄帝、炎帝。”《轩辕黄帝传》说:“伏羲生少典,少典生神农及黄帝。”《史记·五帝本纪》云:“黄帝者,少典之子。”《集解》引谯周曰:“有熊国君,少典之子也。”《索隐》又说:“少典者,诸侯国号,非人名也。”少典是少典部落之号,也是其部落首领之名。关于少典的居地,文献记载均说在今新郑。与少典时代相对应的考古学文化为裴李岗文化。2006—2007 年间,新郑市观音寺镇唐户村发现一处裴李岗文化遗址,该遗址面积约 30 万平方米,地处溹水河与石洞寺河汇流的夹角地带,北部有一条长达 30 米的壕沟。在已经发掘的 5000 平方米范围内,发现房基 65 座,窑穴 206 个。许顺湛《太昊少典与考古学文化联想》指出:“(少典时代)对应考古学文化即裴李岗文化……从裴李岗聚落群观察……环嵩山有 7 个聚落群,共 61 个聚落,最大的聚落是新郑—新密聚落聚群,这个聚落群中最大的是唐户聚落,其遗址面积 30 万平方米……位于三面环水的夹角洲内,另一方面深挖壕沟,形成了具有防御功能的都邑性质的中心聚落。这处遗址可能就是炎黄之父少典的国都。”

除少典以外,黄帝母族有蟜氏故里也被找到了。《帝王世纪》载:“黄帝有熊氏,少典之子,姬姓也。母曰附宝,其先即炎帝。母家有蟜氏之女。”黄帝母族有蟜氏故里，为孟津县横水镇西北的龙马古堆，即《山海经》中提到的“平逢山”。这里距新郑仅100余千米。少典与有蟜氏是两个世代通婚的氏族。

四、新郑溱水可能是黄帝所居之姬水。姬水是中国古代历史上的一条圣水。《国语·晋语四》载：“黄帝以姬水成……故黄帝姓姬。”《说文解字·女部》云：“姬，黄帝居姬水以为姓。”姬水虽然是一条孕育了中华人文始祖黄帝的母亲河，但是几千年来却销声匿迹，不见踪影，使人难以寻觅。最近刘文学《黄帝所居“姬水”新观察》一文，从历史文献、氏族图腾、汉字造字、甲骨文和青铜器铭文等多方考证，指出：“姬水的姬字是熊的形象，姬水当为熊水，熊水与有熊国密切相关，姬水所在当在黄帝发祥地今河南新郑一带……从具茨山别峰熊耳山白龙潭流下的今名为溱水的很可能就是古代的姬水。”溱水在今新郑境内流经少典国都唐户裴李岗文化遗址近旁，也许不是历史的巧合。溱水若是姬水，则黄帝族源于新郑说自然会得到学界的广泛认同。

五、黄帝的史迹遍布于新郑及其周边地带。以具茨山为黄帝文化中心的新郑及其周边的禹州、新密、襄城一带，广泛分布着黄帝的史迹，比较有代表性的为具茨山黄帝岩画，黄帝访广成子处，黄帝访大隗真人处，黄帝避暑宫，黄帝饮马泉，黄帝观兽台，黄帝云岩宫，黄帝拜力牧为将的“力牧台”，黄帝养马的“养马庄”，黄帝存放粮草的“草场岗”，黄帝骝马的“马驩岭”，黄帝屯粮的“仓王庄”，黄帝立旗的“摩旗山”，黄帝议事台，黄帝女儿成仙的“天仙庙”，黄帝三女冢，黄帝会诸侯的“西太山”，以黄帝大臣命名的风后岭、大鸿山等。众多史迹表明，黄帝曾经长期栖息于具茨山麓与溱洧之滨。

从上面剖析可知，黄帝族应发祥于河南新郑。

结　语

在中国近现代史上，有关黄帝族起源问题的争讼，一直是众说纷纭：从两河流域的古巴比伦，到溱洧之滨的河南新郑，真可谓异彩纷呈，不一而足。通过综合对比研究，可知新郑说的理由最为充分，足以使人信服。《史记·五帝本纪》载，黄帝“东至于海，登丸山，及岱宗。西至于空桐，登鸡头。南至于江，登熊、湘。北逐荤粥，合符釜山，而邑于涿鹿之阿”。其足迹所到之处，无不留下深刻的历史印痕，故而有曲阜、清水、长沙、涿鹿诸说，但它们均非黄帝部族兴起之地。有人称黄帝是一位伟大的旅行家，尽管他成为华夏集团部落联盟军事首长以后，曾经四方征伐，到处巡视，不过按照当时的历史条件，绝不可能去过古巴比伦，也不会到达匈牙利与俄罗斯等地，因而说这些地方为黄帝族的起源地，显然是十分谬误的。在河南新郑，每年阴历三月初三，传为黄帝生日，都要在此举办黄帝故里拜祖大典，海内外华人齐聚祖根圣地，拜谒始祖轩辕，这一隆重的拜祖仪式已向世人昭示，只有溱洧之滨的河南新郑，才是黄帝族的发祥地。

（原载《炎黄天地》2013 年第 1 期）

颛顼文化研究

颛顼与龙

颛顼号高阳,是我国远古时代部落的名字,又是部落首领的称号。作为部落首领或若干代部落首领的总和,实为功高德劭的里程碑式人物。

“颛顼”名称的由来,实属千古难解的史谜。东汉学者许慎所著《说文解字》一书,释颛为头颛颛谨貌,顼为头顼顼谨貌。中外学人大都将许说奉为圭臬,无不在头上大做文章。有的说颛顼的得名肯定与头形有关,在这个部落里存在着“变头形”的奇俗。[1]或谓颛是指左右平均、端正的头,顼是像玉一样精密的头,颛顼就是“头脑精密优秀”的“贤者代表”。[2]上述推测,仅仅触及字义的表象。东汉史学大师班固在《白虎通义》中做出了更深层次的剖析:“颛者专也,顼者正也,能专正天人之道,故曰颛顼。”是说他具有“专正天人之道”的伟大业绩。此说或许符合颛顼命名的本意。

颛顼部落的原始居地,古本《竹书纪年》《大戴礼记·帝系》和《史记·五帝本纪》都说是若水。《帝王世纪》也说:“帝颛顼高阳氏,黄帝之孙,昌意之子,姬姓也。母曰景仆,蜀山氏之女……生颛顼于若水。”《吕氏春秋·古乐》除论及若水外,又提到空桑:“帝颛顼生自若水,实处空桑,乃登为帝。”以往学者大都主张若水即今四川省西北部的雅砻江,空桑或称穷桑,俗名女陵山,在今山东曲阜县南。此说实不足训。如果若水在川西北,空桑在鲁西南,从雅砻江畔到女陵山麓,东西相距数千里,在交通极不发达的远古时代,一个原始部落跋山涉水,于此间做大规模的迁徙活动,决非轻而易举之事。因而,按当时的实际情况考虑,颛顼的出生与活动地,应在相距不远的地域范围之内。田昌五先生通过对古音韵学的研究,在《夏文化探索》中指出:“若水即河南汝水。”孙华《蜀族起源考辨》对此问题做了更加详尽的剖析:

据《山海经·海内经》“昌意降居若水……”当然昌意所居的若水也应在东方。《吕氏春秋·古乐》言:“帝颛顼生自若水,实处空桑。”空桑又名穷桑。关于空桑……虽不止一处，但其地望却不出黄河中下游地区，与空桑有密切关系的若水之所在，也应在此范围内。我认为，昌意和颛顼所居的若水，即为古之汝水。汝、若音同属日母，汝属鱼部韵，若属铎部韵，铎为鱼部之入声，鱼铎二部本可对转。《庄子·渔父》“吾语汝”，《人世间》又作“吾语若”，若、汝在上古音俱通，汝水即若水。

若水即汝水说可取。《水经·汝水注》云：“汝水出河南梁县勉乡西天息山，东南过其县北，又东南过颍川郏县南……南入于淮。”梁县即今河南汝州市，郏县即今河南郏县。汝水指的是北汝河，它发源于嵩县车村以西龙漫山天桥沟，流经嵩县、汝阳、汝州市、郏县，至襄城、舞阳边界的简城汇入沙河。“天息山”即伏牛山脉的主峰之一——龙池嵏山。

关于空桑，《吕氏春秋·本味》载：“有侁氏女采桑，得婴儿于空桑之中，献之其君。其君令烰人养之。察其所以然，曰：其母居伊水之上，孕，梦有神告之曰：‘臼出水而东走，毋顾。’明日，视臼出水，告其邻，东走十里，而顾其邑尽为水，身因化为空桑。故命之曰伊尹。此伊尹生空桑之故也。”《中州杂俎·空桑考》云：“空桑涧在嵩县南，有莘氏女采桑伊川，得子空桑，长而因水为姓。……嵩，古伊川地也。县之南有水曰伊，即生于伊上，因伊为姓者。水之南有涧，曰空桑，即伊女所化桑女得子于中者。”空桑是地名。楚辞《天问》说：“水滨之木，得彼小子。”《归藏易》谓：“空桑之苍苍，八极之既张。”空桑涧因伊尹母化桑得名，位于伊水之滨，即今河南汝阳县杜康村西南一里许。空桑之名始于夏代末年，虽晚于颛顼之世，但后起的地名似亦与其先前的史迹有关，后人追述古史，使用彼时地名，况且传说中的空桑，地近古若水，应在颛顼活动地域范围之内。

随着时间的推移，颛顼部落不断发展壮大。其中一支沿古黄河北上，到达今河南濮阳、内黄一带。王应麟《通鉴地理通释》卷四引《世纪》云：“颛顼氏自穷桑徙帝丘，于周为卫。”《左传·昭公十七年》云：“卫，颛顼之虚也，故为帝丘。”杜预注：“卫，今濮阳县，昔颛顼居之，其城内有颛顼冢。”《水经·淇水注》：“淇水历广阳里，迳颛顼冢西。”《山海经·海外北经》说：“务隅之山，帝颛顼葬于阳，九嫔葬于阴。”务隅山或称鲋鱼山、附禺山、广阳山、青冢山，俗名土山，在今内黄县梁庄乡三杨庄村西硝河北岸，山上二冢并存，东为帝喾陵，西为颛顼陵。山腰有“高王庙”，因颛顼高阳氏和帝喾高辛氏“二高”而得名。

颛顼初都空桑，后徙帝丘。空桑或作穷桑，帝丘亦名商丘。[3]《帝王世纪》说颛顼"始都穷桑,后徙商丘"。《水经·瓠子河注》云:"河水旧东决,迳濮阳东北,故卫地,帝颛顼之墟。昔颛顼自穷桑徙此,号曰商丘,或谓之帝丘。"帝丘乃颛顼之都,其后帝喾高辛氏及昆吾氏都此,故"帝丘与颛顼城、帝喾城、昆吾城,实为一城数名。颛顼、帝喾、昆吾氏俱都此。卫成公徙帝丘,卫国也都此"。[4]关于帝丘的地望,《唐会要》云:"麟德二年,帝发东都赴东岳,至濮上问丞相窦德元曰:'濮阳爽垲,信良邑也,古谓之帝丘何也?'德元不能对。礼部尚书许敬宗策马前曰:'臣能知之。昔者颛顼实居此地,其后昆吾氏因之,故谓之帝丘。'"《太平寰宇记》谓:"古昆吾旧壤,颛顼遗虚,故曰帝丘。"又说:"昆吾台在颛顼城内。"鲁哀公十七年(前478年),卫庄公在帝丘梦人登昆吾之观:"卫侯梦于北宫,见人登昆吾之观,被发北面而噪曰:'登此昆吾之虚,绵绵生之瓜'……"[5]北宫系卫侯寝宫,昆吾之观必在北宫之南,筑于昆吾废址,故梦其人向北而叫。《读史方舆纪要》谓:"昆吾城在开州东二十五里,其地有颛顼城,城中有昆吾台,台周五十步,高二丈。"濮阳县东南12.5千米的五星乡东高城村发现一处古文化遗址,表明这一带大约就是昆吾城所在,亦即颛顼所徙居的帝丘。

颛顼部落中的一支北上发展,活动在今濮阳地区,另一支向东南方向迁徙。颛顼号称高阳氏,东南迁徙所到之处,多以"高阳"命名。《汉书·高祖纪》云:"沛公西过高阳。"颜师古注引文颖曰"聚邑名也,属陈留圉县"。《太平寰宇记》言:"高阳城在雍丘县西二十九里,颛顼高阳氏佐少昊有功,受封此邑。"圉县或雍丘,即今河南杞县,县城西南11千米有高阳乡,即"高阳城"所在,为颛顼支族东渐的首府。杞县东南的淮阳、虞城一带,亦为颛顼部落所居。[6]

据《世本》《史记》和《大戴礼记》诸书记载,黄帝生昌意,昌意生颛顼,明白无误地说颛顼部落是黄帝支族,属远古华夏集群中的黄帝文化系统。范文澜《中国通史》指出:"汉以前人相信黄帝、颛顼、帝喾三人,为华族祖先,当是事实。"但是颛顼同东夷文化系统的关系颇为密切。《山海经·大荒东经》云:"东海之外大壑,少昊之国。少昊孺帝颛顼于此……"《初学记》卷九引《帝王世纪》说:"颛顼,黄帝之孙,昌意之子,姬姓也。……有圣德,生十年而佐少昊。"唐兰先生指出:"当少昊国家衰弱时,黄帝的后裔颛顼获得了政权,颛顼是在少昊国里成长起来的。"[7]少昊所代表的文化,正是远古东夷文化。因而颛顼北徙至河济大平原的中心地——帝丘以后,"在此结成的部落联盟,当兼有夷夏的众多部落"。[8]表明颛顼是华夏集群的杰出代表,是我国历史上"英雄时代"的英雄人物，在远古文化大融合过程中，深受东夷文化的影响。

有的学者认为，颛顼作为“五帝”之一，其业绩“既不突出，也无影响。而史学家既没有把他们神化，也没有多给他们涂抹一点脂粉，却硬着头皮说他们非常了不起”。[9]此说有欠公允。颛顼作为部落和部落联盟的首领，是军事首长兼宗教主。《淮南子·兵略训》说：“共工为水害，故颛顼诛之。”在炎黄斗争的余绪中，颛顼立下了赫赫战功。《大戴礼记·五帝德》说他“洪渊以有谋，疏通而知事，养材以任地，履时以象天，依鬼神以制义，治气以教民，絜诚以祭祀”。由此可知，颛顼为人很有谋略，通晓道理，勤于耕作，在地上养出材货。他顺从自然规律，在四季的作为是按照天象行事，虔诚祭祀，秉承鬼神的意志制定出一套管理方案。《史纲评要》指出：“帝作历，以孟春之月为元，是岁正月朔旦立春，五星会于天历营室，故颛顼为历宗。又作承云之乐。”根据农业生产和生活的需要，颛顼发明了历法和音乐，在远古文化史上，写下了极其璀璨的篇章。颛顼也是一位有魄力的改革家。《国语·楚语下》载观射父对楚昭王问时说道：

> 及少皞之衰也，九黎乱德，民神杂糅，不可方物。夫人作享，家为巫史，无有要质。民匮于祀，而不知其福，烝享无度，民神同位。民渎齐盟，无有严威。神狎民则，不蠲其为，嘉生不降，无物以享。祸灾荐臻，莫尽其气。颛顼受之，乃命南正重司天以属神，命火正黎司地以属民，使复旧常，无相侵渎，是谓绝地天通。

颛顼之世，时值九黎乱德，祸灾荐臻，民不聊生。面对危局，力挽狂澜，进行一次宗教改革，做到绝地天通，秩序井然，充分表现了大无畏的英雄气概。这次宗教改革也推动了社会制度的变革，由于人神分开，“有人专管社会秩序方面的事，又有人专管宗教方面的事。劳心者与劳力者日益分化，氏族社会解体，特权阶级产生”。[10]这种意义深远的政治影响，恐怕是出乎改革者意料之外的。

颛顼是一位泽被宇内的英雄人物。《史记·五帝本纪》称他是“日月所照，莫不砥属”。楚辞《大招》盛赞其“名声若日，照四海只”。诚如徐旭生《中国古史的传说时代》评论的那样：“（颛顼）声名洋溢，超过黄帝。”在古代文献记载中，赋予颛顼以无比崇高的神力与灵性。《大戴礼记·五帝德》言：“颛顼……乘龙而至四海：北至于幽陵，南至于交趾，西济于流沙，东至于蟠木。动静之物，大小之神，日月所照，莫不祗励。”《山海经·大荒西经》云：“有鱼偏枯，名曰鱼妇。颛顼死即复苏。风道北来，天乃大水泉，蛇乃化为鱼，是为鱼妇。颛顼死即复苏。”是说颛顼有个鱼的化身，而鱼又为蛇所化。中国古代往往将龙与鱼、蛇连属并称，如张衡《思玄赋》云：“超轩辕于西海兮，跨汪氏之龙鱼。”李白《草书歌行》谓：“恍恍如闻鬼神惊，时时只见龙蛇走。”在古人心目中，龙与鱼、蛇本是一而二、二而一的东西。古代神话中神人之坐骑，往往就是其主人之动物化身（表现图腾神与自然神、祖先神之叠合），如古代中国海神禺彊踏鲸，化身就为鲸。古希腊爱神、美神 Apho Todite（即 Venus）以鸠拉车，化身即为鸠。由此可知颛顼乘龙，其化身即为龙。龙与鱼、蛇同类，故又可化作鱼或蛇。换言之，颛顼部落是以龙为图腾的。

从古代史籍中可以窥见龙的传闻。《庄子·天运》说：“龙，合而成体，散而成章，乘云气而养乎阴阳。”《管子·水地》谓：“龙，生于水，被五色而游，故神，欲小则化如蚕蠋，欲大则藏于天下，欲上则凌于云气，欲下则入于深泉。”《说苑·辨物》云：“神龙能为高，能为下，能为大，能为小，能为幽，能为明，能为短，能为长，昭乎其高也，渊乎其下也，簿乎天光也，高乎其箸也，一有一亡，忽微哉斐然成章，虚无则精以和，动作则灵以化。”《说文》认为：“龙，鳞虫之长，能幽能明，能细能巨，能短能长，春分而登天，秋分而潜渊。”《尔雅翼·释鱼》则曰：“世俗画龙之状，马首蛇尾。”又谓龙有九似，即“角似鹿，头似驼，眼似鬼，项似蛇，腹似蜃，鳞似鱼，爪似鹰，掌似虎，耳似牛”。综上所述，在古代人们的心目中，龙是集动物大成的综合体，它没有固定的形态，却有升天入地、行云施雨的本领。它是神圣、吉祥的同义语，又是古代权力的象征。它玄而又玄，神乎其神，这种并不存在的“鳞虫之长”，被誉为我们祖先最早的“人心营构之象”，占有无比崇高的地位。

龙的原型究意是什么？远古人类幻想龙的契机何在？说法是多种多样的，归纳起来，主要有闪电、巨蛇、鳄鱼、猪首、蜥蜴诸说。[11] 其中以巨蛇说最为可取。闻一多《伏羲考》对此做过认真的剖析：

> 然则龙究意是个什么东西呢？我们的答案是：它是一种图腾（Totem），并且只是存在于图腾中而不存在于生物界中的一种虚拟的生物，因为它是由许多不同的图腾糅合成的一种综合体。……龙图腾，不拘它局部的像马也好，像狗也好，或像鱼、像鸟、像鹿也好，它的主干部分和基本形态却是蛇。这表明在当初那众多图腾单位林立的时代，内中以蛇图腾为最强大，众图腾的合并与融化，便是这蛇图腾兼并与同化了许多弱小单位的结果。

……大概图腾未合并以前，所谓龙者只是一种大蛇。这种蛇的名字便叫作“龙”。后来有了一个以这种大蛇为图腾的团族（Klan）兼并、吸收了许多别的形形色色的图腾团族，大蛇这才接受了兽类的四脚、马的头、鬣的尾、鹿的角、狗的爪、鱼的鳞和须……于是便成为我们现在所知道的龙了。

据考古发现获知，我国境内南起浙江余杭，北迄内蒙古东部赤峰和辽西沿山地区，东到黄淮平原，西至秦陇一带，多次发现史前时期龙之形体的实物资料，其中最著名的莫过于河南濮阳西水坡遗址出土的三组仰韶文化蚌龙，被誉为“中华第一龙”。

濮阳出土的蚌龙共分三组：第一组发现于T137西部的45号墓内，龙在墓主人右边，身长1.78米，头朝北，尾向南，昂首拱背，张牙舞爪，屈身作腾飞状。死者左侧为虎，口张齿露，尾巴下垂，作行走状。方向与龙一致。墓主人为一壮年男子，头南足北，仰身直肢。第二组发现于距第45号墓南20米处T176的一个灰坑内，龙虎相叠，龙头朝南，虎头朝北，龙虎相交成一体。另有一鹿，卧于虎背之上。第三组位于第二组图像南20余米处的T215内，龙头朝东，尾向西，背上骑有一人。虎在龙的北面，头西尾东，作奔驰状。这三组图像均用蚌壳堆砌而成，在一条南北直线上，间距也大体相同，并且位于同一层位的平面上。由此推测，可能是埋葬第45号墓主人时进行祭祀而留下的遗迹。[12]濮阳蚌龙为马首、鹿角、蛇躯、鹰爪、鳞身、鱼尾，其主干部分和基本形态是蛇，这同传说中龙的形象是一致的。

濮阳古称帝丘，是颛顼的都邑所在。濮阳西水坡遗址又发现了“中华第一龙”。而颛顼曾“乘龙至四海”。联系起来看，有人便主张西水坡第45号仰韶文化墓墓主是一位部落集团的最高军事首长，此军事首长非颛顼莫属。我们认为，帝丘、颛顼陵同西水坡蚌龙之间并没有必然的联系。因为颛顼之世约当于龙山早期，其绝对年代约在公元前3000年以后。[13]而濮阳西水坡第45号墓，属仰韶文化后岗类型，后岗类型的碳十四测定并经校正的年代数据，为公元前4390—前4180年，早于颛顼时代。故第45号墓墓主不可能是颛顼或颛顼部落的首领。

传说中的龙与雷泽关系十分密切。雷泽亦称雷夏泽，《水经·瓠子河注》：“瓠河又右迳雷泽北，其泽薮在大城阳县故城西北一十余里。……其陂东西二十余里，南北一十五里。”《水经·禹贡山水泽地所在》亦云：“雷泽在济阴成阳县西北。"《括地志·濮州》云:"雷夏泽在濮州雷泽县(北)郭外西北。"唐代的雷泽,即汉代的城阳县。由于自然环境的变迁,雷泽现已成为平陆。但其故址却在今河南濮阳及山东菏泽、鄄城一带。《山海经·海内东经》云:"雷泽中有雷神,龙身而人头,鼓其腹(则雷)。"袁珂《中国神话传说词典》"雷神"条说:"其实黄帝即古之雷神。"龙即雷神,神龙所在雷泽西北岸的濮阳西水坡出土"中华第一龙",真是历史的巧合。这表明濮阳一带,早在6000多年以前,就存在着龙的传说,实开龙文化的先河。

濮阳西水坡的蚌龙,尽管出土于颛顼所都的帝丘附近,从时间上考虑,却非颛顼所乘之龙。传说远古时代乘龙者并非颛顼一人。《路史》载:"黄帝乘龙而四巡。"《史记·封禅书》云:"黄帝铸鼎荆山,乘龙升天。"雷、龙、黄帝之间具有特殊关系,因而西水坡第45号墓墓主人,可能是黄帝族的一位首领。其龙与乘龙图像,或与黄帝的传说有关。颛顼作为黄帝的支族,是远古华夏集群中的重要首领,他乘龙而至四海,以龙为图腾崇拜对象,在承袭和弘扬龙文化方面做出了巨大的贡献,其功绩不可磨灭。

注 释

[1]萧兵:《楚辞与神话》,江苏古籍出版社,1986年,第247页。

[2][日]藤堂明保:《汉字与文化》,东京,1996年,第84页。

[3]孙淼:《古商丘考——商族起源地探讨》,《先秦史研究》,云南民族出版社,1987年。

[4]冯连河等:《颛顼帝喾遗址初探》,《安阳古都研究》(一),河南人民出版社,1988年。

[5]《左传·哀公十七年》。

[6]《濮阳县文物志》,第8页。

[7]唐兰:《中国有六千年文明史——论大汶口文化是少昊文化》,《大公报在港复刊三十周年纪念文集》,1987年。

[8]朱绍侯主编:《中国古代史》上册,福建人民出版社,1979年,第39页。

[9]柏杨:《中国人史纲》(上),时代文艺出版社,1987年,第69页。

[10]徐旭生:《中国古史的传说时代》(增订本),文物出版社,1988年。

[11]马世之:《龙与黄帝部族的图腾崇拜——兼析濮阳西水坡仰韶文化遗址出

土的“中华第一龙”》,《中州学刊》,1988年第2期。

[12]濮阳市文物管理委员会:《濮阳西水坡遗址试掘简报》,《中原文物》1988年第1期。

[13]马世之:《中原楚文化研究》,湖北教育出版社,1995年。

(原载《中华第一龙——'95濮阳“龙文化与中华民族”学术讨论会论文集》,中州古籍出版社,2000年)

颛顼与帝丘

颛顼号高阳，是我国历史上著名的五帝之一。他系一代圣王，是颇有作为而业绩彪炳、垂范后世的君主，并非庸碌无为、尸位素餐之短暂历史过客。他是一位虔诚的宗教主，又是一位颇具革新能力的政治家，在我国远古历史上写下了极其璀璨的篇章。

颛顼的业绩

《大戴礼记·五帝德》记载："颛顼，黄帝之孙，昌意之子也，曰高阳。洪渊以有谋，疏通而知事，养材以任地，履时以象天，依鬼神以制义，治气以教民，絜诚以祭祀。乘龙而至四海……"由此可知，颛顼为人很有谋略，通晓道理，勤于工作，在地上养出货材。他顺从自然规律，在四季的作为是按照天象行事，虔诚祭祀，遨游四海，秉承鬼神的意志制定出一套管理方案，为推进社会文明的发展建立了丰功伟绩。其主要业绩如下：

一、辅佐少昊。《世本》《史记》和《大戴礼记》诸书记载，黄帝生昌意，昌意生颛顼，明白无误地说颛顼部落是黄帝支族，属远古华夏部族集团中的黄帝文化系统。范文澜《中国通史》指出："汉以前人相信黄帝、颛顼、帝喾三人，为华族祖先，当是事实。"但是，他同东夷的关系异常密切。《山海经·大荒东经》云："东海之外大壑，少昊之国。少昊孺颛顼于此，弃其琴瑟……"《初学记》卷九引《帝王世纪》说："颛顼，黄帝之孙，昌意之子，姬姓也。……有圣德，生十年而佐少昊。"唐兰先生指出："当少昊国家衰弱时，黄帝的后裔颛顼获得了政权，颛顼是在少昊国里成长起来的。"[1]颛顼在东夷文化哺育下长大，当少昊国家衰弱时，曾经辅佐少昊巩固政权，并促使了华夏与东夷两大部族集团的融合。

二、与共工“争为帝”。《淮南子·兵略训》说:“颛顼尝与共工争矣。……共工为水害,故颛顼诛之。”《淮南子·天文训》云:“共工与颛顼争为帝,怒而触不周之山,天柱折、地维绝。天倾西北,故日月星辰移焉,地不满东南,故水潦尘埃归焉。”共工氏的居地共,即今河南辉县。颛顼居地帝丘,即今河南濮阳。帝丘在古黄河东岸,与在河西共地的直线距离不足200千米,却靠近下游。从地理位置看,共工氏无法有效治水,水患增加,受到殃及的首先是颛顼之地。由于水患,颛顼、共工两族矛盾加深,以至发生战争。颛顼是在战胜共工氏后才登上历史舞台的。

三、平九黎之乱。《帝王世纪》载:“帝颛顼高阳氏……父昌意,虽黄帝之嫡,以德劣降居若水,为诸侯,及颛顼生十年而佐少昊,二十而登帝位,平九黎之乱。”九黎是东夷部族集团的一个支族,地处山东、河北、河南三省交界处。颛顼登上华夏部族集团盟主的“帝位”之后,九黎进行叛乱,颛顼派兵讨伐,平定了九黎之乱。

四、进行“绝地天通”的宗教改革。《国语·楚语下》载观射父的话说:“及少皞之衰也,九黎乱德,民神杂糅,不可方物。夫人作享,家为巫史,无有要质。民匮于祀,而不知其福,烝享无度,民神同位。民渎齐盟,无有严威。神狎民则,不蠲其为,嘉生不降,无物以享。祸灾荐臻,莫尽其气。颛顼受之,乃命南正重司天以属神,命火正黎司地以属民,使复旧常,无相侵渎,是谓绝地天通。”这里说的是颛顼所进行的一次宗教改革。帝颛顼时,依靠南正重和火正黎的帮助,使地上的老百姓与天神断绝联系,只有颛顼和重、黎可以与天神沟通,随时传达天神的旨意,来规范万民的言行,颛顼成了天神的代言人,即高度集权的宗教主。从此社会上出现了“南正”“火正”、巫觋之类的专门神职人员,即一个祭祀兼管理阶层的形成,只有他们才能做到“绝地天通”,“说明社会已进一步复杂化,这属于文明化进程中划时代的现象之一”。[2]

五、以法律形式规范社会秩序。《淮南子·齐俗训》说:“帝颛顼之法,妇人不避男子于路者,拂于四达之衢。”颛顼将男尊女卑的思想用法律形式规范起来,让全社会都来遵循。颛顼之法要求在新形势下建立新秩序,具有一定进步性。

六、创制颛顼历以指导农事。《大戴礼纪·五帝德》说颛顼“履时以象天”,就是指依靠天象历法指导农业生产。今本《竹书纪年》载帝颛顼高阳氏,“十三年,初作历象”。《洪范传》曰:“历始于颛顼。”《绎史·高阳纪》云:“故颛帝圣人为历宗也。”颛顼历是古代比较成熟的历法，在中国文明史上具有里程碑式的意义。

七、将音乐纳入礼制轨道。音乐最早来源于人们的生产生活，当它被定型之后，则广泛地被应用于礼仪、祭祀活动。《吕氏春秋·古乐》说：“帝颛顼生自若水，实处空桑，乃登为帝。惟天之合，正风乃行，其音若熙熙、凄凄、锵锵。帝颛顼好其音，乃令飞龙作效八风之音，命之曰《承云》，以祭上帝。乃令鱓先为乐倡，鱓乃偃寝，以其尾鼓其腹，其音英英。”是说颛顼时有了定型的音乐，名之为《承云》，飞龙是音乐的作者，乐倡是专职的乐人，奏出的乐章象征和平旺盛的景象。《承云》是中国历史上最早的乐曲，它主要是用来祭祀上帝的，反映出当时音乐已被纳入礼仪、祭祀的范畴。

颛顼通过宗教改革与礼制建设，推动了社会文明的发展，加强了华夏部族集团与东夷、苗蛮的融合，扩大了中原与周边地区的交流与往来，在历史上产生了深刻广泛的影响。

千古名都帝丘

帝丘是颛顼的帝都，被称为“颛顼之虚”。历史文献记载帝丘在濮阳，《史记·五帝本纪》载“帝颛顼高阳者”。《集解》引皇甫谧曰：“都帝丘，今东郡濮阳是也。”今本《竹书纪年》载：“帝颛顼高阳氏……元年，帝即位，居濮。”濮即帝丘。《帝王世纪》说颛顼“始都穷桑，后徙商丘”，商丘也是帝丘。《春秋·僖公三十一年》载：“狄围卫，十有二月，卫迁于帝丘。”杜预注：“帝丘，今东郡濮阳县，故帝颛顼之虚，故曰帝丘。”《左传·昭公十七年》载：“卫，颛顼之虚也，故为帝丘。”杜预注：“卫，今濮阳县。”《汉书·地理志下》云：“故《春秋经》曰：‘卫（迁）于帝丘’，今之濮阳是也，本颛顼之虚，故谓之帝丘。”《水经·瓠子河注》：“河水旧东决，迳濮阳城东北，故卫也，帝颛顼之虚。昔颛顼自穷桑徙此，号曰商丘，或谓之帝丘。”南朝梁元帝《金缕子》谓：“帝颛顼高阳氏，黄帝之孙，昌意之子。……始都穷桑，徙帝丘。”《唐会要》载：“麟德二年，帝发东都赴东岳，至濮上问丞相窦德元曰：‘濮阳爽垲，信良邑也，古为帝丘何也？’德元不能对。礼部尚书许敬宗策马前曰：‘臣能知之。昔者颛顼实居此地，其后昆吾氏因之，故谓之帝丘。'"宋司马光《稽古录》云:"高阳氏以水德王天下,都濮阳。"综上所述,帝丘又称商丘或濮,在濮阳县境,被誉为颛顼时代"宗教的圣地,各大氏族的宗邑"。[3]

关于帝丘的具体地望,《嘉靖开州志》载:"颛顼城在东郭里,去州二十里,所谓帝丘者。有王崇庆诗。"明人王崇庆《吊颛顼城赋》云:"帝高阳之有道兮,既清且明。徙穷桑之故墟兮,来国于斯。嗟大化之既浇兮,太古日漓。抚长陵以舒啸兮,飞鸟没而猿悲。"《读史方舆纪要》谓:"昆吾城在开州东二十五里,其地有颛顼城,城中有昆吾台,台周五十步,高二丈。"王应麟《通鉴地理通释》卷四引《世纪》云:"颛顼氏自穷桑徙帝丘,于周为卫。"由此可知,帝丘、昆吾城与卫都皆在一地。2002年7月,在濮阳县东南12.5千米的五星乡东高城村南发现清光绪十六年(1890年)的石碑一通,记载该村高氏从渤海湾迁居颛顼城,为颛顼居帝丘提供了佐证。2002年11月,濮阳市文物保管所对高城遗址进行考古勘探,发现遗址北部城垣,与东北、西北拐角。2005年4月,河南省文物考古研究所和濮阳市文物保管所为配合国家古代文明探源工程,对该遗址进行勘探和试掘,初步探明,这是一座东周时期的卫国都城。城址平面呈长方形,保存高度6—9米,城墙基础宽约70米,顶部宽20—30米,城垣之外有一周城壕。北垣长约2420米,中部偏东内收,形成一个近90°的折角,东垣长约3790米,西垣长约3986米,南垣长约2361米,毁坏比较严重,不少地段在距离地表7—8米才见夯土。城址面积916万平方米。根据文献记载,该城址为春秋卫国都城,战国时期为濮阳城。值得注意的是,探沟T2内分布于最内侧的深灰夯土,无夯窝而且夯层较厚,它被外侧所有夯层叠压,地层叠压关系最早,夯土内含有较多龙山早期陶片,因此判断该探方内夯土的时代最早。[4]文献记载,卫国都城是在帝丘的遗址上建立起来的。"如果卫国都城下就是颛顼的帝丘的话,证明了濮阳一带也是人类早期文明的重要发源地之一,不仅为研究五帝之一的颛顼帝提供了重要线索,也为中华文明探源工程提供了重要的实物资料。"[5]高城地下水位甚高,城址又深埋在地下,为全面清理发掘带来很大困难,推测卫国都城下面可能还有一座龙山早期的城址。除颛顼、昆吾都帝丘外,公元前629年,狄人围卫,卫成公从楚丘(今河南滑县东30千米卫南坡中)迁至帝丘。高城城址下面如果叠压着龙山文化城址,则应为颛顼所都之帝丘。基础上修筑的春秋城址则是卫国都城帝丘。"从颛顼都帝丘到春秋时卫国迁都帝丘,绵亘两千多年,在大部分时间内,帝丘都是中原地区知名的都市。”[6]

富丽堂皇的玄宫

帝丘城内宫室林立,其中一所豪华的建筑,就是以“玄宫”命名的宫殿,颛顼的一系列改革,大都是在玄宫内规划设计的。《庄子·大宗师》云:“颛顼得之以处玄宫。”《释文》谓:“李颐云:‘颛顼帝,高阳氏。玄宫,北方宫也。’”扬雄《羽猎赋》说:“丽哉神圣,处于玄宫。富既与地乎侔訾,贵正与天乎比崇。”由此可知,玄宫之富丽堂皇,非一般宫室可以比拟。颛顼死后,直到唐虞之际,其后裔高阳氏仍然居住在玄宫之内,禹伐三苗时,还得受命于执掌宗教大权的高阳氏。《墨子·非攻下》说:“昔者三苗大乱,天命殛之……高阳乃命玄宫,禹亲把天之瑞令以征有苗。”孙诒让《墨子间诂》引王念孙云:“‘高阳乃命玄宫’,此当作‘高阳乃命禹于玄宫’,下面禹征有苗正承此文而言。”《艺文类聚·符命》则作:“天命夏禹于玄宫。”因而,可以说“玄宫大约就是帝颛顼所遗留下的神宫”。[7]

远古时代,宗教与政治是很难分开的,玄宫这座主体色调为黑色的建筑既是宗教的圣殿,也是政治活动的场所。“玄宫由颛顼创建,一直延续了数代,直到禹时,颛顼后裔高阳氏仍然主持玄宫,成为职业宗教人。”[8]玄宫在帝丘城内北部,帝丘因玄宫存在而久负盛名。颛顼生前居住在帝丘城里的玄宫之内,死后葬于鲋鰅山,即今内黄县梁庄乡三杨庄西硝河北岸的颛顼陵,帝丘城与颛顼陵,已成为华夏文明的圣地。

注　释

[1]唐兰:《中国有六千年文明史——论大汶口文化是少昊文化》,《大公报在港复刊三十周年纪念文集》,1987年。

[2]王震中:《颛顼对神职人员的设立与社会复杂化的进程》,《颛顼帝喾文化论集》,2007年。

[3][7]徐旭生:《中国古史的传说时代》(增订本),文物出版社,1985年,第144页、第103页。

[4]袁广阔、张相梅、张文延:《河南濮阳发现东周时期卫国都城》,《中国文物

报》2006 年 6 月 16 日。

[5]陈茁、李煊:《卫国都城惊现濮阳高城》,《河南日报》2006 年 6 月 7 日。

[6]张相梅:《帝丘考》,《古代文明通讯》第 23 期,2004 年 12 月。

[8]史国强、朱正朋:《试论帝丘在中国历史上的地位》,《中华第一龙——'95 濮阳"龙文化与中华民族"学术讨论会论文集》,中州古籍出版社,2000 年。

(原载《颛顼帝喾与华夏文明》,河南人民出版社,2009 年)

颛顼活动地域地理新证

颛顼号称高阳氏，是一个远古部族的名称，又是部族领袖之名。太史公司马迁把他列入五帝之一，其实又是五帝时代的一个历史阶段，因而或可称之为颛顼时代。颛顼部族活动的地域，《史记·五帝本纪》说他“北至于幽陵，南至于交阯，西至于流沙，东至于蟠木。动静之物，大小之神，日月所照，莫不砥属”。这种从宏观上的概括描述，是带有夸张的赞誉之词。从其降居若水，实处空桑，徙至高阳，建都帝丘，葬于鲋鰅山来看，颛顼主要活动在黄河中下游地区。现对其活动地域地理探索如下。

若　水

颛顼部族的原始居地，文献记载都说是若水。《山海经·海内经》载：“黄帝妻雷祖，生昌意，昌意降居若水，生韩流。韩流……取淖子曰阿女，生帝颛顼。”今本《竹书纪年》载：“帝颛顼高阳氏，母曰女枢，见瑶光之星贯月如虹，感己于幽房之宫，生颛顼于若水。”《史记·五帝本纪》说黄帝正妃嫘祖生二子，“其二曰昌意，降居若水。昌意娶蜀山氏女，曰昌仆，生高阳……昌意之子高阳立，是为帝颛顼也”。《大戴礼记·帝系》云：“黄帝居轩辕之丘，娶于西陵氏之女，谓之嫘祖氏，产青阳及昌意。青阳降居泜水，昌意降居若水。昌意娶于蜀山氏，蜀山氏之子谓之昌濮氏，产颛顼。”《吕氏春秋·古乐》说：“帝颛顼生自若水，实处空桑，乃登为帝。”《帝王世纪》也说：“帝颛顼高阳氏，黄帝之孙，昌意之子，姬姓也。母曰景仆，蜀山氏之女……生颛顼于若水。”按照颛顼家世的谱系来看，应属黄帝的支族，本是“黄帝之孙，昌意之子”，生于若水之野。《水经·若水注》说：“若水出蜀郡旄牛徼外，东南至故关，为若水也。……黄帝长子昌意，德务不足绍承大位，降居斯水，为诸侯焉。娶蜀山氏女，生颛顼于若水之野，有圣德，二十而登帝位。”《后汉书·西南夷传》注认为若水就是泸水：“泸水一名若水，出旄牛徼外。”古代泸水，指今四川省西北部的雅砻江下游和金沙江汇合雅砻江以后的一段。姜亮夫先生据此而论：“（若水）即今鸦砻江，源出巴颜喀拉山东，南流入金沙江。……是颛顼之为楚人先，而发祥自昆仑若水之间，了无疑义矣。”[1]徐嘉瑞先生也主张：“颛顼生于若水（在雅砻江入金沙江处），正是在西昌会理附近。则夏民族文化，沿金沙江向南发展。”[2]学术界过去的说法，大都主张若水就是今之雅砻江。不过此说不甚可靠，且有异议。顾颉刚先生根本不赞同这种观点。他认为，“若水”如在四川，那是楚人把他们的“始祖”带进去的：“推原他们所以如此拉拢的缘故，大概因为楚国出于颛顼和祝融，春秋时楚和巴的交往较密，把楚祖传了进去。”[3]徐中舒先生认为这种说法实不可信：“至于《史记·五帝本纪》说黄帝的儿子昌意，降居若水，娶蜀山氏，后来《华阳国志》和《十三州志》，以为这就是蜀的先代。严格地说，这些传说并出西汉以后，除牵合若水蜀山地名人名一二字外，并无其他史迹可据，其可信的条件并不具备。”[4]吕思勉先生更指出：“‘昌意降居若水’，后人以蜀地释之者实误。”[5]若水既然不是雅砻江，其地不在今四川省境，那么它究竟是何地何水呢？不少学者认为它就是今河南省境内的汝河。田昌五先生说：“若水即河南汝水。汝、若，音同义通。从颛顼部落后来活动的地区看，断为汝水，是很合理的。这样，从汝水经豫中到濮阳一带地方，在初都属于颛顼部落。”[6]孙华先生以古音韵学考释，认为：“昌意和颛顼所居的若水，即为古之汝水。汝、若同属日母，汝属鱼部韵，若属铎部韵，铎为鱼部之入声，鱼铎二部本可对转。《庄子·渔父》‘吾语汝’，《人间世》又作‘吾语若’，若、汝在上古音俱通，汝水即若水。”[7]由此看来，若水即汝水，应在今河南境内，据《水经·汝水注》：“汝水出河南梁县勉乡西天息山。……又东至原鹿县。……南入于淮。”梁县即今河南汝州市，原鹿县即今安徽阜南县。杨守敬疏曰：“今汝水自嵩县东北流迳伊阳县，又东南迳汝州宝丰县、郏县、襄城县，至郾城县，皆故道。元末，堨断故汝，令归今沙河，东出合颍河。而《水经注》自郾城县至上蔡县之流遂绝。上蔡以下，犹是故道。《水道提纲》谓之南汝，承遂平县水，东南迳汝南县，正阳县、新蔡县、息县，至阜阳县西，入淮。”汝水发源于河南嵩县车村乡龙池曼山西麓天桥沟。东北流又折向东南，经今汝阳、汝州、郏县、襄城、舞阳、郾城、西平、上蔡、汝南、平舆、正阳、新蔡、安徽阜南等县境,在今河南淮滨县谷堆乡洪河口村东南入淮。元至元三十年(1293年),因下游泛滥为害,江北行省平章伯颜下令自郾(今郾城东南干河陈村)以下截流南流。原汝水上游(即今郾城以南)河段则改以原支流㶏水(即今西平境内小洪河)为源,称南汝。明嘉靖末,㶏水东注入㶏(今洪河),南汝又改以溵水(今沙河)为源,以下至汝口仍为旧道。大体而言,古汝水包括北汝河与南汝河。颛顼降居的若水,系指北汝河而言。其地域可能在豫西嵩县一带古文化比较发达的地区。

空　桑

空桑又叫穷桑,也是颛顼的活动地域之一。《吕氏春秋·古乐》云:"帝颛顼生自若水,实处空桑。"《帝王世纪》说,蜀山氏女"生颛顼于若水。……始都穷桑。"《路史·后纪》引《尚书大传》曰:"穷桑,颛帝所居。"《路史·前纪》引皇甫谧云:"(高阳氏尝居空桑,即)广桑之野。"关于空桑的地望,学术界主要有三说:一曰嵩县说。《吕氏春秋·本味》载:"有侁氏女子采桑,得婴儿于空桑之中,献之其君。其君令烰人养之。察其所以然,曰:其母居伊水之上,孕,梦有神告之曰:'臼出水而东走,毋顾。'明日,视臼出水,告其邻,东走十里,而顾其邑尽为水,身因化为空桑。故名之曰伊尹。此伊尹生空桑之故也。"《水经·伊水注》也有类似的记载。汪介人《中州杂俎·空桑考》云:"空桑涧在嵩县南,有莘氏女采桑伊川,得子空桑,长而因水为姓……嵩,古伊川地也。县之南有水曰伊,即生于伊上,因以为姓者,水之南有涧曰空桑,即伊女所化,桑女得之于水中者。"《河南通志》卷七"山川上"载:"空桑涧,在嵩县南一十五里凤凰山下,一涧幽窅,相传有莘氏女采桑于伊川,得婴儿于空桑中,长而相殷,是为伊尹。"古空桑涧在今河南嵩县。孙华先生说:"关于空桑……虽不止一处,但其地理却不出黄河中下游地区,与空桑有密切关系的若水之所在,也应在此范围内。"[8]河南嵩县为汝河发源处,正值颛顼所生若水之地,因而颛顼始居之空桑应于这一带求之。

二曰雍丘说。《大清一统志》开封府云:"空桑城,在陈留县南。《寰宇记》,在雍丘县西二十里。《帝王世纪》,即此邑。"清乾隆二十五年(1760年)《杞县志》载:"空桑城,《寰宇记》,在雍丘县西二十里。《帝王世纪》,伊尹生于空桑。

宋周煇《北辕录》云：‘自杞行二十里过空桑，伊尹所生之地。’旧《志》，空桑一名伊尹村。”田昌五先生指出：“空桑，当今河南陈留，地近濮阳。……这样从汝水经豫中到濮阳一带地方，在初都属于颛顼部落。”[9]陈留雍丘即今河南杞县，此地的空桑城，为颛顼初徙之空桑，颛顼部族东迁至雍丘后，将空桑之地名带到这里。

三曰曲阜说。《左传·昭公二十九年》云：“少皞氏有四叔，曰重、曰该、曰修、曰熙，实能金、木及水。使重为句芒，该为蓐收，修及熙为玄冥，世不失职，遂济穷桑。”杜预注：“地在鲁北。”《淮南子·本经训》谓：“共工振滔洪水，以薄空桑。”高诱注：“空桑，地名，在鲁也。”《括地志辑校·兖州·曲阜县》认为空桑是山名，即今山东曲阜市南 14 千米的女陵山：“女陵山在兖州曲阜县南二十八里。干宝《三日记》云：‘征在生孔子空桑之地，在鲁南之空窦中。……俗名女陵山。’”曲阜之空桑，被认为是远古东夷圣地，东夷集团的首领少昊曾居住在这里。文献记载，颛顼同少昊之间又有密切的关系。《山海经·大荒东经》说：“东海之外大壑，少昊之国，少昊孺颛顼于此。”《帝王世纪》又说颛顼“生十年而佐少昊，十二年而冠，二十而登帝位”。曲阜空桑是颛顼再迁之地。颛顼从河南嵩县一带，初徙陈留雍丘，再迁至曲阜投靠少昊部族时，很可能将“空桑”的地名又搬到这里。《九歌·大司命》云：“逾空桑兮从女”“导帝之兮九阬”。闻一多先生指出此“帝”即颛顼，“司命就是帝颛顼之佐，玄冥”。[10]《左传·昭公二十九年》确实说过：“修及熙为玄冥，世不失职，遂济穷桑。”此空桑或曰穷桑，应指山东曲阜而言。

高　阳

颛顼号高阳，高阳又是地名。《史记·五帝本纪》载：“帝颛顼高阳者，黄帝之孙而昌意之子也。”《索隐》引宋衷云：“颛顼，名；高阳，有天下号也。”张晏云：“高阳者，所兴地名也。”颛顼因高阳而所以兴，以往学者或释之为高唐，陈梦家先生认为高阳即高唐，亦即三户。[11]郭沫若先生说：“高阳当即楚社之高唐，乃生殖器神之转变。”[12]文崇一先生采葛兰特（M.Granet）的“圣地”（holy place）说，以为高阳（高唐）“为楚人的圣地，传说中从地名转变为神名，然后又转变为祖先名”。[13]如果将高阳释为高唐,则为南方之地。《文选·高唐赋》李注引《襄阳耆旧传》云:“楚怀王游于高唐,昼寝,梦见与神遇,自称是巫山之女,王因幸之,遂为置观于巫山之南,号为朝云。后至襄王时,复游高唐。”此高唐即是楚人之“圣地”,在三峡之巫山一带。重庆奉节也有高阳。《水经·江水注》云:“江水又东合阳元水,水出阳口县西南高阳山东。”杨守敬疏:“县在今奉节县西南,注言高阳山在西南,则亦在奉节西南。”此高阳与高唐相距甚近,二地均距若水、空桑甚远,因而不可能是颛顼徙居之地。

史乘所载,大都主张高阳在陈留雍丘。《史记·高祖本纪》云:“沛公引兵西……西过高阳。”《集解》引文颖曰:“聚邑名也,属陈留圉县。”臣瓒曰:“《陈留传》曰在雍丘西南。”《史记·郦生传》云:“郦生食其者,陈留高阳人也。”《索隐》案:“高阳属陈留圉县。高阳,乡名也。”《水经·睢水注》:“睢水出陈留县西蒗荡渠,东北流……又东迳高阳故亭北,俗谓之陈留北城,非也。苏林曰:高阳者,陈留北县也。按在留,故乡聚名也。”杨守敬疏:“《续汉志》,圉有高阳亭。……《地形志》,雍丘有高阳城。《元和志》,高阳故城在雍丘县西南二十九里,颛顼高阳氏,佐少昊有功,受封此邑。《寰宇记》,雍丘、开封并载高阳城,盖在二县之交,在今杞县西。”今本《竹书纪年》载:“帝颛瑞高阳氏……生十年而佐少昊氏,二十而登帝位。”笺引《郡县志》曰:“高阳故城在汴州雍丘县西南二十九里,高阳佐少昊有功受封此邑。”引《一统志》曰:“高阳城在开封府杞县西二十九里是也。”引《地理通释》曰:“颛顼都卫为帝丘,后徙高阳称高阳氏。”《魏书·地形志》云:“阳夏郡雍丘县有高阳城。”《太平寰宇记》谓:“高阳城在雍丘县西二十九里,颛顼高阳氏佐少昊有功,受封此邑。”姜亮夫先生对高阳地望做过认真研究,他在《说高阳》中指出:“古说颛顼佐少昊有功,受封于高阳。论者谓盖始封于帝丘(皇甫谧说),后乃徙高阳(《通鉴外纪》)。注家以为故城在汴州雍丘县。”[14]上述雍丘和圉,均属今河南杞县所辖。杞县建置得名于商周杞国。唐贞观元年(627年)之前,杞县分为雍丘、圉、外黄三部分。秦代始置雍丘县,在今杞县北半部,治雍丘城(今杞县县城),隶三川郡。汉属陈留郡,史称陈留雍丘县。圉在今杞县南半部,初为陈邑,治圉城(今杞县圉镇)。西汉时置圉县,属淮阳国;东汉时改隶陈留郡。唐贞观元年并入雍丘县,改称圉镇。五代后晋天福三年(938年)改称杞县。颛顼所居的高阳城,在今杞县县城西南11千米,正值圉镇之北,称高阳镇。

帝　丘

帝丘是颛顼都城所在，被称为“颛顼之虚”。《史记·五帝本纪》载“帝颛顼高阳者”，《集解》引皇甫谧曰：“都帝丘，今东郡濮阳是也。”今本《竹书纪年》载：“帝颛顼高阳氏……元年，帝即位，居濮。”濮即帝丘。《帝王世纪》说颛顼“始都穷桑，后徙商丘”。商丘也是帝丘。《春秋·僖公三十一年》载：“卫迁于帝丘。”杜预注：“帝丘，今东郡濮阳县，故帝颛顼之虚，故曰帝丘。”《左传·昭公十七年》载：“卫，颛顼之虚也，故为帝丘。”杜预注：“卫，今濮阳县。”《汉书·地理志下》云：“故《春秋经》曰：‘卫(迁)于帝丘’，今之濮阳是也，本颛顼之虚，故谓之帝丘。”《水经·瓠子河注》：“河水旧东流，迳濮阳城东北，故卫也，帝颛顼之墟。昔颛顼自穷桑徙此，号曰商丘，或谓之帝丘。”南朝梁元帝《金缕子》谓：“帝颛顼高阳氏，黄帝之孙，昌意之子。……始都穷桑，徙帝丘。”《唐会要》载：“麟德二年，帝发东都赴东岳，至濮上问丞相窦德元曰：‘濮阳爽垲，信良邑也，古谓之帝丘何也?’德元不能对。礼部尚书许敬宗策马前曰：‘臣能知之。昔者颛顼实居此地，其后昆吾氏因之，故谓之帝丘。’”宋司马光《稽古录》云：“高阳氏以水德王天下，都濮阳。”王应麟《通鉴地理通释》卷四引《世纪》云：“颛顼氏自穷桑徙帝丘，于周为卫。”综上所述，帝丘又称商丘或濮，在今河南濮阳县境。

关于帝丘的地望，《嘉靖开州志》载：“颛顼城在东郭里，去州二十里，所谓帝丘者。有王崇庆诗。”明人王崇庆《吊颛顼城赋》云：“帝高阳之有道兮，既明且清。徙穷桑之故墟兮，来国于斯。嗟大化之既浇兮，太沽日漓。抚长陵以舒啸兮，飞鸟没而猿悲。”《读史方舆纪要》谓：“昆吾城在开州东二十五里，其地有颛顼城，城中有昆吾台，台周五十步，高二丈。”2002 年 7 月，濮阳市文物工作者在濮阳县东南 12.5 千米的五星乡东高城村南发现清光绪十六年(1890 年)的石碑一通，记载该村高氏从渤海湾迁居颛顼城，为颛顼居帝丘提供了佐征。2002 年 11 月，濮阳市文物保管所对此地进行考古勘探，发现一座面积 916 万平方米的古城址，已知北垣长 2420 米，东垣长约 3790 米，西垣长约 3986 米。出土龙山和春秋时期文化遗物。后经河南省文物考古研究所对北垣进行试掘，获知该城为春秋战国城址，推测可能是在龙山文化遗址或城址的基础上修筑的。除颛顼、昆吾都帝丘外，公元前629年，狄人围卫，卫成公从楚丘（今河南滑县东30千米卫南坡中）迁至帝丘。高城遗址与文献记载中颛顼、昆吾和卫都帝丘的时代、地望相符，高城遗址应为颛顼所都之帝丘。

鲋鰅山

鲋鰅山，颛顼时代山名。颛顼生前曾在这一带进行活动，死后葬在这里。不过，《山海经》在提到颛顼葬地时，却又有三种不同的说法。《海内东经》载："汉水出鲋鱼之山，帝颛顼葬于阳，九嫔葬于阴。"《大荒北经》说："东北海之外，大荒之中，河水之间，附禺之山，帝颛顼与九嫔葬焉。"《海外北经》云："务隅之山，帝颛顼葬于阳，九嫔葬于阴。"这里所说的"鲋鱼""附禺""务隅"三山，实际上是同一山名，音同字异而已。民国二十一年（1932年）《重修滑县县志》云："按：此三说，其山名一作务隅，一作鲋鱼，一作附禺，均与鲋鰅之音相同，而字形各异。……清毕沅注附禺山，似释《海外北经》务隅山。又注云，鲋鱼，《海外北经》作务隅。晋阮籍《东平赋》，托颛顼于鲋鰅，山名当以鲋鰅为是。"因而颛顼所葬之山，其名应为鲋鰅山。

鲋鰅山的得名，同鱼有关。《山海经·大荒西经》说："有鱼偏枯，名曰鱼妇。颛顼死即复苏。风道北来，天乃大水泉，蛇乃化为鱼，是为鱼妇。颛顼死即复苏。"袁珂先生注："鱼妇当即颛顼之所化。其所以称为'鱼妇'者，或以其因风起泉涌，蛇化为鱼之机，得鱼与之合体而复苏，半体仍为人躯，半体已化为鱼，故称'鱼妇'也。"[15]说明颛顼部族以鱼为图腾，其墓地称鲋鰅山，表示颛顼葬此，可以"死即复苏"。

鲋鰅山又有多种称呼，《天下郡国利病书》云："鲋鰅山，一名高阳山。"以颛顼之号高阳来命名。《方舆览胜》谓一名青冢山，因颛顼之冢得名。又称广阳山，《十道经》云："鲋鱼山即广阳山之异名。"《通典》说："顿丘鲋鰅山，颛顼葬其阳，今名广阳山。"因该山位于顿丘广阳里而得名。《史记·五帝本纪·集解》引《皇览》曰："颛顼冢在东郡濮阳顿丘城门外广阳里中。"《索隐》引皇甫谧云："据《左氏》，岁在鹑火而崩，葬东郡。"《帝王世纪》载："颛顼葬东郡顿丘城南广阳里，大冢者是也。"《水经·淇水注》："（淇水）又北迳白祀山东，历广阳里，迳颛顼冢西。”由此可见广阳山名的来历。

鲋鰅山即广阳山的地望，文献均载在东郡顿丘县境。历史上的顿丘有二说：一在河南清丰；一在河南浚县。清嘉庆《浚县志·古迹》云：“顿丘有二：一在黄河故渎之东，后魏景明年间置，今清丰县西南二十五里有顿丘城是也；一为古顿丘城，在浚县境的古顿丘城，即《水经》之顿丘也。”古顿丘在今浚县西北5千米的屯子镇蒋村西200米处。此外还有一种说法，主张古顿丘在今内黄县城南30千米梁庄乡大城村，该村城隍庙内有一通清康熙年间的石碑，碑文称大城村即古顿丘。[16]

鲋鰅山麓颛顼陵之四周有城垣围绕，其陵城有时也被称为“帝丘城”或“颛顼城”。《明一统志》载：“大名府滑县东北七十里有帝丘城。”《大清一统志》谓：“滑县东北七十里土山村，为帝丘城。”《河南通志》云：“帝丘城在滑县东北七十里土山村。”《大明府志》云：“颛顼城在顿丘城门外广阳里中，今滑县东北界，去清丰县治西南五十里许。”综上可知，鲋鰅山又名高阳山、青冢山、广阳山，今名土山。《重修滑县县志》说：“鲋鰅山，在县东北七十里……今名土山，以其冢墓被沙埋没，高大如山也。”土山今属河南内黄县，位于梁庄乡三杨庄西硝河北岸，有高大的颛顼陵矗立于丛林之中。据说这里过去曾经出土过龙山时期的文化遗物。近年来，陵区内发现元、明、清各代碑刻60余通，其内容多为当时朝廷派遣官员祭祀颛顼的记载。还发现了古代为颛顼修建的祠庙遗迹。

结　语

颛顼部族的最早居地在若水流域，若水并非四川境内的雅砻江，而是今河南境内的古汝水。颛顼生于若水之野，所居空桑，也在若水附近，即今河南嵩县一带。后来举族东迁至高阳，关于颛顼部族的东迁的过程，已往学者认为颛顼“佐少昊有功受封高阳”，或主张“颛顼都卫为帝丘，后徙高阳称高阳氏”。也就是说，颛顼先迁曲阜或帝丘，而后徙至高阳。我们认为从其迁徙路线来看，以若水→高阳→曲阜→帝丘，比较合理。高阳城在陈留雍丘，即今河南杞县，与此同时，颛顼也把“空桑”之名带到这里。后来，颛顼投靠东夷少昊族团时，又将“空桑”之名搬到曲阜。颛顼势力不断强大之后，建都于今河南濮阳境内的帝丘，成为华夏集团的盟主。他发明历法，制作《承云》之乐，并进行宗教改革，推动社会发展，从此彪炳于史册，成为五帝时代里程碑式的人物。颛顼死后葬于鲋鰅山，该山又称高阳山、青冢山、广阳山，即今内黄县梁庄乡三杨庄西硝河北岸的土山，高高矗立在这里的颛顼陵，成为华夏文明的圣地。

注 释

[1][14]姜亮夫：《说高阳》，《楚辞学论文集》，上海古籍出版社，1984年。

[2]徐嘉瑞：《大理古代文化史稿》，中华书局，1987年，第41页。

[3]顾颉刚：《论巴蜀与中原的关系》，四川人民出版社，1981年，第40页。

[4]徐中舒：《论巴蜀文化》，四川人民出版社，1981年，第3页。

[5]吕思勉：《少昊考》，《读史札记》上册，上海古籍出版社，1982年，第51页。

[6][9]田昌五：《古代社会形态研究》，四川人民出版社，1980年，第152页。

[7][8]孙华：《蜀族起源考》，《民族论丛》第2辑《先秦民族史论集》，四川民族研究所，1982年。

[10]闻一多：《神话与诗·司命考》，古籍出版社，1954年。

[11]陈梦家：《高禖郊社祖庙通考》，《清华学报》第21卷第3期，1937年。

[12]郭沫若：《金文丛考·金文所无考·三皇五帝》，第44页。

[13]文崇一：《楚文化研究》，台湾省民族研究所，1967年，第104页。

[15]袁珂：《山海经校注》，上海古籍出版社，1980年，第417页。

[16]河南省文物局编：《河南文物名胜史迹》，中原农民出版社，1994年，第300页。

（原载《黄河科技大学学报》2006年第3期）

楚文化研究

关于楚族的族源及其发祥地

楚的发祥地究竟在哪里？学术界历来争议很大。有的认为“楚为夏后，盖亦以为西方民族也”[1]；有的主张“楚民族之疆土自后世观之，虽在江汉流域，而其最初之来源，则当自东方”[2]；也有人根据楚曾僻处于荆山，便把江汉流域视为“楚发祥起家之地”[3]。众说纷纭，莫衷一是。由于这个问题直接涉及楚之族源和楚人早期居地，故而不可不论。

楚属华夏集团的一支

夏鼐先生在《楚文化研究中的几个问题》一文中指出，“楚”的含义有四：一曰地区名；二曰国或地方性的王朝名；三曰民族名；四曰文化名。这四个名称亦即四个互相关联而又互相区别的概念，均为楚文化探索的对象。如果说楚文化从周朝起成为中国古代文明一个重要组成部分的话，那么楚族则从远古时期开始就跻身我国古代三大部族集团之列。

已故著名学者徐旭生先生根据历史传说，曾将我国古代部族划分为三大集团，即华夏集团、东夷集团和苗蛮集团。[4]楚之先民属于哪一个集团呢？这是同楚发源地直接有关的一个问题。谈到楚的族源，有人说：“这里所说的‘族’，应是广义的族，即人们有时称作部族的族。……古代一个民族的‘族源’应指父系氏族公社阶段的氏族和部落，因为历史再往前一步就到了阶级社会，出现了民族（广义的）。从考古学上来说，新石器时代晚期某支原始文化的隶属者就是某一古代民族的‘族源’。我们探寻楚的族源，应当把目光投向这一历史阶段。”[5]一般来说，追溯楚的族源，大都从颛顼谈起，这可能同司马迁在《史记·楚世家》中的一段记述有关：“楚之先祖出自帝颛顼高阳，高阳者，黄帝之孙、昌意之子也。高阳生称,称生卷章,卷章生重黎。重黎为帝喾高辛氏火正,甚有功,能光融天下,帝喾命曰祝融。共工氏作乱,帝喾使重黎诛之而不尽,帝乃以庚寅日诛重黎,而以其弟吴回为重黎后,复居火正,为祝融。吴回生陆终,陆终生子六人,拆剖而产焉。其长,一曰昆吾;二曰参胡;三曰彭祖;四曰会人;五曰曹姓;六曰季连,芈姓,楚其后也。昆吾氏,夏之时尝为侯伯,桀之时汤灭之。彭祖氏,殷之时尝为侯伯,殷之末世灭彭祖氏。季连生附沮,附沮生穴熊。其后中微,或在中国,或在蛮夷。弗能纪其世。"这段文字为历来治楚史者所引用,基本上可以作为信史看待。离开这段史料,如到别处去找楚的族源,无异于缘木求鱼。

著名的爱国诗人屈原是和楚王同宗的贵族,他在《离骚》中追述楚国统治者的先祖时说过:"帝高阳之苗裔兮,朕皇考曰伯庸。"足见《史记》的记载不谬。高阳为颛顼称号。宋玉《高唐赋》云:"楚襄王与宋玉游于云梦之台,望高唐之观。"唐、阳音同字通,高唐即高阳。饶宗颐指出,"楚之先,出于高阳,故楚人禘高阳。高唐之观,当即祀高阳之所在,故名高唐也"。[6]

至于"皇考伯庸",有的释之为颛顼的后人祝融。"庸"是一方之长,当训为大。庸、融古通。"庸"前冠以"伯"字,就跟把鲧叫"伯鲧"、禹称"伯禹"一样,乃是对部落或部落联盟首领的尊称。《史记·楚世家·集解》引虞翻曰:"祝,大也。"因而伯庸也可称作"大融",亦即"祝融"。《左传·僖公二十年》记述楚人的一支夔,因为没有祭祀祝融和鬻熊而受到谴责的事:"夔子不祀祝融与鬻熊,楚人让之。"可知祝融为楚人所崇拜的民族英雄。汉刘向《九叹·逢纷》云:"伊伯庸之末胄兮,谅皇直之屈原;云予肇祖于高阳兮,惟楚怀之蝉连。"肇祖于高阳的屈原,正是"伯庸之末胄",足见在汉代人的心目中,楚之族源应当追溯到颛顼和祝融那里。

如果按照司马迁排列的谱系再往下数,就要说到楚国贵族的直系祖先季连了。《史记》上讲到过:"季连,芈姓,楚其后也。"《大戴礼记·帝系》云:"吴回氏产陆终。陆终氏娶于鬼方氏,鬼方氏之妹谓之女隤氏,产六子,孕而不粥,三年启其左胁,六人出焉……其六曰季连,是为芈氏。"季连之后,楚人的谱系就更加清楚了。

研究楚的族源,应该着重探讨从颛顼到季连这一段历史。颛顼是华夏集团黄帝部族的分支,他的部落曾同共工氏打过仗,"共工为水害,故颛顼诛之"。[7]

《大戴礼记·五帝德篇》说他“依鬼神以制义，……絜诚以祭祀”。在宗教进化方面有过特殊的贡献。当时，“民神杂糅，不可方物。夫人作享，家为巫史”。[8]这是氏族社会末期，巫术流行的写照。“帝颛顼之法，妇人不避男子于路者，拂于四达之衢。”[9]可见颛顼之世，已经进入父系氏族社会，并逐渐形成了男尊女卑的风习。《国语·鲁语上》：“有虞氏禘黄帝而祖颛顼，效尧而宗舜；夏后氏禘黄帝而祖颛顼，效鲧而宗禹。”从华夏集团中的重要氏族——有虞氏和夏后氏对他进行祖祭的事实来看，颛顼应属华夏集团。不过，由于其居地靠近东夷集团，二者“始而相争，继而相安，血统与文化逐渐交互错杂”[10]，因而受东夷集团的影响很大。

《大戴礼记·帝系篇》及《史记·楚世家》都说祝融出于颛顼。祝融虽属华夏集团，但因其后裔中有一部分南下到江汉流域，有人便把祝融列入“江汉民族”。[11]其实“祝融氏族或部落的一部分后来虽南入苗蛮集团，成了那边的宗教和政治的首长，可是氏族或部落本身仍属于华夏集团，它的大部分也仍留在本集团中，并未南下”。[12]

颛顼部落因同东夷集团互相接触，楚人便被认为是“东方民族”；祝融后裔中的一部分南下，楚人又被视作“苗蛮集团”的成员。同样的原因，由于楚的直系祖先季连姓芈，季连之母女隤氏系鬼方氏之妹，因而楚人又被说成是“西方民族”。姜亮夫先生在《三楚所传古史与齐鲁三晋异同辨》中说：“史载楚姓芈，此以羊为图腾也。即是‘西羌牧羊人也’之姜姓，是西方一大族。”持此观点的同志还认为楚之先祖“祝融与被大家公认的属于羌人的炎帝是近亲”；“鬻熊子熊丽，显然系羌族父子连名的族制。……‘芈’本系羌人自称”。[13]更有甚者，岑仲勉先生在《楚为东方民族辨》中，主张颛顼、重黎、祝融皆为“西方族类”或“西方之人物”，芈与“米地亚”的对音相合，楚之先民成了来自西亚信奉拜火教的米地亚人了。我们认为，楚部族曾在某个历史阶段同西方的羌族有过接触，与其为盟乃至有血缘关系，但这与陆终娶鬼方氏女曰女隤、楚灵王称昆吾为“皇祖伯父”一样，鬼方、昆吾，只不过是其近族而已，故楚仍可包括在夏民族中。也就是说，到了陆终、女隤和季连时期，楚部族仍是华夏集团中的一员。

有的学者往往因楚以“荆蛮”自居，从而否定其原先曾属华夏集团这一历史事实。不错，楚王熊渠的确说过这样的话：“我蛮夷也，不与中国之号谥。”当时楚人建国于江汉流域，那里本是苗蛮集团的根据地，熊渠声称自己是“蛮夷”，其目的是为了对抗中原和笼络当地的土著人民。熊渠的说法符合先秦史上传统的习俗:“居楚而楚,居越而越,居夏而夏。”“进于夷狄则夷狄之,进于中国则中国之。”楚人从中原迁居于江汉流域之后,自然可以称作“蛮夷”了。但这不能表明熊渠的先人也是“不与中国之号谥”,没有哪一个楚国贵族承认其祖宗为蛮夷的。总而言之,从楚族先民的历史考察,楚部族既非西羌或米地亚人,也不是东夷与苗蛮,尽管经历了同有关部族互相混融的历史,但毕竟还是华夏集团的一支,应该属于中原人。

中原是楚的早期居地

楚部族既然为华夏集团的一支,那么其早期居地究竟在什么地方?华夏集团是我国古代部族三大集团中最重要的集团,起初是由黄帝和炎帝两大部族构成的,沿着黄河两岸散布于中国北方及中部的一部分地区。

颛顼部落是从黄帝族中分出来的,其根据地在今河南境内。《吕氏春秋·古乐》载:“帝颛顼生自若水,实处空桑,乃登为帝。”若水,后人大都说在四川省的西北部,即今之雅砻江,空桑即穷桑,一般均以为在今山东省曲阜县北。从川西北至鲁西南相距极远,在交通极不发达的远古时代,一个原始部落于此间做大规模的迁徙活动并非轻而易举之事。有的学者根据若、汝音同意通,因而认为若水即汝水。[14]《水经注·汝水》载:“汝水出河南梁县勉乡西天息山,东南过其县北,又东南过颍川郏县南……南入于淮。”梁县即今河南临汝县,郏县即今河南郏县。汝水是发源于伏牛山而流经临汝、郏县等地的一条大水。空桑亦在河南境内,今嵩县南伊水之滨有空桑涧,杞县西十里有空桑城。又据《水经·睢水注》:“睢水……又东迳高阳故亭北。”《太平寰宇记》说:“高阳城在雍丘县西二十九里,颛顼高阳氏佐少昊有功,受封此邑。”《史记·五帝本纪·索隐》引张晏曰:“高阳者,所兴地名也。”雍丘即今之河南杞县,这里应是颛顼发迹起家之地。王应麟《通鉴地理通释》卷四引《世纪》:“颛顼氏自穷桑徙帝丘,于周为卫。”《左传·昭公十七年》:“卫,颛顼之虚也,故为帝丘。”杜预注:“卫,今濮阳县,昔颛顼居之,其城内有颛顼冢。”《水经·淇水注》:“淇水……历广阳里,迳颛顼冢西。”《太平寰宇记》“濮州”曰:“古昆吾旧壤,颛顼遗墟,故曰帝丘”,“澶州濮阳县”曰：“古之昆吾国，即帝丘，又曰昆吾台在颛顼城内。颛顼城在临河东北三里。又谓颛顼陵在顿丘县西北三十里。”《帝王世纪》说颛顼“葬东郡顿丘广阳里”。《山海经·海外北经》云葬务隅山之阳。务隅山亦称鲋鳎山、广阳山，又名土山，系一大沙岗。临河为隋代旧县，顿丘即今河南清丰县之故城集。颛顼遗墟古属濮阳、顿丘等县，现在河南内黄县东南30千米三杨庄西北硝河北岸鲋鳎山麓有颛顼陵，其陵之四周有城垣环绕，被称为颛顼城。这里尚保留着古代碑碣三块，其中以元代天历二年(1329年)的“颛顼帝陵”碑为最早。[15]此外，濮阳县的颛顼太子墓、皇姑坟和长乐亭等遗迹，也都与颛顼史迹有关。上述记载虽多系传说，但却反映出这样一个事实：颛顼部落的活动范围，大体上在今河南临汝、嵩县、杞县、濮阳、内黄等地，亦即豫西、豫东和豫北一带。

颛顼后裔祝融部落的居地，也在今河南境内。《国语·周语》：“昔夏之兴也，融降于崇山。”韦昭注曰：“融，祝融也。崇，崇高山也。夏居阳城，崇高所近。”嵩山即今河南中部的嵩山，祝融是在夏后氏强大之时，才居于嵩山地区的。《左传·昭公十七年》：“郑，祝融之虚也。”郑即今河南新郑。《路史·国名纪己》：“今郑州有祝融冢。”新郑与郑州，均距嵩山不远，可知祝融活动的范围，也在今河南中部地区。

祝融的后人分为八姓——己、董、彭、秃、妘、曹、斟、芈，即八个部落，主要分布在黄河中下游地区，即今河南、鲁西及苏北一带。己姓的昆吾氏，先居濮阳，后迁许昌，夏代尝为侯伯；彭姓的彭祖氏，居地彭城在今江苏徐州，商代曾为侯伯。芈姓的季连，与昆吾、彭祖处于同一历史时期。《史记·楚世家·索隐》引《世本》：“六曰季连，是为芈姓。季连者，楚是也。”宋忠曰：“季连，名也。芈姓诸楚所出，楚之先。”楚又称荆。俞樾在《释荆楚》中说：“荆之与楚，乃古今之异言，因其荆而荆之，因其楚而楚之。”季连所在部落或方国，因其最初处于荆棘楚木茂密之地而得名。甲骨文记载：“戊戌卜，又伐芈”[16]“于楚又雨”[17]。“芈”与“楚”就是指这个部族或方国而言的。楚人居住过的地方叫楚丘，春秋之时，卫国有两个楚丘。《春秋·隐公七年》：“戎伐凡伯于楚丘以归。”杜预注：“楚丘，卫地，在济阴城武县西南。”《汉书·地理志》载，山阳郡城武县有楚丘亭，位于今山东曹县东南四十里，此为南楚丘；《左传·僖公二年》：“诸侯城楚丘而封卫焉。”《水经注·瓠子河》引京相璠曰：“今濮阳城西南十五里有沮丘城，六国时沮、楚同音，以为楚丘。”其地在今河南滑县境内，是为北楚丘。战国初期金文

《屭羌钟》中的“楚京”或为南楚丘,《诗·鄘风·定之方中》:“升彼虚矣,以望楚矣。”所望之楚应是南楚丘。南、北楚丘距濮阳不远,均属颛顼旧壤。这一带可能是芈姓楚人的早期居地,后来逐渐南移至鄢,即今河南鄢陵县境。[18]《国语·郑语》说:“融之兴者,其在芈姓乎?”这就是说,楚部族的兴起,从芈姓楚人开始。后来,在夏、商的征伐逼迫下,方才逐渐向南方迁徙的。

古代方国往往有两个以上的姓氏,楚王族的姓氏亦有二:一曰芈。《史记·楚世家》说:“季连,芈姓,楚其后也。”《左传·昭公十三年》载叔向的话:“芈姓有乱,必季实立,楚之常也。”由此可见,“芈”既是以季连为始祖的楚部族的姓,又是后来楚君之姓。二曰熊,季连之孙名曰“穴熊”,大约从此开始,楚人以熊为氏。楚建国后,由于楚之诸王一概称作“熊某”,“所以楚族姓芈载于权威极高的《史记》,似反不昭彰;而熊姓却为人们习知并津津乐道了”。[19]至于“熊”字的由来,史学界多以为源于图腾信仰,或谓此乃“酓”字之假,表示楚君向周天子贡茅的职分,乃是一个带有荣誉称号意味的特殊的氏。[20]由此可知,楚氏族或方国与“熊”的关系极为密切。河南中部不少地名往往带有“熊”字,如“有熊”即今新郑,熊耳河流经今河南郑州市内,熊山在今河南偃城县境内等。这些名称大约和楚人的早期居地有关。楚人在自北南徙过程中,经历了许多周折和一段漫长的历史过程。直到鬻熊之时方才来到丹阳,在江汉流域定居下来。不过从楚族的整个历史来考察,应当承认其最初居地是黄河流域的中原地区。楚是我国先秦时代一个地广势强、经济昌盛、文赋纷华的大邦,具有高度的文化成就,在我国文明史上写下了极其灿烂的篇章。楚国统治阶级的王室贵族,亦即我们通常所说的芈姓楚人,其早期居地在黄河流域的中原地区,属于我国古代三大部族集团中的华夏集团,只是由于某些原因,他们逐渐南徙,并最终在江汉地区建邦立国,成为五霸七雄之一。从楚人的历史考察,尽管他们混有西羌或东夷人的血统,但应当承认,他们仍然不失为华夏裔胄。从这个意义上讲,中原地区可以说是楚的发源地。

注 释

[1]姜亮夫:《夏殷民族考》,《民族杂志》第一、二卷。

[2]胡厚宣:《楚民族源于东方考》,《史学论丛》第一辑,1934年。

[3]黄盛璋、钮钟勋:《楚的起源和疆域发展》,《地理知识》1979年第1期。

[4][10][12]徐旭生:《中国古史的传说时代》(增订本),科学出版社,1960年版。

[5]舒之梅:《五十年来楚族源研究综述》,《江汉论坛》1983年第3期。

[6]饶宗颐:《高唐考》,《楚辞地理考》,商务印书馆,1946年。

[7]《淮南子·兵略训》。

[8]《国语·楚语下》。

[9]《淮南子·齐俗训》。

[11]蒙文通:《古史甄微》,商务印书馆,1933年。

[13]一之:《楚人源于羌族考》,《青海民院学报》1981年第1期。

[14]田昌五:《夏文化探索》,《文物》1981年第5期。

[15]河南省安阳地区文化局:《安阳地区文物录》第一分册。

[16]傅斯年:《新获卜辞写本后记》,《安阳发掘报告》第二期,1930年。

[17]《殷契粹编》一五四七。

[18]顾铁符:《周原甲骨文"楚子来告"引证》,《考古与文物》1981年第1期。

[19]龚维英:《楚的族姓有二说》,《江汉论坛》1983年第1期。

[20]张正明、张胜琳:《楚君姓氏辨》,《江汉论坛》1983年第6期。

(原载《江汉论坛》1983年第11期)

楚都丹阳地望探论

丹阳为楚之始都，楚人最早在这里立国，由此开创了长达八百年的宏伟基业，一部气势磅礴的楚国史，只有从丹阳写起。关于楚都丹阳的地望，是史家争讼颇多而又未能彻底解决的一个问题。有人将它列入楚国历史文化"十谜"之一，认为若不下大力气解决，将使半部楚国历史了无归处。因而对于这一问题的深入探索，已经迫在眉睫，成了刻不容缓之事。

在丹阳地望问题上，学术界的意见分歧很大，归纳起来，大体上可以概括为如下诸说：

一曰"当涂说"。《汉书·地理志》：丹扬郡丹阳县下班固原注："楚之先熊绎所封，十八世，文王徙郢。"今人谭戒甫亦云："楚到山东后，由于周族的发展，楚又被迫迁徙到今江苏丹阳。"[1]此"江苏丹阳"所指实即安徽当涂之丹阳。王玉哲认为，楚族系由河南东部徙居于苏、皖境，到熊渠时始沿江西上，因而"楚之先王熊绎所居之丹阳，当以此地最近情理"[2]，极力推崇"当涂"说。

二曰"秭归说"。《山海经·海内南经》载："夏后启之臣曰孟涂……居山上；在丹山西。丹山在丹阳南，丹阳居属也。"东晋郭璞注云："今建平郡丹阳城秭归县东七里，即孟涂所居也。"北魏郦道元《水经·江水注》引东晋袁崧《宜都记》曰："秭归，盖楚子熊绎之始国。"并指出："丹阳城，城据山跨阜，周八里二百八十步。东北两面，悉临绝涧。西带亭下溪，南枕大江，险峭壁立，信天固也。楚子熊绎始封丹阳之所都也。《地理志》以为吴子之丹阳。论者云：寻吴楚悠隔，缆缕荆山无容远在吴境，是为非也。又楚子先王陵墓在其间，盖为征矣。"郭璞、袁崧和郦道元均主张楚都丹阳在今湖北秭归县境内。当代学者中杨宽认为丹阳即今秭归县东南的楚王城。[3]刘彬徽则主张为江北的秭归鲢鱼山遗址。[4]

三曰"枝江说"。《史记·楚世家·正义》引东汉颖容所撰《春秋三传例》云："楚居丹阳，今枝江县故城是也。"东汉末三国时人宋衷注《世本·居篇》亦云："丹阳在南郡枝江县"。《史记·楚世家·集解》引东晋末刘宋初人徐广的话说，楚丹阳"在南郡枝江县"。此外，晋司马彪《续汉书·郡国志》南郡枝江县原注云："枝江侯国，本罗国，有丹阳聚。"当代学者中也有赞同此说的，如黄盛璋、钮仲勋云："从荆山与郢的位置来考察，枝江说法较为合乎事实。"[5]俞伟超通过实地考察，"感到还是枝江之说可能性最大"。[6]高应勤、程耀庭认为湖北当阳县草埠农场季家湖西岸的季家湖古城址，可能是楚都丹阳城。[7]因为此地原属枝江县所辖，为"枝江说"提供了一个新的例证。

四曰"淅川说"或称"丹淅之汇说""丹淅说"。《史记·韩世家》载韩宣惠王二十一年，韩"与秦共攻楚，败楚将屈丐，斩首八万于丹阳"。唐初司马贞《索隐》云："故楚都，在今均州。"丹淅之汇于唐代初年地属均州，这是楚都丹阳淅川说的今存最早记述。清宋翔凤《过庭录·楚鬻熊居丹阳武王徙郢考》一文，在对"秭归说"和"当涂说"批判的基础上，断言楚丹阳在丹淅之汇："战国丹阳在商州之东，南阳之西，丹水、淅水入汉之处，故亦名丹淅。鬻子所封正在于此。"此说对后世影响甚大，被誉为"宋氏楚丹阳一地的考定，对于中国古史上有很大的贡献"[8]，受到当代学者的普遍重视。吕思勉、童书业、顾铁符、石泉、张正明等均从其说。

五曰"商县说"。石泉、徐德宽在《楚都丹阳地望新探》一文中，认为"淅川说"基本符合西周后期至春秋初期的楚丹阳地望，但又认为此说也有不足之处，从而提出"商县说"进行补充："今陕西商县附近的丹江上游有那么多以'楚''荆'命名的山水，必有其历史渊源；而商县城又正位于丹水之阳（北岸），凡此，似皆可提供熊绎所居的早期楚丹阳宜当在此的线索。"[9]何光岳也认为楚于商末立国，"今陕西南商县的楚山和楚水之间，应为荆楚的第一次建都"。[10]"商县说"与"淅川说"近似，二者并称为"楚都丹阳北系说"。而与之对应的"秭归说"和"枝江说"，则被称作"楚都丹阳南系说"。

六曰"迁徙说"。首创楚都丹阳"迁徙说"的为唐杜佑。他在《通典》州郡篇于"归州秭归县"条下提出："楚熊绎初都丹阳，今县东南故城是也。"于"荆州枝江"条下又云："江陵枝江，古之罗国，汉旧县。楚文王自丹阳徙都，亦曰丹阳。旧丹阳在今巴东郡。"按照杜氏的说法，楚旧都丹阳在秭归，后徙都枝江，仍袭旧称，楚文王再迁江陵，称郢的同时，亦曰丹阳。后世主此说者，不乏其人。清顾栋高《春秋大事表》云："盖诸侯迁都，常仍旧名，故有两丹阳。"清宋翔凤《过庭录》主张楚都丹阳先在淅川，后徙湖北南漳。当代学者中主“迁徙说”的，也大有人在。如石泉等认为西周早期楚丹阳在商县，后迁淅川；蒙文通认为丹阳先在淅川，后迁秭归枝江；张正明以为楚丹阳原在淅川，后徙南漳；顾铁符主张丹阳先在淅川，后徙荆山亦称丹阳，在今湖北宜城县境。……

此外，还有唐张谓的“长沙说”等，实属无稽之谈，此不赘述。

在楚都丹阳的地望问题上之所以存在如此巨大的分歧，主要是由于历史文献记载的抵牾，加之考古资料的匮乏，学术界又未制定出判定丹阳地望的统一标准，从而形成今天这种争执不下的僵局。针对这种情况，王光镐提出判定丹阳地望的九项标准，美国学者蒲百瑞又列举出六项鉴别原则。王氏标准如下：

一、楚族起源之地。

二、西周时期周、楚关系的亲疏及其交往的多寡。

三、西周楚人与荆山的联系。

四、丹阳与江、汉、沮、漳四水特别是沮、漳的联系。

五、西周楚丹阳的地理形势。

六、丹阳既为都邑，应以古城址为据。

七、熊渠征伐及封三子事涉及楚丹阳的所在。

八、考古资料。

九、楚丹阳与早期楚郢都的关系。

征之上述各项标准，他认为：“当涂说”渐为人们所摈弃，不再是楚丹阳地望有代表性的一说，故而已不足论；“枝江说”无一相符；“秭归说”各主要根据无一成立，反而处处与史不合；“先秭归后枝江说”的历史依据是不存在的，其关于熊渠由秭归迁枝江的设想也是难以成立的；“淅川说”除第七项不论外，尚存在几种不同情况。第一种情况是与之极为相符，如第一、六、八项；第二种情况是在同一项中部分相合部分相左，突出之例为第二项；第三种情况即彼此明显抵牾，如第三、四、五、九项。总之，“淅川说”与早期楚丹阳各特征皆合，可知鬻熊之时的丹阳在淅川。但此说又同熊绎之后丹阳的历史状况明显不符，说明熊绎受封前后，楚丹阳已有所迁徙，其具体地点为今湖北南漳。[11]

美国西东大学亚洲系教授蒲百瑞的六项鉴别原则为：

一、对原始史料提供的证据所作的一切合理解释都必须考虑和估价。

二、除非能提出相反的可靠证据，一条较早的史料总比较晚的更为可据。

三、不能假定古地名与今地名的一致或不一致，两者都必须通过论证。

四、即使地名能追溯到统一王朝初期，仍不能假定为远古地名。

五、不能保证一个特定地名只用于一个地点。

六、关于丹阳讨论不能基于它在湖北西南部的先验假定。

根据上述六项鉴别原则，他认为从原始文献史料看，在年代上，丹阳可能至少在商周之际的鬻熊时代即为楚都（《世本》），其子（熊丽）或其曾孙（熊绎）为周王始封（分别见于《墨子》《史记》）。在地理上，《史记》和《世本》所说丹阳，表明早期楚都位近称为“丹”的地貌，而《墨子》说它在“睢山”。从直接地理证据看，“当涂说”显然有不可克服的困难；“枝江说”不能满足第三、第四两项原则；“秭归说”与第二、第四项原则不符；在现存的文献中，没有关于丹阳“迁移说”详尽的记载，这一观点不能由历史地理或考古学证实；“淅川说”有一个证据，表明汉朝以前（战国）那里已有丹水，从第二项原则立场看，此一假说的处境胜于他说。

从间接地理证据看，即以不带丹字的地名——荆山和睢漳流域的位置来论证各种假说。南派“枝江说”和“秭归说”认为丹阳近于睢漳，不过还没有提供古睢漳与今睢漳等同的可信证据；北派“淅川说”“商县说”为相反说法提供了更坚实的证据，符合第三项原则。此外，《左传》关于睢漳楚祀典中占重要地位的记载出于公元前5世纪，因而它同当时楚都（郢）的位置有关，但这并不一定意味着它同早于5世纪的丹阳位置密切相关。从第一项原则出发，没有绝对必要赞同丹阳近于睢漳之说。荆山与丹阳所在密切相关，南派认为荆山在湖北西部，北派提出河南西南部有多处荆山。荆山不止一处论题的一个重要暗示，符合第五项原则。看来以间接地理证据来试定丹阳的位置，因荆山、睢漳作为线索确定性的种种疑难而陷入困境，故不像直接地理证据那样坚实。

从考古学证据看，安徽“当涂说”未能提出考古证据。“枝江说”主张今湖北当阳季家湖遗址为丹阳，但它属东周时期，所发现的材料早于纪南城，并无西周地层。这不符合第六项原则。“秭归说”排除了长江南岸的“楚王城”，因其地无汉以前地层。在江北鲢鱼山遗址发现的少数西周早期遗物，更近于四川巴蜀文化而不属于纪南城一带那种遗物，其居住年代与丹阳也不符合。“淅川说”提出丹江东的龙城遗址，下层已被丹江水库淹没，难于进行发掘。“商县说”举出的紫荆遗址，包含不同阶段的新石器时代遗存，上面虽叠压有西周地层，但当前尚未判定它有什么楚文化特色。因而迄今提出作为丹阳的任何考古遗址，其证据都不过是假设，但对龙城遗址却寄予了很大希望。“直接地理证据最有利于北说……但如把荆山列为证据，豫西南很可能有荆山，这就有利于淅川。”[12]虽然这种分析没有得出结论性的成果，但蒲氏的倾向性是十分明显的，即“坚信楚都丹阳淅川说更为合理”。[13]如果对王光镐关于丹阳迁徙南漳之说暂且不论，可知尽管王、蒲二氏所采取的标准不同，但所得出的结论却惊人地相似。

在楚都丹阳诸说中，经过比较研究，“淅川说”占有较多可取之处，而且史证甚多，大体如次：

一、楚人的早期居地在河南中部新郑一带，即所谓的“祝融之墟”，这里又是祝融八姓分布的中心地带，从其南迁的路线来看，对于“淅川说”最有利，而与当涂、秭归、枝江、商县诸说皆不合。《诗·商颂·殷武》中提及商王武丁征伐荆楚之事，诗中说：“挞彼殷武，奋伐荆楚，深入其阻，裒荆之旅，有截其所，汤孙之绪；维汝荆楚，居国南乡。昔有成汤，自彼氐羌，莫敢不来享，莫敢不来王，曰商是常。”史家在《商颂》的成书年代上有过争讼。如《史记·宋世家》云：“（宋）襄公之时，修行仁义，欲为盟主。其大夫正考父美之，故追道契、汤、高宗，殷所以兴，作《商颂》。”裴骃《集解》引《韩诗》云：“《商颂》章句亦美襄公。”皆道《商颂》作于宋襄公之时。但司马贞《索隐》则提出不同的看法：“按，裴骃引《韩诗》：《商颂》章句亦美襄公。非也，今按《毛诗·商颂序》云，正考父于周之太师‘得《商颂》十二篇，以《那》为首’。《国语》亦同此说。今五篇存，皆是商家祭祀乐章，非考父追作也。又考父佐戴、武、宣，则在襄公前且百许岁，安得述而美之，斯谬说耳！”另据《史记正义佚文辑校》，张守节《正义》亦云：“正考父佐戴、武、宣公，见著于《孔子世家》。按：《年表》等在襄公前百年间，岂得正考父追道述而美之，斯太史公疏误矣！”由此可知，说《商颂》为正考父美襄公而作，乃司马迁的疏忽及裴骃的误解，实际上是没有根据的。东汉人郑玄对于《诗·商颂·殷武》所作笺证云：“殷道衰而楚人叛，高宗挞然，奋扬威武，出兵伐之，冒入其险阻，谓逾方城之隘，克其军卒而俘虏其士众。”武丁伐荆楚时其兵所逾之方城，在今河南方城县东北地方，即《左传·僖公四年》讲的“楚方城以为城”。大约武丁之时，楚人已由豫中迁移至南阳盆地，故而商伐楚时，其进军路线必须经过方城要隘。“在殷代或殷代之前，楚之先族已住在南襄（阳）盆地或其西边缘地区，当无问题。……楚之先族的居住地作为殷人之南乡，可能一直维持到殷末。……我们认为楚在接受周王朝之封前，可能就已住在这个盆地的西部，即丹江下游，亦称李官桥小盆地。这就是丹江之阳的丹阳。正因为这是楚族久居之地，故周封时应以旧地相封，名之曰‘居丹阳’。”[14]

二、早期楚人的迁徙，属于一个氏族部落集团大规模的举动，选择新的根据地，一般就近避远，距离原居地不可能过于遥远。祝融集团的根据地在今河南中部，从其直线距离来看，当涂、秭归和枝江都在千里之外，楚族离开故乡，不仅需要进行千里迢迢的长途跋涉，“并且至少有一半以上的路程，是在未经人们正式开发，而带着相当浓厚的‘自然状态’的南蛮地区。鬻熊扶老携幼，带了阖族的人，能不能走这么远，未尝不是一个问题”。只有淅川“离祝融集团的根据地路程不太远，不需要经过高山大河以及漫长而未经开发的蛮荒地区，可以减少途中伤病死亡等事故的发生，而安全到达目的地。就丹淅这处地方来说，当时地广人稀，土地肥沃，天气等自然条件和他们原来的根据地相差不大，在这里定居下来，生活上的困难，可能不算很大”。[15]结合《诗·商颂·殷武》记载，可知始迁丹淅的楚族首领不是鬻熊，而是比他更早的部落酋长。

三、“丹阳”地名的由来，同带“丹”字的山和水直接有关。中国古代山南、水北谓之阳，因而其地应在丹山之南或丹水之北。“当涂说”赖以支撑的地名证据为《晋书·地理志》：“丹阳丹阳山亦多柳。”但这一记载只能上溯到晋代，并不能说明“丹阳山”在先秦时即已存在。“枝江说”的依据是《后汉书·郡国志》载枝江县有“丹阳聚”。这一带“丹”字的地名难以上溯到先秦时代，这里找不出有“丹”字名称的地貌。“秭归说”引《山海经》：“丹山在丹阳南。”晋人郭璞注释在秭归。丹山之北似应称“丹阴”而非“丹阳”。况且，将丹山与秭归联在一起的出自晋代的注释家之手，因而其直接地理证据也不充分。“淅川说”不仅有最古老的地名为依托，而且此地名的产生又有其明显的地理依据。《史记》中屡次提及战国时秦曾与楚战于丹阳，此“丹阳”名称来源于古丹水。郭璞注《山海经·海外南经》引《竹书纪年》云：“后稷放帝朱于丹水。”《六韬》云：“尧与有苗战于丹水之浦。”《吕氏春秋·召类》称：“尧战于丹水之浦以服南蛮。”尧之子朱所以取名丹朱，同其处于丹水之阳有关。另《括地志》：“故丹城在邓州内乡县西南百三十里，南去丹水二百步。”丹城即“丹朱城”。郭璞注《山海经·海内南经》：“今丹阳复有丹朱冢也。”丹朱故城与冢，均在今河南淅川县境丹水之滨。丹水发源于冢岭山南，即今陕西洛南、蓝田和商县交界处，西南流入商县、丹凤、商南，至河南淅川与淅水相汇，南流注入汉水。丹水之称，起源甚古。“丹阳”之名年代亦当久远。从冢岭山到丹淅之汇处的丹水流域，均可称为丹阳。但从丹水源头至荆紫关段，丹水为群山所阻，水流湍急，不宜形成较大的聚落中心。“荆紫关至析口（即丹淅之汇）段，河谷变宽，水流转缓，加之淇河、滔河、析水相继注入丹水，区内土地肥沃，视野开阔，为人类定居提供了良好的生活环境”。[16]尽管商县和淅川都可称为丹阳，相比之下，“淅川说”比“商县说”占有更大的优势，即南迁的楚人所选择的居地只会是河南淅川而不可能是陕西商县。“‘淅川说’的最后一个优点（胜于所有其他各说），是有证据说汉以前（战国）那里已有丹水。……它提供了一个今地名（丹水）可早到汉以前的最有力的证据。对一个更古的（商周之际）丹阳而言，它有最高的相对可能性。”[17]今河南淅川县境的丹淅之间，正是战国时秦楚丹阳之战的所在。这里既位于丹水之阳（北岸），又在《水经注》丹水篇所记丹崖山之阳（山在丹水南岸），所以无论从丹水看还是从丹崖山来看，这里称为“丹阳”都是名副其实的。

四、丹阳应在距离岐邑和丰镐不远的地方。商末周初，周楚关系比较密切，彼此交往异常频繁，从文献记载和考古资料，均可找到佐证。《史记·楚世家》：“周文王之时，季连之苗裔曰鬻熊。鬻熊子事文王。”陕西岐山周原甲骨文载：

曰今秋楚子来告父后哉。（H11:83）

其微、楚□氒沓火，师氏受沓火（H11:4）

这里所说的“楚子来告”的楚子，顾铁符认为就是鬻熊。[18]还有不少学者主张此“楚子”当指熊绎。另据《尚书·牧誓》等，这里提及的“微”，是随武王伐纣于牧野的八国之一。“与其同位并称的楚无疑也是国名。周原甲文的时代属武王前后，与鬻熊相去不远。”[19]楚君鬻熊、熊绎等人，往返于丹阳与岐阳之间，不辞辛苦，为周效力。从距离岐阳的远近看，当涂、秭归和枝江路途遥远，交通不便。只有淅川较近，此“丹阳”非淅川莫属。

另据《史记·鲁周公世家》：“及成王用事，人或谮周公，周公奔楚。”《史记·蒙恬列传》亦云：“及（成）王能治国，有贼臣言：‘周公旦欲为乱久矣，王若不备，必有大事。’王乃大怒，周公旦走而奔楚。”又《论衡·感类篇》云：“武王崩，周公居摄，管、蔡流言，王意狐疑周公，周公奔楚。”后来成王发现周公奔楚实为谗言所逼，方才杀言之者而召回周公。周公所奔之楚，必为周之友邦、盟国，又是周之近邻。彼时楚都丹阳如果远在当涂、秭归或枝江，千里迢迢，均非周公流亡避难的理想之所。从上古交通条件来看,丹江流域与关中平原联系最为近便的地带,是位于今河南西南部南阳盆地的丹淅之汇地区,由这里往西北,溯丹江上源,经蓝关,越过秦岭,就到达关中平原的兰田县境;更往西北不远就是西周都城丰镐。如果周公从丰镐出走过蓝关,沿丹江东南而下,出荆紫关,即可抵丹阳。因而商周之际的楚都丹阳以在淅川为宜。

五、春秋初期的楚国与鄀为邻。《左传·哀公十七年》:"观丁父,鄀俘也。(楚)武王以为军率。是以克州、蓼,服随、唐,大启群蛮。"此鄀即"下鄀"。《左传·僖公二十五年》杜预注曰:"鄀本在商密,为秦、楚界上小国,其后南徙为楚附庸。"南徙之地望在湖北境内汉水西岸,今钟祥县西北乐乡关东北,古丽阳驿附近的鄀邑。据金文资料分析,约在西周中期,就出现了上、下鄀之分,直到春秋早期,二者还并行发展。上鄀故地在春秋中期已为是楚县,或灭或迁当在此前;下鄀在春秋中晚之际还有遗民于楚境活动。上鄀故城即今河南西峡县城西15千米丁河乡邪地村的丁河古城遗址;下鄀地望在今淅川老城上集西北的寺湾一带。文献记载的鄀国只有一个,即商密之鄀,此鄀为下鄀。[20]商密位于汉晋、六朝的丹水县境。楚将观丁父,应为下鄀之俘。"据此,鄀国地望当在今老灌河(淅水,古均水)以东、内乡县西境、淅川县东境、北至西峡县(古析邑)一带。……这时的楚国与鄀国必相邻近,才能攻鄀得俘,引为己用。这就反映出:楚国当时所都之丹阳不可能远在长江边的秭归或枝江,而应在鄀国西邻,今淅川县境的丹淅之间,亦即战国时秦楚丹阳之战的所在。"[21]

六、春秋初期的楚国位于巴、邓之间。《左传·桓公九年》:"巴子使韩服告于楚,请与邓为好。楚子(武王)使道朔将巴客以聘于邓,邓南鄙鄾人攻而夺之币,杀道朔及巴行人。楚子使薳章让于邓,邓人弗受。夏,楚使斗廉帅师及巴围鄾……邓师大败,鄾人宵溃。"童书业就此而论,认为:"《史记》谓熊绎居丹阳,据宋翔凤考证,在今河南西南部丹、淅二水间。……巴欲与邓为好而求介于楚,则是时之楚当在巴、邓二国之间。邓在今河南邓县,春秋时巴国据吾人考证,当在汉水上游,此时楚国尚小,则楚都似尚未离丹阳,或离丹阳不远,故能为邓、巴二国之介绍。"[22]石泉、徐德宽进一步考证,邓国都城在今湖北襄樊市西北的邓城遗址,而非河南邓县。鄾邑位于邓国南部边界处,在今襄樊市西,邓城遗址以南的汉水北岸。巴国在今陕西东南境、大巴山以北,而非在今四川、重庆一带。因而"位于巴、邓之间的楚国,及其都城丹阳又只能在今淅川县境的丹水之阳,才说得通”。[23]

七、西周至春秋时期楚与濮为近邻。濮又称“百濮”，位于今湖北枣阳县境内的滚河流域。《国语·郑语》云：“夫荆子熊严生子四人：伯霜、仲雪、叔熊、季纠。叔熊逃难于濮而蛮。”又说：“及平王之末，而秦、晋、齐、楚代兴……楚蚡冒于是乎始启濮。”楚叔熊逃濮，在西周晚期宣王之时，蚡冒启濮，在东周初年。可见彼时楚丹阳距濮必不甚远。《史记·楚世家》载楚武王三十七年伐随，迫随屈服之后，“始开濮地而有之”。反证出濮亦近随。综上所述，“可知濮当位于随、楚之间，近楚丹阳，则楚都丹阳只能位于南阳盆地以西的今淅川县境，才说得通”。[24]

八、楚为西周南土。《左传·昭公九年》记东周贵族詹桓伯论西周的四境所至时云：“巴、濮、楚、邓，吾南土也。”据考证，巴在陕西东南，邓在湖北襄樊北与河南邓州南，濮在湖北枣阳境，均位于汉水中游地带。“楚与三国并列，地望亦应相近，何得独自远处长江边之秭归或枝江？这也可作为楚都丹阳当在淅川县境的又一条旁证。”[25]

九、丹淅附近古有荆山。《左传·昭公十二年》载右尹子革对楚灵王问时说：“昔我先王熊绎辟在荆山，荜路蓝缕以处草莽，跋涉山林以事天子，唯是桃弧棘矢以共御王事。”这一段著名的对话，还见于《史记·楚世家》：“昔我先王熊绎辟在荆山，荜路蓝缕以处草莽，跋涉山林以事天子，唯是桃弧棘矢以共御王事。”太史公司马迁将这段话误记为析父之词，唐司马贞《索隐》已辨其非。据此，学者公认：“尽管楚的起源存在不同说法，但荆山是楚的发祥起家之地还是明确的。”[26]一般认为此荆山在今湖北南漳西北八九十里处，系古漳水源头所在的荆山，亦即“荆州”北界《禹贡》南条荆山。此荆山与淅川很难联系起来。“确定了古荆山位置在今南漳西北，虽与丹淅距离比南系诸说要近便得多，但即使以直线距计，也仍有114千米左右，而且中隔汉水，仍不能算是彼此邻近(特别是按古代的交通条件来衡量)。楚国在当时的境土并不大，还只是‘土不过同’‘封或百里，或五十里’的局面。如果建都于丹淅之丹阳而南逾汉水及两岸的山区丘陵去开辟荆山一带的山林，那就同早期楚国的立国形势不大相合了。”[27]但《山海经·中山经》载：“荆山之首曰翼望之山，湍水出焉。东流，注于淯。……凡荆山之首，自翼望之山至于几山，凡四十八山，三千七百三十二里。”《水经·湍水注》所记较《山海经》更详：“湍水出弘农界翼望山。……东南流，迳南郦县故城东。……湍水又迳穰县，为六门陂……汉末毁废，遂不修理。……湍水又迳穰县故城北，又东南迳魏武故城之西南……至（新野）县西北，东为邓氏陂。……东入于淯。"《山海经》与《水经注》中的湍水，即今之湍河。淯水即今之白河。穰县即今之邓州市。《元和郡县图志》载翼望山在当时临湍县西北20里，而临湍县则位于邓州城西北85里。则翼望山东南至邓州城105里。清乾隆《大清一统志》载邓州张村北十里的南古城即唐天宝以后的临湍县城，在今河南邓州市西北76里处的湍河西岸。翼望山在唐临湍县西北20里，应位于今邓州市西北90余里、与内乡县交界的山区。在邓州与内乡交界地带的有覆釜山、永青山、缴峰山、白崖山、灵山等。"作为荆山之首，又位于唐代临湍县西北20里、湍水上源之一所出的翼望山，当不出这一带。既称'荆山之首'，上述的附近诸山中必有一较近丹淅之主峰称为荆山。尽管目前还不能具体确定是今天的哪座山，但必在今邓县与内乡县间、湍河以西不长的交界地带。这应是比南漳西北的古荆山还要古一些的荆山。它同丹淅的楚都丹阳之得名，应是同步、配套的。丹淅附近既有荆山，西周末至春秋初的楚都丹阳在丹淅地区的论据也就得到了进一步的加强。"[28]

十、熊渠征伐及其三子封地均距楚都丹阳较近。《史记·楚世家》载周夷王时，"熊渠甚得江汉间民和，乃兴兵伐庸、扬粤，至于鄂。……乃立其长子康为勾亶王，中子红为鄂王，少子执疵为越章王，皆在江上楚蛮之地"。熊渠所伐之"庸"，《集解》引杜预曰："庸，今上庸县。"《正义》引《括地志》云："房州竹山县，本汉上庸县，古之庸国。昔周武王伐纣，庸蛮在焉。"清人江永《春秋地理考实》云："庸国，今郧阳府竹山县及竹溪县也。"说庸在今湖北竹山县一带，史无异辞，其地离长江甚远。

扬粤即"杨越"。《史记索隐》云："有本作'杨雩'，音吁，地名也。今音越。谯周亦作'杨越'。"罗香林《中夏系统中之百越》认为熊渠所伐之杨越，仍在汉水流域："楚人略地，本循汉水顺流而南，故先庸，后杨越，后至鄂。杨越界庸鄂之间，则其最早地望当在汉水流域中部。"王光镐进一步考证，江汉之地，自古有杨水，为汉水中游支流。"所谓'杨越'，或者正是以杨水流域为中心分布范围的越人。"[29]

鄂，有东鄂与西鄂。《史记正义》引刘伯庄云："地名，在楚之西，后徙楚，今东鄂州是也。"又引《括地志》云："邓州向城县南二十里西鄂故城是楚西鄂城。"

东鄂后起，在今湖北鄂城。西鄂地名甚古，《括地志》认为在今河南南召。《水经注》及《读史方舆纪要》认为在今河南南阳市北。两说皆未出南阳地区范围。熊渠所伐之鄂为西鄂。

史称熊渠三子所封“皆在江上楚蛮之地”。古文献中的“江”并非长江专称，汉水及荆楚地区某些河流古亦称“江”。“江汉”连称，实际上专指汉水的例子也很多。[30]因而“熊渠甚得江汉民间和”中的“江汉”，及这里所提到的“江”，大约均指汉水而言。熊渠三子所封的鄂，已如前所述为西鄂。越章即豫章。越、豫一声之转。其地即《水经·淯水注》所载的“豫章大陂”，在白河东岸近汉水一带的湖北襄阳县境。勾亶，据《史记·楚世家》裴骃《集解》引晋人张莹曰：“今江陵也。”石泉认为晋江陵城当在今湖北宜城县南境，亦即楚皇城遗址。[31]这样的话不仅熊渠所伐之地距淅川甚近，而且“熊渠三子的封地就正好分布在今淅川县境的楚丹阳东面，从南阳盆地到襄宜平原的外围线上，……这就更可加强西周后期楚都丹阳在今淅川县境的论据”。[32]

十一、从春秋楚郢都之所在推逆楚丹阳的地望。《史记·楚世家》：“武王卒……子文王熊赀立，始都郢。”《世本》则曰：“武王都郢。”《说文》：“郢，故楚都。”郢或称郢中、南郢、纪郢等。根据文献记载和考古资料，一般认为湖北江陵纪南城就是楚之郢都，从楚文王元年至顷襄王二十一年，一直都此未变。但纪南城考古发掘资料表明，其城垣建筑年代，不可能早于春秋末战国初。前此郢都故城究竟在哪里？新说迭起，其中最有影响的是主张在湖北宜城楚皇城。[33]“楚国郢都先后有好几个。这第一个郢都应在今湖北宜城县境，当古睢水即今蛮河之阳。其地控汉水中游，北望南阳盆地，东临随枣走廊，南瞰江汉平原，西扼荆睢山区，是江淮之间的枢纽。楚国以郢为统治中心，无论窥伺中原诸夏，抚绥汉阳诸姬，以及制驭巴、濮、蛮、越，都便于应策。”[34]大约在楚昭王十三年至二十四年（前503—前492年）之间，始迁于江陵县境，也仍称郢。[35]据此，石泉等人对丹阳地望做了如下论述：“流行说法认为楚郢都不成问题，地是在长江边今江陵城北的纪南城遗址，因而很自然地倾向于枝江说或秭归说，或秭归—枝江说，因为从地理角度看，秭归、枝江都在长江边，位于江陵的上游，长江是连接三地的交通动脉。……楚丹阳城如在今秭归、枝江，则沿长江逐步下徙，就成为理所当然，合乎规律的行动。”但若以最早在之郢不在江陵而是宜城楚皇城论之，则认为“由今丹江下游淅川县境的楚丹阳顺流入汉水，迁都到楚皇城遗址，这在交通上是近便的”。[36]

十二、楚以丹阳为都，应有相应的古代城址作依据。也就是说，楚丹阳究竟在何处？关键还在于从考古学上找到丹阳古城址。当涂境内没有发现和丹阳地位相称的古城址。“秭归说”提出长江南岸的“楚王城”。俞伟超对之做了调查，发现与《水经注》记载的位置不合。“古城城垣是分三次筑成的，上层是明代的，中、下层时代不明。下层夯土内有相当于龙山文化阶段的遗物。地面上的陶片，有很多明代的‘龙泉窑’瓷片，还有汉代瓦片甚多，没有见到西周遗物和唐宋遗物。如果中层是汉代的，则此城始建于战国以前。……熊绎所居丹阳，不大可能是在这里，楚人在这里修筑东周城则是可能的。”[37]高应勤、程耀庭也认为：“根据此处城址的城墙夯土结构和城内遗物判断，似是一处汉代古城址，时代同楚丹阳不合。”[38]“枝江说”提出湖北当阳季家湖古城可能是楚丹阳，季家湖城址所在地当阳草埠湖农场新华村原属枝江县。杨权喜认为：“根据南城垣和城壕的地层关系和其包含物情况，大体可以确定其时代为东周或东周以前。……它有可能是楚平王‘城郢’以前的郢都。”[39]从其时代和其他情况考察，也非楚都丹阳。

1979年春，发现淅川丹江水库今下寺码头东约10千米接近东岸的库区内，有一座古代城址，当地人称之为“龙城”。城址大部淹没在水中，略呈方形，南北长900米，东西长800米，东、西、北三面城墙露出水面1—3米，南墙在水下30厘米。墙残宽8米，夯土筑成，夯层厚7—10厘米。夯土内发现有春秋时期的陶罐、陶盘残片，并在城角的塌土中发现有汉砖等。“从现在的发现来看，它应是春秋至汉代的一座古城。惜其水下、城下之层不能发掘。其下能否有更早的东西，譬如西周或西周以前的东西呢？那也很难说。不过这个城址的位置，正坐落在李官桥盆地之中，且在原丹江之东，它倒是很有古丹阳城之可能。”[40]美国学者蒲百瑞也认为“淅川说”最有希望的龙城遗址的发拙，只有采用水下考古技术之后才能实现，同其他城址相比，“龙城遗址的考察应属于优先地位”。[41]

我们赞同龙城遗址可能为楚都丹阳，其理由如次：淅川龙城位于著名的李官桥盆地中部的丹江东岸，正值丹淅入汉处，四周群山耸峙，丘陵起伏。龙城西距下寺约10千米，下寺和江口间有均口作天然屏障。“均口的形势险峻，岸陡水急，具有战略意义，退据均口，防守下寺，固若金汤；顺流而下，南出均口，足以断汉水的东西交通；再顺汉水而下，犹如高屋建瓴，足以威协江汉地区。”[42]龙城地势如此险要，非楚都丹阳莫属。此其一。

中国古代建都立国，往往选择在大山之下，广川之上，经济、文化较为发达的地区。楚君熊绎虽“辟在荆山”，也概莫能外。迄今为止，淅川境内丹江沿岸，发现许多远古文化遗址，经对其中七处新石器时代遗址进行发掘，其中黄楝树、下王岗、马岭三处遗址，存在龙山、屈家岭和仰韶文化之间的叠压关系。这说明丹淅地区早在史前时代和文明之初，就是人类频繁活动的地方，为商周之际楚人在此建都创造了历史条件。至迟在春秋战国之际，这里城邑已经星罗棋布，除龙城外，仅考古发现的就有紫荆关的定阳城、寺湾的古城、盛湾的兴化城、黄庄的马蹬城和香花的罗城。从各方面条件分析，龙城的规格似又高于临近诸城，绝非一般城邑可比。此其二。

龙城附近，丹江水库区东西两岸的九女冢、姚沟、凤凰山、张湾、下寺等七八处墓地，分布着数百座东周楚墓，通过勘察，大型墓室长 40.4 米，宽 39.6 米，小墓长宽各 10 米左右。此外，龙城南面不远处有一大冢，高 10 余米，当地群众称之为“太子山”，是否与楚王陵有关，十分耐人寻味。上述诸墓地的发现，使得龙城为楚都丹阳又添一证。此其三。

综上所述，淅川龙城同秭归楚王城、枝江季家湖古城相比，考古发现的资料较多，基本符合楚都丹阳的地望，但是龙城遗址现已淹没在丹江水库中，始建年代不详，已经出土的文物最早不过春秋中期，与楚都丹阳的时限（西周至春秋早期）还联不上，未曾发现宫室和宗庙建筑遗存。凡此等等，只有考古方面取得突破性进展，发现确凿的证据，上述疑团方可冰释。不过从考古资料来看，西周城址发现甚少，岐邑、丰镐、洛邑等著名都市，迄今尚未找到城址。因而楚人始居丹阳时是否筑有城垣，还属一个未解的史谜。假如当初虽居此地而并未设城，逮至春秋之际方才开始建筑城垣，对此情况也并不能排除。总之，在同当涂、秭归、枝江进行比较后，我们说楚都丹阳在淅川龙城一带，大约是比较恰当的。

十三、克黄、子庚等楚国贵族墓在淅川的发现，为丹阳地望提供了新的线索。1990 年 5 月，淅川龙城淹没区西岸、下寺北区和尚岭附近，发掘一座春秋楚墓，墓中出土铜器中，有一件带铭文铜鼎，其铭为“克黄之䵼”[43]。《左传·宣公四年》载：“秋七月戊戌，楚子与若敖氏战于皋浒。……遂灭若敖氏。若敖娶于䢵，生斗伯比。若敖卒，从其母畜于去䢵，淫于䢵子之女，生子文焉。”子文之孙克黄任楚之箴尹，属谏臣，位虽不尊，但近国君，亦属要职。公元前 605 年，若敖氏之乱发生后，楚庄王让他改名为“生”，据清人惠栋《春秋左传补注》云：“刘向改命更生，本此。”此鼎铭曰“克黄”，表明铸于若敖氏之乱以前，即早于前605年。大约若敖氏之乱后不久，克黄即死，尚未来得及以“更生”之名铸鼎，死后遂以原先所铸之鼎随葬。克黄为若敖氏之后，若敖是楚武王之祖，则克黄实属楚之公族。有人据此推测，克黄其祖令尹子文、其父令尹子般，以及若敖家族中的司马子良、令尹子越等，均有可能葬于龙城附近的龙山岗上。克黄葬此，属于“归葬”。丹阳是楚人的最早封地，为后世楚族向往的老家。“死后回老家是一种贵族待遇，同时又可表示对祖宗的思慕和祭奠。”[44]

1978—1979年间，淅川下寺2号春秋楚墓，出土的铜鼎上面铸有长篇铭文，器铭提及：“王子午择其吉金，自作鬻彝盨鼎，用享以孝于我皇祖文考……令尹子庚，殹民之所敬，万年无諆，子孙是制。”王子午即公子午，亦即子庚，是楚庄王之子，共王之弟，康王之叔，曾任楚司马、令尹等要职，败吴伐郑，屡建奇勋，其生平事迹多见于《春秋》经传。

子庚死于鲁襄公二十一年，即楚康王八年。因而公元前552年应为该墓的绝对年代。

有人根据盖铭“倗作盨鼾”，认为倗就是王子午死后出任令尹的薳子冯。王子午鼎为令尹子庚所作，后来归了倗即薳子冯，薳子冯任令尹三年后卒于任，故该墓为薳子冯之墓，其年代为楚康王十二年（前548年）。[45]

我们认为此墓应为子庚墓。或者令尹薳子冯之墓也埋在“龙山”土岭之上，有待进一步寻找。子庚为何葬于淅川下寺？有人也用“归葬”来解释：“子庚卒于楚康王时，当时楚都在郢。贵族显宦，咸集郢都，揆诸情理，贵族陵墓应选在郢郊。但在离郢千里之外的下寺发现子庚等贵族的墓地，很易使人推想下寺可能与丹阳有关……子庚卒后葬在下寺，表示对楚族祖先的思慕和对古都丹阳的依恋。”[46]

王子午鼎铭云：“用享以孝于我皇祖文考。”“皇祖文考”指的就是楚文王。史称文王伐申灭邓，功勋卓著。“文王迁郢之前居何处？《史记》及其他古籍没有记载。……从子庚孝文而不提孝其他先王推测，文王都丹阳也不无可能。”[47]不过楚克黄、子庚等贵族卒葬淅川，并不一定属于“归葬”之礼，或者是其封地，也有可能。但不管怎样，似可反映出这样的信息：楚都丹阳在淅川县境内。

上面我们从十三个方面进行剖析，论证楚都丹阳在淅川的可能性。“可能性的概念是科学方法的核心。一个人不能‘证明’假说的正确，只能说明比其他任何选择更近于正确。”[48]相比之下，“淅川说”较之当涂、秭归、枝江诸说，有更多的理由，楚丹阳有可能在此，即“更近于正确”。

“丹阳”作为一个古老的地名，屡见载于《史记》。

《楚世家》：“熊绎当周成王之时，举文、武勤劳之后嗣，而封熊绎于楚蛮，封以子男之田，姓芈氏，居丹阳。”

《楚世家》怀王十七年：“与秦战丹阳，秦大败我军，斩甲士八万，虏我大将军屈匄。”

《秦本纪》惠文王后十三年：“庶长章击楚于丹阳，虏其将屈匄，斩首八万。”

《韩世家》韩宣惠王二十一年：“与秦共攻楚，败楚将屈丐，斩首八万于丹阳。”

《屈原贾生列传》：“秦发兵击之，大破楚师于丹淅，斩首八万，虏楚将屈匄。”

司马迁在《史记·楚世家》这同一篇文章里两处提及丹阳，未加任何解释，并没有以为此两处丹阳在两个不同的地区，表明丹阳地望对司马迁来说并不存在疑问。再看《楚世家》与《秦本纪》《韩世家》中所提到的丹阳，本指一地，殆无疑义。对照《屈原贾生列传》的记载，可知“丹阳”即“丹淅”。《史记》中多次出现的丹阳，应指同一地方。楚都丹阳地望分歧如此之大，并非太史公之过，实乃后世注释家随意解释所致。“历史地考察问题，我们认为古之丹阳，只能是丹、淅之汇的丹阳。”[49]“此丹阳一非位处三峡之险的秭归丹阳，二非位处江汉之鄙的枝江丹阳，三非远在安徽的当涂丹阳，而只是丹水、淅水之汇的淅川丹阳。这一淅川丹阳位于河南省西南部，准确地讲，它仍在‘中原’的边陲，仍在江汉以北。”[50]广义而言，可以说楚都丹阳在中原。美国学者蒲百瑞在《探索丹阳》一文中提了这样一条著名的原则：“我们不能保证一个特定地名只用于一个地点。”按照中外历史上名随人迁的惯例，“丹阳”之名也会随着楚都的迁移而迁移。

文献记载和考古资料表明，楚人始都丹阳在河南淅川，建国于中原西南边陲，从此结束了先楚历史阶段。“筚路蓝缕，以启山林”，将楚文化推进到一个崭新的历史时期。

注 释

[1]谭戒甫:《楚的开国史》,1962年11月7日在湖南师范学院的讲演稿。

[2]王玉哲:《楚族故地及其迁移路线》,《周叔弢先生六十生日纪念论文集》。

[3]杨宽:《西周时代的楚国》,《江汉论坛》1981年第5期。

[4]刘彬徽:《试论楚丹阳在郢都的地望与年代》,《江汉考古》1980年第1期。

[5][26]黄盛璋、钮仲勋:《楚的起源和疆域发展》,《地理知识》1979年第1期。

[6][37]俞伟超:《关于楚文化发展的新探索》,《江汉考古》1980年第1期。

[7][38]高应勤、程耀庭:《谈丹阳》,《江汉考古》1980年第2期。

[8]罗尔纲:《楚建国考》,《天津益世报》,《史学》第十八期,1935年12月24日。

[9][21][23][24][25][32][36]石泉、徐德宽:《楚都丹阳地望新探》,《江汉论坛》1982年第3期。

[10]何光岳:《楚源流史》,湖南人民出版社,1988年,第186页。

[11][19][29][50]王光镐:《楚文化源流新证》,武汉大学出版社,1988年,第308页、第91页、第332页、第46—47页。

[12][17][41][美]蒲百瑞:《探索丹阳》,《江汉考古》1988年第3、4期。

[13]王雄:《楚国历史与文化国际学术讨论会纪要》,《江汉考古》1989年第2期。

[14][40][49]孙重恩、黄运甫:《楚始都丹阳考辨》,《郑州大学学报》1980年第4期。

[15]顾铁符:《楚三邑考》,《楚史研究专辑》,1982年。

[16][43][44][47]王建中:《楚初都丹阳兴衰考》,楚文化研究会第五届年会论文,1990年6月,长沙。

[18]顾铁符:《周原甲骨文"楚子来告"引证》,《考古与文物》1981年第1期。

[20]徐少华:《鄀国铜器及其历史地理研究》,《江汉考古》1987年第3期。

[22]童书业:《春秋左传研究》,上海人民出版社,1980年,第230页。

[27][28]石泉:《楚都丹阳及古荆山在丹淅附近补证》,《古代荆楚地理新探》,武汉大学出版社,1988年。

[30]石泉:《古文献中的"江"不是长江的专称》,《古代荆楚地理新探》,武汉大学出版社,1988年。

[31]石泉:《楚郢都、秦汉至齐梁江陵城故址新探》,《古代荆楚地理新探》,武汉大学出版社,1988年。

[33]石泉:《湖北宜城楚皇城遗址初考》,《古代荆楚地理新探》,武汉大学出版社,1988年。

[34][35]张正明:《楚文化史》,上海人民出版社,1987年,第35页、第137页。

[39]杨权喜:《当阳季家湖考古试掘的主要收获》,《江汉考古》1980年第2期。

[42][46]裴明相:《楚都丹阳地望试探》,《文物》1980年第10期。

[45]李零:《"楚叔之孙"究竟是谁——河南淅川二号墓之墓主和年代问题的讨论》,《中原文物》1981年第4期。

[48][美]埃尔文·洛斯:《史前的迁移·来自文化遗存的人类变动推论》,耶鲁大学,1986年。

(原载《中州学刊》1991年第1期)

略论楚郢都城市人口问题

湖北江陵纪南城，亦称郢、郢中、南郢、纪郢，是春秋战国时期南方第一大都会，被誉为“南国之壁”。据《史记·楚世家》记载，从公元前689年楚文王“始都郢”起，到公元前278年秦将白起“拔郢”止，楚国在此建都长达四百年之久。近年来，随着考古发掘工作的开展，人们对其规模和布局有了较为明确的认识，有关这方面的文章甚多，此不赘述。但学术界很少有人注意到郢都的城市人口，这是当前研究中国古代城市过程中所急需解决的一个问题。现据文献和考古资料，试探如下。谬误之处，诚望识者赐正。

东周时期郢都的高峰人口数

根据考古发掘资料，中国之城初现于龙山文化时期，至夏商时代，绝大多数城邑规模不大，人口有限，所谓“古者四海之内，分为万国，城虽大，无过三百丈者；人虽众，无过三千家者”。大约到了春秋战国之际，这种情况才开始有了明显的变化，出现不少“千丈之城，万家之邑”。据《战国策》载，当时楚国“带甲百万，车千乘，骑万匹”。[1]如按五人出兵一人计，应有五百万人，约占东周列国人口总数的六分之一。

楚郢都纪南城雄踞于长江中游云梦泽畔，西临鄂西山区，东接江汉平原，南濒长江，北通辽阔中原，控江带湖，形张势举，列国宅京，鲜出其右。桓谭《新论》云：“楚之郢都，车毂击，民肩摩，市路相排突，号为朝衣鲜而暮衣弊。”由此可以想见它的繁华程度。不过关于郢的总人口数，由于原始资料早已丧失，至今仍是一个未解的史谜。尽管《新论》中这段名言向为史家所征引，但它毕竟文学色彩太浓，不能作为科学的依据。

最近一个时期,有的学者曾对我国早期城邑人口问题进行探讨,并找到了一个比较合理的数据。林坛先生依周代一尺合 0.23 米计算,将古城城垣边长 300 丈,折合 690 米,那么城内面积 476100 平方米,城内居民三千户,则每户占地 158.7 平方米。这和《墨子·杂守》记载城市人口的合理密度为"率万家而城方三里",即折合每户占地 154.2 平方米,是非常接近的。从而林坛先生认为"在很长的历史时期内,各种类型的邑大体上保持着每户 150—160 平方米的指数。由此估算,属于商代二里岗文化时期的偃师尸乡沟古城,面积既有 1900000 平方米,居民户数可能达万户以上,人口可能超过 5 万。与之同时期的黄陂盘龙城,面积只有 70000 平方米,居民户数至多能有 500 户,人口只能有 2000 多人。假定两者都是国都,则两国的总人口必有很大的差数。[2] 这个指数也许适合我国早期的一些城邑,但对春秋战国的城市来说,似乎存在着另一个指数。

《战国策·齐策》载:"临淄之中七万户。"考古发现临淄齐故城西城(小城),南北长 2 千米余,东西近 1.55 千米,面积 3 平方千米;东城(大城)南北近 4.5 千米,东西 3.5 千米余,面积 15.75 平方千米。该城总面积 18.75 平方千米,以每户 150—160 平方米的指数计算,应当在 12 万户左右,显然与史不符。若以 7 万户计,则大体上保持着每户 268 平方米的指数。现在让我们再来看看楚郢都纪南城的规模,该城平面呈扁方形,东、南、西、北城垣的长度,分别为 3706 米、4502 米、3751 米、3547 米,总周长 15506 米,面积 16 平方千米,每户以 268 平方米计,应有 5.97 万户。若每户平均以 5 口人计算,则郢都纪南城内的人口应为 29.85 万,其高峰人口数大体在 30 万左右。如果说齐都临淄总人口达 35 万之多,是当时世界第一大城[3],那么楚郢都也很重要,堪与临淄相匹敌。

郢属居民的身份类别

城市是一个历史久远的社会形态,它是"以空间与环境利用为基础,以聚集经济效益为特点,以人类社会进步为目的的一个集约人口、集约经济、集约科学文化的空间地域系统,它是一个经济实体、政治社会实体、科学文化实体和自然实体的有机统一,是社会的政治、经济、文化中心"。[4] 这里所说的"集约"或"统一"正是一切城市的共性。楚郢都纪南城是一个集约人口的实体,城内居民的身份是各种各样的，大体上可以分为贵族、士兵、商贾、工匠、农民和奴隶。

一、贵族。城是大规模的永久性防御设施，它的出现，与保护统治者的财富直接攸关，因而它是王公贵族盘踞的巢穴。楚之郢都也不例外。纪南城内现存夯土建筑台基84座，东南部的松柏区61座，东北部的纪城区15座，西南部的新桥区6座，西北部的徐岗区2座。其中东南部的61座夯土台基分布比较集中，最大的长130米，宽160米。周围有很厚的瓦砾层。这组建筑群的北边和东边，各探出一道夯土墙遗迹，墙之东侧，有凤凰山西坡古河道自南而北穿过，可能是宫殿区围墙的护城河。[5]李白《江山咏》云："楚王台榭空山丘。"楚之宫室以台榭为其特色。楚辞《招魂》所赋楚宫"高堂邃宇，槛层轩些。层台累榭，临高山些。网户朱缀，刻方连些。冬有突厦，夏室寒些。……砥石翠翅，挂曲琼些"是楚宫的真实写照，为复原夯土台基上的巍峨建筑提供了珍贵的文献资料。这些高台建筑及其他重要建筑遗存，无疑应为王公贵族所占有。此外，郢都建筑特征之一，为"生前营陵"。"历代规划都城，常把陵墓区作为重要组成部分。……纪南城北面的纪山，西面的八岭山，陵墓罗布，气象恢宏，显然经过着意规划。文献上说楚灵王'阙为石椁，陂汉以象帝舜'，这是帝王生前营陵的最早记载。"[6]纪南城周围仍保存有封土的楚墓近800座，未见封土的楚墓约2000座，分别属于29个墓区。这一带究竟会发现多少楚墓，目前还难以预测，估计会有数万座之多。许多有封土的大墓，直径百余米，高达十余米，颇具王陵规模，其陪冢墓主的身份，比封君还要高得多。[7]从纪南城宫殿基址和大型陵寝来看，王公贵族确是这座举世闻名城市的统治者。

二、士兵。《左传·成公十三年》："国之大事，在祀与戎。"楚在郢都屯有重兵，城门宫室附近，均有士卒防守。江陵雨台山、张家山、拍马山、太晖观、万城、望山等地楚墓，均出土有兵器。在张家山发掘的75座墓中，有23座墓出土青铜兵器61件；雨台山发掘的558座墓中，有216座墓出土青铜兵器518件；太晖观发掘的10座墓中，有6座墓出土青铜兵器86件。兵器种类以剑为多，还有匕首、戈、矛、镞、戟，以及弓、盾。兵器附件有剑盒、箭菔、戈镈、矛镦木柄等。有的兵器上带有铭文，如"楚王孙渔之戈""鄂君用宝戈"、"周阳之戈""隸作室戈"[8]等。随葬兵器的墓主身份，或为将领，或为士兵。

三、商贾。楚在东周列国中版图最大，南接衡湘，北绕颍泗，西包巴蜀，东裹郯邳，方城带其内，长江梗其中，汉、淮、沅、湘之属，迄其上下。纪南城是其经济中心,《史记·货殖列传》说:"江陵故郢都,西通巫巴,东有云梦之饶。"《宋书·列传十四》称:"荆城跨南楚之富……鱼盐杞梓之利,充仞八方,丝棉布帛之饶,覆衣天下。"郢都之内,店肆林立,商贾云集,商业区可能设在城内东部。"至于商业区——市,我们初步推测或有可能在城东周家湾一带地段内。因这里濒龙桥河可取得水运之便,又接近手工业区和城的东南二门,同时也是东周文化堆积较厚人口最为密集的地方,且其规划位置仍属宫北范围。"[9]史乘所载,郢有蒲胥之市,《左传·宣公十四年》,宋杀申舟,"楚子(庄王)闻之,投袂而起。屦及于窒皇,剑及于寝门之外,车及于蒲胥之市"。蒲胥之市就是出售蒲席的市场。有鱼市和鱼肆,《说苑·贵德》:"孔子之楚,有鱼者献鱼甚强,孔子不受。献鱼者曰:天暑远市,卖之不售,思欲弃之,不如献之君子。"证明国有鱼市。《庄子·外物》:"索我于枯鱼之肆。"指的是咸鱼零售店。有屠羊之肆,《庄子·让王》说,吴师入郢,楚昭王失国,屠羊说走而从于昭王。昭王反国,将赏从者,及屠羊说。说不受,云:"愿复反吾屠羊之肆。"指的是羊肉铺子。《汉书·食货志》载:"商贾大者积贮倍息。小者坐列贩卖,操其奇赢,日游于市。"郢之商人中有贩鹿者,《管子·轻重》:"管子告楚之贾人曰:子为我致生鹿二十,赐予金百斤,什至而金千斤也";有贩茅者,《韩非子·内储说下》:"昭奚恤令吏执贩茅者而问之";有贩陶器者,在临淄齐故城出土的陶器上,有"楚贾购口里豆"字样。[10]此外,楚辞《招魂》《大招》《国殇》中,提及秦篝、齐缕、郑绵、赵箫、吴戈、秦弓、郑卫妖玩、晋制犀比等,均是商人从列国贩进的精致物品。郢之商贾在发展楚国经济上是做出过巨大贡献的。

四、工匠。春秋战国的城内,大都设有作坊区,这是专门从事手工业生产的工匠们所聚居和生产的场所。郢都纪南城内西南部陈家台附近,是一处铸造作坊遗址,发现两座铸锡器的残炉,及锡渣、铜渣、鼓风管、木炭灰和红烧土块等。城内中部周家湾至板桥的龙桥河两岸,是一处制造陶器的作坊遗址。[11]此外,虽然没有找到漆器和丝织等手工业作坊遗址,但是郢中应有这类作坊。江陵雨台山的558座楚墓中有224座墓出土有漆器,共20多个品种,近千件器物。拍马山27座楚墓中有16座墓出土漆器近60件。望山一号墓中出土漆器100余件。比较著名的有彩绘卧鹿、木雕小座屏和虎座鸟架鼓等。[12]此外,楚器吏丞向漆奁铭文曰:"二十九年,大司空造,吏丞向,右工师为,工大人台。"[13]标明制作时间、监制者、工师及漆工之名,显系楚怀王时郢中官府手工业作坊制品。楚国丝织业十分发达,1982 年,江陵马山楚墓出土大批精美绝伦的丝织品,该墓被誉为“丝绸宝库”。在出土物中,“最引人注目的,有大幅面龙纹绣绢、神兽纹织锦、龙虎纹绣罗、蝉翼轻纱、花鸟细涤、锦面麻鞋、帛画、绣衣木俑和轻盈华丽的各种衣着,上面神奇对称的纹饰,犹如天空的彩霞,地上的鲜花,神话中的仙人瑞兽,尽收天上人间的旖旎景色”。[14]我们有理由认为,这些丝织品可能就近在郢都制造的。正是郢中的各种手工业者,给纪南城增添了异彩。

五、农民。春秋战国之际,“不仅城市居民大都是农民,而且城郭之内,也因人口稀少,土地空旷,还有不少农田,甚至在天子王都和诸侯首邑之内,也往往是黍离麦秀,呈现出一片田园景象。”[15]郢都居民中自然少不了农民。纪南城内外,出土不少农具,如松柏区 30 号建筑遗址出土铁臿 1 件,余家湾 2 号陶圈井出土铁锄 1 件,雨台山楚墓出土有铁锄、铜镰等铁器。此外,陈家台遗址发现 5 处被火烧过的稻米遗迹,稻粒炭化成黑色,碳测年代数据为 2410±100 年,即公元前 460 年±100 年。[16]《管子·大匡》云:“凡仕者近宫,不仕与耕者近门,工贾近市。”纪南城内外近城门处发现的一些居民聚落遗址,有可能是郢都农业生产者的住所。

六、奴隶。郢都居民中,地位最低的是奴隶。纪南城南水门木构建筑北端,发现一奠基坑,坑内有人骨架 1 具,旁边尚有麻鞋 3 双,木篦、木梳各 1 只。另外,纪南城西北角外,发现一条几百米长的沟,沟内有棺数具。这些死者都是奴隶。[17]

纪郢人口的民族结构

在先秦诸国中,以楚国境内的民族最为复杂,除华夏族外,粗略而论,尚有南蛮、东夷、戎蛮和越族。[18]详细区分,则属更多不同的人们共同体,其中包括蛮族的罗、庸、鱼、邓,夷属的弦、江、黄、六、英氏、徐、蓼(偃姓)、莒、小邾、蓼(已姓)、宗、巢、桐、舒蓼、舒鸠、舒庸、胡、夔,戎属的卢戎、蛮氏和允姓的鄀,越属的于越、吴、百越,巴属的巴,濮属的麇,华夏的申、息、陈、蔡、随、顿、沈、应、蒋、杞、鲁、唐,还有不明族姓的权、绞州、赖、房、道、柏、钟、鄢、贰、轸、厉以及虎夷、訾人等。[19]不过,对于共同体的区分似不宜太细。上述部分族属的人们,曾在郢中居住。换言之,纪南城内的常住人口中,除华夏族属外,尚有其他各族居民。由于资料缺乏,我们只有窥其大略。

一、华夏族。纪南城内居民中的民族构成,应以华夏族为主。楚国统治阶级中的王族,原为祝融八姓之一,本是来自中原地区的华夏人。屈原《离骚》云:“帝高阳之苗裔兮,朕皇考曰伯庸。”刘向《九叹》亦曰:“伊伯庸之末胄兮,谅皇直之屈原。云余肇祖于高阳兮,惟楚怀之婵连。”一般认为高阳系颛顼之号,颛顼部落最早活动在今河南临汝、嵩山、杞县、濮阳、内黄等地。颛顼后裔祝融部落的居地,也在今河南境内。祝融部落中的芈姓氏族,后来迁徙至江汉流域,成为楚国的统治者。[20]他们是郢中的权贵。即使在一般平民百姓中,也不乏华夏之属,郢地多以夏命名,如夏路、夏首等,或者与此有关。

二、蛮族。蛮是古代南方三苗中的一族,故又称苗蛮。蛮与濮“这两个族在南蛮里人数最多,所占的地方亦最广,并且他们的历史也延续得最长,是南蛮中两个最重要的民族。但对于濮和蛮这两个民族的基本情况,不说关于衣食住行、风俗习惯一无所知,就是他们的分布地区,历史传说亦支离破碎,很不完备。所以如果要问他们两族之间究竟有哪些区别,几乎到了无可奉告的地步”。[21]但大体而言,郢都所在的江汉流域,正是群蛮聚居之地,因而城内居民中间,蛮族可能会占一定比例,即使在统治阶级中,也不乏蛮人,楚文王熊赀之母邓曼,就是其中的一个。《左传·庄公六年》载:“楚文王伐申,过邓。邓祁侯曰:‘吾甥也。’止而享之。”杜注:“姊妹之子为甥。”可见楚文王本是邓祁侯的外甥。邓国统治者曼姓,本是蛮族,由于受到华夏文化影响,比同族蛮人先进。故而有人曾说“春秋时的邓国,曼姓。据《后汉书·地理志》蛮中作㥄中,则曼与蛮通。邓国也许是苗蛮留下的华夏文明之邦吧!”[22]邓曼是以贵妇人的身份住在郢中的蛮族女性。另《左传·襄公三年》载:“楚子重伐,为简之师,克鸠兹,至于衡山。使邓廖帅祖甲三百,被练三千以侵吴。吴人要而击之,获邓廖。……邓廖,亦楚之良也。”廖为邓国人后裔,亦属蛮族。《释名·释首饰》云:“穿耳施珠曰珰,此本出于蛮夷所为也。蛮夷妇女轻浮好走,故以此珰锤之也。”穿耳施珠之俗出自蛮族。江陵楚墓出土之木俑,有穿耳者,应为当年郢中蛮族妇女的形象。

三、越族。《文献通考·舆地考·南越》:“自岭以南,当唐、虞、三代蛮夷之国,是百越之地。”注:“自交趾至会稽七八千里,百越杂处,各有种姓。”东周时期的越族,主要包括吴国人和越国人。(一)楚人喜用吴器,江陵马山砖瓦厂5号楚墓出土一件吴王夫差的青铜矛状兵器，全长29.5厘米，矛身中空，近筩处有错金铭文八字："吴王夫差自作用鈼。"[23]楚辞《国殇》云："操吴戈兮披犀甲。"《涉江》说："乘舲船余上沅兮，齐吴榜以击汰。"《招魂》："宫庭震惊，发激楚些，吴歈蔡讴，奏大吕些。"从楚人持吴矛、操吴戈、摇吴榜、奏吴乐的情况来看，纪南城的居民中，似有属于越族的吴人。（二）楚贵族中可见越人。《左传·哀公六年》载：楚昭王卒于城父，子闾与子西、子期密谋；潜师闭涂，迎立越女之子章为惠王。古《列女传·节义传》云："楚昭越姬者，越王勾践之女，楚昭之姬也。"楚越通婚，越女居郢。江陵楚墓出土越剑3把：一是藤店一号墓出土的越王州勾剑，剑长56.2厘米。剑身近格处有铭文八字："越王州勾自作用剑"。二是望山一号墓出土的越王勾践剑，剑身近格处有铭文八字："越王鸠浅（勾践）自作用剑"。三是张家山一座小墓中出土的越王盲姑剑。[24]越剑出自纪郢，论者以为是楚灭越的战利品，或谓陪嫁越女的媵器。我们不妨做另一种推测，即流寓在郢中越人所佩之兵器。（三）《左传·定公五年》载：吴师入郢，掠叶公沈诸梁之母至吴。"叶公诸梁之弟后臧从其母于吴，不待而归。叶公终不正视。"有谓沈氏先民为古越族的一支——杨越，此乃郢中有越人的又一例证。此外，江陵天星观一号墓墓主是邸阳君番乘，番乘为沈氏家族成员。墓内出土5件彩绘木雕座屏、2件青铜矛和32把青铜剑，从该墓的形制和随葬器物来看，楚风中夹杂着越俗，死者之族非越莫属。[25]（四）楚辞《大招》多写少数民族的异奇俗饰。"靥辅奇（畸）牙，宜笑嗎只。"写拨牙之俗。"曾（层）颊奇耳，曲眉规只"传割面离耳之风。越族有断发、文身和凿齿的特点，这里描写的可能是郢中的越人，或与古代越族有血统关系的少数民族。

四、巴族。巴系南蛮族属，古代巴人主要集中在长江中游、两湖盆地一带，即今湖北恩施、巴东、秭归、松滋、黄岗、蕲春及湖南岳阳、临湘等地。[26]分布的范围甚广，郢都正值其中，因而城内巴族之人一定为数甚多。从考古发现来看，20世纪70年代以来，在宜都的莲花堰、古老背、红花套、白水港等地，找到许多相当于商代前后的早期巴人遗址。东周时期的巴人遗物时有发现，如秭归、宜昌和枝江等地，出土过一些柳叶形的巴式剑，当阳孙家脘出土过三角形的巴式戈，荆门出土了一件巴人柳叶形剑和"大武弄兵"铜戚等。[27]上述出土巴族遗物的地点距离郢都不算太远，郢之少数民族中以巴人最多，他们能歌善舞，集中居住在名叫"下里"的地方。《文选·宋玉对楚王问》载："楚襄王问于宋玉曰：先生有遗行与？何士民众庶不誉之甚也。宋玉对曰：唯，然有之，愿大王宽其罪，使得毕其辞。客有歌于郢中者，其始曰‘下里巴人’，国中属而和者数千人；其为‘阳阿薤露’，国中属而和者数百人；其为‘阳春白雪’，国中属而和者不过数十人；引商刻角，杂以流征，国中属而和者不过数人而已。是其曲弥高，其和弥寡。”《艺文类聚》卷四十三引《襄阳耆旧传》有类似的记述：“宋玉识音而善文，襄王好乐而爱赋，既美其才，而憎其似屈原也。乃谓之曰：子盍从楚之俗，使楚人贵子之德乎？对曰：昔楚确善歌者，王其闻与？始而曰‘下里巴人’，国中唱而和之者数万人；中而曰‘阳阿采菱’，国中唱而和之者数百人；既而曰‘阳菱白露’‘朝日鱼丽’，含商吐角，绝节赴曲，国中唱而和之者不过数人。盖其曲弥高，其和弥寡。”这是最早有关巴歌和唱的记载。这种合唱形式一人带头，众人随身相应，山陵为之震动，川谷为之荡波，声调非常雄壮。“今天川江行船合唱的‘号子’，农村薅秧对唱的‘山歌’，以至搬上舞台伴唱的‘帮腔’，都取法了这一形式，洋洋有大国风度，且为大众之所欢迎。”[28] 当善歌者开始唱“下里巴人”时，国中属而和者数千乃致数万人，这些和者大都是居住在下里的巴人，由此可知郢都居民中巴人之多。

综上所述，楚郢是先秦时期著名的都会，城内面积16平方千米，其高峰人口达30万之多，堪称世界上第一流大城市。从郢中居民身份来说，有贵族、士兵、商贾、工匠、农民和奴隶。就其民族结构而论，居住着华夏、蛮、越、巴和其他少数民族，是古代各族聚居的都市。仅从郢的城市人口来看，它在古代东方乃至整个世界上都是极其罕见的。

注　释

[1]《战国策·楚策一》。

[2]林沄：《关于中国早期国家形式的几个问题》，《吉林大学社会科学学报》1986年第6期。

[3]胡焕庸、张善余：《中国人口地理》（上册），华东师范大学出版社，1984年，第17页。

[4]李铁映：《城市问题》，《中国城市科学研究》（第一辑），贵州人民出版社，1986年。

[5]湖北省博物馆：《楚都纪南城的勘查与发掘》（上），《考古学报》1982年第3

期。

[6]张良皋:《秦都与楚都》,《新建筑》1985年第3期。

[7][8][12]郭德维:《江陵楚墓论述》,《考古学报》1982年第2期。

[9]贺业钜:《中国古代城市规划史论丛》,中国建筑工业出版社,1986年,第120页。

[10]吕振羽:《殷周时代的中国社会》,生活·读书·新知三联书店,1962年,第219页。

[11][16]湖北省博物馆:《楚都纪南城的勘查与发掘》(下),《考古学报》1982年第4期。

[13]李学勤:《战国题铭概述》(下),《文物》1959年第6期。

[14]《神奇的发现——江陵县马山战国"丝绸宝库"出土记》,《湖北日报》1982年3月5日。

[15]傅筑失:《中国经济史论丛》(上),生活·读书·新知三联书店,1980年,第346页。

[17]郭德维:《皁、舆、隶等浅议》,《江汉论坛》1985年第8期。

[18][21][26]顾铁符:《楚国民族述略》,湖北人民出版社,1984年。

[19]张胜琳:《楚国民族政策初论》,湖北省楚史研究会1984年年会论文。

[20]马世之:《关于楚族的族源及其发祥地》,《江汉论坛》1983年第11期。

[22]田昌五:《中国古代社会断代新论》,人民出版社,1982年,第47页。

[23][24]陈振裕:《精美的吴越青铜剑和矛——兼析楚与吴越的关系》,《楚文化研究论集》(第一集),荆楚书社,1987年。

[25]刘玉堂:《沈氏族属初探》,《江汉论坛》1987年第4期。

[27]俞伟超:《关于楚文化发展的新探索》,《江汉考古》1980年第1期。

[28]邓少琴:《巴蜀史迹探索》,四川人民出版社,1983年,第47页。

(原载《江汉考古》1988年第1期)

关于楚之别都

楚国原是江汉流域一个“筚路蓝缕，辟在荆山”的小邦，到了春秋时期才日益强大，逐渐发展成雄踞南方的泱泱大国。楚郢都纪南城位于长江中游云梦泽畔，东接富饶的江汉平原，西临险要的鄂西山地，南濒浩渺的长江，北有直达中原的通衢大道。桓谭《新论》形容这座古代南方最大的都市时，说它“车毂击，民肩摩，市路相排突，号为朝衣鲜而暮衣弊”。除此以外，还有一些在地位上稍逊于首都而高于一般城邑的别都，它们不是郢的门户，便是楚的军事重镇，在楚国发展经济、开拓疆土方面，起过重要作用，是其称霸诸侯、抗拒中夏的战略要地。

顾名思义，所谓别都是指首都以外的都城。我国古代学者服虔、韦昭等人，很早以前就注意到楚国的别都制度。《史记·楚世家》：“于是王乘舟将欲入鄢。”《集解》引服虔曰：“鄢，楚别都也。”《国语·楚语上》：“灵王城陈、蔡、不羹，使仆夫子哲问于范无宇，曰：‘吾不服诸夏而独事晋何，唯晋近我远也。今吾城三国，赋皆千乘，亦当晋矣。又加之以楚，诸侯其来乎？’……”韦昭注：“三国，楚别都也。”根据历史文献和有关学者的考证，春秋时期楚国别都之多，在东周列国中可以说是首屈一指的。

春秋时期的楚别都

鄂　《史记·楚世家·正义》引刘伯庄云：“地名，在楚之西，后徙楚，今东鄂州是也。”鄂字古亦作邘，其地在今河南沁阳县西北，本系商代鄂侯所居之地，西周初年成为封国，不知何时迁入荆楚，将鄂名也带到了楚地。王国维《观堂集林》卷十八《夜雨楚公钟跋》云：

夜雨楚公钟……作钟者为楚公爰。瑞安孙仲颂比部以为，即《史记·

楚世家》之熊咢，咢本从屰。二字形声皆相近。其说不可易矣。此器赵氏《金石录》谓出鄂州嘉鱼县，复斋款识引石公弼云："政和三年武昌太平湖所进。"武昌、嘉鱼南境相接，盖出二县间矣。案……熊渠卒，子熊挚红立，后六世至熊咢。今熊咢之器出于武昌者，武昌即鄂。盖熊渠之卒，熊挚红虽嗣父位，仍居所封之鄂，不居丹阳，越六世至熊咢犹居于此，故有其遗器，楚之中叶曾居武昌，于史无闻，惟赖是器所出地知之耳。

学者据此以为楚之中叶曾经建都于鄂。[1]鄂在西周是否作过楚都，这里暂且不论。顾栋高《春秋大事表·春秋列国疆域表》指出："熊渠封中子红为鄂王，(鄂)后为楚别都。今武昌府治之武昌县，即楚之鄂都也。"鄂之地望有三说：一曰鄂城县东汉鄂县说，二曰鄂城县西南二里鄂王城说，三曰鄂城县西南一百二十里马迹乡说。《武昌县志》《湖北通志》皆记武昌县西南一百二十里之马迹乡有鄂王城，"遗址关门石尚存，其为楚封无疑"。它与楚公逆钟出土地点大致接近，其说可信。

鄂故城俗称"鄂王城"，位于湖北大冶县城关西南约 58 千米的西畈乡胡彦贵村的岗陵上，以前属鄂城县马迹乡。城址高出附近地面 5—10 米，平面极不规则，大体上近似长方形。除南垣西段向外突出外，其余三面城垣较直，西北、东北、东南城垣拐角处均为高台。城址东西长约 500 米，南北宽约 400 米，城垣总周长 1533 米，面积约 112500 平方米。地面至今可见土筑城垣，夯层厚约 10 厘米，城垣两侧面的夯层内包含有较大数量的东周陶片。城垣现存缺口七处，疑为城门的两处：一为大东门，一为北门。城垣外面似有护城河围绕。城内南部有一处建筑遗存，残存面积 2000 平方米左右，此外还发现两处窑址。在城西 1—4 里的岗陵地带，有成群的封土堆，是墓葬区所在。出土有筒瓦、板瓦、瓦当、铜戈、铜镞等东周遗物。从城址的地望考察，当为文献所记鄂王城无疑。[2]春秋时代的鄂，位于长江以南的古代水陆交通要冲，溯汉水而上可进攻汉阳诸姬，沿长江而下能直捣吴越诸国。凭着长江天堑，进可以攻，退可以守，是郢之东部门户。

鄀　又作"鄀"。《路史·国名纪丙》："鄀，卭姓，今襄之宜城，楚之鄀都。"西周初年封国，原在今河南鄢陵县西北，因被郑武公所并，遗民南徙于今湖北宜城，后入于楚。吴卓信《汉书地理志补注》："鄀本古国，后入楚为别都。"《读史方舆纪要》："鄀城在宜城县西南九里，古鄀子国，楚为鄀县。……鄀，楚之别都。”《战国策·楚策》:“鄢、郢者,楚之柱国。”《史记·楚世家》:“秦为大鸟,负海内而处,东面而立,左臂据赵之西南,右臂搏楚鄢、郢。”顾栋高《春秋大事表·春秋列国疆域表》:“鄢不知何年灭于楚。今襄阳府宜城县西南有古鄢国,后入楚为鄢县。昭十三年,楚灵王沿夏将欲入鄢。杜注:顺汉水入鄢也。是时鄢已为楚别都,与郢相近,故通谓之鄢郢。”鄢、郢并称,史不绝书。

鄢故城俗称“楚皇城”,位于湖北宜城县东南7.5千米的郑集以西,城垣全为土筑,现存城墙高出地面2—4米不等,除东垣蜿蜒曲折不甚整齐外,整个城址平面略呈长方形。城垣周长6440米,东、南、西、北分别长2000米、1500米、1840米、1080米,城内面积2.2平方千米,城墙夯筑结实,夯层厚8—12厘米,墙体内外,均筑护坡,护坡同于墙体,仍为平夯。城垣四面各有缺口两处,群众称之为大小城门。城垣四角显著凸起,群众称之为“烽火台”或“观楼子”。现在登上烽火台,犹可瞭望全城。城址东北部有一高坡,俗称散金坡或晒金坡,出土过“郢爰”。城址内外,遗物极为丰富,出土的东周遗物有铜方壶、带流铜鼎、提链铜壶、错金嵌玉铜带钩、铜车车口、蚁鼻钱、铜镞等。这个城址的年代,上溯至春秋战国,下续到秦汉以后,与文献记载的鄢故城大体相符。[3]鄢故城东去汉水不远,北溯襄樊、南望荆州,地位极其险要,原是楚国北部的军事重镇。

析　原名白羽,因地近析水,故又名曰析。《左传·僖公二十五年》载,秦、晋联军伐鄀,“秦人过析隈”。杜预注:“析,楚邑,一名白羽,今内乡析县。”《括地志》:“邓州内乡县城本楚析邑,一名丑。汉置析县,因析水为名也。”春秋后期,楚曾一度迁许于此。

析故城位于西峡县城东北0.5千米的莲花寺岗之上。城的平面略呈长方形,东、南、西、北城垣分别长700米、500米、750米、400米,东、西两面紧临岗崖,南、北两端皆有深而宽的壕沟遗迹。西北隅残存北城墙一段,夯土层次分明,每层厚约8厘米,已发现东西南城门遗址。故城内外出土器物有铜剑、铜镞、陶罐、陶瓮等东周遗物。此城乃历史上的“白羽”即析邑。[4]

析之战略地位十分重要,是兵家必争之地。《史记·楚世家》载:顷襄王元年,秦出师武关攻楚,曾取析十五城而去。这十五城基本上分布在南阳盆地西部的丹淅流域一带,而以析为首邑。《左传·哀公四年》载,楚司马眅“起丰、析与狄戎,以临上雒”。表明楚曾在此征发兵役出征打仗。杨宽先生认为析是楚北边的别都之一。[5]

武城　在今河南南阳市北50千米处，其故城已湮没于鸭河口水库区内。《左传》一书多次提及武城。僖公六年载："秋，楚子围许以救郑。诸侯救许，乃还。冬，蔡穆侯将许僖公以见楚子于武城。"成公十六年云："楚子自武城使公子成以汝阴之田求成于郑。郑叛晋，子驷从楚子盟于武城。"襄公九年说："楚子师于武城以为秦援。"昭公四年曰："六月丙午，楚子合诸侯于申。……宋大子佐后至，王田于武城，久而弗见。椒举请辞焉。王使往曰：'属有宗祧之事于武城，寡君将堕币焉，敢谢后见。'……"楚国有事于中原，恒出兵于武城。易本烺《春秋楚地问答》据《左传》所载而论曰：

> 楚之武城，在河南南阳北，又在方城之内，乃楚君有事北方驻次之所也。观僖公六年蔡穆公以许僖公见楚子于武城，成公十六年郑叛晋，子驷以楚子盟于武城，襄九年楚子师于武城，以为秦援，与武王时郊郢相似。昭四年灵王会诸侯于申，田于武城，曰：属有祧之事，盖田猎为祭而备，是武城有先君之庙在也。

武城地近申、吕，有楚先君之庙，又是楚王有事中原驻次之所，为其经略北方的别都。[6]

陈　西周初年分封的妫姓诸侯国。楚庄王、楚灵王和楚惠王时，先后三度灭陈，对此《左传》有过明确的记述。宣公十一年载："冬，楚子为陈夏氏乱故，伐陈。谓陈人无动，将讨于少西氏。遂入陈，杀夏征舒，轘诸栗门，因县陈。"昭公八年云："九月，楚公子弃疾帅师奉孙吴围陈，宋戴恶会之。冬十一月（应作十月）壬午，灭陈。"哀公十七年曰："楚白公之乱，陈人恃其聚而侵楚。楚既宁，将取陈麦。……秋七月己卯，楚公孙朝帅师灭陈。"

陈故城在今河南淮阳县城关一带，县志载其城垣周长九里十三步，与实地勘查结果相符。此城可能建于春秋时代，并经过多次修复。如第一次修复后，附加宽度1.5—2米，高度增加1.5米，夯层厚0.1—0.15米。出土有板瓦、筒瓦、鬲、豆等陶器残片及蚁鼻钱等遗物。城南4千米的平粮台是墓葬区。[7]

从陈所处地望来看，位于淮北颍水中游，地当楚、夏之交，为楚出兵中夏的军事要冲，一度作过楚之别都。公元前278年，秦将白起攻破楚之郢都，楚顷襄王"东北保于陈城"，陈遂成为楚的首都，史称"郢陈"。

蔡　西周初年分封的姬姓诸侯国。顾栋高《春秋大事表・春秋时楚始终以蔡为门户论》云：

楚在春秋北向以争中夏，首灭吕、灭申、灭息，其未灭而服属于楚者曰蔡。……蔡自中叶以后，于楚无役不从，如虎之有伥，而中国欲攘楚，必先有事于蔡。盖蔡居淮汝之间，在楚之北，为楚屏。

公元前 531 年和公元前 447 年，蔡国先后两度被楚所灭。第一次灭亡三年之后，蔡平侯复国，迁都于吕亭，取名新蔡。蔡昭侯时将国都东迁到吴国境内的州来，取名下蔡。《左传·昭公十一年》："冬十一月，楚子灭蔡，用隐太子于冈山。"同年，楚灵王扩建上蔡城，史称"国有大城"。蔡都上蔡故城在河南上蔡县城关一带，坐落在芦岗的东坡，城址平面略呈长方形，城垣周长 10490 米，东、南、西、北分别长 2490 米、2700 米、3187 米、2113 米，城墙残高 4—11 米，夯层厚 8—14 厘米，城外有护城河遗迹。已发现城门遗迹四处，南面三处，西面一处。城门附近城墙厚度明显加宽，城内右侧凹成"U"字形深龛，应是守门士兵的住地。城内西南部的二郎台，东西长 1200 米，南北长 1000 米，高出周围地面 6—7 米，应为宫殿区所在。二郎台西面的翟村附近，出土过郢爰、蚁鼻钱、铜鼎、铜戈、铜壶、铜剑及车马器等物。[8]

上蔡位居汝水中游，地当方城之外，是楚在伏牛山脉以北所建立的新的军事基地，一度作过楚的北边别都。

不羹　不羹有二：一处在今河南舞阳县东北，叫东不羹；一处在今河南襄城县东南，叫西不羹。西周初年封国，后灭于楚。西不羹的情况不甚清楚，东不羹故城位于舞阳县北舞渡西北，距县城约 25 千米，城北平面很不规则，略呈"凸"字形。城垣周长 5500 米。《舞阳县志·古迹》云："古城在城北五十里北舞镇西。《左传》：楚筑二不羹城，屯兵以拒中夏，此东城也。"城内东北部的后古城寨附近有楼圪挡，相传为楚平王居地，可能是宫殿遗址。城垣内外出土有铜镞、带钩、车饰、郢爰、楚式剑等遗物。[9]

据《左传·昭公十二年》载，楚灵王曾对右尹子革说："昔诸侯远我而畏晋，今我大城陈、蔡、不羹，赋皆千乘，子与有劳焉。诸侯其畏我乎？"子革对曰："畏君王哉，是四国者，专足畏也。又加之以楚，敢不畏君王哉！"东、西不羹加上陈与上蔡，被称为"四国"。楚国为了北图中原，在方城之外设立了这几个重要军事据点，屯以重兵，抗拒中夏。

楚别都的形制、规模及其分布特点

美国哈佛大学人类学系教授，著名考古学家张光直先生在《中国青铜时代》一书中指出：

> 中国青铜时代的典型城邑外面围着一个方形或长方形，依着东、西、南、北四个方位安排的夯土墙。在城墙内有一个建筑在夯土台基上，有大木柱和朝南的大门的大型并且可想而知是高大的宫殿式房屋的区域。在城邑的其他地点（城墙里或城墙外）散布着手工作坊、地下室式房屋和墓葬。华北的黄土地带点布着成百成千的这样的城邑，其大小不同，规模与复杂程度各异，形成多层的网状系统。每个网状系统分为一层、两层或三层以上，而以列国的都城在其顶端。

在我国青铜时代，不仅华北黄土地带的城邑如此，华中地区江汉流域的城邑也是这样。假如说郢都处于楚国城邑网状系统顶端的话，那么楚别都则仅次于郢都，而高居于其他城邑之上，在这个网状系统中占着极其重要的位置。由于考古资料的限制，对其布局尚不十分清楚，但大体而言，城垣里面有高大的宫殿式房屋的区域，城内城外还散布着手工业作坊、平民居住区及墓葬区。从其形制来看，大体上可以分作三种类型：一曰东不羹型，平面略呈“凸”字形；二曰鄂王城型，平面极不规则，大体上近似长方形；三曰上蔡型，平面呈长方形。东不羹型是极少数，它位于灰河和大沙河交汇处的三角地带，就河旁地势而修筑的，也是依着东、西、南、北四个方位来安排的夯土城垣，从某种意义来讲，似乎可以归入鄂王城型。上蔡型占绝大多数，鄂王城型和上蔡型这样的方形城是我国古城形制的基本模式。这种模式约从龙山文化时期的小城堡开始，直到商周时代的王城，无不如此。乃至数千年之后的近现代城邑，在规划上亦呈方形，它同国外的所谓圆村或圆形城堡比较起来，是显然异趣的。

众所周知，城是人类社会发展到一定历史阶段的产物，它是一种大规模的永久性的防御设施，在军事上具有特殊意义。楚别都同其他东周城邑一样，具有巍然高耸的夯土城垣及戒备森严的城门建筑，而且大都设有护城河，这些显然是为防御目的而建造的。鄂王城城垣拐角处均为高台，鄢故城四角显著凸起，群众称之为“观楼子”或“烽火台”。这种高台设施在有事时不仅可以点燃烽火报警告急，而且居高临下利于作战和守城；上蔡故城城门附近城墙厚度明显加宽，右侧设有门卫房，是守城士兵的住所；各个城址出土遗物中，多有铜剑、戈、镞等兵器，可见当时战争的频繁情况。凡此等等，表明楚别都既不同于繁华太平的首都，也有别于一般的商业城市，是地地道道的军事要塞。

楚郢都故城即纪南城内东南部，分布着密集的夯土台基建筑遗址，当属宫殿建筑群，在其东、北两边发现两道夯土墙遗迹，可能是宫城的城垣。[10]楚别都内虽有宫殿建筑遗存，但很少有宫城设施。纪南城的宫殿区设在东南部，楚别都的宫殿区分布无一定的规划，如鄂王城在南部，上蔡故城在西南部，东不羹城在东北部，等等。由此可知，楚别都内的宫殿大都是被灭国家的旧宫室，楚君虽然也到这里停驻，但仅限于战争时期，平时一般住在郢都。别都毕竟是临时首都，即使在建筑方面也具有自己的特点。

在楚别都中除个别城邑较大，如陈、蔡、不羹等“国之大城”外，一般的规模都比较小，不仅远逊于纪南城，也无法同秦、晋、燕、郑、齐的都城相提并论，这也是由其军事性质决定的。

楚自春秋以来，积极扩大自己的版图，北上东进，称霸争雄。中原地区是其争夺的重要目标，一度问鼎周室，饮马黄河，不可一世。诚如韩席筹《左传分国集注·楚穆图北方》所论：

> 楚自入春秋来，无日不图北方，然未能得志，得志者，自穆王始。……晋文既没，成亦被戕，穆王蜂目豺声，凶忍残暴，席三世之积威，值中原之无霸，乘间窃发，奋其余毒。江、六、沈、蓼，荐食于前；陈、郑、蔡、宋，屈伏于后。晋灵少安，不在诸侯，秦、晋日战，兵连祸结。委中原诸小国于封豕长蛇之楚，彼安得不折而入于楚哉？陈、郑、蔡、宋折而入于楚，而中原不可问矣！

从楚别都的分布情况来看，可从一个侧面反映出这一历史事实。除鄂王城设在郢都的东面，是东通吴越的门户外，其余别都均设在北线，自南而北，逐渐向中原推移，表明楚国进取中原的宏图雄心。总之，考古发现的楚别都，从其形制、规模和分布情况来看，具有明显的军事性质，同文献记载是完全一致的。

从别都制度看楚与商文化的关系

别都制度在我国具有悠久的历史，它的起源甚早，可以追溯到商代。杨宽先生认为郑州商城为阑即管，是商代前期的别都；牧即沬，是商代晚期的别都。至于郑州商城究竟是亳、隞，还是前期的别都，学术界的看法并不一致，我们不拟在这里讨论，但是商代已有别都说却是很有见地的。商代的这种别都制度对后世有深远的影响。在东周列国中，楚是最早推行这种制度的诸侯国。楚国推行这种别都制度除具有明显的军事原因外，似乎也反映出商、楚文化之间极其微妙的关系。

楚乃商文化的嫡系，这种观点颇为盛行。郭沫若先生《两周金文辞大系图录考释》云：

> 更综而言之，可得南北二系。江淮诸国南系也，黄河流域北系也。南文尚华藻，字多秀丽，北文重事实，字多浑厚，此其大较也。徐、楚乃南系之中心，而徐多古器，旧文献中每视荆、舒为蛮夷化外，足征乃出于周人之敌忾。徐、楚均商之同盟，自商之亡即与周为敌国，此与旧史有征。而于宗周彝铭，凡周室与“南夷”用兵之事，尤几于累代不绝。故徐、楚实商文化之嫡系，南北二流实商、周之派演。

此外，胡厚宣先生也有类似的说法，他在《楚民族源于东方考》中认为，“楚国在文化方面是犹有殷之遗风”。根据近年来的考古发现，商与楚文化的关系是十分密切的，如陶器作风上的承袭关系，人祭人殉习俗的沿袭等。[11]这些特征很值得我们重视。1982年年初，江陵马山一号墓出土了楚国的许多丝织丝绣珍品，其中N9为绣罗禅衣一件，所绣的是凤斗龙虎的形象，有的学者据此论证楚人的图腾是凤。[12]学术界关于楚人图腾的看法一般均以为是熊。但是，一个民族不一定只限于一种图腾，这种情况在古今中外历史上均不乏其例，故凤为楚人图腾说是有一定道理的。另《诗·商颂·玄鸟》云：“天命玄鸟，降而生商。”《史记·殷本纪》载：“殷契母曰简狄，有娀氏女，为帝喾次妃。三人行浴，见玄鸟堕其卵，简狄取吞之，因孕生契。”玄鸟一般以为是燕子，或谓之“凤”，因而也可以说“原始殷人是以凤为图腾的”。[13]商、楚同一图腾信仰，绝非偶然巧合。

试以典型的商城与楚城相比,二者在建筑手法及城市布局方面均极相似。如被认为是“西亳”的河南偃师商城,在建筑城垣时,先挖基槽,然后逐层填土夯实。城墙墙体内外两侧均有护坡。城址规模较大,平面略呈长方形,城内发现四面设有围墙的大型建筑群,可能是宫城与宫殿建筑遗存[14]。楚人就是在承袭了这种建筑特征的基础上,加以发扬光大,从而把郢都及一些别都建成当时中国的重要城邑。

楚国的别都制度并非楚人的发明创造,也是继承商人传统的结果。从上述各种情况推测,商、楚之间在文化上确实存在着千丝万缕的联系,说楚在文化方面犹有商的遗风不是没有根据的。

结　语

别都问题是学术界最近刚刚提出来的新问题。春秋时期,楚国曾经推行过这种制度。通过考古调查发掘,我们对楚别都的形制、规模和分布情况,有了比较明确的认识。楚国为什么在春秋时期推行别都制度呢?其中具有深刻的历史原因。当时,楚国“日夕以向外发展,北定中原,统一中国成为战略目标。终春秋之世三百年,整个中国的局势,实际上是环绕着荆人北征和中原诸国阻遏荆人北上的斗争枢轴而发展。中原国家所艳称的桓文霸业,只不过是抵挡或挫败荆人北进的事业。这种局势,迄少中变”。[15]基于楚人北征的局势,其别都大都设在北部边境地带,而且具有十分明显的军事性质。楚国的别都制度可以追溯到商代,结合其他有关问题,可以窥见楚与商文化之间的承袭关系,从而可以得出这样的结论:商文化对于楚文化的形成起过重要作用,在某些方面可能存在一定的渊源关系。

注　释

[1]殷崇浩:《楚都鄂补》,《江汉考古》1984年第1期。

[2]大冶县博物馆:《鄂王城遗址调查简报》,《江汉考古》1983年第3期。

[3]楚皇城考古发掘队:《湖北宜城楚皇城勘查简报》,《考古》1980年第2期。

[4]韩维周、王儒林:《河南西峡县及南阳市两古城调查记》,《考古通讯》1956

年第 2 期。

［5］［6］杨宽：《春秋时代楚国县制的性质问题》，《中国史研究》1981 年第 4 期。

［7］曹桂岑：《楚都陈域考》，《中原文物》1981 年特刊。

［8］尚景熙：《蔡国故城调查记》，《河南文博通讯》1980 年第 2 期。

［9］朱帜：《河南舞阳北舞渡古城调查》，《考古通讯》1958 年第 2 期。

［10］湖北省博物馆：《楚都纪南城的勘查与发掘（上）》，《考古学报》1982 年第 3 期。

［11］陈贤一：《江汉地区的商文化》，《中国考古学会第二次年会论文集》（1980），文物出版社 1981 年。

［12］张正明、滕壬生、张胜琳：《凤斗龙虎图象考释》，《江汉考古》1984 年第 1 期。

［13］闻一多：《龙凤》，《神话与诗》，中华书局，1959 年。

［14］中国社会科学院考古研究所洛阳汉魏故城工作队：《偃师商城的初步勘探和发掘》，《考古》1984 年第 6 期。

［15］苏仲湘：《论“支那”一词的起源与荆的历史和文化》，《历史研究》1979 年第 4 期。

（原载《江汉考古》1985 年第 2 期）

试论楚与中原地区的经济关系

楚是我国先秦时代的一个大国，据文献记载，当其极盛之时，“南卷沅湘，北绕颍泗，西包巴蜀，东裹郯邳，颍汝以为洫，江汉以为池，垣之以邓林，绵之以方城。………大(丈)地计众，中分天下”。[1]地大物博，有着得天独厚的自然条件。与中原地区相比，虽然人口密度不大，但却“饭稻羹鱼，或火耕而水耨，果隋蠃蛤，不待贾而足；地埶饶食，无饥馑之患”[2]，是一个有着独具特色的经济区域。而黄河流域的中原地区，则是我国北方农耕文化的摇篮，商业交通一向比较发达，秦、晋、周、郑、卫、宋、陈诸国大都分布于此。它们同南方楚国的关系十分密切，通过频繁的接触交往，共同为促进我国古代经济的发展做出了巨大的贡献。

一

西周以来，特别是春秋战国时代，楚与中原地区之间的经济交流是以纳贡、赏赐和商品交换等多种形式进行的。由楚地运到中原的，有桃弧、棘矢、菁茅、龟贝、木材、齿革、丝、铜；从中原流入楚地的有武器和日常生活用品。

《左传·昭公十二年》载右尹子革的话：“昔我先王熊绎，辟在荆山，筚路蓝缕，以处草莽。跋涉山林，以事天子。唯是桃弧、棘矢，以共御王事。”杜注：“桃弧棘矢，以御不祥，言楚在山林，少有所出。”可知早在西周初年，辟居荆山的楚君熊绎就曾将当地的特产桃弧、棘矢作为贡品献给周王。

在楚向周王奉献的贡品中，还有当地出产的菁茅。《左传·僖公四年》载齐伐楚时，管仲责楚人的罪状之一是：“尔贡包茅不入，王祭不共，无以缩酒。”杜注：“包，裹束也。茅，菁茅也。束茅而灌之以酒为缩酒。”按照这种解释，周王在举行祭祀大典时，把酒浇注在包茅之上，使酒渗入茅中，沥于茅下，象征着已被神所饮用，称之为“缩酒”。另一种说法认为“缩酒”是楚人发明的先进过滤技术。《楚辞·大招》：“吴醴白蘖，和楚沥只。”将吴地的醲醴和以白米之面共作楚沥——一种尤为醲美的酒，此酒经菁茅过滤之后，其香无比。这种方法叫做缩酒。[3]中原地区学会这种沥酒办法之后，年年都要从楚地运进一批菁茅。

龟鼋系南方特产。《战国策·宋卫》云：“江汉鱼、鳖、鼋、鼍，为天下饶。”据《竹书纪年》载，周厉王元年，“楚人来献龟、贝”。《左传·宣公四年》：“楚人献鼋于郑灵公。”鼋即大鳖。当时从楚地运到中原的物品中，龟、鳖应占一定数量。

檿丝也是楚人向周室奉献的贡物。《管子·小筐》载齐桓公“南据宋、郑征伐楚，逾方城，望文山，使贡丝于周室”。尹知章注：“使楚贡丝，即所谓檿丝者也，堪为琴瑟弦。”这即是说，楚地所贡的并非普通的丝，而是可作琴瑟弦的丝。

春秋战国时期，楚为我国南方采矿冶铜中心。已发现的两处大型古代铜矿遗址，一为湖北大冶铜绿山古铜矿，系春秋铜矿遗址，其上限可到西周晚期；一为湖南麻阳九曲湾古代铜矿遗址，矿井出土的灰陶绳纹罐，亦为春秋时期遗物。这是我国目前已发现的开采最早的古矿遗址之一。由于楚国具有丰富的铜矿资源，铜矿开采和青铜冶铸业十分发达，因而便成了铜的输出国。《左传·僖公十八年》：“郑伯始朝于楚，楚子赐之金，既而悔之，与之盟曰：‘无以铸兵。’故以铸三钟。”这里提到的“金”，所指的就是铜。

楚是木材和皮革的输出国。《左传·僖公二十三年》载晋公子重耳谓楚成王道：“子女、玉帛则君有之，羽毛、齿革则君地生焉。其波及晋国者，君之余也。”所谓“波及”者，指的是贸易交换。《左传·襄公二十六年》也曾提到：“杞、梓、皮革，自楚往也。虽楚有材，晋实用之。”说的是春秋时代的事。到了战国时期，南方许多重要物资也都经过楚地运至中原。故《荀子·王制》云：“南海则有羽翮、齿革、曾青、丹干焉，然而中国得而财之。”可见中原地区所需木材、羽毛、齿革等物产，一向仰仗楚地供给或运输。

楚地盛产珠宝，这些珍贵物品也被楚商拿到中原市场上出售。《韩非子·外储说左上》云：“楚人有卖其珠于郑者，为木兰之椟，熏以桂椒，缀以珠玉，饰以玫瑰，辑以翡翠，郑人买其椟而还其珠，此可谓善卖椟矣，未可谓善鬻珠也。”《战国策·楚策三》载楚王的话中说过：“黄金、珠、玑、犀、象出于楚，寡人无求于晋国。”表明楚为黄金、珠、玑等特殊商品的输出国。

据《战国策·宋卫》记载，墨子曾将南方的楚国和中原地区的宋国加以比较说道："荆之地方五千里，宋方五百里，此犹文轩之与弊舆也。荆有云梦，犀、兕、麋鹿盈之，江汉鱼、鳖、鼋、鼍为天下饶，宋所谓无雉、兔、鲋、鱼者也，此犹梁肉之与糟糠也。荆有长松、文梓、楩、柟、豫樟，宋无长木，此犹锦绣之与短褐也。"尽管楚同中原某些国家相比，可以"文轩""梁肉""锦绣"自诩，但它仍须同那些被视作"弊舆""糟糠""短褐"一般的中原国家进行经济交流，以便互通有无。

新中国成立以来，湖南长沙等地楚墓出土器物中，有不少来自中原地区的。如 1959 年长沙柳家大山出土"郑左库"戟形戈，其胡部有"郑左库"三字。公元前 375 年韩灭郑后。新郑出土的韩国铜兵器，多刻铸有"郑左库"字样，因而此戈乃韩设在新郑的作坊所铸造；"廿七年春平侯剑"当属赵国兵器，"廿三年部命"戟形戈和"三十三年大梁"戟形戈均为魏国兵器。[4]这些兵器都是由中原流入楚地的。楚国制陶业一向比较发达，"楚国陶工有迁于齐地或他地者"，其所制陶器"皆加楚城字样，表示出楚人崇高技术"。[5]以往齐都临淄出土的陶器上，还可见到"楚贾购□□里豆"字样，说明"不但临淄在当时制陶事业甚盛，而且远有楚地商人的定购"。[6]楚陶工迁于齐国或他地后继续从事陶器制作，所生产的陶器往往被楚商定购，成批运往楚国或他国。

楚国贵族仕女对衣着十分讲究。楚辞《招魂》："秦篝齐缕，郑绵络些"；"郑卫娇玩，来杂陈些"。可见楚人衣饰多取材于秦、齐、郑、卫各国。江汉流域楚墓出土器物中常可见到一种精美的带钩，有的带钩系金银错镂或错金嵌玉。楚辞《大招》："小腰秀颈，若鲜卑只。"汉代王逸《章句》注曰："鲜卑，衮（绲）带头也。言好女之状，腰肢细少，颈锐秀长，靖然而特异，若以鲜卑之带而束之也。"带钩又名犀比，最早为东方鲜卑人之服饰，后经中原传至楚地。[7]

楚与中原地区经济交流的物产，绝不仅仅限于上面提到的这些。但从上述农副产品、生活用品和服饰等项来看，可知长江流域和黄河流域之间的经济关系是十分密切的。

二

楚与中原之间经济交往的主要形式之一是商业贸易。《国语·齐语》云：

“今夫商，群萃而州处，察其四时而监其乡之资，以知其市之贾，负任担荷，服牛轺马，以周四方，以其所有，易其所无，市贱鬻贵。”商业的基础完全建立在“市贱鬻贵”之上，各地商贾经常注视着供需关系之间的变化和趋势、地区之间价值的差异和涨落，以及由于自然条件所造成的各地物产的不同，不失时机地进行贸易活动。随着商人频繁来往和交通运输的发达，各地兴起许多重要商业都市。《史记·货殖列传》提到的商业都市甚多，如秦之雍（今陕西凤翔县城南），“隙陇、蜀之货物而多贾”；栎邑（今陕西临潼县武家屯附近），“北却戎翟，东通三晋，亦多大贾”；魏之温、轵（今河南济源县轵城），“西贾上党，北贾赵、中山”；陈（今河南淮阳县），“在楚、夏之交，通鱼、盐之货，其民多贾”等。特别值得一提的是南方的“郢”与中原的“郑”和“洛邑”。

楚之郢都在湖北江陵县城北 5 千米处，因其位于纪山之南，后人称之为纪南城，郢都城内出现了集中的工商业区，叫作市，比较著名的有“蒲胥之市”。文献记载这座南方最大的工商业中心，市区繁华，人口众多，“车毂击，民肩摩，市路相排突，号为朝衣鲜而暮衣弊”。[8]楚国商业发达，政府支持商人从事贸易活动，从而呈现出“商、农、工、贾不败其业”[9]的局面。

“郑”即新郑。新郑故城位于河南新郑城关双洎河与黄水河交汇处，其地处黄河腹部中点，为楚与中原各国之间商路的绾壳。新郑城内的商业区叫“逵市，韩在这里所置铸造兵器的场所中，有“㞢生库”；铜器铭文中“㞢”字写作坴、𡉀等形，显然为“坊”即“市”字。战国官市兼管工业，故市库可以铸造兵器。[10]新郑自春秋初年开始，逐渐成了中原地区的工商业中心。郑之商贾，南到楚，北到晋，西到周，东到齐，足迹遍于黄河及长江流域。

新郑以西不远的洛邑，系东周的王都，也是一个重要的商业都市，“东贾齐、鲁，南贾梁、楚”。[11]《诗·小雅》：“滔滔江汉，南国之纪。”西周以来，江汉间大国非楚莫属，因而《诗经》中一些关于南国的篇章，应该主要是周王朝与楚的频繁往来的一种反映。周、楚之间除了政治、军事活动，还存在着密切的商业关系。

约从春秋时期开始，富商大贾“男不耕耘，女不蚕织，衣必文采，食必粱肉，亡农夫之苦，有阡陌之得。因其富厚，交通王侯，力过吏势，以利相倾，千里游敖，冠盖相望，乘坚策肥，履丝曳缟”。[12]如孔子弟子卫人子贡，就是一个跨国巨商。《史记·货殖列传》称他“结驷连骑，束帛之币，以聘享诸侯，所至国君，无不与之分庭抗礼”。由此可见商人地位之显贵。一般视为“贱业”的，是指那些坐列贩卖的小商而言。商人对于古代停滞不前的社会而言,是一个革命的要素。“现在商人来到了这个世界,他应当是这个世界发生变革的起点”。[13]他以商品货币冲破人为的政治疆界,自由出入于各诸侯国家的市场,进行商业贸易活动,从而促进了南北经济的交流。

三

中国古代商业的发展,与水陆交通的开发有直接关系。春秋战国时期,由于政治和军事的需要,各国无不锐意开发和修治道路,力求朝发夕至而达乎四境,沿途设有驿馆、传舍或路室、候馆,为远程商货贩运提供食宿方便,对当时社会经济的发展和文化交流,都起到很大的促进作用。楚与中原地区之间的商路不止一条,但一般均通过所谓“申、息之北门”。

楚国方城以为城,从郢都北上,进入南阳盆地,到申(申国故城在今河南南阳市附近)之后,再东出方城,就是通向中原的重要孔道。《鄂君启节》记载战国中期鄂君启行商所经水陆路线:从鄂城出发,水程四路分布的地区极为广大,它包括今湖南、湖北的绝大部分,河南、安徽各一部分,并涉及广西的一隅。其中西北一路的航线是逾湖(今湖北鄂城,武昌之间的吴塘、梁子、牛山、汤孙等湖),自今鲇鱼口穿过长江,溯汉水而上,由汉水入白河,由白河入溧河,还入白河,又由白河入鸦河,北及伏牛山麓。到达南阳盆地,然后舍舟乘车,取陆路,越方城隘口,“自豫西南经豫南,皖西北抵寿春”。[14]此外,在今湖北、河南之间的桐柏山和大别山,历来被视作南方与中原地区的天然分界线。桐柏与大别二山连接处,有大隧关(今罗山九里关)、直辕关(今鄂豫交界处的武胜关)和冥阨关(今信阳平靖关)合称为“城口”,战国时谓之“黾塞”,后世又称“义阳三关”。通过这些隘道,即达淮水上游。由此东通江、淮下游,北上中原。淮水上游的息(息国故城在今河南息县西南),就成了向东方和中原发展的重要起点之一。

驿传路线也是古代的商路,见于文献记载的有从郢至秦、晋等国的驿道,这为我们探讨楚与中原之间的行商路线提供了参考资料。结合近年来文物考古的重要发现,我们大体上可以知道楚与中原之间的主要交通路线如次。

一、从楚都郢出发,经临品(今湖北均县境内)进入南阳盆地,到达商密(今河南淅川县境内)、析(今河南西峡县境内),然后出少习(今商县武关)。少习自古为关中门户,由此可达秦之渭南地区。[15]这条路线也就是人们通常所说的逆汉水,走丹江,经武关走商南道,越秦岭到关中[16],可直抵秦都咸阳或雍、栎邑等著名商业都市。

二、自楚至晋的路线有三条:第一条从郢出发至南阳盆地,走“夏路”,出方城关隘——缯关,过叶(今河南叶县西南)经新郑、棐林(今郑州市东南)、管(今郑州市),北上至板城渚口(今河南荥阳县北)渡河至邢丘(今河南温县东),西走“轵道”,经溴梁(今河南济源县西南),越太行山可抵达晋都新田(今山西侯马市)及其故都曲沃与绛(今山西翼城县东);第二条出方城隘口,至梁、霍(均在今河南临汝县西),过轘辕(今河南登封县西北)经周之西鄙,由茅津渡河,沿汾、浍流域而至新田;第三条经武关之道出少习,通于阴地(今陕西洛南县以东、河南嵩县以西一带)至焦(今河南三门峡市),也可以辗转通于晋都。[17]

三、从楚都郢出发,取西北水道,循白河北上折入鸦河,沿鸦河河谷,逾伏牛山分水岭下襄河河谷,进入豫西伊、洛、汝流域[18],可达周都洛邑。这一条路线即后世所称的“三鸦路”。

四、从楚都郢出发,进入南阳盆地至于申,东出缯关经息至陈(今河南淮阳县),达宋。[19]

五、春秋时期,郑国处天下之中,中原地区的东西南北大道都由此经过,如连接秦、周、滑、郑的国际通道,其中东虢至周一段即战国时人所谓“成皋之路”。郑商人弦高至周行商所走的就是此路。由周过郑,还可以到达曹、卫、宋、陈等国。[20]因而从楚至郑后,便可辗转至曹、卫诸国。

六、从楚都郢出发,东至于鄂城,折而北上,越城口,至北方门户之一——息,然后可达中原各地。《战国策·楚策四》关于“庄辛谓楚襄王”的记述,曾经论及秦军“填黾塞之内,而投已乎黾塞之外”。“黾塞之内”指的是三关以南,“黾塞之外”说的三关以北,可见楚军败退的路线大约是从鄂北经城口而到达豫南的。这些隘道也是南北行商必经之路。

七、从楚之鄂城一带,沿溵水、澴水河谷北上,越大别山至息,然后可达中原各地。据考古调查发掘资料,河南信阳地区的信阳市三里店北丘、息县唐陂、罗山蟒张等地均发现商代遗址。在溵水、澴水流域上游的湖北大悟、黄陂、孝感、应山等地,发现商代遗址 32 处,特别是黄陂盘龙城商代遗址的发现,表明居住在中原地区的商人早在三千多年前就已翻越大别山后沿滠水、澴水河谷抵达长江之滨。经实地调查,在今豫、鄂交界处的信阳,罗山、新县、大悟、麻城等地的大别山之间,都有着天然的山谷通道。如发源于大悟县五约山的竹杆河与滠水上游相距6.5千米,经宣化店北流,于河南罗山县境注入淮河。[21]因而可以认为,"关于周代早期文化向南扩展的路线问题,看来河南信阳地区和湖北孝感地区之间的滠水与澴水流域应是当时的主要路线之一"。[22]这一文化交流线,在春秋战国时期完全可能作为商路使用。

东周时期,由于郑国所处地理位置的适中,在楚与中原的商业交通方面具有重要意义,晋、楚之间为了争夺对郑国的宗主权而经常打仗,故有"春秋战争之多者莫如郑"[23]的说法。经过多次激烈的争夺,双方最后达成协议,"凡晋、楚无相加戎……交贽往来,道路无壅",规定相互之间不许封锁商路。这样的协议反映了商路交通在楚与中原经济关系上的重要作用。

综观先秦时代楚与中原地区之间的经济关系,我们知道由于自然条件和各地物产的差异,存在着江南与中原等不同的经济区域。楚与中原地区的经济交流,有多种形式,如纳贡这种形式,是不通过买卖程序,越过公开市场,而直接掠夺的办法。但最主要的形式为商业贸易活动,经过商人的远程贩运,市贱鬻贵,使楚与中原地区之间互通有无,从而促进了南、北经济的繁荣。尤其是春秋战国时期随着交通的开发而发展起来的专业性商业和远程贩运,其经营范围一开始就带有全国性。傅筑夫先生说:"商业的开始发展,同时就是经济结构变化的开端,因为从这时起,开始打破经济的孤立性,而逐步交织在一个总的体系——国民经济体系之中。"[24]通过对楚地与中原地区经济关系的剖析,完全可以得出这样的结论。

注 释

[1]《淮南子·兵略训》。

[2][11]《史记·货殖列传》。

[3]郭仁成:《屈赋中所见楚人的经济生活》,《求索》1983年第1期。

[4]周世荣:《湖南楚墓出土古文字丛考》,《湖南考古辑刊》第一集,岳麓书社,1982年。

[5]陈直:《读金日札(选录)》,《社会科学战线》1980年第1期。

[6]吕振羽:《殷周时代的中国社会》,生活·读书·新知三联书店,1962年,第219页。

[7]萧兵:《犀比·鲜卑·西伯利亚》,《人文杂志》1981年第1期。

[8]《太平御览》卷七七六,引桓谭《新论》。

[9]《左传·宣公十二年》。

[10]裘锡圭:《战国文字中的"市"》,《考古学报》1980年第3期。

[12]《汉书·食货志》。

[13]《资本论》第3卷,人民出版社,1975年,第1019页。

[14][18]谭其骧:《鄂君启节铭文释地》,《中华文史论丛》第二辑,中华书局,1962年。

[15][17][19][20]徐鸿修:《春秋时代的驿传》,《中国古代史论丛》,1981年第3辑。

[16]王兵翔:《试谈楚文化研究》,《郑州大学学报》1980年第1期。

[21]宋焕文:《从盘龙城考古发现试谈商楚关华》,《江汉考古》1983年第2期。

[22]安金槐:《商代楚文化遗存及其有关问题》,《楚文化研究论文集》,中州书画社,1983年。

[23]王应麟:《玉海》附《诗地理考》第2卷。

[24]傅筑夫:《中国封建社会经济史》第1卷,第278页。

(原载《求索》1985年第1期)

楚东迁问题试析

春秋战国时期,楚是我国历史上的“五霸”“七雄”之一,其疆域之大,势力之强,其他各国少有匹敌。但自秦军拔郢、顷襄东徙之后,楚在表面上虽然仍旧维持着大国的局面,但在实力上却今非昔比,最终导致灭亡。由此观之,对于楚国而言,“东迁”无疑是其由盛到衰的转折点。现就有关问题剖析如下,以就教于诸方家。

东迁前的形势

楚自春秋以来,对外采取扩张政策,北上中原争霸称雄,沸沸扬扬,不可一世。长期的大规模的兼并战争,沉重的徭役负担,使各国百姓陷入沉重的灾难之中。争城以战,杀人盈城;争野以战,杀人盈野。《战国策·秦策四》记述兼并战争造成的悲惨景象:“刳腹折颐,首身分离,暴骨草泽,头颅僵仆,相望于境;父子老弱系虏,相随于路;鬼神狐祥无所食,百姓不聊生,族类离散,流亡为臣妾,满海内矣。”楚国统治者不顾人民的死活,日趋腐朽堕落。战国晚期,楚已开始内外交困。《诅楚文》提及楚怀王时曾说:“今楚王熊相,康回无道,淫失其乱……内之则暴虐不辜,刑戮孕妇,幽刺亲戚,拘圉其叔父置诸冥室椟棺之中。”贾谊《新书·春秋》也说:“楚怀王心矜,好高人,无道而欲有伯王之号……诸侯闻之,以为不宜,故兴师而伐之。楚怀王见士民为用之不劝也,乃征役万人,且掘国人之墓。国人闻之振动,昼旅而夜乱。齐人袭之,楚师乃溃。”楚怀王十七年(前312),秦、楚交兵,激战于丹阳,楚国损兵折将,一败涂地。秦斩楚甲士八万,生擒大将军屈匄、裨将逢侯丑等七十余人,一举占领了汉中地区。楚又倾全国之兵袭秦，战于蓝田，再次遭到惨败。秦国占据汉中平原，使其本土与巴蜀连成一片，陷楚于不利地位，楚之败亡，由此可见端倪。此后楚在同秦、齐、韩、魏的交兵中，多次败北，怀王被骗入秦，客死异邦。楚顷襄王继位后，“左州侯，右夏侯，辇从鄢陵君与寿陵君，饭封禄之粟，而戴方府之金，与之驰骋乎云梦之中，而不以天下国家为事”[1]，在政治上无所作为，未能改变积弱的局面。

在战国七雄中，以秦国势力发展最快。当时“秦地半天下，兵敌四国，被山带河、四塞以为固”。[2]土地肥沃，物产丰饶，民富国强，所谓“西有巴蜀、汉中之利，北有胡貉、代马之用，南有巫山、黔中之限，东有肴、函之固。田肥美，民殷富，战车万乘，奋击百万，沃野千里，蓄积饶多，此所谓天府，天下之雄国也”。[3]在关东六国中，唯一能够同秦抗衡的是楚国，秦要完成统一大业，只有得楚方能并天下，因而将其战略重点放在对付楚国之上。在列国纷争的政治角逐中，从各自的利益出发，曾经兴起了合纵连横活动，游说之士，奔走呼吁，倡连横之说，要各国割地事秦；或竭力主张合纵，号召山东六国联合抗秦。当时的形势是“天下未尝无事也，非从（纵）即横也。横成，则秦帝；从成即楚王”。[4]秦国采取远交近攻、各个击破的政策，以连横胜利合纵失败而告终。秦在占据绝对优势的情况下，又向楚发动大规模的进攻。在三年时间内，屡战屡胜，攻克郢都，楚顷襄王闻风丧胆，被迫迁都于陈城。对此，史籍多有记载。

（秦昭襄王）二十八年，大良造白起攻楚，取鄢、邓，赦罪人迁之。二十九年，大良造白起攻楚，取郢为南郡，楚王走。（《史记·秦本纪》）

（楚顷襄王）十九年，秦伐楚，楚军败，割上庸、汉北地予秦。二十年，秦将白起拔我西陵。二十一年，秦将白起遂拔我郢，烧先王墓夷陵。楚襄王兵散，遂不复战，东北保于陈城。（《史记·楚世家》）

顷襄王二十年，秦白起拔楚西陵。或拔鄢、郢、夷陵，烧先王之墓。王徙东北，保于陈城。楚遂削弱，为秦所轻。（《战国策·秦策四》）

秦与荆人战，大破荆，袭郢，取洞庭五湖江南，荆王君臣亡走，东保于陈。（《韩非子·初见秦》）

秦大良造白起伐楚，拔郢，烧夷陵。楚襄王兵散，遂不复战，东北徙都于陈。（《资治通鉴》卷四）

楚郢都失陷于楚顷襄王二十一年，即公元前278年。楚是一个“地方五千里，持戟百万”的强国，之所以屡战屡败，丧师失地，不得不东北保于陈城，据秦将白起事后所做的分析说："是时楚王恃其国，不恤其政，而群臣相妒以功，谄谀用事，良臣斥疏，百姓心离，城池不修，既无良臣，又无守备，故起所以得引兵深入，多倍城邑，发梁焚舟以专民，以掠于郊野，以足军食。当此之时，秦中士卒以军中为家，将帅为父母，不约而亲，不谋而信，一心同功，死不旋踵。楚人自战其地，或顾其家，各有散心，莫有斗志。是以能有功也。"[5]楚在百姓离心、士无斗志的情况下，以涣散之兵同"死不旋踵"的秦军作战，其失败是必然的。

郢是楚之都城。王观国《学林》云："盖楚尝居郢而霸，则先世之威名已著于郢矣。"或谓楚人都郢而王，去郢而亡。此话未免失之偏颇，楚失郢都，虽然当时没有立即灭亡，但却成了由强转弱、由盛变衰的重要标志。

寓居城阳

楚顷襄王二十一年（前278年），在秦国大军压境，鄢、郢、竟陵相继失守的情况下，楚顷襄王为形势所迫，只好放弃了经营数百年的郢都，带着残兵败将，先逃至城阳，再徙都陈城，逮至楚考烈王时，又迁都寿春，直至灭亡。

城阳其地在今河南信阳长台关乡苏楼村西一带，东濒淮河，南通三关——大隧关（今罗山九里关）、直辕关（今鄂豫交界处的武胜关）和冥阨关（今信阳平靖关）。《信阳县志》盛赞这一带"地形阻隘，北接陈、汝，襟带许、洛，连接襄、郢，肘腋安、凤"。控制三关，堪称全楚之襟要，自古南北抗衡，无不以此为兵家必争之地。楚徙城阳之事，见于《战国策·楚策四》："庄辛谓楚襄王曰：'君王左州侯，右夏侯，辇从鄢陵君，专淫逸侈靡，不顾国政，郢都必危矣。'襄王曰：'老先生悖乎？将以为楚国祅祥乎？'庄辛曰：'臣诚见其必然者也，非敢以为国祅祥也。君王卒幸四子者不衰，楚国必亡矣。臣请辟于赵，淹留以观之。'庄辛去之赵，留五月，秦果举鄢、郢、巫、上蔡、陈之地，襄王流揜于城阳。于是使人发驺，征庄辛于赵。庄辛曰：'诺。'庄辛至，襄王曰：'寡人不能用先生之言，今事至于此，为之奈何？'庄辛对曰：'臣闻鄙语曰：见兔而顾犬，未为晚也；亡羊而补牢，未为迟也。臣闻昔汤、武以百里昌，桀、纣以天下亡。今楚国虽小，绝长续短，犹以数千里，岂特百里哉？……'襄王闻之，颜色变作，身体战栗。于是乃以执珪而授之为阳陵君，与淮北之地也。"《大事记》亦云："顷襄既失郢都，复召庄辛，闻其言，至于色变体栗，此其所以能稍复故地也。”看来楚顷襄王在郢都被秦人攻陷后，确实曾在城阳召见庄辛，共商补败扶倾之计。据金正炜《战国策补释》，此云“五月”盖误，应当作“五年”。吴师道《战国策校注补正》说：“《史》，‘东北保于陈城’，当指此城尔。”显然将城阳误作陈城了。城阳亦作成阳，张琦《战国策释地》说：“成阳故城在今光州息县西界，北距陈三百余里，盖自成阳而至陈，非成阳即陈也。”这个说法是正确的。黄盛璋通过考证，提出城阳又叫楚王城，一度作过楚的临时国都。他说：“城阳所以叫作楚王城、楚城、楚州，是有其一定的来源的，城阳县虽置于西汉，但它的前身却来自楚之城阳……庄襄王流掩的城阳一定就是这里的城阳城，西汉的城阳原来就是利用楚城阳的基础建置的。按：楚国都所在常称郢，南北朝于义阳置郢州，郢州不能无本，唯一可能就是与襄王流寓城阳时所设临时国都有关，大约六朝时人对城阳的来源还是清楚的，所以才有楚王城、楚城，楚州之称。冥阨只是楚一险塞，本身不能成为行政单位，鄳县与义阳郡所治的石城出于后设，都不是楚州，楚在这一带所设的行政管理单位，想必就是城阳，冥阨等塞都归其管辖，地位冲要，所以襄王的流亡国都方一度设在这里。”[6]有人认为，流揜于城阳的是楚庄王而非楚顷襄王：“黄先生在其大作中明确地指出了‘流揜于城阳’的不是顷襄王，而应是庄襄王。笔者基本赞同黄先生的观点。”[7]在楚君的名号称谓中同“襄”字有关的仅横一人，《史记·楚世家中》曾提及“太子横”“顷襄王横”“襄王”“楚襄王”等，实指一人，未闻庄襄王者。姚宏注《战国策·楚策四》曾引《荀子》：“庄辛谓楚庄王。”但楚庄系春秋时楚王，庄辛为战国晚期楚大夫，他不可能向楚庄王进谏，从庄辛进谏献策的内容和发生的时间来看，也只能是顷襄王而非楚庄王。《荀子》关于楚庄王的说法显系误记。黄盛璋《楚王城》一文中，也提到“明清的志书说楚王城为春秋时楚王所筑，显然是据地名推测，并无其他根据。……大概此城在战国时就相当发达，所以一度成为临时首都”。看来他所说的“庄襄”也并非指楚庄王而言。因而，我们认为“流揜于城阳”的乃是战国晚期的楚顷襄王，此事同楚庄王无涉。

据鲍彪《战国策》注谓：“流，谓走；揜，覆也，谓自匿。”流揜就是流寓的意思，即是说楚顷襄王在郢都失守的情况下，仓皇出走，寓居城阳，以此为临时国都。关于顷襄王在城阳停留的时间，有人据《战国策》载“秦果举鄢、郢、巫、上蔡、陈之地，襄王流揜于城阳”，推测白起拔郢后，楚顷楚王并未立即迁都于陈，因陈也被秦军攻占，故居于城阳达三年之久，待陈被楚收复之后，才又东迁陈城。[8]这种说法缺乏足够的历史根据，因而不能成立。

关于陈、蔡二国灭于楚的时间，《左传·哀公十七年》说楚惠王十一年（前478年）灭陈，《史记·楚世家》载楚惠王四十二年（前447年）灭蔡。因而"陈、蔡实灭于楚惠王"之说已成定论。但史籍中关于楚惠王之后仍有陈、蔡的记载，为数却非一处，如《史记》中的《蔡泽列传》《吴起列传》，《战国策》中的《秦策三·蔡泽见逐于赵》《齐策五·苏秦说齐闵王》《楚策四·庄辛谓楚襄王》《荀子·强国篇》《淮南子·道应训》以及《新序》卷二等。不过，这些史书提到的陈、蔡，并非指淮河以北春秋时期的原陈、蔡故地。"上蔡"又称高蔡，位于今鄂西北的荆山地区，约在保康以东、南漳以北、襄樊西南一带。陈在今房县、竹山一带，与高蔡密迩并存。"《楚策四》中的'鄢、郢、巫、上蔡、陈之地'，其中的鄢、郢、巫、均为地名，'上蔡'与'陈'，显然也只会是地名，不会是国名。蔡国已经在六十多年前为楚宣王所灭，楚郢之西也不会还存在一个蔡国。此'陈'，也根本不是淮北颍东的陈国。在秦昭王二十八年至三十年的三年之内，围绕在郢都及其以西楚境作战的秦师并未进入淮河以北，方城以东的楚之北境，秦师既未占领上蔡，也未占领上蔡东北的陈国故都陈城。此时陈城仍为楚地。"[9]淮河以北的陈城并未被秦军攻占，楚人也不需要花费三年时间去收复陈城，因而楚顷襄王没有必要在城阳寓居三年之后再徙陈城。顷襄王在城阳的事迹仅见于《战国策》，所居时间于史无征，估计不可能超过一年。

徙都陈城

《史记·楚世家》说："（顷襄王）二十年，秦将白起拔我西陵。二十一年，秦将白起遂拔我郢，烧先王墓夷陵。楚襄王兵败，遂不复战，东北保于陈城。"胡三省《通鉴注》："陈，即古陈国。"陈即今河南淮阳，位于黄河冲积扇南沿的颍水中游。史称其地左挹嵩山之秀，右控商丘之糜，南襟淮蔡，荆涂众山遥拱于前，北枕魏梁，河济诸流近绕其后，实为舟车骈会的财赋之区。在古史传说时代，这里是太昊和炎帝的故都，为华夏与东夷两大集群文化融合交汇之所。西周初年，武王封虞舜后裔妫满于此，它遂成为陈的都城。《史记·秦始皇本纪》说："二十三年,秦王复召王翦,强起之,使将击荆。取陈以南至平舆,虏荆王。秦王游至郢陈。”楚惠王灭陈设县,加强了对陈城的控制与建设,顷襄王徙都于此,名曰“郢陈”或“陈郢”。吴熙载《资治通鉴地理今释·秦纪二》:“郢,河南陈州府。”可知也可简称郢。

楚国地域辽阔,可作新都的城邑甚多,它之所以东迁陈城,以此作为新都,主要迫于秦的军事威胁,为避秦的军事锋芒。城阳虽然形势险要,控扼三关,但毕竟西距秦的南郡太近,楚师新败之后,仍然心有余悸,相比之下,都陈较为安全。从当时形势分析,秦发兵攻陈的可能性是不存在的。“伐楚,道涉谷,行三千里而攻冥阨之塞,所行甚远,所攻甚难,秦又不为也。若道河外,倍大梁,右(上蔡)、召陵,与陈兵决于陈郊,秦又不敢。”[10]秦攻楚都郢陈,需借道于韩、魏,或经过随西地区。照前一种方案去做,因同韩、魏为敌,兵出之日而忧其不返;按后一种方案进行,则“随水右壤,此皆广川大水,山林谿谷,不食之地也”,穿越实有困难。诚如春申君食客朱英所云:“秦逾黾隘之塞而攻楚,不便;假道于两周,背韩、魏而攻楚,不可。”[11]因而,从当时的政治军事形势来看,徙都陈城为最佳选择。

陈郢以南属楚版图,其西及北为古代夏王朝的地域。史称:“陈在楚、夏之交,通鱼盐之货,其民多贾。……陈、夏千亩漆。”[12]这里交通便利,物产丰富,早在楚灵王时,已经“赋皆千乘”,至战国晚期,经济更加发展,这是选作新都的物质基础。

自楚惠王灭陈设县,这里一直是楚的军事重镇。“从陈的地理位置来看,东南部是楚的大后方,而西北有韩、魏作屏障。其西南又有召陵、上蔡这些楚的重要军事驻点,加上汝水迂回其间,构成了一条较牢固的防线,既可阻止韩、魏袭击,也能抗拒秦兵进攻。”[13]这也是楚顷襄王“东北保于陈城”的重要原因。

关于楚都陈的时间,向来说法不一。《史记·六国年表》云:“考烈王十年,徙于钜阳。”《资治通鉴·秦纪》说:“楚迁于钜阳。”胡三省注:“赧王三十七年,楚自郢东北徙于陈,今自陈徙钜阳。至始皇六年,春申君以朱英之言,自陈徙寿春,则此时虽徙钜阳,未离陈地也。”童书业《中国疆域沿革略》说:“楚在战国时屡次迁都,由郢迁陈,又迁钜阳,最后迁都寿春。”张正明《楚文化史》也说:“考烈王十年(前253年),迁都于钜阳(今安徽阜阳县北)。考烈王二十二年(前241年)迁都于寿春(今安徽寿县)。”如此则楚都陈26年。学术界多主此说。

据《史记·春申君列传》载，观津人朱英曾经向春申君分析战国晚期的形势，指出魏国一旦将许和鄢陵割让给秦以后，陈城固有的战略优势逐渐丧失，由楚之大后方变为前沿阵地，成为秦军觊觎的军事目标，为了保证王室的安全，不得不再次迁都："客有观津人朱英谓春申君曰：'人皆以楚为强而君用之弱……魏旦暮亡，不能爱许、鄢陵，其许魏割以与秦。秦兵去陈百六十里，臣之所观者，见秦、楚之日斗也。'楚于是去陈徙寿春。"《大事记》据此而论："春申君用朱英策，自陈徙寿春，不云自钜阳也。"日本学者泷川资言《史记会注考证》也认为："是时楚都于陈，无徙钜阳之事。"楚未徙都钜阳的说法是正确的。

或谓楚失郢后，旋又收复，仍以郢为都。《史记·秦始皇本纪》载："荆王献青阳以西，已而畔约，击我南郡。"任乃强据此注《华阳国志·巴志》云："但楚人不服。其明年，沿江十五邑民众潜结顷襄王于陈。乘秦师去后，合十万众，起逐秦之令长、守、尉，复为楚国。顷襄王还都郢，复有巫、黔中故地。"[14]按照此说，顷襄王还居于郢，则陈非楚之都城，或者说楚都陈时间甚短。这种推测于史不符。实际情况是，公元前278年以后，从鄢、郢到安陆一带，有些地方可能一度被楚收复，但时间都较短，基本上都还在秦的控制之下。"楚徙都陈后，没有再回到郢（江陵）。"[15]

从楚顷襄王二十一年"东北保于陈城"开始，到考烈王二十二年"去陈徙寿春"止，楚国在陈建都的时间共约38年。

祚衰南土

楚国东徙陈城，国势由强转弱。后又迁都寿春，更加日益衰败，最终被秦灭亡。《史记·楚世家·索隐述赞》："顷襄、考烈，祚衰南土。"楚自顷襄王开始，结束了历史上的鼎盛期，依托淮水中游，每况愈下，勉维残局。《战国策·秦策四》："（楚顷襄）王徙东北，保于陈城。楚遂削弱，为秦所轻。"《史记·楚世家》说："考烈王元年，纳州于秦以平。是时楚益弱。"《史记·春申君列传》："楚顷襄王东徙治于陈县。……秦轻之，恐一举兵而灭楚。"在这种生死存亡的关键时刻，楚顷襄王采纳庄辛"亡羊补牢"的意见。鲍彪注《战国策》谓："此策，天下之善规也。襄王虽失之东隅，而收之桑榆。故其季年保境善邻，差为无事。"顷襄王听取庄辛那番振聋发聩的议论之后，为了社稷安危，从而改变了“淫逸侈靡，不顾国政”的状况，采取措施，阻止秦师继续东进，“复取江南十五邑”，“与举淮北之地十二诸侯”，使楚国获得了生机，除稍复故地外，还加速了对楚南部和东部地区的开发。

楚自东迁迄灭亡共五十余年，其间同秦、燕、鲁等国多次交兵，用兵多者一次达十余万；进行两次迁都，先迁至陈，后徙寿春。《史记·楚世家》载，楚考烈王二十二年，“与诸侯共伐秦，不利而去。楚东徙都寿春，命曰郢”。楚顷襄王徙陈，考烈王迁都寿春，咸为秦所逼。楚哀王上台不久，楚国还发生了一次宫廷政变。“哀王立二月余，哀王庶兄负刍之徙袭杀哀王而立负刍为王”。[16]战争、徙都和宫廷政变，标志着楚朝廷内忧外患、事变频生，由此可见当时政治和军事形势的严峻程度。

秦军拔郢，楚之大片国土沦丧，昔日四通八达的商道，一时为之阻塞，直接影响到经济的发展。1957年和1960年安徽寿县丘家花园出土《鄂君启节》5枚，有舟节和车节两种，分别为水路和陆路通行的凭证，从节铭“大司马邵（昭）阳败晋师于襄陵之岁”，可确知为楚怀王六年（前323年）之器。鄂君启是鄂（今湖北鄂州市）地一个名叫启的楚国封君，鄂为长江以南的古代水陆要冲，是郢之东部门户。此节规定了鄂君启经商的商车商船数量、行经路线、外出时间、所过关卡和免税物资范围。以舟节为例，规定鄂君启经商的四条水路为：一、西北路从鄂城出发，经过今鄂州、武昌之间的吴塘、梁子、牛山、汤孙等湖，自鲇鱼口穿过长江，溯汉水北上，经唐白河，到达南阳盆地。二、东路从鄂城出发，顺江而下，可抵松阳（今安徽枞阳），通过濡江（今之青弋江），可达爰陵（今安徽陵阳）。三、西南路自长江入湘水，可到今广西全县和湖南郴县。四、西路由长江西行，溯荆江可达郢都。陆路仅有一条路线，用于不通水路之处。其路线为：从南阳盆地东北逾伏牛山口，折向东南经汝、颍下游平原，至居巢，接巢湖水系，沿流至江与水路会合。由于秦师拔郢及楚之江南洞庭湖地区的失陷，致使《鄂君启节》提及的各条水路中，除东路外其余均被切断。陆路交通也受到一定的影响。商道不通，致使楚国商品经济的发展遭到摧残。

楚国向以资源丰富称著。《周礼·职方氏》说，荆州“其谷宜稻”。《禹贡》载，荆州“厥贡羽毛齿革，惟金三品（金、银、铜）”。《山海经·中山经·中次八经》：“荆山，其阴多铁，其阳多赤金，其中多犀牛，多豹虎，其木多松柏，其草多竹,多橘柚。”《山海经·中山经·中次十二经》:“洞庭之山,其上多黄金,其下多银铁,其木多柤梨橘柚,其草多葌蘪芜芍荣芎䓖。”《战国策·宋卫策》云:“荆有云梦,犀兕麋鹿盈之,江汉鱼、鳖、鼋、鼍为天下饶。……荆有长松、文梓、楩、楠、豫樟。”楚人东徙之后,这些重要资源次第落入秦人之手。这对楚国来说,不能不算巨大的经济损失。

楚国历史上最后一个都城是寿春。《汉书·地理志》云:“寿春、合肥受南北湖皮革、鲍、木之输,亦一都会也。”寿春附近兴建的芍陂,是淮南地区最著名的大型陂塘蓄水工程。《水经·肥水注》说:“陂周百二十里许……陂有五门,吐纳川流。”沘水、肥水都通芍陂,可灌田万顷。寿春与陈虽然都是楚的经济中心,但其周围地区均不如郢都所在的江汉平原富庶,只是由于受益于芍陂水利灌溉事业,才使得寿春周围地区农业经济发展起来,成为淮水中游的粮食基地,给蜂拥而来的楚王室提供了必备的食粮,使其免于饥馑。

在楚国手工业中,建筑、髹漆、丝织、冶铸、琢玉等都比较发达。随着楚国政治、军事、经济中心的东移,各类工匠也大都随之迁徙,因而楚国后期的手工业并未完全衰落,其中青铜铸造业仍然保持了一定的发展水平。如在楚幽王墓中出土的大批青铜器,“虽则没有细巧的纹饰和镂孔构件,但操作严格,工艺精熟,而且形制不乏特色,如鼎足粗壮,鼎体雄伟等,犹存大国气派”。[17]但就髹漆、丝织而论,却是一落千丈,无法同昔日相提并论。

楚国后期大量铸造发行金币,有的学者认为:“郢爰金币并不是楚国经济发展的产物,而是经济危机的产物。”[18]此话不无道理。

文学作品是社会现实生活的反映,楚国诗人宋玉的《九辩》,是战国晚期作品。诗中写道:“悲哉!秋之为气也!萧瑟兮草木摇落而衰。憭慄兮若在远行,登山临水兮送将归。……怆怳懭悢兮去故而就新,坎廪兮贫士失职而志不平。……去乡离家兮徕远客,超逍遥兮今焉薄。”宋玉的生卒年代不详,大体上为公元前290—前223年,主要生活于顷襄王时,楚人东徙,他当随楚室而来到陈。《九辩》如果作于郢都失陷之后,那么诗中对于一派衰败秋景的描绘,表现了作者去国离家的悲愁,勾勒出当时楚东徙后那种衰败景象。朱熹在《楚辞集注》中发挥说:“秋者,一岁之运盛极而衰,肃杀寒凉,阴气用事,草木零落百物凋悴之时,有似叔世危邦,主昏政乱,贤智屏绌,奸凶得志,民贫财匮,不复振起之象。”这里虽然系指楚国政治而言,但经济与政治密切相关,因而《九辩》中所赋秋色,也可以说是当时楚国经济状况的真实写照。说其“不复振起”,未免有些绝对化。《史记·春申君列传》载:“春申君相楚八年,为楚北伐灭鲁,以荀卿为兰陵令。当是时,楚复强。”但从当时大趋势来看,楚国处于萧瑟秋风之中,属于强弩之末了。

尽管在春申君执政期间“楚复强”,但是包括春申君在内的楚国贵族却日趋腐化。《史记·春申君列传》载:“赵平原君使人于春申君,春申君舍之于上舍。赵使欲夸楚,为玳瑁簪,刀剑室以珠玉饰之,请命春申君客。春申君客三千余人,其上客皆蹑珠履以见赵使,赵使大惭。”楚、赵斗富,赵使自愧弗如。楚考烈王封春申君于江东后,春申君遂在今苏州大肆兴建都邑,至西汉时期,太史公司马迁东游至吴,见到宫室仍然十分富丽,不禁大为惊叹:“吾适楚,观春申君故城,宫室盛矣哉!”楚国贵族的侈奢,由此可见一斑!由于楚国上层统治阶级既没有大片国土沦丧的羞辱感,也缺乏秦师东侵的危机感,因而全然没有御秦的措施,在秦国大军压境的情况下,仓促应战,必然一败涂地。《史记·楚世家》载,楚王负刍五年,“秦将王翦、蒙武遂破楚国,虏楚王负刍,灭楚名为郡云”。祚衰南土,从此结束了八百年的楚国统治。

注　释

[1]《战国策·楚策四》。

[2]《战国策·楚策一》。

[3]《战国策·秦策一》。

[4]《战国策·秦策四》。

[5]《战国策·中山策》。

[6]黄盛璋:《楚王城》,《历史研究》1960年第1、2合期。

[7]张志华:《信阳楚王城非楚顷襄王临时国都辨》,《文物研究》第3期,黄山书社,1988年。

[8]欧潭生:《信阳楚王城是楚顷襄王的临时国都》,《中原文物》1983年特刊。

[9]何浩:《楚灭国研究》,武汉出版社,1989年,第336页。

[10]《史记·魏世家》。

[11]《史记·春申君列传》。

[12]《史记·货殖列传》。

[13][15]郭德维:《试论由郢徙陈对楚国后期的影响》,中国先秦史学会第四届年会论文。

[14]任乃强:《华阳国志校补图注·巴志四》,上海古籍出版社,1987年。

[16]《史记·楚世家》。

[17]张正明:《楚文化史》,上海人民出版社,1987年,第305页。

[18]黄纲正:《出土楚金与楚国晚期经济关系试析》,《楚史与楚文化研究》,求索杂志社,1987年。

(原载《史学月刊》1993年第1期)

姓氏文化研究

中华姓氏与姓氏始祖黄帝

中华姓氏,枝繁叶茂,源远流长,形成了鲜明特色的文化体系,在民族发展和国家统一上,通过天然的血缘纽带,曾经起到独特的凝聚作用。姓氏始祖黄帝,是中华民族的共同祖先,在中华姓氏起源与发展中,产生过深远的影响,具有崇高的历史地位。为了传承华夏文明,实现中华民族的伟大复兴,应该加强对中华姓氏与姓氏始祖黄帝的深入研究,启动“寻根工程”,在黄帝故里新郑建立中华姓氏博物馆。

源远流长的中华姓氏

姓氏是标志社会结构中一种血缘关系的符号。在人类社会发展过程中,社会成员赋予它某些规定性,用以调整和维持某种社会结构,于是形成一种姓氏制度。这种制度真实地记录了历史上民族的形成和发展,其内涵是非常丰富的。《左传·隐公八年》载:“天子建德,因生以赐姓,胙之土而命之氏。”是说古代帝王立有德之人为诸侯,根据他的出生血统赐给他姓,分封给他土地,并根据封地而命名氏。“姓”,在母系氏族社会即已产生,凡一个氏族的成员都出自一个共同的女姓祖先,从母得姓。姓字本身就是一个会意字,即“女所生也”,因生而为姓。中国产生较早的姓,如姬、姜、妫、姚等,多从女旁,就说明了这种情况。姓为氏之本,氏自姓出。“氏”的出现较晚,它起源于父系社会,是古代贵族标志宗族系统的称号,为姓衍生的分支。其造字结构,在甲骨文中是“木本”之意,后来转注为姓氏的氏,就是取木之根本的意思。宋代郑樵《通志·氏族略序》云:“氏所以别贵贱,贵者有氏,贱者有名无氏……姓所以别婚姻,故有同姓、异姓、庶姓之别;氏同姓不同者,婚姻可通,姓同氏不同者,婚姻不可通。”由此可知,姓是决定是否能通婚的依据，氏则是用来区别贵贱等级的。“六王毕，四海一。”到了秦始皇翦灭六国统一中国之后，姓氏才混合为一，二者之间没有本质的区别，只剩下标记血缘系统符号的作用。诚如郑樵所云：“三代之后，姓氏合而为一，皆所以别婚姻，而以地望明贵贱。”见于文字记载正式将姓氏混用的是西汉时的司马迁。他在《史记》中写秦始皇称“姓赵氏”，写汉高祖则曰“姓刘氏”。此后，或言姓，或言氏，或兼言姓氏，均属一个意思，实际上都是指的“姓”。

陈建魁先生在《中国姓氏文化》中将姓与氏的关系分析得十分清楚：先有姓，后有氏；姓是氏的源头，氏是姓的分支；姓侧重于血统关系，氏强调地域的概念；姓是决定能否通婚的依据，氏则用来区分贵贱。贵族有姓有氏，平民有姓无氏；男子称氏而不称姓，女子称姓而不称氏。战国时期，随着宗法制度的瓦解和社会的急剧变革，“姓氏相别”的制度发生动摇。到秦汉时期，姓氏逐渐通用，合二为一，姓氏体系基本定型。“姓氏合一”这一模式，一直沿用至今。[1]

中华姓氏知多少？这是一个千古未解的史谜。据统计，汉代史游《急救篇》列 130 个姓；唐代林宝《元和姓纂》收录 1232 个姓；宋代《百家姓》收录 442 个姓，邵思《姓解》收录 2658 个姓；郑樵《通志·氏族略》收录 2255 个姓；元代马端临《文献通考》收录 3736 个姓；明代陈士元《姓觿》收录 3625 个姓；王圻《续文献通考》收录 4657 个姓；近代邓献鲸《中国姓氏集》收录 5652 个姓；王素存《中华姓府》收录 7720 个姓；臧励龢《中国人名大辞典》收录 4129 个姓；1984 年出版的阎福卿、樊守志、杨玉柱《中国姓氏汇编》收录 5730 个姓；1990 年出版的毛玉良《千家姓》收录 2523 个姓；1996 年出版的袁义达、杜若甫《中华姓氏大辞典》收录中国古今姓氏 11969 个，其中单字姓 5327 个、双字姓 4329 个、三字姓 1615 个、四字姓 569 个、五字姓 96 个、六字姓 22 个、七字姓 7 个、八字姓 3 个、九字姓 1 个。1997 年出版的窦学田《中华古今姓氏大辞典》收录古今姓氏 12000 多个。2006 年，袁义达等人经过多年的搜集整理，得出中国人曾经用过和正在使用的姓为 23000 个左右。2012 年，姬传东《姓氏的起源种种》云：据专家学者研究，发现中国人古今姓氏已超过 24000 个，如今仍在使用的姓氏有 3600 多个。[2]

中国是世界上最早出现姓氏的国家，在距今七八千年以前的伏羲氏时代，姓已产生，并被定为世袭。世界其他地区，从姓的产生到普遍用姓，是从大约公元前 1000 年起的一个渐进发展过程。在英国，这个过程延续了 600 年，才得以在大不列颠土地上普遍使用姓。整个欧洲大陆普遍使用姓的历史只有 400 年。

有的地区到了20世纪,姓的使用尚未普遍,比如,到1935年,土耳其人方以法律形式规定使用姓。在东亚的日本,于5世纪晚期开始产生姓,直至明治维新时期,1875年日本政府颁布法令,实施户籍登记,要求每一个人必须有姓,日本人才急匆匆地为自己找姓。[3]由此可知,中华姓氏出现最早,在世界姓氏发展史上,占有极其重要的地位。

黄帝在中华姓氏谱上的崇高地位

研究中华姓氏,离不开人文始祖黄帝,他在中华民族发展史上贡献最大,地位最高,开启了一个伟大的文明时代。早在五千多年前,黄帝就统一天下,带领先民创文字、织丝帛、定历律、制舟车、造指南,奠定了中华民族的宏伟基业。在黄帝的发明创造中,定姓氏也是一项伟大的贡献。《路史·疏仡纪·黄帝》云:"氏定而系之姓,庶姓别于上,而戚殚于下。婚姻不可以通,所以崇伦类,远禽兽也。"因而他被后世尊为中华姓氏始祖。被称为姓氏始祖的,除了黄帝,还有伏羲、女娲、炎帝、少昊、颛顼、帝喾、唐尧、虞舜和夏禹。[4]实际上影响最为深远的莫过于黄帝。众所周知,中华姓氏之源,主体来自伏羲、炎帝和黄帝。皇甫谧《帝王世纪》说:"太皞帝包牺氏,风姓也。"蒙文通《古史甄微》引郑玄注《通卦验》说:"燧人,风姓也。而伏羲、女娲亦风姓。盖炎黄二帝之前王中国,风姓为独多也。"除伏羲风姓外,就是炎帝的姜姓与黄帝的姬姓。《国语·晋语四》云:"昔少典娶于有蟜氏,生炎帝、黄帝。黄帝以姬水成,炎帝以姜水成,成而异德,故黄帝为姬姓,炎帝为姜姓。"伏羲风姓、炎帝姜姓与黄帝姬姓成为中华姓氏起源的三大系统。

关于风姓,《左传·僖公二十一年》云:"任、宿、须句、颛臾,风姓也,实司大皞与有济之祀,以服事诸夏。"关于姜姓,《国语·周语》云:"齐、申、吕、许由大姜也。"关于姬姓,《国语·晋语四》说:"凡黄帝之子,二十五宗。其得姓者十四人为十二姓,姬、酉、祁、己、滕、箴、任、荀、僖、姞、儇、依是也。"到了春秋之世,伏羲风姓系统开始衰落,蒙文通《古史甄微》说,炎黄族起,"而风姓之国,夷灭殆尽。逮于春秋,惟任、宿、须句、颛臾四国而已"。据刘文学《建设华人寻根圣地,传承华夏历史文明》一文统计:秦嘉漠辑录《世本·氏姓篇》记述了当时的主流姓氏145个,其中出自伏羲风姓(含风姓)的有5个,占3%;出自炎帝姜姓(含姜姓)的有30个,占21%;出自黄帝姬姓(含姬姓)的有110个,占76%。当时主导中国姓氏的是炎黄二族,出自黄帝系统的姓氏已占主要地位。唐代林宝《元和姓纂》收录了1232个姓,其中出自太昊伏羲的姓氏,风姓已经不记,仅记春秋时任、宿、须三姓,出自炎帝的姓氏占11%,出自黄帝的姓氏占80%以上。当前流行的前100个大姓中,出自伏羲风姓之后的仅有任姓,而任姓的主流姓氏出自黄帝少子禺阳。出自炎帝姜姓之后的有13个姓,其中有5个姓,即高、谢、方、洪、龚,与出自黄帝姬姓系统的这5个姓交叉,约占13%,约有人口6500万。出自黄帝姬姓之后的有86个姓,约占86%,计有人口9.74亿,约占全国人口的76%。当今流行的前200个大姓中,出自炎帝姜姓系统的姓氏约占10%,出自黄帝姬姓系统的姓氏约占89%。当今流行的前300个大姓中,出自炎帝的姓氏有25个,占8.1%,覆盖人口8500万,约占全国人口6.1%;出自黄帝的姓氏有270多个,占90%,覆盖人口10.6亿,约占全国人口的82%。"由此推测,在中华姓氏中,出自黄帝姬姓的姓氏,无论在姓氏数量上,还是在覆盖全国人口上,都在90%以上是不成问题的。"[5]

另据姬传东先生统计,在古今姓氏中,黄帝系统约有5000个姓氏。他说:"黄帝被称为'人文始祖',至少曾繁衍姓氏5000多个,随着历史的变迁和民族的融合,有些姓氏消亡了,至今中国仍然在使用的3500多个姓氏中十有八九有黄帝血统。"[6]

在中华姓氏起源的三大系统中,黄帝系统占据绝对优势,因而当今海内外华人,几乎无不尊黄帝为始祖,认为中华民族之种族皆出自黄帝。这种观点,除血缘的传承外,主要是文化上的认同。后世学者,大都认为首宗黄帝说最早是太史公司马迁提出来的。宋代罗泌《路史·发挥卷三·论史不纪少昊》说:"窃观太史公记首宗黄帝者……抑以谓后世氏姓无不出黄帝者,故首而宗之。至于羲、炎鲜有闻焉,是以不纪,是太史公之本意也。"明代方孝孺《逊集斋集·重谱》云:"四海之广,百氏之众,其初不过出于数十姓也,数十之初不过出于数人也。数人之先一人也。故当今天下之受氏者多尧舜禹三王之后,而皆始于黄帝。"在中华民族大家庭中,除汉族外,许多少数民族也自认为属黄帝后裔。例如《魏书·序纪》说:"昔黄帝有子二十五人,或内列诸华,或外分荒服。昌意少子受封北土,国有大鲜卑山,因以为号。其后世为君长,统幽都之北广漠之野……黄帝以土德王,北俗谓土为托,谓后为跋,故以为氏。”《晋书·载纪》云:“姚弋仲,南安赤亭羌人也。其先有虞氏之苗裔。禹封舜少子于西戎,世为羌首。”据上述记载,柏明、李颖科先生指出:按文献典籍,舜为黄帝后,那么羌人自然为黄帝后。不唯鲜卑、羌族,蒙古族和藏族也是黄帝的苗裔。据《史记·匈奴传》记载,匈奴先祖即夏后氏之苗裔。我们知道,夏为黄帝后,也就是说,匈奴为黄帝后,而蒙古又为匈奴后,这样蒙古族便是黄帝的苗裔。再如藏族,因为藏为羌后,而羌又为黄帝后,所以藏也为黄帝的后裔。从上可知,中国各民族为黄帝之苗裔,也就是说,黄帝子孙发展为后世中华各族。正是在这个意义上,中国人都称自己是“黄帝子孙”或“炎黄子孙”。[7]此外,民国元老于右任《黄帝功德纪》说:“黄帝子孙之蔓延于各地也,如汉族固为其苗裔,而西藏族之羌,回族之安息,苗黎族之禺号,蒙古族之匈奴,东胡族之鲜卑。金之祖且为黄帝之子清,满清则金人后也,是皆近世治史者所能考信。是中华民族之全体,皆黄帝之子孙也。”何光岳《炎黄源流史》云:“黄帝族源远流长,支系繁多,子孙繁衍,几乎占现代中华民族人口的绝大多数,包括汉族和许多少数民族在内,到今天仍确认黄帝为他们的始祖,是有根据的。”[8]

由此可知,在中华姓氏起源的三大系统中,黄帝系统一枝独秀,成为中华民族的主体,诚如梁启超所言:“寻常百姓家谱,无一不祖黄帝。”黄帝被尊为中华姓氏始祖,在中华姓氏谱上占有崇高的地位。

黄帝故里应建中华姓氏博物馆

中华姓氏文化源远流长,博大精深。中华姓氏始祖黄帝,姓公孙,名轩辕,居轩辕丘。轩辕丘作为黄帝故里,在今河南新郑境内,因而新郑就自然而然地成为中华民族的圣地。我们应该充分重视新郑的文化建设,使之成为镶嵌在中华大地上一颗璀璨的名珠。

最近,国务院《关于支持河南省加快建设中原经济区的指导意见》中,提出打造“华夏历史文明传承创新区”,特别重视姓氏文化和轩辕故里根亲祖地文化的建设。胡锦涛同志在中国共产党第十八次全国代表大会上的报告中指出:“文化是民族的血脉,是人民的精神家园。全面建成小康社会,实现中华民族伟大复兴，必须推动社会主义文化大发展大繁荣，兴起社会主义文化建设新高潮，提高国家文化软实力，发挥文化引领风尚、教育人民、服务社会、推动发展的作用。”根据上述中央文件精神，结合河南新郑的实际情况，很有必要在这里启动中华姓氏“寻根工程”，使得海内外华人到此寻根问祖和扎根创业，建设华夏历史文明传承创新区。

20 世纪 90 年代初，就有海外学者倡议在黄帝故里建立中华大宗祠。2012 年 2 月，黄帝故里文化研究会副会长刘文学先生主编出版《中华太庙宗谱》一书，主张在黄帝故里轩辕丘建设中华太庙：“历史上家族有祠堂，王朝有宗庙。我们中华民族应该有自己的太庙。中华民族最早的太庙起自黄帝王朝。……因此，在今河南新郑的轩辕丘，少典氏和黄帝的居地，建设中华民族太庙既合于历史事实，又是现实的需要。”[9]许顺湛先生在书序中说：“例如中华民族在不同的历史阶段，各少数民族融合为主体族的全过程；各少数民族形成发展的历史；各族的祖先、各姓的祖先以及对历史做出突出贡献的精英等，都是太庙中不可缺少的内容。”[10]

除了太庙或大宗祠，不少学者主张在此建立博物馆。原中原姓氏文化研究所所长、著名姓氏专家谢均祥先生曾拟主编《中华姓氏大典》，生前曾多次到新郑实地考察，策划在黄帝故里建设中华姓氏博物馆。可惜的是“出师未捷”，便已驾鹤西去。最近，河南省人大代表张国宏先生向省十二届人大一次会议提交建议，希望在黄帝故里建设中华姓氏博物馆。他说：“中华姓氏研究会研究，90%以上的姓氏出自黄帝及其后裔，源于河南新郑的姓氏多达 287 个。每年虽有大批游客前来黄帝故里寻根拜祖，观光游览，但很多游客对黄帝文化的内容还不够了解。在中原经济区规划中，提出建设华夏历史文明传承创新区，新郑市也做出规划，希望在黄帝故里建设中华姓氏博物馆和农耕文化博物馆。中华姓氏博物馆中将对姓氏起源、姓氏演变、名人事迹与遗址、家谱、宗祠、世系、家训、郡望、堂号、字辈等内容进行宣传。”[11]

综上所述，我们认为，为了实现中华民族的伟大复兴，充分发挥文化引领风尚、服务社会的作用，应该早日建设华夏历史文明传承创新区，该区之内要在新郑建设一座国家级的中华姓氏博物馆，内设立伏羲、炎帝、黄帝、嫘祖等专馆及中华太庙或大宗祠。广泛宣传中华人文始祖黄帝的丰功伟绩，以及中华姓氏的来源、发展及其播迁轨迹，使黄帝故里新郑成为海内外华人寻根谒祖的圣地。

注　释

[1][4]陈建魁:《中国姓氏文化》,中原农民出版社,2008年,第2页、第18—41页。

[2]姬传东:《姓氏的起源种种》,《华夏源》总第25期,2012年8月。

[3]袁义达、张诚:《中国姓氏:群体遗传和人口分布》,华东师范大学出版社,2002年,第1页。

[5]刘文学:《建设华人寻根圣地,传承华夏历史文明》,《华夏源》总第26期,2012年10月。

[6]姬传东:《黄帝后裔在国外繁衍的姓氏》,《华夏源》总第20期,2011年3月。

[7]柏明、李颖科:《黄帝传》,陕西人民出版社,1990年,第124页。

[8]何光岳:《炎黄源流史》,江西教育出版社,1992年,第523页。

[9][10]刘文学主编:《中华太庙宗谱》,河南人民出版社,2012年,第600页、第4页。

[11]张国宏:《建立博物馆让更多人了解河南》,《郑州晚报》2013年1月29日,第A03版。

(原载《黄帝与中华姓氏》,河南人民出版社,2013年)

怀川文明与温姓之源

中华民族的主要发祥地在黄河中下游山地与平原的结合带,大体而言,系指从陕西关中经晋南到豫西北这条曲线上。这条曲线的中心位置,北面有巍巍太行,南面为滔滔黄河,中间一望无际的黄土平原,就是我国历史上著名的“怀川”。远古时期,“当‘四夷’还是蛮荒之地时,位于黄河流域中游的怀川文明就吸引着四方百族,他们在这里冲突融合,逐渐形成了在文化上具有共同传统、在血缘上融为一体的华夏民族……证明怀川是中华历史的源头”。[1]怀川丽地,哺育着古老的华夏民族,许多著名姓氏都源于此。据不完全统计,约有50个姓氏的祖地或郡望在怀川,因而这里有着极其丰富的姓氏文化资源。发祥于“天下名都”河南温县之温姓,同怀川文明具有极其密切的关系。

“覃怀厎绩”之“怀”与“覃”

怀川之“怀”为地域名。古代县、州、路、府都曾称怀。怀县本是战国魏的怀邑,西汉置县,为河内郡治,隋大业初并入安昌县,唐武德初复置,贞观元年(627年)又并入武陟县。《括地志》载:“故怀城在怀州武陟县西十一里。”清道光《武陟县志》载:“故怀城,在县西十一里张村。”《怀庆府志》有内容相同的记载。张村今属武陟县阳城镇所辖;怀州置于北魏天安二年(467年),治所在野王县,即今河南省沁阳市,金天会六年(1128年)改名南怀州,不久又恢复旧名;怀孟路是在怀州的基础上设置的,始于元宪宗七年(1257年),延祐六年(1319年)改称怀庆路,明代初年改为怀庆府,清因之。上述名称均源于“覃怀”。我国最早的地理名著《禹贡》中,首次提到“覃怀”。《尚书·禹贡》称:“覃怀厎绩,至于衡漳。”《史记·夏本纪》作“覃怀致功”。曾旻曰:“平地也。平地功为难,故曰厎绩。”司马贞《史记索隐》云:“河内有怀县,今验地无名‘覃’者,盖‘覃怀’二字或当时共为一地之名。”金履祥《尚书注》谓:“覃,大也;怀,地名。太行为河北脊,其山脊诸州皆山险。惟太行以南怀州濒河之地平夷广衍,田皆腴美,俗称小江南,即古覃怀也。”裴骃《史记集解》引孔安国曰:“覃怀,近河地名。”覃怀所在,据《沁阳市志》称:“沁阳历史久远,夏代,地处覃怀地。”《武陟县志》也说:“夏,称覃怀。”相比之下,温县称“怀”或“覃怀”的记载最早,《韩诗外传》第三卷第十三章载:“武王伐纣,至于邢丘,軶折为三,天雨三日不休。武王惧,召太公而问。……更名邢丘曰怀。”《荀子·儒效篇》也说:“武王之诛纣也,行之日以兵忌,东面而逆太岁,至汜而汎,至怀而坏。”邢丘在今河南温县赵堡镇北平皋村,据《汉书·地理志》应劭注:“邢丘,以其在河之皋,处势平夷,故曰平皋。”温县《平皋遗事》云:“平皋古为覃怀底绩。”此外,刻于东魏武定七年(549 年)的《武德于府君等义桥石像之碑》文中提到:“惟此区域,号称旧邑,舜禹怀谭之地,殷周畿甸之土。”武德郡置于东魏天平初年,治所州城在今温县武德镇西张计村。由此可知,最早之怀,在今温县赵堡镇北平皋村。不过,杨伯峻据《左传·宣公六年》“秋,赤狄伐晋,围怀及邢丘”的记载,则认为:“《韩诗外传三》云:‘武王伐纣,到于邢丘,更名邢丘曰怀。’若其言,则怀与邢丘为一地而前后异名。但以后《传》文考之,恐不然。《史记·秦本纪》云:‘昭襄王四十一年夏,攻魏,取邢丘、怀。’则邢丘与怀为两地,至战国时犹如此。怀已见隐十一年《传》,在今河南省武涉县西南,《尚书·禹贡》所谓‘覃怀底绩’者是也。邢丘即今河南省温县东二十里之平皋故城,怀与邢丘仅相近。”[2]实际情况是,怀邑虽于春秋战国时代在今武陟县境,但商末周初应在温县,大约是西周末年由温县北平皋迁往武陟张村的。

“覃怀”之“覃”,除有人主张为古部落名外,《说文》云:“长味也……《诗》曰:实覃实吁。”段玉裁注:“此与西部醰音同义近。醰以覃会意。引伸之,凡长皆曰覃。”甲骨文中无“覃”而有“糰”或“獋”字,三字互通。卜辞中提到的“糰”,前人多认为是酉的古文,罗振玉说它“象酒盈尊”(《殷释》中第 72 页上,猷字条下)。唐兰除了主张它“像米在覃中之意(米在覃中,疑有釀酒之义)”,又说“糰”与“稻”为同一谷名(《文字记》第 25—26 页)。金祖同说:“予疑粟字。”(《遗珠》第 35 页下)陈梦家云:“秬,卜辞作糰,上部是米,下部像大口酉形酒器。”(《综述》第 527 页)李平心云:“糰,从米从覃,当是一种谷类。……分明就是一种小麦,与大麦为对名。”[《甲骨文金石考释》(初稿)]。于省吾说是“菽”,即豆类。[3]根据怀川地理环境分析,这里属东亚季风气候,降雨量集中在夏秋季,且年变率大,多春旱。其土壤以黄土为母质,具有节理垂直、土砂细致、土层单一、疏松多孔的特点,土壤中含有丰富的适宜作物生长的各种元素,非常肥沃,易于开垦。“只要选择耐春旱的作物度过春旱期,夏季得到充足的雨水,就能够获得丰收。怀川先民选择的这种作物就是‘粟’。”[4]因而“糧”应是粟类作物。“覃怀”连属,似可释为“粟满怀川”,丰收在望,古人以粟酿酒,故而覃字又“象酒盈尊”。这是农业文明的写照。

距今4000多年以前的唐虞之世,我国曾经发生过一次规模巨大的洪水灾害。“2000年来的史学纪录,则明确说到尧、舜之时是‘鸿水滔天’,‘下民起忧’‘求能治水者’。最初,曾以鲧治水,但‘鲧之治水无状’。其后,则用大禹治水,大禹‘居外十三年’而‘天下于是太平治’。4000多年前我国曾发生一次延续了若干年的洪水灾难,应该是历史事实。”[5]当时,覃怀一带也属于重灾区,沁、济诸水在此与黄河汇集一起,形成了一个像酒坛一样的大泽。大禹在此指挥治水,经过长期奋战,沿着黄河的主河道向东北一直疏导到横着的漳河那里,将覃怀境内的大水治理下去。《禹贡》所言“覃怀厎绩,至于横漳”,记载的就是大禹治水这段历史。洪水控制体系的建立,与古代文明的关系极其密切。为了从事治水等大型公共工程,需要建立中央权力机构,从而使跨宗族地域的早期国家形成并得到初步发展。“黄河改道在给人类造成灭顶之灾的同时,又促使人们必须团结起来去治理它。就是在向这一巨大的自然灾害进行斗争的过程中,中华民族迎来了文明的曙光。在治水过程中,部落首领必须拥有的号令一切的绝对权威,全体成员必须具备的集中全部物力和意志的统一思想和服从的习惯,当是以王权至上和中央集权为特征的东方文明形成的重要原因之一。”[6]夏王朝建立之后,祚土赐姓。覃怀地区最古老的姓氏之一温姓,就是于大禹治水,“禹贡河”道确立之后,在今河南温县形成的。

高阳氏苗裔以国为姓

在中国古代,河东、河南与河内合称“三河”地区。《史记·货殖列传》说:

“夫三河在天下之中,若鼎足,王者所更居也,建国各数千百岁,土地狭小,民人众,都国诸侯所聚会。”位于河内南部的温县,控扼三晋云山,容纳百川烟水。太行环其后,长河带其前。南引巩洛,北通燕赵,西挟泾渭,东接淮泗,车马辐辏,舳舻千里,风帆上下,百货阜通。素有“天下名都”之誉。被称为“三魏逵道”“美齐陆海”。早在夏代,怀川文明诞生并得到发展,颛顼高阳氏的后裔在此建立温国。史乘所载,颛顼为黄帝之孙,号高阳。《史记·楚世家》载:“高阳者黄帝之孙、昌意之子也。高阳生称,称生卷章,卷章生重黎。重黎为帝喾高辛氏火正,甚有功,能光融天下,帝喾命之曰祝融。共工氏作乱,帝喾使重黎诛之而不尽,帝乃以庚寅日诛重黎,而以其弟吴回为重黎后,复居火正,为祝融。吴回生陆终,陆终生子六人,坼剖而产焉。其长,一曰昆吾……昆吾氏,夏之时尝为侯伯,桀之时汤灭之。”高阳氏后裔中有一支叫昆吾,昆吾氏最早活动在嵩山周围的郑州地区。《淮南子·天文训》说:“(日)至于昆吾,是谓正中。”张衡《思玄赋》云:“跻日中于昆吾兮,憩炎火之所陶。”昆吾之居被视作“天下之中”,是华夏文化的中心。

夏代初年,昆吾之族沿黄河北上,徙至濮阳地区。《汉书·地理志下》载:“濮阳……颛顼之虚,故谓之帝丘。夏后之世,昆吾氏居之。”《后汉书·郡国志》云:“濮阳,古昆吾国。”《水经·瓠子河注》云:“河水旧东流,迳濮阳城北,故卫也,帝颛顼之墟。……亦夏伯昆吾之都。”《元和郡县图志》说:“濮阳县,本汉旧县也,古昆吾国,即帝丘,颛顼之墟也。昆吾即夏诸侯,为五伯之首。”春秋时期,卫成公曾迁都帝丘。鲁哀公十七年(前478年),卫庄公于此梦人登昆吾之观:“卫侯梦于北宫,见人登昆吾之观,被发北面而噪曰:‘登此昆吾之虚,绵绵生之瓜。’……”作为五霸之首的昆吾,夏代初年,居住在濮阳一带。今本《竹书纪年》载,胤甲四年“昆吾氏迁于许”。约在夏代后期,昆吾氏又举国南迁许昌。《国语·郑语》韦昭注:“其后夏衰,昆吾为夏伯,迁于旧许。”《左传·昭公十二年》载,楚灵王云:“昔我皇祖伯父昆吾,旧许是宅。”《路史·国名纪三》云:“昆吾,己姓,樊之国,卫是。澶之濮阳昆吾氏之虚也。……夏末迁许。”昆吾于夏末所迁之“许”,过去一般均释为“许昌”,今之学者多主张在郑州地区。[7]大体而言,在今河南郑州、许昌一带,或经郑州而至许昌。

昆吾氏除在濮阳建立昆吾国外,其支族还在今豫北地区建立了温、苏诸国。《国语·郑语》云:“己姓昆吾、苏、顾、温、董。”韦昭注:“五国皆昆吾之后别封者。”其中温立国较早。《温县县志稿》称:“温以泉得名,在夏已立国。”温国建于何时,史无详载。根据有苏被封于帝芬三十三年的史实,可以推知温之建国与有苏被封的时间相距不会太远,约在夏代早中期,都于今温县城西南 13 千米的招贤乡上苑村一带。夏朝末年,商族崛起。今本《竹书纪年》载:“帝癸二十六年,商灭温。”商人于公元前 1605 年,在伐夏过程中灭掉温国。有的学者推测,商灭夏后,又令温人复国。主张“温为商朝的属国”。[8]从当时的地理形势来看,温地位于沁阳田猎区内,甲骨卜辞载:“辛卯卜,贞:王其田温,无灾?”(《粹》979)《左告》曰:“有往刍自温,十人又二。”(《菁》3·1)是说商王经常去温狩猎游玩,还派人到那里去收割牧草。彼时,苗、向、邘、雍、宁诸国,呈弧状分布于温之北部,商王不可能越雍、宁而在此设邑,因而令温复国是完全可能的。温亡之后,温人以国为氏,始有温姓。

除温国外,颛顼高阳氏后裔中所建的另一个封国为苏国。今本《竹书纪年》载,帝芬三十三年,“封昆吾氏子于有苏”。《新唐书·宰相世系表》云:“苏氏出自己姓。颛顼裔孙吴回为重黎,出陆终。生樊,封于昆吾。昆吾之子封于苏。”《元和姓纂》说:“苏姓,颛顼、祝融之后,陆终生昆吾,封苏。”有苏氏最早活动在今太行山前沿地带。西周初年,因协助周人伐纣灭商有功,其首领苏忿生被周武王委以重任,将六卿之一主管刑狱的司寇之职授予苏忿生,并把他封到温地,建立苏国。《左传·成公十一年》载:“昔周克商,使诸侯抚封,苏忿生以温为司寇,与檀伯达封于河。”《尚书·立政》云:“司寇苏公式,敬而尔由狱,以长我王国,兹式有慎,以列用中罚。”《孔传》说:“忿生为武王司寇,封苏国。”《汉书·地理志》载,河内郡“温,故国,己姓,苏忿生所封也”。《后汉书·郡国志》说:“温,苏子所都。”《水经·济水注》云:“(济水)南迳温县故城西,周畿内国,司寇苏忿生之邑也。”苏国因其都城为温邑,故而亦称“温”,其国君苏子也称“温子”。苏国于公元前 650 年被狄人所灭。《春秋·僖公十年》载:“狄灭温,温子奔卫。”苏之国君苏子逃到卫国,称温氏。诚如清人张澍《姓氏寻源》所言:“《春秋·僖公十年》,狄灭温,温子奔卫。温子即苏子,苏氏为己姓,则温出己姓无疑。”苏忿生后人中有一支以温为氏。

高阳氏后裔中的温姓,虽然散居全国各地,但到唐朝时仍然枝繁叶茂,活跃在历史舞台上。《唐太常丞温信碑》载:“温,颛顼裔,为己姓。”大约唐朝以后,方才逐渐衰落。

唐叔虞之后因邑命氏

温姓除源于高阳氏外，另一支则源于唐叔虞。唐叔虞是周武王之子、成王之弟。西周初年，唐国发生叛乱，周成王命周公讨平叛乱后将唐国封给叔虞。《史记·晋世家》载："武王崩，成王立，唐有乱，周公诛灭唐。成王与叔虞戏，削桐叶为珪以与叔虞，曰：'以此封若。'史佚因清择日立叔虞。成王曰：'吾与之戏耳。'史佚曰：'天子无戏言。言则史书之，礼成之，乐歌之。'于是遂封叔虞于唐。"这就是著名的桐叶封唐的传说。后来，唐叔虞之子燮继位，徙居晋水之滨，改国号为晋，因而唐叔虞又称"晋唐叔虞"。

鲁僖公十年（前650年），狄人灭苏，苏子奔卫。晋文公将狄人赶走，并把温城交给东周王室。鲁僖公二十五年（前635年），周襄王将温赐给晋文公，晋国任命狐溱为温大夫；后来，晋襄公将温送给阳处父作采邑，阳处父死后，晋景公又把温赐予郤至。《左传·成公十一年》载，晋郤至与周争温之别邑鄇时写道："晋郤至与周争鄇田，王命刘康公、单襄公讼诸晋。郤至曰：'温吾故也，故不敢失。'刘子、单子曰：'昔周克商，使诸侯抚封，苏忿生以温为司寇，与檀伯达封于河。苏氏即狄，又不能于狄而奔卫。襄王劳文公而赐之温，狐氏、阳氏先处之，而后及子。若治其故，则王官之邑也，子安得之？'晋侯使郤至勿敢争。"郤至没有争到鄇田，却长期占据温邑，号称"温季"。《元和姓纂》载："温，唐叔虞之后。晋公族受封河内之温，因以命氏。又郤至食采于温，亦号温季。"《新唐书·宰相世系表》亦云："温氏出自姬姓。唐叔虞之后，以公族封于河内温，因以命氏。又郤至食采于温，亦号温季。"从《元和姓纂》与《新唐书》所言，出自晋国的温氏似有两支，一是有公族被封于温，以封邑命氏而称温氏；一是郤至食采于温，也称温氏。其实，这是把一件事说成了两件事。因为前面说的"公族"无具体对象，而后面所说的郤至就是晋之公族，且封邑在温。晋公族与郤至应是一回事。故而《通志·氏族略》说："按《姓纂》《唐表》皆言唐叔虞之后，以公族封于河内，此即郤至之封。（又）言郤至食采于温，亦号温季，一事分而为二，误矣。"春秋时晋国公族中郤氏是个显赫的家族。《古今姓氏书辩证》云："郤音隙，俗作郄。郤氏，姬姓。晋公族大夫食采于郤，以邑为氏。"郤辩氏中的郤锜、郤犨、郤至，合称

“三郤”，权倾朝野，引起其他晋卿的嫉妒。晋厉公对郤氏专权不满，早想借机除掉这个强宗大族。晋厉公七年（前574年），晋厉公令与郤氏有仇怨的胥童带兵袭击郤氏，杀了“三郤”。《史记·晋世家》，对此记述如下：晋厉公八年（实为七年事，误系于八年），“厉公猎，与姬饮，郤至杀豕奉进，宦者夺之。郤至射杀宦者。公怒，曰：‘季子欺予！’将诛三郤，未发也。郤錡欲攻公，曰：‘我虽死，公亦病矣。’郤至曰：‘信不反君，智不害民，勇不作乱。失此三者，谁与我？我死耳！’十二月壬午，公令胥童以兵八百人攻杀三郤”。郤至后死，其子孙逃到外地的以其封邑命氏，称温氏。故而《温氏谱序》曰：“晋大夫郤至封于温，子孙因氏。”《广东温氏发展史·晋世家世系》载：“晋开国始祖为唐叔虞，虞传燮，燮传宁族……蒲城鹊居传郤至。郤至即温季子，为晋大夫，采邑封于温，其裔以邑为氏。”由此可知，晋公族郤至应与温姓有较为密切的关系。这支温氏为周文王之孙唐叔虞的后代。

余　论

秦汉以降，不断有他族或外姓融入温氏。《魏书·官氏志》载，南北朝时，北魏鲜卑族有复姓嗢盆氏，随孝文帝迁到洛阳后，改姓温。《旧唐书·西域传》及其他史籍记述，唐代的康国，即汉之康居国，在今哈萨克斯坦境内，其国王姓温，后入中国，自成温姓，并逐渐与汉族温姓家族融合。另《金史·金国语解》载：“温迪罕曰温。”是说宋代金国女真人中的温迪罕氏，汉姓“温”。清代满洲八旗中的温特赫氏后来也改姓温。此外，唐代彭城长史刘易从，于永昌年间受酷吏周兴的诬陷而被杀，其子刘升流放岭外，并改姓温。今两广地区的温姓中，有的属于刘升后裔。明朝永乐年间，菲律宾苏禄东王访问中国，归途中至德州病逝，次子温哈赤和三子安德鲁留在德州守墓，其后裔有温、安二姓。今山东地区的温姓多出自这支外来民族。

综上所述，他族外姓改姓温的只是少数，温氏的主源出自河南省温县，古老的怀川文明，孕育了以高阳氏为主支的温氏，温姓满天下，祖根在覃怀。

注 释

[1][4]高登云、李晓飞:《中华文明怀川寻根》,大象出版社,2003年,第1页。

[2]杨伯峻:《春秋左传注》第二册,中华书局,1981年,第688页。

[3]于省吾主编:《甲骨文字诂林》第3册,中华书局,1996年,第2709—2711页。

[5]俞伟超:《龙山文化与良渚文化衰变的奥秘——致“纪念城子崖遗址发掘六十周年国际学术讨论会”的贺信》,《纪念城子崖遗址发掘60周年国际学术讨论会文集》,齐鲁书社,1993年。

[6]龚书铎总主编:《中国社会通史》“先秦卷”(本卷主编李瑞兰),山西教育出版社,1996年,第23—24页。

[7]邹衡:《夏商周考古学论集》,文物出版社,1980年,第229—232页。

[8]何光岳:《楚源流史》,湖南人民出版社,1988年,第49页。

(原载《焦作师范高等专科学校学报》第22卷第3期,2006年9月)

叶姓祖地在叶县

叶姓,是我国著名的姓氏之一。在宋朝《百家姓》中名列第257位。根据最新统计资料,按人数多寡排列,叶姓位居当今中华100大姓中的第46位,约占全国汉族人口的0.46%。

叶,据《说文》:“葉,草木之葉也。从艸,枼声。”段玉裁注:“凡物之薄者,皆得以叶名。与涉切,古音在八部。”宋人邓名世《古今姓氏书辩证》注音为:“叶,失涉切,今音枝叶之叶,盖摄、叶音变也。”关于叶姓的由来,汉代应劭《风俗通义》说:“沈尹戌生诸梁,字子高,食采于叶,因氏焉。”南宋郑樵《通志·氏族略》将叶姓划入“以邑为氏”之列。由此可知,叶姓是因春秋时期楚国贵族沈诸梁的封地在叶邑(今河南叶县),其后裔以邑名为姓氏而产生的。

沈诸梁,姓沈,名诸梁,字子高,楚国左司马沈尹戌之子。楚昭王十年(前506年),沈尹戌在吴楚战争中阵亡,其子沈诸梁被荫封为叶邑尹,食采于叶,因楚国邑尹称“公”,故号“叶公”。沈诸梁身为叶邑的最高军事行政长官,被后世公认为叶氏始祖,叶县便是叶姓的祖地。战国末秦昭王三十五年(前272年),置南阳郡,治所在宛(今河南南阳市)。秦汉时期叶县属南阳郡,叶氏宗族首先在这里发展壮大,于是后来外徙特别是南迁的叶氏后人便以“南阳”为堂号或郡望,称南阳叶氏。

叶公所在的叶邑,即先秦叶县故城,位于河南省叶县城南15千米澧河与烧车河交汇处的旧县乡。地处黄淮平原西南边缘,属从浅山丘陵区向平原过渡的地带。《南阳府志》称:“二水绕于前,方城镇其后,大乘峙其左,罗汉棋其右,唐邓宛叶之通途,汴洛荆襄之门户。”系东西南北交通枢纽,是楚国方城之外的军事重镇。《水经·汝水注》云:“澧水又屈而东南流,迳叶县故城北……楚惠王以封诸梁子高,号曰叶公,城即子高之故邑也。”叶邑故城平面略呈长方形,面积约100余万平方米。今旧县乡周围尚可见到的北城墙残长850米,西城墙残长

1160 米，残高约 3 米。城东傍河 1.5 平方千米的范围内为贵族墓地，分布着大型土冢十余座。

叶公治叶期间，居住在旧县乡大陈庄与诸梁寨。据叶县旧存碑刻所载："叶公自称，西北三里（大阵庄）有我居，东北五里（诸梁寨）有吾家。"大陈庄即今旧县西北之大陈庄，诸梁寨位于旧县乡沈湾村，相传是以他的官邸命名的。当时由于叶公政绩卓著，天下知名人士如接舆、荷蓧丈人、长沮、桀溺等都云集叶邑，著名教育家、思想家孔子在周游列国期间，也于楚昭王二十七年（前 489 年），亲自来到叶邑拜访叶公。《论语·子路》载："叶公问政，子曰：'近者说，远者来。'"又说："叶公语孔子曰：'吾党有直躬者，其父攘羊而子证之。'孔子曰：'吾党之直者异于是：父为子隐，子为父隐，直在其中矣。'"孔子在叶期间，曾多次与叶公讨论过治国齐家等政治问题。不过，围绕着"直躬"的话题，二人的见解各不相同：叶公主张崇尚法治，大义灭亲；孔子注重亲情，主张"子为父隐"。叶公与孔子的交流，成了千古佳话，被后世儒生誉为"叶公问政"。《叶县志》载："旧县北门外，有坊曰：叶公问政处。"在旧县乡沈湾村东北的刘秀庙内，至今仍保存着"问政门"石碣和"叶公问政处"石坊残件。

叶公主政期间，十分关心叶地的农田水利建设，率领民众治理澧河，并修筑东、西二陂灌溉农田。《水经·汝水注》云："醴水又东，与叶西陂水会。县南有方城山，屈完所谓楚国方城以为城者也。山有涌泉，北流，畜之以为陂，陂塘方二里。陂水散流，又东，迳叶城南，而东北，注醴水。醴水又东，注叶陂。陂，东西十里，南北七里。二陂，并诸梁之所堨也。"《读史方舆纪要》载："东陂，在县东。《志》云：春秋时楚叶尹沈诸梁所凿，东西十里，南北七里。又西坡，方二里，黄城山之水潴于此。"今东陂遗址尚存，位于旧县乡水城村附近。叶公修筑东西二陂，使百姓免洪涝之苦，得农牧之利，开我国小流域治理之先河，当地数十万亩农田得以灌溉。这个水利工程，比著名的蜀守李冰修的都江堰早两百多年。叶公施惠于民，人称贤良，为纪念叶公，当地百姓将邻近东陂的金湾水渠称为"叶公渠"。

叶公居叶期间，潜心于龙文化的探索，并以"好龙"而闻名遐迩。龙这种现实生活中不曾存在的虚拟的生物，在古代人们的心目中，是集动物大成的综合体，虽然没有固定的形态，却有升天入地、行云施雨的本领。它是神圣、吉祥的同义语，又是古代权力的象征，它玄而又玄，神乎其神，这种并不存在的"鳞虫之长”,被誉为我们祖先最早的“人心营构之象”,占有无比崇高的地位。刘向《新序·杂事》云:“叶公子高好龙,钩以写龙,凿以写龙,居室雕文以写龙,于是夫龙闻而下之,窥头于牖,拖尾于堂,叶公见之,弃而奔走,失其魂魄,五色无主,是叶公之好龙也,好夫似龙而非龙者也。”这个千百年来广为流传的寓言故事,揭示出叶公对龙的崇尚达到无以复加的程度。叶公画龙之处,被称为“玩龙台”。《叶县志》载:“玩龙台在旧县城东,叶公好画龙,神龙下降即此地也。台前墨池,俗传泚墨之所,今尚有遗址可寻。”漠漠荒台掩岁月,旧县玩龙台遗址的存在,记述着当年叶公在弘扬龙文化方面的伟大功绩。

楚惠王十年(前 479 年),楚国发生了白公胜之乱。当时吴国进攻慎邑(今安徽颍上县西北江口集),身居吴楚边境的楚国重臣白公胜在此打败吴军后,又以献捷的名义进入楚都,突然发动兵变,占领王宫和高府(武库),杀死了令尹子西和司马子期。在混乱中,楚惠王被其从者屈固救出,藏在楚昭王夫人府中。白公胜自立为王。叶公闻讯,不顾年迈,毅然出征,率方城以外之兵,攻入楚都,白公胜兵败自缢。叶公因平定白公胜之乱,迎惠王复位,官至令尹、司马,集军政大权于一身。但他在平定叛乱,整肃朝政之后,却很快辞去了令尹、司马之职,告老还乡,回到叶邑。《荀子·非相》对叶公平乱之举曾高度评价说:“叶公子高微小短瘠,行若将不胜其衣。然白公之乱也,令尹子西、司马子期死焉,叶公子高入踞楚,诛白公,定楚国,如反掌尔。仁义功名著于后世。”叶公是楚国的中兴名将,却能功成身退,“而老于叶”,可见其高风亮节。

叶公死后,葬于旧县城北 1.5 千米处。《汉书》注引《皇览》曰:“县西北去城三里有叶公诸梁冢,近县祠之,曰叶公丘。”由于年代久远,叶公墓几乎被夷为平地。1982 年,叶氏后裔进行重修,建成“叶公陵园”,该陵园现为河南省级重点文物保护单位,占地面积 23100 平方米,主要建筑包括正门、二门、问政殿、飨堂、碑廊、祭坛、东西厢房、墓冢等。正门朝向南,微偏东,门楼仿古琉璃瓦建筑样式,壁上镶有金匾,书曰“叶公陵园”。二门与正门相对,门前两侧各置石狮一尊。从二门经神道可直达祭坛,祭坛东侧为望慈亭,西侧为兴祖亭,正后方是陵园的核心——叶公墓,墓冢呈圆形丘状,周围有砖石围砌,直径 22 米,高 4 米,占地面积 380 平方米,墓前立有高达 3.5 米的巨碑,碑文为“叶公沈诸梁之墓”。叶公陵园正值澧河环抱的立树岗上,山环水绕,气势磅礴。

叶公陵园附近,有一处叶公庙旧址。《水经·汝水注》云:“醴水又东,迳叶公庙北。庙前有叶公沈诸梁碑。旧秦汉之世,庙前有双阙、几筵。黄巾之乱,残毁颓阙。魏太和、景初中,令长修饰旧宇。后长汝南陈晞以正始元年立碑,碑字破落,遗文殆存,事见其碑。”熊会贞按:“《风俗通》二,叶公退老于叶,及其终也,叶人追思而立祠。《注》言魏令长修饰旧宇。又《寰宇记》,叶公庙在旧县东北三里,唐仙州刺史张景洪建,盖屡重修矣。”叶公庙也叫“叶公祠”,其旧址在旧县城北,是后人为纪念叶公而建立的,今祠庙不复存在,空留旧址以供凭吊。

综上所述,叶县古称叶邑,为楚国贵族沈梁的封地,是公认的叶公故里。这里迄今仍保留着叶邑故城、诸梁寨、叶公问政处、叶陂水城、叶公渠、叶公玩龙台、叶公陵园、叶公庙等众多遗迹,充分表明叶县是叶姓的祖地。近年来,经常有大批海内外叶姓后裔到此寻根谒祖,进行联谊活动,洽谈经贸合作,共谋发展大计,使得叶县这颗镶嵌在豫南大地上的璀璨明珠,更加光彩夺目!

(原载《炎黄天地》2009 年第 4 期)

宁氏族源在获嘉

宁是一个历史悠久的姓氏，在中华民族发展史上占有举足轻重的地位，历代宁氏族人，以其光辉的业绩，谱写了极其灿烂的篇章。据不完全统计，宁姓人口已达60余万，在当代姓氏排行榜上居第187位，大约占全国人口的0.053%。“参天之木，必有其根；怀山之水，必有其源。”近年来，随着寻根谒祖之风的缘起，关于宁姓之源越来越受到各界人士的关注，逐渐成为学术研究的一个热点。

根据历史考古资料，宁是一个地域之名，最早是指宁国和宁邑而言。宋人罗泌在《路史》中，就曾把宁列为一个先秦古国。《路史·国名纪五》载：“宁国：阳处父聘卫过宁者，今拱之宁陵，古信陵，故卫安僖封弟于信陵，号信陵君。然宁城在获嘉，而武陟亦故宁。”同书“国名纪六”又说：“宁，杜（预）云：汲郡修武，今卫之获嘉有宁城，故修武也。”已故著名考古学家陈梦家先生在《殷墟卜辞综述》中“方国地理”部分，也提到宁，认为宁是商代的方国，并说“是殷代之宁，即汉代之修武，今获嘉修武境。……此地是大陆吴泽所在，古之田猎区”。商史专家孟世凯先生说：“目前所见在甲骨刻辞中有‘宁’字的共有130多条，主要见于武丁及武丁后期和武乙、文丁时期，其中武丁时期较多。……宁氏族是商的一个诸侯，自武丁王朝时有宁人作贞人，说明是个有很悠久历史的大族。”[1]历史地理学家何光岳先生《周源流史》也提到宁国，他说：“按：宁，古国，位今河南宁陵，商时北迁获嘉宁城，被周武王所并。”[2]商代甲骨卜辞中，经常提到“宁”，如：

贞：翌丁亥，我狩宁？（《合集》11006）

贞：翌丁亥，无焚宁？（《合集》11059）

……在宁……遚于……往来无灾？（《合集》36934）

……在宁次……（《合集》36949）

这里提到的宁，无一处涉及河南宁陵，均指获嘉宁地而言。由此可知，商代宁国就在今河南获嘉一带，本是商王的重要田猎区。获嘉的宁国故城，就是后代的宁邑。

关于宁邑，《左传·文公五年》载："晋阳处父聘于卫，反过宁，宁嬴从之。"杜预注："宁，晋邑，汲郡修武县也。"《国语·晋语》云："阳处父如卫，反过宁，舍于逆旅宁嬴氏。"《战国策·赵策》谓："秦攻魏，取宁邑，诸侯皆贺。"《史记·魏世家》载："通韩上党于共、宁，便道安城，出入赋之。"西汉韩婴《韩诗外传》卷三云："武王伐纣，到于邢丘，轭折为三，天雨三日不休。武王心惧，召太公而问。曰：'意者纣未可伐乎？'太公曰：'不然。轭折为三者，军当分为三也。天雨三日不休，欲洒吾兵也。'……乃修武勒兵于宁，更名邢丘曰怀，宁曰修武。"《水经·清水注》云："清水又东流，吴泽陂水注之，水上承吴泽陂于修武县故城西北。修武，故宁也，亦曰南阳矣。……余按《韩诗外传》言，武王伐纣，勒兵于宁，更名曰修武矣。魏献子田大陆，还卒于宁，是也。……大陆即吴泽矣。《魏土地记》曰：修武城西北二十里有吴泽陂，南北二十许里，东西三十里，西则长明沟入焉。"《括地志》"怀州修武县"下："怀州修武县本殷之宁邑。"同书"获嘉县"下又说："怀州获嘉县，古修武也。"《读史方舆纪要》卷四十九，提到修武县"商为宁邑"，有宁城"在县东。古宁邑，武王伐纣勒兵于宁"。《大清一统志》"河南卫辉府古迹"条下："修武故城。今获嘉县治，即古修武也，亦即宁邑。"由此可知，宁邑在今河南获嘉。

河南获嘉，地处巍巍太行之南，滔滔黄河之北。境内地势平坦，有著名的清水与吴泽陂。这里南通荆楚，北控燕赵，地理位置十分重要。《获嘉县志》称其"北峙太行，南带黄河，四野平坦，左夷右隆，卫邦之藩屏，河北之咽喉"。又说："获嘉为卫地，在春秋尝以庶哉著称。"《水经·清水注》云："自朝歌以南，南暨清水，土地平衍，据皋跨泽，悉牧野也。"宁氏先民得天独厚，自古以来就生活在这富庶、平夷、安宁之邦。

宁邑为宁姓的族源所在。宁氏的主要来源有二：一曰出自嬴姓。《姓氏急救篇》载："宁氏与秦同姓。秦襄公曾孙谧宁公，支庶因以为氏。"二曰出自姬姓。《元和姓纂》载："宁氏，卫康之后，至武公，生季亹，食采于宁。"《通志·氏族略三》云："宁氏，杜(预)云：汲郡修武县，按修武今属怀州武陟。然获嘉有宁城。"《姓觿》谓："宁氏，《姓源》云，卫武公子季亹食采于宁。"湖南衡阳市回雁峰三阳《宁氏族谱·宁氏姓氏考》说："宁之先本姬姓，文王幼子康叔封于卫，传至武公第四子季亹，食采于宁，以宁为氏。其地在今之河南获嘉县、修武县等处，厥后子孙在卫者，或居荥阳或徙南阳。自季亹至喜九世皆为卫卿，故卫为宁之宗国。”何光岳先生说，商末周初，宁城“被周武王所并，为卫国之邑，后为卫武公季子季亹封地，因以采邑为氏”。[3]由此看来，宁氏主要出自姬姓，以邑为氏，源于河南获嘉。

《元和姓纂》载：“宁：卫康叔之后，至武公，生季亹，食采于宁。弟顷叔，生跪。跪孙速。速生武子俞。俞生殖。殖生悼子喜。九世卿族。”《左传·襄公二十五年》载：“卫献公自夷仪使与宁喜言，宁喜许之。大叔文子闻之，曰：‘呜呼！……今宁子视君不如弈棋，其何以免乎？弈者举棋不定，不胜其耦，而况置君而弗定乎？必不免矣。九世之卿族，一举而灭之，可哀也哉！’”杜预注：“宁氏出自卫武公，及喜九世也。”由此可知，源于河南获嘉之宁氏，其得姓始祖为季亹，季亹冢位于获嘉县张巨乡李村东北约500米处，被称为“宁家古冢”。实为宁氏族人寻根谒祖的圣陵。

获嘉现存与宁氏有关的历史文化遗存，除季亹冢外，尚有周文王冢、同盟山武王庙、宁邑故城、大宁城等。

宁氏根深叶茂，遍布海内外。文献记载的郡望有齐郡、济南、安平、洛阳、华阴、河东等。集中分布在河南、山东、陕西、山西、广西、福建、湖南、江西、吉林等地，根据宁氏以邑为姓、源于宁邑的历史来看，可知宁氏满天下，祖根在获嘉。

注　释

[1]孟世凯：《宁姓地源浅析》，《黄河文化》2005年4期。

[2][3]何光岳：《周源流史》，江西教育出版社，1997年，第706页。

（原载《武王伐纣·宁氏源流——获嘉历史文化论丛》，河南人民出版社，2012年）

蔡姓祖地在上蔡

蔡是源于河南驻马店地区的重要姓氏，也是我国最著名的姓氏之一。在宋朝《百家姓》中名列第155位。根据最新统计资料，按人口多寡排列，蔡姓位居当今中华100大姓中的第44位，总人口550余万，约占全国汉族人口的0.46%。蔡姓起源有多支，但其主源来自姬姓蔡国，从蔡和蔡姓的由来，以及伏羲画卦处、蔡氏陵园、蔡国故城等遗址来看，可知蔡姓祖地在今河南上蔡。

蔡的得名

上蔡所在的驻马店地区，位于我国黄淮平原南部的淮水北侧，物产丰富，交通方便，享有“汝土之殷，鱼稻之饶”[1]的美誉，并且“负山面淮……为天下之中”。[2]古代这里优越的生态环境，使得地上长满蓍草，河里神龟漫游，一派和谐景象。据考证，“蔡”字是由“祭”字发展衍生而来。朱骏声《说文通训定声》把蔡、祭并列一起，同属泰部，古音相通。蔡由“艹”和“祭”组成，为会意字。“艹”代表蓍草，“祭”代表祭祀中所用占卜的神龟。“蔡字即蓍草下面的神龟。”[3]蓍草一株数茎，多少不等，叶如槐而小，以卜吉凶。《本草纲目》云：“此类亦神物，故不可常有。”龟长寿，古为吉祥物，人们常用龟甲占卜。王象晋《群芳谱》云：“蓍满百茎，其下神龟守之，其上常有青云覆之。”蔡地传说有白龟浮于蔡河。《大清一统志·汝宁府》云，蔡水“因龟行之迹成河”。周源《重建上蔡治碑记》说：“蔡之为地，本以卜筮得名。”陆德明《经典释文》谓：“一云龟出蔡地，因以为名。”何晏《论语集解》云：“臧文中居蔡。”注曰：“蔡，国君之守，龟出蔡地，因以为名。”《上蔡县志·沿革》也说：“伏羲氏因蓍草出蔡地，画卦于此，遂名其地为蔡。”相传早在三皇之世，中华民族的人文始祖伏羲曾经画八卦于此，并用“太极”学说来分析宇宙发展变化之理。

从考古资料来看，这一地区发现有旧石器时代和新石器时代遗址多处，仅新石器时代早中期的裴李岗文化遗址，在上蔡县境内就有高岳集、尹庄、航寨等。新石器时代晚期遗址甚多，分别属于仰韶—龙山文化系统和屈家岭—石家河文化系统，还有不少遗址含有大汶口文化遗存。因而古代这里曾是华夏、苗蛮和东夷文化交汇融聚的中心。

夏商以降，蔡之名声大震，殷墟甲骨卜辞中屡有记载，多次提到“蔡”。周武王伐纣灭商以后，正式建立起周王朝。公元前1046年，在西周历史上第一次大分封过程中，周文王的第五子叔度被封于蔡，从此蔡国之名彪炳史册，并发展演进为蔡姓。

蔡姓来历

西周初年，叔度被封到蔡地，成为蔡的开国之君。《史记·管蔡世家》载：“武王已克殷纣，平天下，封功臣昆弟。于是封管叔于管，封蔡叔于蔡。”关于蔡，《集解》引《世本》曰：“居上蔡。”与之同时，为了安抚殷商遗民，又将商纣王之子武庚禄父封于朝歌（今河南淇县）。从防范武庚及殷人残余势力死灰复燃的目的出发，武王又指派管叔鲜、蔡叔度、霍叔处等三位近戚去监视其行动，后人遂称之为“三监”。公元前1045年，武王病故，其子成王年幼即位，由周武王的四弟周公旦为相辅政。管叔、蔡叔等对此不满，并散布流言，说周公有篡夺王位的意图，便和武庚与商的亲族奄、蒲姑等联合起来，组成反周联盟。在此极其危难的情况下，周公奉成王之命，出兵东征，击溃了叛军。武庚、管叔被杀，蔡叔被流放到郭邻，郭邻即今蟾虎寺，当时是蔡城郊外一个极其偏僻的地方。不久蔡叔愤然去世。

蔡叔度死后，其子胡能够与父亲的反叛行为决裂，遵守文王的德训，与人为善。周公听说后，就派他到鲁国（周公旦的封国）为卿士，辅佐儿子伯禽。由于胡的政绩卓著，周公奏请成王，复封胡于蔡，以奉蔡叔之祀，是为蔡仲。蔡仲复国后，谨遵成王与周公的训诫，兢兢业业地干出一番事业来。除了处理好政务，相传他在原先蔡叔度筑城的基础上，继续修建蔡城。蔡国逐渐成为周王朝东南的重要屏障。

蔡国在上蔡建都500余年后，公元前529年，蔡平侯徙都新蔡；公元前493年，蔡昭侯迁都州来（今安徽凤台），史称下蔡；公元前447年，楚惠王灭蔡，蔡遂绝祀。蔡共建国约600年，历26君。（也有文献记载楚灭蔡后，蔡又复国，迁都高蔡，公元前343年，楚宣王二十八年时，蔡国才彻底灭亡）宋人郑樵《通志·氏族略》说，蔡国“相承二十六世，为楚所灭，子孙以国为氏”。这就是蔡姓的来历。

伏羲蔡地画卦处

蔡的得名，起于伏羲画卦处，今称白龟庙，又称白龟祠，位于上蔡县城东13千米的塔桥乡白圭庙村。蔡地传说有白龟浮于蔡河。《大清一统志·汝宁府》云，蔡水“因龟行之迹成河”。相传当年伏羲创画八卦于蔡水之滨。明代河南巡抚阎兴邦《蓍台碑记》云：“上蔡县东三十里，一台屹然立于蔡沟，曰蓍台。蓍草生也。盖伏羲氏画卦地也。其西北有庙以祀伏羲。……伏羲画八卦，开万世文字祖，文王、周、孔共发明之。伏羲之德如是。则台也，庙也，当与河图洛书并垂永久矣。”明代杨埙《蓍草台记》也说：“上蔡，古建侯之国也，由东门不二里许，有水一脉，萦纡委折，东流三十里，注于洪河。旧有元龟，素甲缟身，浮游其中，故名曰‘蔡沟’。适强沟半，有台巃然临于沟北。台之四周，方广二十顷。蓍草丛生其间，首若龙矫，尾若凤翔，盈于台畔。伏羲氏作，取而筮之，以画八卦之变，故名曰‘蓍台’。又于其西北为八卦台，后人建白龟庙于台上，以祀元龟之神。其创始年月漫不可考，意者唐虞三代之旧欤！”伏羲画卦之地为蔡，其所在之岗为蔡岗，河为蔡河，又名蔡沟，泛称蔡水。

伏羲画卦所在的白圭庙村，宋时称羲皇城，明代称羲和寨，建有6万平方米的一城一庙。其城东西宽800米，南北长1200米，四面各建有城门，双重护河。东有青龙沟，西有白虎沟，南有朱雀沟，北有玄武沟，并有20余亩祭田。白龟庙坐北向南，门前有玉带河，桥头立有“蓍台”石坊。门内左右为钟鼓楼，其北有仪门，仪门左右各有5间配殿。仪门以北正中为面阔5间、进深3间的大殿，大殿建在5尺高的月台之上，为琉璃瓦顶，门悬“人文始祖”匾额，殿中塑有伏羲坐像，殿前建有5层铁塔两座，塔高8米。伏羲殿后为三皇阁，内塑天皇、地皇、人皇坐像。阁西有垂花门通蓍草园,蓍草园中有先天八卦亭一座。先天八卦亭又称画卦亭,建于高2米的砖台之上,为八角形攒尖琉璃瓦顶,青石圆柱,顶部有八个拱角,檐下八方分别有“乾、坤、坎、离、震、艮、巽、兑”八个大字,并立有八根方形石柱,柱间装饰有青石栏板,雕以花卉图案。门在南面,门侧两根石柱上刻对联一副:“仰观俯察一画明天地之道;数往知来六爻发古今之藏。”亭旁旧有东汉蔡邕所题的“伏羲画卦碑”。画卦亭后有伏羲墓,当地俗称人祖坟,坟高数丈,上有两人合抱的古楸数株。东配殿有圆门东通接官厅,厅前有后天八卦亭一座,其形如西院的先天八卦亭。接官厅后为道院,又东有道教诸庙,其北为菜园花圃。经过历史的剥蚀,庙内建筑大都遭到破坏,保护较好的主要为伏羲画卦亭。庙内蓍草葳蕤,历数千载而不衰。[4]伏羲画卦的白龟庙,是蔡氏文化的重要标识。

蔡叔度陵园

蔡叔度陵园,位于上蔡县城之西,东距蔡国故城约1千米。蔡叔度是蔡国的开国之君,蔡氏以国为姓,蔡叔度就是天下蔡姓华人的始祖。公元前1038年,蔡叔度死于郭邻葬于郭邻东200米处的卧龙岗。

蔡叔度墓高5米,底部直径20米,总面积314平方米。周围丘陵深涧环抱,巍然隆起于地面之上。墓前立有清咸丰年间上蔡知县金宝录《蔡叔度墓记》《重修蔡叔度墓》等石碑。2000年9月,蔡叔度墓被河南省人民政府公布为省级文物保护单位。

2005年,由“世界蔡氏修建蔡侯陵园筹委会”集资修建蔡叔度墓,定名为蔡侯叔度公陵园,规划占地总面积33亩,工程分三期实施,建设项目有祭坛、玉带河、龙柱、蔡氏文化陈列馆、神道及其两侧的石象生(石人、石马、石驼、石象等)、碑林、蓍龟园。此外,还有陵园牌楼,坊额为江泽民题字。陵园西为游乐园,东为文王庙。

蔡仲陵园

蔡仲名胡，蔡叔度之子，蔡国第二个国君。由于他被封复国，蔡叔之祀才得以延续下来，因而他对蔡国和蔡姓做出了特殊的贡献，理应受到蔡氏族人的礼遇和尊崇。

蔡仲墓位于上蔡县城东北周口至上蔡公路西侧，高 4 米，底部直径 11 米，总面积 95 平方米。墓前刻有《蔡仲之命》《蔡仲之墓》等石碑。2000 年 9 月，蔡仲墓被河南省人民政府公布为省级文物保护单位。

2009 年，由菲律宾济阳柯蔡宗亲总会、世界柯蔡宗亲总会共同集资修建蔡仲墓，定名为蔡仲胡公陵园，规划占地面积 15 亩，园中建有大殿、二十四孝图、牌坊、凉亭、蔡仲玉雕像等。

蔡国故城

蔡国故城位于上蔡县城关一带，坐落在芦岗东坡之上，西临汝水故道，东御蔡塘故址，洪河由芦岗北面折向东南，附近地势极其险要。

蔡国故城的平面略呈长方形，东西略短，南北稍长，根据 1963 年实测结果，南垣长约 2700 米，东垣长约 2490 米，北垣长约 2113 米，西垣长约 3197 米，周长 10490 米。城墙系用夯土筑成，夯层厚 8—14 米，夯窝甚浅，直径 2—3 厘米（1984 年曾于东垣底部发现小口尖底的西周时期夯窝）。城外有护城河，迄今所见城壕遗迹，宽 70—103 米，深 5—10 米。现存城墙缺口甚多，可以判定为城门的有 4 处，南垣 3 处，西垣 1 处。城门附近城垣厚度明显加宽，其右侧呈“U”形深坎，推测左侧也应有坎。以南垣中部的城门为例，右侧门坎东西长 116 米，南北宽 26 米。坎为城门结构的一部分，应是门卫房一类的设施。城墙中下部夯土中，包含有仰韶、龙山、商代和西周时期的陶片；上部夯土层里，发现春秋战国时期的遗物和陶片。据此可知，该城始建于西周时期，后又多次进行过加固修复。

宫殿区位于故城中部王会庄村南的二郎台。二郎台东西长约 1200 米，南北长约 1000 米，面积 120 万平方米，高出现今地面 6—7 米。《上蔡县志》称这带“相传蔡侯朝庙宫殿之所在”。台上发现有古井、陶排水管道、筒瓦、板瓦等建筑构件残片，以及密集的大型夯土建筑基址，说明当年台上应有庞大的建筑群。高台四周以沟渠环绕作为防御设施，推测应有城垣建筑存在。

手工业作坊区分布于故城内外。制骨作坊在宫殿区东北，这里出土有针、锥、簪、镰等骨器以及骨料和骨器半成品。城内南部发现一座完整的窑址，窑内布满红烧土和春秋时期的陶片，可能是制陶作坊所在地。城内还发现铸铜作坊遗址两处：一处在宫殿区北，面积约 2 万平方米，已发现炼炉 3 个；另一处在城内东南部，有炼炉、铜渣出土。

关于墓葬区，《重修上蔡县志》载：“周蔡侯墓有二：一在县东北一里许，一在县西郭外。”故城内西南隅的翟村一带，曾经出土过春秋时期的鼎、壶、剑、戈、车马饰等铜器。另外，故城西北有 9 个古冢，相传为蔡侯之墓。这些都为进一步寻找蔡国贵族墓葬区提供了线索。[5]

1996 年 11 月 24 日，上蔡蔡国故城被国务院公布为第四批全国重点文物保护单位。

上蔡蔡国故城假如始建于西周初年，从中国古代城市发展演进的轨迹来考察，西周时期的城址极其罕见。周原和丰镐都未发现城址，就目前所知，除上蔡蔡国故城外，西周早期城址有北京房山琉璃河，西周中期城址有孟津翟泉城；西周晚期城址有三门峡虢都上阳与荥阳娘娘寨。从这些城址的规模与文化内涵来看，它们都远逊于蔡国故城。

通过上面的剖析，可知蔡的得名始于伏羲画卦之时。作为西周初年的封国，蔡姓以国为氏，因而蔡姓祖地在河南上蔡。迄今上蔡境内尚保存有伏羲画卦处、蔡姓始祖蔡叔度陵园、复国之君蔡仲陵园、上蔡蔡国故城，从而使上蔡成为蔡姓华人寻根祭祖的圣地。从伏羲画卦到叔度封蔡，从蔡仲复国到平侯徙都，在这漫长的历史岁月里，淮北、汝南之浩气，尽汇上蔡；长江、黄河之文化，咸聚天中。这里是文化中心和军事要地，在华夏文明发展史上占有极其重要的地位。

注 释

[1]《汉书·邓晨传》。

[2]清《重修汝宁府志》。

[3]何光岳:《周源流史》,江西教育出版社,1977年,第769页。

[4]梁俊峰:《伏羲文化在蔡的遗存及影响》,《厚重天中——天中文化论集》,中国国际文化出版社,2006年。

[5]尚景熙:《蔡国故城调查记》,《河南文博通讯》1980年第1期。

(原载《中原文史》2011年第2期)

柳姓之源在濮阳

柳是中华民族大家庭中枝繁叶茂的大姓。在宋人编写的《百家姓》中被排在第60位。据统计，当代柳姓人口已达114万，占全国人口总数的0.091%，位居中华姓氏第130位。历史上柳姓名人辈出，灿若群星。最具代表性的人物有：中华和圣柳下惠，唐代杰出的书法家柳公权，文学家、哲学家柳宗元，北宋著名词人柳永，明末清初民间评话艺术家柳敬亭，清初著名诗人、画家柳如是，近现代著名诗人柳亚子等。柳姓历史悠久，源远流长，在中华文明发展史上做出了巨大贡献，占有崇高的地位。

柳姓的起源

柳姓形成于春秋初期，是从展姓衍生出来的，而展姓又出自姬姓，因而一般都称“柳氏出自姬姓”。《元和姓纂》载：“周公孙鲁孝公子展，展孙无骇，以王父字为展氏，生禽，食采柳下，遂姓柳氏。”《通志·氏族略》谓：“柳氏，鲁孝公之后。孝公生子展，展孙无骇生展禽，字季，为鲁士师，谥曰惠，食采于柳下，故谓之柳下惠。子孙以邑为氏。”由此可知，柳姓源自姬姓，鲁孝公后裔展禽，又称柳下惠，其食邑在柳下，子孙以邑为氏，遂姓柳下，后又去下字，为单姓柳，从而形成了彪炳史册的中华柳氏。

柳姓始祖柳下惠，出身于鲁国公族，始祖公子展为鲁孝公之子。柳下惠为孝公五世孙，本名展禽，又称柳下季。关于其得名的原因，史书多有记载。《左传·僖公二十六年》：“夏，齐孝公伐我北鄙，卫人伐齐，洮之盟故也。公使展喜犒师，使受命于展禽。”孔颖达疏：“《鲁语》，展禽对臧文仲云：获闻之。是其人氏展名获，字禽，柳下是其所食之邑名，谥曰惠。《列女传》，柳下惠死，门人将谥之。妻曰:夫子之谥亦为惠乎?门人从,以为谥。《庄子》云:柳下季者,季是五十字,禽是二十字。”杨伯峻《春秋左传注》说:“展禽名獲,字禽,或云食邑于柳下,或云居于柳下;据《列女传》,其妻私谥以惠,故亦称柳下惠;《庄子·盗跖》及《战国策》称曰柳下季,季则其排行,五十以伯仲者也。”

柳下惠是我国古代一位著名的政治家、思想家,鲁僖公在位时(前659—前627年),任鲁国士师(狱官,主察狱讼之事),为人正直,坚持正义,任士师时曾多次被黜。他不仅以善于讲究贵族礼仪著称,而且颇具儒家道德的理想形象。鲁僖公二十六年(前634年),齐国进攻鲁国,他派人到齐国劝说退兵,因此在鲁国很得民心。陶宗仪《南村辍耕录·不乱附妾》载:“夫柳下惠夜宿郭门,有女子来同宿,恐其冻死,坐之于怀,至晓不为乱。”这就是柳下惠“坐怀不乱”的故事。这个故事来源甚早,《荀子·大略》说:“柳下惠与后门者同衣而不见疑。”《孔子家语·好生》云其“妪不逮门之女,国人不称其乱”。于是柳下惠遂成了“坐怀不乱”的正人君子,千百年来被奉为道德楷模。

柳下惠的道德学问影响深远,受到孔子、孟子等儒学大师的青睐,并给予了很高的评价。《庄子·盗跖》载孔子称柳下惠为“世之才士”。《论语·微子》载孔子谓:“柳下惠、少连,降志辱身矣。言中伦,行中虑,其斯而已矣。”《孔子家语·弟子行》又说:“孝恭慈人,允德图义,约货去怨,轻财而不匮,盖柳下惠之行也。”《孟子·万章下》载孟子云:“柳下惠不羞污君,不辞小官,进不隐贤,必以其道。遗佚而不怨,阨穷而不悯。与乡人处,自由然不忍去也。……故闻柳下惠之风者,鄙夫宽,薄夫敦。”又说:“柳下惠,圣之和者也。”《孟子·尽心下》则云:“圣人,百世之师也,伯夷、柳下惠是也。”从此柳下惠不仅被戴上了“和圣”的桂冠,而且又被奉为“百世之师”。清代著名学者刘逢禄在《论语述何》中甚至将他与孔子相比,说:“在鲁言鲁,前乎夫子而圣与仁,柳下惠一人而已。”由此可知柳姓始祖柳下惠的人格魅力。柳下惠的生平业绩同中华柳姓有着特殊的密切关系。

柳姓祖地在濮阳

濮阳县位于河南省东北部,黄河下游北岸。地理坐标为东经114°52′—

115°25′，北纬35°20′—35°50′，境域东西宽49.2千米，南北长40千米，总面积1451.61平方千米，人口108.27万人，是濮阳市所辖的一个大县，因位于濮水之阳而得名。《礼记·乐记》云“桑间濮上之音”，就已提到“濮上”。《史记·卫康叔世家》载：“嗣君五年，更贬号曰君，独有濮阳。”“濮阳”之名始见于史。濮阳历史悠久，文赋纷华，上古时期，颛顼、帝舜部族都曾活动在此地区，素有“颛顼遗都”“帝舜故里”之称。春秋时期，卫国在此建都长达400多年，孔子周游列国14年，其中10年时间在濮阳。这里重要的考古发现，有戚城龙山文化城址、高城卫都帝丘城址，特别是1987年在濮阳县西水坡仰韶文化遗址中发掘出的“蚌砌龙”，被誉为“中华第一龙”，濮阳因此被称为“龙乡”。从姓氏文化来看，濮阳是中华柳姓的发祥地。濮阳境内遗存有关柳姓起源的史迹甚多，最重要的有两处。

一、柳下惠食邑。柳下是和圣柳下惠食邑之名，具体地点在今濮阳县柳屯镇。臧励龢《中国古今地名大辞典》载：“柳下屯，在直隶濮阳县东四十里。”《濮阳文史资料·濮阳春秋》谓：“柳下惠（亦称柳下季），姓展，名获，字子禽。……因他居官清正，执法严谨，不合时宜，弃官归隐，居于柳下（今濮阳县柳屯）。”经实地勘察，今濮阳县柳屯镇北街有柳下惠粮仓遗址，马道街为柳下惠乘马所经之道，附近有一古柏，现已枯死，相传为柳下惠拴马处。据此，柳下惠的食采之邑应在今濮阳县境。

二、柳下惠墓。明嘉靖《开州志·陵墓》载：“展禽墓，在（开州）州东南柳村里之曹庄。五星镇有阎禹锡诗及王崇庆赋。”《大清一统志》说，柳下惠墓“在（开州）州东南大寨村”。清光绪《开州志》谓：“柳下惠墓，在州东南大寨村。”旧志：“明万历中，知州沈尧中特表其处，建碑增祀。”此外，清光绪《开州志》还记载：“柳下固堆，在州东南八公桥四里许，相传为和圣墓。明势家刘松潭以春秋供祭祀殷繁，移堆前石记于刘家大寨固堆前，后碑露，因以彼处为和圣墓，而刘下堆之祀，遂废。”明志所说的“曹庄”与清志所说的“大寨村”，在今濮阳县八公桥镇刘堌堆村，刘堌堆又名柳下堌堆，现存墓冢为长方形，南北约18米，东西约10米，墓前建有柳公庙，并有建庙纪念碑，碑文云：“据传春秋时期鲁国大夫柳下惠曾病此堌堆，后人建村于此，故名柳下堌堆村。”另据《战国策·齐策四·齐宣王见颜斶》载颜斶语云：“昔者秦攻齐，令曰：‘有敢去柳下季垄五十步而樵采者，死不赦。’令曰：‘有能得齐王头者，封万户侯，赐金千镒。’由是观之，生王之头，曾不若死士之垄也。"鲍彪注:"鲁展禽字季,食采柳下,亦云居之。垄,其冢埒。"这里所说的柳下季垄,就是柳下惠墓。秦伐齐,自西向东,道经柳下季垄,其地望大体上与濮阳刘堌堆相合。据阎若璩《四书释地》云"《国策》颜斶言秦攻齐,令:'有敢去柳下季垄五十步而樵采者,死不赦。'古人多葬于食邑,垄所在即邑所在",则柳下惠墓应在其食邑之内。由于柳下惠的食邑与坟墓均在濮阳县境,因而濮阳应是柳姓的祖地。

释"柳下"

关于"柳下",古代学者大都主张是柳下惠食采之邑名。《文选·陶征士诔》云:"黔娄既没,展禽亦逝。"郑玄注:"柳下惠,鲁大夫也。展禽食采柳下,谥曰惠。"《左传·僖公二十六年》孔颖达疏:"柳下是其(展禽)所食之邑名。"《汉书·东方朔传》颜师古注:柳下惠,"鲁大夫展禽也,食采柳下"。《姓氏急救篇》载:"展获,字禽,食邑柳下,谥惠。"不过,有的学者对食邑说也提出了不同的意见。郭克煜《鲁国史》说:"人说柳下是他食采之邑。考鲁地无名柳下者,而且展禽为职仅至士师,为一掌管刑狱的小官,级位不高,未必会有食邑。"栾贵川《柳下惠相关资料汇编》也指出:"柳下屯处鲁、卫之间。鲁、卫两国国都,不足200千米。柳下屯离卫国国都仅仅不到20千米。'柳下'有柳树之下、邑名二说。假使为邑名,则当今濮阳柳下屯的位置稍偏西了些,而鲁国大夫采邑于此,尚需充足的材料支持。"上述说法不无道理,应当引起我们的重视。

春秋时期,鲁、卫两国为近邻。《春秋·僖公二十六年》:"齐人侵我西鄙,公追齐师,至酅,弗及。"杨伯峻《春秋左传注》谓:"齐地,今山东省东阿县南有酅下聚,当即其地。"《春秋·成公四年》:"冬,城郓。"郓是鲁邑,杨伯峻《春秋左传注》云:"此则西郓。……在今山东郓城县东十六里。"由此可知,从山东东阿县至郓城县一线,大致是鲁国的西部边界。郓城以西的鄄城,则是卫国的地盘了。因而濮阳柳下为卫地,而与鲁无涉。

从春秋早期诸侯国的关系来看,鲁与各国不睦,仅与卫国相好。卫为康叔封国,鲁国始祖则是周公,两人同为文王妃大姒之子。《左传·定公六年》载卫人公叔文子语:"大姒之子,唯周公、康叔为相睦也。"《论语·子路》载孔子云:

“鲁、卫之政，兄弟也。”鲁与卫国为兄弟之邦，关系特别亲密。柳下惠为鲁国大夫，后曾徙居卫国。《泾川柳氏宗谱·柳氏源流序》云：“吾族受姓盖自季公受邑柳下始，公生二子：虞、衡。至周定王时，率其子徙避于卫之辉地。”周定王在位时间为公元前606—前586年，而柳下惠卒于公元前621年，因而他绝对不可能在周定王时徙卫。不过，一般认为柳下惠晚年确曾徙卫。柳下惠作为鲁国士师与和圣，德高望重，来到兄弟之邦卫国，定会受到特殊礼遇，如果在这期间卫将柳下封给柳下惠作食邑，则是情理中事。因而，我们认为，“柳下”的确是柳下惠的食邑，不过这个食邑不在鲁地，自然不是鲁君所封。其食邑既在卫地，完全有可能是卫君所赐。

对于“柳下”还有另外一种解释，就是指柳树之下而言。《淮南子·说林训》：“柳下惠见饴曰：可以养老。”高诱注：“柳下惠，鲁大夫展无骇之子，名获，字禽，家有大柳树，惠德，因号柳下惠。一曰，柳下，邑。”郭春煜《鲁国史》评述道：“考鲁地无名柳下者……故高诱之说近是。”我们认为，这同食邑说并不矛盾。柳下作为食采之邑，柳下惠应居于此，这里广植柳树，则可能是该邑冠名的由来。

柳姓发祥于濮阳之“柳下”，至秦灭六国之后，部分柳姓族人徙至今山西晋南地区，从而在河东形成名门望族。此后相当长的时间内，河东一直是柳姓的繁衍发展中心，直到宋代以前河东仍是柳姓的郡望所在。柳姓名人也大都出自河东。《新唐书·宰相世系表》载：柳下惠裔孙柳安居于河东解（今山西运城解州镇）。这就是《广韵》所说的“鲁展禽食采于柳，后因为氏望出河东”。唐代以前，柳姓已入居四川、广西、福建等地，唐以后柳姓称盛于南方，且分布极广。宋元明清时期，柳姓名人多出于江苏、安徽、浙江、福建等南方地区。清嘉庆二年（1797年），柳氏入台，从福建漳州移居今台湾新北市（原台北县）金山乡五乡村。迄今，柳姓在台湾被排在第97位，是台湾著名大姓之一。从柳下到新北，可以窥见中华柳姓在华夏大地上的发展历程。

（原载《中原文史》2012年第4期）

从芒砀山“天子气”“斩蛇碑”看汉代刘姓的发展

在中国历史上，刘姓是称帝最多、时间最长的姓氏，先后建立有西汉、东汉、蜀汉、前赵、刘宋、后汉、南汉、北汉等封建王朝或割据政权。其中最先称帝的是汉高祖刘邦，他于公元前206年灭秦，称汉王。公元前202年即皇帝位，都长安（今陕西西安）。从西汉开始，开创了刘姓家族史上的新的发展阶段。刘邦“以布衣提三尺剑取天下”[1]，其发迹起家之地为河南永城芒砀山，芒砀山上的“天子气”和“斩蛇碑”是刘姓发展的历史见证。

逶迤绵延的芒砀山，矗立在广袤无垠的豫东黄淮平原之上，是这里的唯一山群。它位于永城市境，西至国家级历史文化名城商丘市96千米，东至江苏省徐州市约80千米，南距永城市区33千米，自古以来就是一处蕴珠含玉的风水宝地。《水经注》说：“芒砀山泽深固，多怀神智”，是“仙迹、圣迹、王气”[2]之所在。芒砀山属皖北丘陵西延部分，形成于中生末代。以芒山主峰最高，海拔156.8米，次为渔山，海拔145米。另有保安山、夫子山、僖山、黄土山、窑山、磨山、郘山、周山、马山、柏山等10余座山头，范围10.3平方千米。除渔山陡峭挺拔、奇石林立外，其他各山均较平缓。山外四周是一望无际的平原，王引河从芒砀山主峰西侧由北向南流过，注入佗河，山水环绕，风景绮丽。古代芒砀山群周围湖泊沼泽相连，林木茂密，河流纵横，是东西往来的交通要道。根据文献记载，秦代末年，芒砀山上曾有“天子气”显现。《史记·高祖本纪》载：“秦始皇帝常曰：“‘东南有天子气’，于是因东游以厌（压）之。”这里所谓的东南，系指位于秦都咸阳东南方的永城芒砀山。

当汉高祖刘邦得知此事后，便以为自己有此祥瑞。于是“高祖即自疑，亡匿；隐于芒砀山泽岩石之间。吕后与人俱求，常得之。高祖怪问之。吕后曰：‘季所居上常有云气，故从往常得季。’高祖心喜”。汉高祖刘邦是沛郡（汉之前为泗水郡）丰邑中阳里（今江苏省丰县赵庄刘金砦）人，“季”是他的字。丰邑距离芒砀山不远，他便经常藏匿到芒砀山泽岩石中间，因为所到之处上面有云气，才能被他的妻子吕雉找到。《正义》引《京房易候》云："何以知贤人隐？(颜)师(古)曰：'四方常有大云，五色具而不雨，其下有贤人隐矣。'故吕后望云气而得之。"这里解释云气，是一种五色祥云，只有云，不下雨，或可称之为紫气，系指贵人所在的一种吉兆。预示着刘邦日后将有天子之位。西汉初年，刘邦、吕后还乡丰邑，途经芒砀山，吕后指当年云气即"天子气"在保安山，因此，便在芒砀山主峰建紫气阁，保安山设招风亭。

与之相关的记载，还有刘邦"父曰太公，母曰刘媪。其先刘媪尝息大泽之陂，梦与神遇。是时雷电晦冥，太公往视，则见蛟龙于其上。已而有身，遂产高祖。……及壮，试为吏，为泗水亭长，廷中吏无所不狎侮。好酒及色。常从王媪、武负贳酒，醉卧，武负、王媪见其上常有龙，怪之"。[3]是说刘邦本是其母感龙而生，身上常有龙气笼罩，系"真龙天子"。特别是芒砀山斩蛇之事，更传为千古佳话："高祖以亭长为县送徒郦山，徒多道亡。自度比至皆亡之，到丰西泽中，止饮，夜乃解纵所送徒。曰：'公等皆去，吾亦从此逝矣！'徒中壮士愿从者十余人。高祖被酒，夜径泽中，令一人行前。行前者还报曰：'前有大蛇当径，愿还。'高祖醉，曰：'壮士行，何畏！'乃前，拔剑击斩蛇，蛇遂分为两，径开。行数里，醉，因卧。后人来至蛇所，有一老妪夜哭。人问何哭。妪曰：'人杀吾子，故哭之。'人曰：'妪子何为见杀？'妪曰：'吾子，白帝子也，化为蛇，当道，今为赤帝子斩之，故哭。'人乃以妪为不诚，欲笞之，妪因忽不见。后人至，高祖觉。后人告高祖，高祖乃心独喜，自负。诸从者日益畏之。"《集解》引应劭曰："秦襄公自以居西戎，主少昊之神，作西峙，祠白帝。至献公时栎阳雨金，以为瑞，又作畦畤，祠白帝。少昊，金德也。赤帝尧后，谓汉也。杀之者，明汉当灭秦也。"[4]《史记》上说刘邦斩蛇于"丰西泽中"，芒砀山正位于丰邑之西，古有大泽位于群山之中。按照阴阳五行学说的解释，刘邦所斩之大蛇，不是一般的蛇，而是象征着秦国政权的白帝，刘邦挥剑斩蛇，意味着秦朝当亡，即将被汉政权所取代。关于刘邦斩蛇之剑，也不是普通的兵器。《汉书·帝纪·高祖》王先谦补注引沈钦韩曰："《三辅皇图》，太上皇微时佩一刀，长三尺，上有铭字难识。传云殷高宗伐鬼方时所作也。上皇游丰沛山中，寓居穷谷，有人冶铸，上皇息其旁问曰：'铸造何器？'工笑曰：'为天子铸剑，慎无言。曰得公佩剑，杂冶之，即成神器，可克定天下。'……上皇解匕首投炉中，剑成，杀三牲以衅祭之。工问：'何时得此？'上皇曰：'秦昭襄王时，予行陌上，一野人授予，云是殷时灵物。’工即持剑授上皇，上皇以赐高祖，高祖佩之，斩蛇剑是也。”是说斩蛇剑来历不凡，本是殷高宗伐鬼方时所做的神器。故而以后刘邦曾炫耀说“吾以布衣提三尺剑取天下”，此“三尺剑”指的就是当年芒砀山大泽畔斩蛇之剑而言。刘邦斩蛇以后，随即扯旗造反，在芒砀山一带招兵买马，经过数年征战，终于建立西汉政权。清顺治进士练贞吉诗云：“沛公夜过芒砀路，白蛇当道撄其怒。剑光飞动溅血红，蛇本无知身死误。”刘邦的儿子汉文帝当政时，为了纪念刘邦斩蛇起义，便在芒砀山前建立高祖庙，并在庙前大泽北畔立一通汉高祖斩蛇碑。历尽沧桑，汉碑残破，明隆庆五年（1571年）又在原处立碑，碑高 3.39 米，宽 1.15 米，厚 0.22 米，龟趺，正书“汉高断蛇之处”，碑文记述刘邦斩蛇和捐财募众的事迹及重修斩蛇碑的经过。1982 年因碑文残缺，又在原址上仿明碑重刻一碑，高 2.31 米，宽 0.91 米，厚 0.22 米，立于原来的龟座之上，并建仿古六角碑亭保护。相传斩蛇碑前每年都长出一片红草，说是刘邦斩蛇后草被蛇血染红所致。近年发现每当夜幕降临，灯光直照斩蛇碑，由于光线折射的原因，碑体呈现出神奇幻影，只见一个身披铠甲的武士，酷似刘邦挥剑斩蛇之形，观者谓之汉高祖再现。碑阴一女子凤冠霞帔，怀抱一子，仰首东望，人谓之吕后望夫。中央军委副主席张震观后题词道：“芒砀古迹罕见，奇观名扬天下。”[5]

自从芒砀山显现“天子气”，到汉高祖刘邦斩蛇取天下，建立汉王朝。这个王朝也就是今天人们家喻户晓、妇孺皆知的“汉族”“汉字”“汉文化”的载体。由于汉代天子姓刘，从而为刘姓的发展带来了新的契机。西汉初年，刘氏成为皇族，贵为国姓，刘姓便有了特殊地位。刘邦为了巩固西汉政权，分封诸子宗室于全国各地为王，他的 8 个儿子均受封典，刘肥为齐王，刘长为淮南王，刘建为燕王，刘如意为赵王，刘恢为梁王，刘恒为代王，刘友为淮阳王，另外，其弟刘交为楚王，侄儿刘濞为吴王。公元前 196 年，诏集诸侯大臣，杀白马而歃血为盟，订立“非刘氏而王者天下共诛之”的誓言。刘邦之后的皇帝纷纷效仿，加上汉武帝实行的推恩令，使皇族宗室层层受封。《兴宁刘氏宗谱》载：“汉兴，大封同姓，以镇天下，终西汉之室，皇子而封为王者 30 余人，封为侯者 400 余人，卯金之裔，由是遍天下矣！”至西汉末年，享有免纳赋役特殊权利的刘姓皇族就达 10 万余人。

东汉的建立者刘秀为皇室远支宗亲，他继承了西汉同姓王分封制度，大封宗亲,加快了皇族向各地发展的速度。经过两汉400余年的发展,刘姓人口急剧增加,很快成为天下第一大姓。

在刘姓人口成分的构成上,《通志·同名异实》载:“刘氏有五:尧之子后有刘累氏。成王封王季之子于刘邑,亦为刘。汉赐项氏、娄氏并为刘氏。匈奴之族,从母为刘。”说明刘姓是一个多元姓氏,有源于祁姓的刘氏,始祖刘累,为唐尧的后裔,汉高祖刘邦就属于这一支脉;有源于姬姓的刘氏,即《元和姓纂》所云“周大夫食采于刘,亦为刘氏。康公、献公其后也”。赐姓之刘形成于西汉初,有两支:公元前202年,刘邦在洛阳即皇帝位后,接受戍卒娄敬定都关中的建议,把国都迁到长安(今陕西西安),因此赐娄敬姓刘;项羽的叔父项伯,因在鸿门宴中对刘邦有救助之功,刘邦赐其家族姓刘。匈奴族刘姓,也形成于西汉初年。当时匈奴势力强大,刘邦被迫采取和亲政策,以皇室宗亲之女嫁给匈奴单于冒顿为妻。冒顿姓挛鞮,但按照匈奴贵者皆从母姓的习俗,挛氏子孙皆姓刘。东郡(今河南濮阳)、河南(今河南洛阳)、雕阴(今陕西绥德)三郡的刘姓均由匈奴而出。

西汉初年,长期的战乱使得城乡荒凉残破,人口大量减少。《汉书·诸侯王表》记载:“天下初定,故大都名城散亡,户口而数者十二三。”“米石万钱,马一匹则百金。”经过数十年的休养生息,经济得到了巨大发展。《史记·平准书》云:“汉兴七十余年之间,国家无事,非遇水旱之灾,民则人给家足,都鄙廪庾皆满而府库余货财,京师之钱累巨万,贯朽而不可校,太仓之粟陈陈相因,充溢露积于外,至腐败不可食,众庶街巷有马,阡陌之间成群,而乘字牝者,摈而不得聚会。”史称“文景之治”。文景之后,国力有进一步的发展,刘姓遍布全国各地,到处都有刘姓望族。《广韵·尤》说:“刘,姓。出彭城、沛国、弘农、河间、中山、梁郡、顿丘、南阳、东平、高平、东莞、平原、广陵、临淄、琅琊、兰陵、东海、丹阳、宣城、南郡、高唐、高密、竟陵、长沙、河南等二十五望。”所谓郡望,即郡中显贵望盛之家族,也就是世居某郡为当地人所仰望之家族。郡望之称,始于东汉末年,历魏晋南北朝,逐渐固定下来,隋唐时仍沿用不变。刘姓郡望形成较早,而且大都与汉代分封诸侯王有关。彭城郡和沛郡名称不同,但实指一个地方,皆指徐州一带的丰、沛、铜、邳、睢、萧、砀和淮北的宿、怀、定等地。只是历史地理的沿革变化,名称不同而已。由于刘邦是“沛丰邑中阳里人”,彭城与沛两个郡望正是基于刘邦的扬名显赫而来。彭城刘氏,出自汉高祖之弟楚元王刘交,另一支出自汉宣帝之子楚孝王刘嚣；沛郡刘氏出自楚元王少子棘汤侯刘调，另一支出自东汉光武帝之子沛王刘辅；弘农刘氏出自汉高祖刘邦兄代王刘喜后裔，汉司徒刘琦始居弘农；河间刘氏，出自赵幽王之子河间王刘辟疆，另一支出自汉章帝之子河间王刘开；中山刘氏，出自汉景帝之子中山靖王刘胜；南阳刘氏，出自汉景帝之子长沙定王刘发的后裔，另一支为汉光武帝刘秀家族，故而有"河南帝城多近臣，南阳帝乡多近亲"的说法；东平刘氏，出自汉宣帝第四子刘宇，受封为东平王，其后又有成阳共王刘嘉之子刘庆封东平侯，东汉皇子刘苍也封东平王；高平刘氏，出自鲁恭王刘馀之子刘骄；东莞刘氏，出自齐悼惠王刘肥的后裔平莱侯刘津；平原刘氏，出自汉和帝长子平原王刘胜；广陵刘氏，出自汉武帝之后广陵历王刘胥；琅琊刘氏，出自汉光武帝之子琅琊王刘京；兰陵刘氏，汉元帝封广陵孝王之子刘宜为兰陵侯，其后裔为兰陵刘氏主脉；东海刘氏，出自汉光武帝之子东汉恭王刘疆；丹阳刘氏，出自汉景帝子江都王刘非第三子丹阳侯刘敢；南郡刘氏，出自汉文帝之子代王刘参；高唐刘氏，汉高祖后裔济北贞王刘勃之子刘崇，始居高唐；高密刘氏，出自广陵王之子高密王刘弘；竟陵刘氏，鲁恭王刘馀后裔刘焉，世居竟陵。此外，尉氏刘氏，出自汉章帝子河间王刘开的后裔刘通；临淮刘氏，出自汉光武帝之子广陵王刘荆的后裔。[6]这里需要特别指出的是梁郡刘氏，出自汉文帝之子梁孝王刘武。刘武是汉景帝的同母弟弟，又得到窦太后的宠爱，"得赐天子旌旗，出从千乘万骑，东西驰猎，拟于天子"，"府库金钱且百巨万，珠宝玉器多于京师"。[7]刘武喜好文学，广招文人雅士于梁园，一代名流枚乘、邹阳、司马相如等慕刘武而客居梁园，刘武视之为上宾，赏酒赐墨，鼓励创作。刘武及其后继梁王，死后均葬于芒砀山。清光绪《永城县志·古迹》载："汉文时在紫气岩前立庙，绘高帝像列功臣于其侧，名曰'高祖庙'。"梁王死后葬芒砀山，"不仅可以得山石之固，又可为高祖守庙，实为一举两得"。[8]刘武的后裔成为梁郡刘氏的主脉。综上可知，刘姓郡望的形成，具有深刻的历史背景，同汉代历史和汉文化有着极其密切的关系。

历史上刘姓人才济济，名人辈出。《中国人名大辞典》收入刘姓历代名人1574名，占名人总数的3.46%，排在名人姓氏的第4位；刘姓的著名文学家占中国历代文学家总数的4.9%，排在第4位；刘姓的著名医学家占中国历代医学家总数的2.88%，排在第6位。以汉代为例，除汉高祖刘邦、汉武帝刘彻、汉光武帝刘秀外，还有西汉淮南王刘安，才思敏捷，善为文辞，在政治上主张"无为而治"，曾招募宾客数千人,集体编写了《淮南子》。经学家、目录学家刘向,曾校阅群书,撰成《别录》,为中国目录学之祖。刘向之子刘歆为古文经学派的开创者,总校群书,撰成《七略》,对目录学的建立有一定贡献。还有文学家刘安,训古学家刘熙;东汉书法家刘德升、文学家刘桢、天文学家刘洪……灿若群星,不胜枚举。

刘氏发展到今天,人口仅次于李、王、张,已是中国第四大姓。据中国科学院遗传研究所统计:"刘姓为当代第四大姓,是中国最有影响的大姓之一。刘姓人群大约占了当代人口的5.4%,即每1000个中国人中刘姓的人至少有54个,总人口大约在6500万。"[9]加上居住在海外的刘氏,刘姓人口总数已逾8000万。在中华姓氏史上,刘姓第一个大发展时期为汉代,从此形成了光辉灿烂的汉文化,追根溯源,汉高祖刘邦是汉文化的开拓者和奠基人。河南永城是汉文化星座上一颗璀璨的明星,芒砀山上的"天子气"和"斩蛇碑"是刘邦灭秦兴汉的象征和标志,被传为千古佳话,并永远彪炳史册。

注　释

[1][3][4]《史记·高祖本纪》。

[2]王子超:《仙迹·圣迹·王气——闲话芒砀山》,《中原文史》2005年第4期。

[5]阎根齐、米景周、刘兆云:《商丘名人名胜》,中州古籍出版社,1956年,第242—244页。

[6]刘恒心:《刘姓郡望》,《刘邦与汉文化文集》,大中华文化出版社,2005年。

[7]《史记·梁孝王世家》。

[8]王良田:《西汉梁国》,中国广播电视出版社,2003年,第227页。

[9]袁义达、张诚:《中国姓氏群体遗传和人口分布》,华东师范大学出版社,2002年,第177页。

(原载《汉兴史论选编》,中华诗词出版社,2006年)

附录：马世之著作存目

专　著

[1]《史前文化研究》，中州古籍出版社，1993 年。

[2]《中原楚文化研究》，湖北教育出版社，1995 年。

[3]《中原古国历史与文化》，大象出版社，1998 年。

[4]《中国史前古城》，湖北教育出版社，2003 年。

[5]《中原之城——河南先秦城址研究》，河南人民出版社“十三五”规划重点出版图书。

历史考古读物

[1]《黄巢起义的故事》，河南人民出版社，1979 年。

[2]《暴君的末日——隋炀帝的故事》，河南人民出版社，1980 年。

[3]《郑韩故城》，中州书画社，1981 年。

[4]《黄王起兵为百姓》，河南人民出版社，1984 年。

古籍整理

[1]《二十五史》（点校），新疆青少年出版社，1999 年。

[2]《中华百部名著》，喀什维吾尔文出版社，2002 年。

主编或参编书籍

[1]《河南省博物馆》（《中国博物馆》第七卷），日本讲谈社，1983 年日文版；中国文物出版社，1984 年中文版。

[2]《楚文化研究论文集》,中州书画社,1983 年。

[3]《楚文化觅踪》,中州古籍出版社,1986 年。

[4]《中国古代典章制度大辞典》,中州古籍出版社,1993 年。

[5]《商丘与商文化》,中州古籍出版社,1999 年。

[6]《黄河文化史》,江西教育出版社,2003 年。

[7]《中原文化旅游概览》,当代中国出版社,2003 年。

[8]《中原姓氏寻根——温》,中国经济文化出版社,2004 年。

[9]《中原姓氏寻根——温县著名姓氏》,中国经济文化出版,2004 年。

[10]《中华姓氏河南寻根》,中州古籍出版社,2009 年。

[11]《华夏都城之源》,河南人民出版社,2012 年。

论　文

[1]《关于春秋战国城的探讨》,《考古与文物》1981 年第 4 期。

[2]《略论城的起源》,《中州学刊》1982 年第 3 期。

[3]《豫南楚文化初探》,《史学月刊》1982 年第 4 期。

[4]《牲畜·贝壳·金属币——浅谈交换与贸易的起源》,《今昔谈》1982 年第 5 期。

[5]《略论韩都新郑的地下建筑和冷藏井》,《考古与文物》1983 年第 1 期。

[6]《试论郑与楚文化的关系》,《中原文物》1983 年特刊。

[7]《〈水经注〉对农民起义在河南史迹的记述》,《中州今古》1983 年第 3 期。

[8]《试论中原地区的古代文化与文明》,《中州学刊》1983 年第 3 期;又载《中国古代文化史论》,北京大学出版社,1986 年。

[9]《关于隋代张盛墓出土文物的几个问题》,《中原文物》1983 年第 4 期。

[10]《楚文化探源》,《楚文化研究论文集》,中州书画社,1983 年。

[11]《关于楚族的族源及其发祥地》,《江汉论坛》1983 年第 11 期。

[12]《也谈王子婴次炉》,《江汉考古》1984 年第 1 期。

[13]《河南淮阳平粮台龙山文化古城试析——兼论登封王城岗遗址非夏都阳城》,《史前研究》1984 年第 2 期。

[14]《王子婴次炉为炊器说》,《中国烹饪》1984 年第 4 期。

[15]《从考古发现看河南古代的烹饪与饮食》,《中国烹饪》1984年第4期。

[16]《试论我国古城形制的基本模式》,《中原文物》1984年第4期。

[17]《郚国史迹初探》,《史学月刊》1984年第5期。

[18]《河南临汝仰韶陶缸彩绘图象考略》,《中州学刊》1984年第5期。

[19]《试论楚与中原地区的经济关系》,《求索》1985年第1期。

[20]《秦代陈县的郡属及其相关问题》,《河南大学学报》1985年第1期。

[21]《关于楚之别都》,《江汉考古》1985年第2期。

[22]《陈胜乡里阳城地望试探》,《中州今古》1985年第4期。

[23]《刘六、刘七农民起义军进攻上蔡问题》,《许昌师专学报》1985年第4期。

[24]《楚族图腾考》,《湖南民族研究》1985年第4期。

[25]《馒头起源考略》,《河南省烹饪学会成立大会学术论文汇编》,1985年10月。

[26]《春秋战国时代的储冰及冷藏设施》,《中州学刊》1986年第1期。

[27]《应国铜器及相关问题》,《中原文物》1986年第1期。

[28]《商族图腾及其名称的由来》,《殷都学刊》1986年第1期;又载《甲骨文与殷商文化研究》,中州古籍出版社,1992年。

[29]《涂山地望考辨》,《史学月刊》1986年第5期。

[30]《略论历史博物馆的藏品来源问题》,《博物馆研究》1986年第3期。

[31]《关于〈水经注〉记述农民革命史迹问题的再探讨》,《河南图书馆学刊》1986年第4期。

[32]《黄河流域新石器时代的村与城》,《论仰韶文化》(《中原文物》1986年特刊)。

[33]《试论楚文化的形成及其相关问题》,《楚文化觅踪》,中州古籍出版社,1986年。

[34]《秦置陈郡质疑》,《历史地理》第4辑,上海人民出版社,1986年。

[35]《黄巢、尚让嵖岈山会师问题考辨》,《许昌师专学报》1987年第1期。

[36]《夏部族图腾问题试探》,《史前研究》1987年第1期。

[37]《祝融部落与楚民族的关系》,《民族论坛》1987年第1期。

[38]《再论我国古城形制的基本模式——读贺云翱先生〈读马世之先生文

有感〉有感》,《中原文物》1987 年第 1 期。

[39]《楚城试探》,《楚文化研究论集》(第一集),荆楚书社,1987 年。

[40]《商文明窥探》,《中原文物》1987 年第 2 期。

[41]《略论楚族先民的图腾崇拜》,《楚史与楚文化研究》,求索杂志社,1987 年。

[42]《关于西周都城遗址的探索》,《中州学刊》1987 年第 5 期。

[43]《关于博物馆科研工作的几个问题》,《博物馆学论丛》,1987 年。

[44]《略论西周都城遗址(上)》,《中州城市研究》1987 年第 3 期。

[45]《略论西周都城遗址(中)》,《中州城市研究》1987 年第 4 期。

[46]《略论西周都城遗址(下)》,《中州城市研究》1988 年第 1 期。

[47]《试论城的出现及其防御职能》,《中原文物》1988 年第 1 期。

[48]《略论楚王城》,《湖北大学学报》1988 年第 1 期。

[49]《略论楚郢都城市人口问题》,《江汉考古》1988 年第 1 期。

[50]《试论商代的城址》,《中国考古学会第五次年会论文集》,文物出版社,1988 年。

[51]《龙与黄帝部族的图腾崇拜——兼析濮阳西水坡仰韶文化遗址出土的"中华第一龙"》,《中州学刊》1988 年第 2 期。

[52]《辽西大凌河流域出土商周青铜器及其相关问题》,《博物馆研究》1988 年第 3 期。

[53]《文王伐崇考——谦论崇的地望问题》,《史学月刊》1989 年第 2 期。

[54]《黄河流域文明起源问题初探》,《中州学刊》1989 年第 4 期。

[55]《河南楚文化的考古发现和研究》,《中原文物》1989 年第 4 期。

[56]《歧见纷纭的二里头文化》,《学术百家》1989 年第 5 期。

[57]《浅议黄河文化——兼评〈河殇〉对黄河文化的反思》,《学术百家》1989 年第 5 期。

[58]《简论货币的起源》,《金融经济观察》1989 年第 2 期。

[59]《中州宅京纪略(上)》,《中原城市春秋》1990 年第 1 期。

[60]《中州宅京纪略(下)》,《中原城市春秋》1990 年第 2 期。

[61]《中原古城与华夏文明的起源》,《开封文博》1990 年第 1、2 期合刊。

[62]《中州楚都之谜》,《中州今古》1990 年第 1 期。

[63]《淮阳平台古城的族属问题》,《中州学刊》1990 年第 2 期。

[64]《楚国宫室问题试探》,《江汉论坛》1990 年第 2 期。

[65]《淮阳、新郑地名刍议》,《中州今古》1990 年第 5 期。

[66]《楚宫室中的高台建筑》,《文物研究》第 6 辑,黄山书社,1990 年。

[67]《春秋城市称“国”问题探讨(校译日文稿)》,《中州城市研究》1991 年第 1 期。

[68]《楚都丹阳地望探论》,《中州学刊》1991 年第 1 期。

[69]《平粮台古城的建筑特征及其历史地位》,《华中建筑》1991 年第 3 期。

[70]《试论滞缓期的楚国经济》,《楚文化研究论集》(第二集),湖北人民出版社,1991 年。

[71]《一代名都话往昔——息故城与息夫人》,《中州城市研究》1991 年增刊。

[72]《多彩多姿的中原远古文化》,《黄河文化》1992 年第 1 期。

[73]《中国古代都城规划中的“象天”问题》,《中州学刊》1992 年第 1 期。

[74]《中原楚文化的发展阶段与特征》,《中原文物》1992 年第 2 期。

[75]《文明起源诸要素试析》,《河南社科通讯》1992 年第 8 期。

[76]《楚都淮阳史迹觅踪》,《长江日报》1992 年 8 月 26 日。

[77]《中外文明起源问题对比研究》,《中原文物》1992 年第 3 期。

[78]《楚东迁问题试析》,《史学月刊》1993 年第 1 期。

[79]《中州古国之谜——管》,《中州纵横》1993 年第 3 期。

[80]《中州古国之谜——华》,《中州纵横》1993 年第 4 期。

[81]《中州古国之谜——东虢》,《中州纵横》1993 年第 5 期。

[82]《沁水下游古国探秘》,《黄河文化》1993 年第 1、2 期合刊。

[83]《伊洛—郑州地带的文明起源》,《河洛文明论文集》,中州古籍出版社,1993 年。

[84]《试析炎黄文化的发祥地》,《黄帝故里——新郑》,河南科学技术出版社,1993 年。

[85]《“扶笺当忻”布币的国别与年代问题》,《江汉考古》1994 年第 2 期。

[86]《玄象与中国古代都城设计(上)》,《中州建设》1994 年第 3 期。

[87]《玄象与中国古代都城设计(下)》,《中州建设》1994 年第 4 期。

[88]《虢国史迹试探》,《中州学刊》1994 年第 6 期。

[89]《大河村类型与楚文化的渊源关系》,《楚文化研究论集》(第三集),湖北人民出版社,1994 年。

[90]《沁水下游古温探秘》,《司马懿研究》1995 年第 1 期。

[91]《楚都陈郢故城试探》,《长江文化论集》,湖北教育出版社,1995 年。

[92]《试论西周早期的楚文化》,《楚文化研究论集》(第四集),河南人民出版社,1995 年。

[93]《郑州地区的古国与古城》,《太平洋学报》1995 年增刊。

[94]《略论我国早期的高台建筑》,《太平洋学报》1995 年增刊。

[95]《王城岗遗址的再探讨》,《中原文物》1995 年第 3 期。

[96]《昆吾史迹钩沉》,《中州建设》1996 年第 1 期。

[97]《郑国历史文化试探》,《黄河文化》1996 年第 1 期。

[98]《应国历史文化管窥》,《中州建设》1996 年第 2 期。

[99]《略论洛阳东周王城》,《洛阳考古四十年》,科学出版社,1996 年。

[100]《河洛古国考》,《洛汭与河图洛书》,河南科技出版社,1996 年。

[101]《唐白河流域古国探秘》,《黄河文化》1996 年第 3、4 期合刊。

[102]《孟州古国考》,《中州建设》1996 年第 4 期。

[103]《中国古代宫室陵寝制度释名》,《太平洋学报》1996 年增刊。

[104]《黄河文化探源》,《太平洋学报》1996 年增刊。

[105]《关于史前城址的规模与人口问题》,《河南文物考古论集》,河南人民出版社,1996 年。

[106]《中原龙山文化城址与华夏文明的形成》,《夏文化研究论集》,中华书局,1996 年。

[107]《郑州西山仰韶文化城址浅析》,《考古文物研究——纪念西北大学考古专业成立四十周年文集》,三秦出版社,1996 年;又载《中州学刊》1997 年第 4 期。

[108]《淮上楚城考》,《黄河文化》1997 年第 1 期;又载《楚文化研究论集》(第八集),大象出版社,2009 年。

[109]《中州名都史略》,《中州建设》1997 年第 3 期。

[110]《杞国史迹探秘》,《黄河文化》1997 年第 3 期。

[111]《史前时期黄河流域的三大文化区》,《中原文物》1998 年第 1 期。

[112]《中国城的起源问题》,《黄河文化》1998 年第 2 期。

[113]《史前时期黄河流域的城址》,《史前研究——西安半坡博物馆成立四十周年纪念文集》,三秦出版社,1998 年。

[114]《中国古代城邑制度试释》,《太平洋学报》1998 年增刊。

[115]《中原古国考——河国》,《中州纵横》1999 年第 5 期。

[116]《郑州地区古国考之二——管国》,《中州纵横》1999 年第 6 期。

[117]《郑州地区古国考之三——羲国》,《中州纵横》1999 年第 8 期。

[118]《许由史迹觅踪》,《黄河文化》1999 年第 4、5 期合刊;又载《根在箕山——许由与许氏文化研讨文集》,中国文联出版社,2000 年。

[119]《滴水、商丘与南亳问题探索》,《商丘与商文化》,中州古籍出版社,1999 年。

[120]《唐白河流域的古国》,《中州建设》1999 年第 6 期。

[121]《郑州地区古国考之四——陂、郑氏》,《中州纵横》1999 年第 10 期。

[122]《刘累与龙》,《黄河文化》2000 年第 2、3 期合刊。

[123]《赵都中牟浅析》,《黄河文化》2000 年第 4、5 期合刊。

[124]《叶邑新探》,《叶姓溯源——叶公与叶县研究论丛》,中州古籍出版社,2000 年。

[125]《颛顼与龙》,《中华第一龙——'95 濮阳“龙文化与中华民族”学术讨论会论文集》,中州古籍出版社,2000 年。

[126]《濮水流域虞舜史迹探索》,《中州学刊》2001 年第 3 期。

[127]《中原文物出版百期笔谈》,《中原文物》2001 年第 4 期。

[128]《密国考》,《中州纵横》2002 年第 4 期。

[129]《中原地区史前城址的特征及其历史文化分析》,《黄河文化》2002 年第 1 期。

[130]《授北斗兮酌桂浆——信阳菜文化探源》,《当代烹饪文化》2002 年第 1 期。

[131]《功著牧野迹自幽岐——姜太公故里历史文化资料浅析》,《黄河文化》2002 年第 2 期。

[132]《中国史前城址特征探索》,《中州学刊》2002 年第 5 期。

[133]《新密古城寨城址与“祝融之墟”问题探索》,《中原文物》2002 年第 6 期。

[134]《伏羲文化中原觅踪》,《寻根》2003 年第 1 期。

[135]《史前城址与文明探源》,《黄河文化》2003 年第 1 期。

[136]《蔡国历史文化试探》,《蔡国蔡氏溯源》,世界文明出版社,2003 年。

[137]《中原史前城址与华夏文明》,《华夏文明的形成与发展——河南省文物考古研究所建所五十周年庆祝会暨华夏文明的形成与发展学术研讨会论文集》,大象出版社,2003 年。

[138]《炎黄时代的古国与古城》,《炎黄颂》(中册),中国经济文化出版社,2003 年。

[139]《破解南亳史谜　重铸商都辉煌》,《商丘与商人·商业·商文化》(第二辑),2004 年 5 月。

[140]《新砦遗址与夏代早期都城》,《中原文物》2004 年第 4 期。

[141]《骧兜与崇山》,《史学月刊》2004 年第 7 期。

[142]《陈国故城与陈姓之源》,《伏羲与中华姓氏》,黄河水利出版社,2004 年。

[143]《伏羲女娲与中国远古文化》,《伏羲文化论丛》(2003),甘肃人民出版社,2004 年。

[144]《夏代都城与河洛文明》,《根在河洛——第四届河洛文化国际研讨会论文集》,大象出版社,2004 年。

[145]《许国故城与许姓溯源》,《许氏源流》,大众文化出版社,2004 年。

[146]《温姓满天下　祖根在温县》,《温县姓氏文化研究》(温氏专集),第 1 期,2004 年 9 月。

[147]《天下名都与民族英雄》,《温县夏庄文化》,2005 年 2 月。

[148]《轩辕丘与有熊氏之墟——黄帝故里故都问题探讨》,《黄帝故里故都在新郑》,中州古籍出版社,2005 年。

[149]《蔡国故城及其相关问题》,《重阳节发源地——上蔡》,中州古籍出版社,2005 年。

[150]《蔡国史钩沉》,《蔡国纪事本末》,中州古籍出版社,2005 年。

[151]《宁邑与宁氏之源》,《黄河文化》2005 年第 4 期。

[152]《虞舜的王都与帝都》,《中原文物》2006 年第 1 期。

[153]《五帝时代的城址与中原早期文明》,《中州学刊》2006年第3期。

[154]《西山城址与河洛文明》,《河洛文化与汉民族散论》,河南人民出版社,2006年。

[155]《颛顼活动地域地理新证》,《黄河科技大学学报》2006年第3期。

[156]《怀川文明与温姓之源》,《焦作师范高等专科学校学报》2006年第3期。

[157]《从芒砀山"天子气""斩蛇碑"看汉代刘姓的发展》,《汉兴史论选编》,中华诗词出版社,2006年。

[158]《嫘祖故里新探》,《厚重天中——天中文化论集》,中国国际文化出版社,2006年。

[159]《韩都新郑地下建筑的性质问题》,《河南文物考古论集》(四),大象出版社,2006年。

[160]《许衡里籍问题探讨》,《许衡与许衡文化》,中州古籍出版社,2007年;载《焦作师范高等专科学校学报》2007年第1期。

[161]《黄帝与中华文明之源》,《黄帝祭祀与中华传统文化学术研讨会论文集》,陕西人民出版社,2007年。

[162]《天上白玉京五城十二楼——浅析黄帝时代的西山古城》,《文物建筑》第1辑,科学出版社,2007年。

[163]《新砦城址与启都夏邑问题探索》,《考古与文物》2007年第3期。

[164]《黄土高原地带的伏羲文化》,《天水师范学院学报》2007年第4期。

[165]《郑州大师姑城址性质试探》,《中原文物》2007年第3期。

[166]《华胥氏与伏羲女娲故里考》,《黄河科技大学学报》2007年第4期。

[167]《中原地区的伏羲文化》,《中州学刊》2007年第4期。

[168]《浅议羲皇故里——兼析女娲文化的发祥地》,《天水师范学院学报》2007年第6期。

[169]《嫘祖与嫘祖故里》,《嫘祖文化研究》,文物出版社,2007年。

[170]《浅析中原地区新发现的两周列国城址》,《河南博物院建院80周年论文集》,大象出版社,2007年。

[171]《风华绝代 冠盖一时——中原文化的特征及其历史地位》,《中原文史》2008年第1期。

[172]《登封王城岗城址与禹都阳城》,《中原文物》2008年第2期。

[173]《神农氏与神农坛》,《焦作师范高等专科学校学报》2008年第2期。

[174]《召公奭与甘棠遗爱》,《黄河科技大学学报》2008年第2期。

[175]《河洛地区的伏羲女娲史迹》,《河洛文化与闽台文化》,河南人民出版社,2008年。

[176]《华胥氏与伏羲女娲》,《伏羲文化研究》2008年第3期。

[177]《郑韩故城的选址与溱洧水》,《华夏源》总第10期,2008年第5期。

[178]《蔡都新蔡试探》,《天中学刊》2009年第1期。

[179]《高墩子与北山口——固始古都文化浅析》,《中原文史》2009年第1期。

[180]《徐堡城址的性质问题》,《中原文物》2009年第2期。

[181]《温氏源流概说》,《赣南客家温氏文化发展史》,江西人民出版社,2009年。

[182]《"覃怀底绩"与黄河文明》,《焦作师范高等专科学校学报》2009年第2期。

[183]《颛顼与帝丘》,《颛顼帝喾与华夏文明》,河南人民出版社,2009年。

[184]《曾国研究》,《黄河文化》2009年第1期。

[185]《具茨山黄帝文化试析》,《中原文史》2009年第4期。

[186]《帝丘与龙文化》,《2007濮阳龙文化与和谐社会学术讨论会论文集》,中州古籍出版社,2009年。

[187]《平顶山古国觅踪》,《河洛文化与姓氏文化》,河南人民出版社,2009年;《炎黄天地》2010年第1期。

[188]《叶姓祖地在叶县》,《炎黄天地》2009年第4期。

[189]《郑韩故城的城市布局》,《文物建筑》第3辑,科学出版社,2009年。

[190]《娘娘寨城址性质问题试探》,《中原文物》2010年第5期。

[191]《有蟜氏故里及其相关问题》,《黄河科技大学学报》2011年第2期。

[192]《蔡姓祖地在上蔡》,《中原文史》2011年第2期。

[193]《郑州古国觅踪》,《炎黄天地》2011年第2期;又载《古都郑州》2011年第2期。

[194]《卢国与卢姓》,《中原文史》2012年第1期。

［195］《试析宝鸡—淮阳姜炎文化带》,《河洛春秋》2012 年第 1 期。

［196］《柳姓之源在濮阳》,《中原文史》2012 年第 4 期。

［197］《四大古都探索》,《文物建筑》第 5 辑,科学出版社,2012 年。

［198］《武王伐纣过宁及其相关问题》,《武王伐纣 · 宁氏源流——获嘉历史文化论丛》,河南人民出版社,2012 年。

［199］《宁氏族源在获嘉》,《武王伐纣 · 宁氏源流——获嘉历史文化论丛》,河南人民出版社,2012 年。

［200］《葛天氏传说的初步分析与考古学观察》,《黄河科技大学学报》2012 年第 6 期;又载《葛天氏与上古文明》,河南人民出版社,2013 年。

［201］《从两河流域到溱洧之滨——黄帝族的发祥地研究》,《炎黄天地》2013 年第 1 期。

［202］《母德煌煌　高山仰止——嫘祖是中华母亲节的最佳形象代表》,《中原文史》2013 年第 2 期。

［203］《中原早期城址研究》,《中原文化研究》2013 年第 2 期。

［204］《管国故城探析》,《华夏源》总第 32 期,2013 年 10 月。

［205］《中华姓氏与姓氏始祖黄帝》,《黄帝与中华姓氏》,河南人民出版社,2013 年。

［206］《炎黄文化新探》,《黄帝与中华姓氏》,河南人民出版社,2013 年。

［207］《古都郑州与华夏都城之源》,《中华之源与嵩山文明研究》第一辑,科学出版社,2013 年。

［208］《考古视野下的二里头遗址》,《华夏源》总第 34 期,2014 年 2 月。

［209］《埋藏在地下的夏代都邑——二里头聚落城址》,《炎黄文化》2014 年第 6 期。

［210］《望京楼城址探索》,《华夏源》总第 37 期,2014 年 8 月。

［211］《龙山岗城址探索》,《中原文史》2014 年第 3 期。

［212］《感恩母亲节　弘扬孝文化》,《华夏源》总第 38 期,2014 年 10 月。

［213］《葛天氏传说的初步分析》,《中原文史》2015 年第 1 期。

［214］《共工氏与孟庄城址》,《中原文史》2015 年第 4 期。

［215］《柏黄氏与柏国》,《炎黄文化》2015 年第 10 期。

［216］《王城岗与新砦——郑州夏代都城试析》,《中国古都研究》2015 年第

1 辑(总 28 辑),三秦出版社,2015 年。

[217]《炎帝神农氏的贡献与史迹》,《中华姜姓源流与太公文化研究》,大象出版社,2015 年。

[218]《郑国东迁与娘娘寨城址》,《中华郑姓源流与荥阳堂研究》,大象出版社,2015 年。

[219]《夏邑上古古都分析与考古学观察》,《华夏祖地考》,2015 年 12 月。

[220]《新郑与炎黄故里》,《炎黄文化与社会主义核心价值观》,河南人民出版社,2016 年。

[221]《从石纽到阳城——大禹故里故都浅析》,《华夏源》总第 46 期,2016 年 2 月。

[222]《苑陵故城与苑姓之源》,《中原文史》2016 年第 1 期。

[223]《南亳故城的未解之谜》,《华夏文明》2016 年第 8 期。

[224]《夏代葛国地望浅析》,葛天氏文化与吕坤学术思想研讨会论文。

[225]《新密古城寨新砦城址的性质及其重要价值》,新密古城寨、新砦古城学术研讨会论文。

[226]《嵩山,华夏文明的发祥地——纪念登封玉村首次发现二里头文化遗存 60 周年》,纪念登封玉村首次发现二里头文化遗存 60 周年学术研讨会论文。

[227]《潘姓的起源与祖地》,潘姓文化研讨会论文。

[228]《孙姓之源与濮阳戚城》,中国濮阳中华孙姓源流研讨会论文。

[229]《哲人已逝　风范长存——缅怀楚学泰斗张正明先生》,纪念张正明先生诞辰 80 周年会议论文。

学术著作评论

[1]《〈汉代叠铸〉——温县烘范窑的发掘和研究》,《河南文博通讯》1980 年第 2 期。

[2]《夏史研究的新收获——读〈夏史初探〉》,《中州学刊》1989 年第 5 期。

[3]《中州城市发展建设的轨迹——评〈当代河南城市建设〉》,《中州城市研究》1990 年第 2 期。

[4]《〈当代河南城市建设〉简介》,《河南图书馆学刊》1990 年第 4 期。

[5]《中国国家起源与古代地理环境的关系——评高光晶著〈中国国家起

源〉》,《史学月刊》1990 年第 5 期。

[6]《楚史研究的新突破——读〈楚灭国研究〉》,《江汉论坛》1990 年第 11 期。

[7]《独辟蹊径的城市研究新著——评〈先秦都城复原研究〉》,《黄河文化》1993 年第 1、2 期合刊。

[8]《炎黄文化研究的力作——〈炎黄二帝研究〉读后》,《郑州晚报》1993 年 7 月 20 日。

[9]《炎黄文化的历史轨迹——评何光岳著〈炎黄源流史〉》,《史学月刊》1993 年第 5 期。

[10]《斗酒纵观廿一史——读张长法主编〈资政类纂〉》,《黄河文化》1993 年第 3、4 期合刊。

[11]《一歌兮水倒流　再歌兮山断裂——读〈中州英烈诗词选〉》,《郑州晚报》1994 年 5 月 29 日。

[12]《溯源觅流谱新篇——评何光岳著〈西周源流史〉》,《中原文物》1999 年第 4 期。

[13]《学到源穷疑可释——读周大明的〈破解千古谜团〉》,《郑州晚报》2000 年 2 月 13 日。

[14]《层台累榭　临高山些——读郭德维著〈楚都纪南城复原研究〉》,《华夏考古》2001 年第 1 期。

[15]《千古名刹的历史画卷——读吕宏军著〈嵩山少林寺〉》,《中原文物》2003 年第 1 期。

[16]《中华民族历史的绚丽画卷——读何光岳著〈中华民族源流史〉丛书》,《博览群书》2004 年第 6 期。

[17]《关于〈中国史前古城〉的简介与评述》,《华中建筑》2005 年第 1 期。

[18]《五帝时代与华夏文明——读〈五帝时代研究〉》,《中原文物》2005 年第 4 期。

[19]《中国古代社会生活的绚丽画卷——读〈河南古代陶塑艺术〉》,《中原文物》2006 年第 2 期。

[20]《读〈济水与河济文明〉》,《黄河文化》2008 年第 2 期。

[21]《华夏考古的新篇章——读〈新郑郑国祭祀遗址〉》,《华夏考古》2008 年第 2 期。

[22]《史前考古谱新篇——读许顺湛著〈豫晋陕史前聚落研究〉》,《中原文物》2014 年第 3 期。

[23]《二十年丰功铸就千秋伟业——读〈永恒的丰碑〉》,《永恒的丰碑》待刊。

综述·报告·浅议

[1]《新郑郑韩故城》,《河南文博通讯》1978 年第 2 期。

[2]《河南新郑郑韩故城的钻探和试掘》,《文物资料丛刊》第 3 辑,文物出版社,1980 年。

[3]《金水河的传说》,《郑州文艺》1980 年第 4 期。

[4]《王子午鼎》,《史学月刊》1984 年第 3 期。

[5]《黑陶高足杯》,《史学月刊》1984 年第 5 期。

[6]《白瓷围棋盘》,《史学月刊》1984 年第 6 期。

[7]《围棋探古》,《河南体育报》1984 年 11 月 1 日。

[8]《陶博局及六博俑》,《史学月刊》1985 年第 3 期。

[9]《三彩卧童枕》,《史学月刊》1985 年第 4 期。

[10]《陶僧俑》,《史学月刊》1985 年第 5 期。

[11]《新郑访古(上)》,《文物报》1985 年 9 月 18 日。

[12]《新郑访古(下)》,《文物报》1985 年 9 月 26 日。

[13]《蔡国城怀古》,《河南日报》1986 年 2 月 2 日。

[14]《中原古陶管窥》,《文物报》1986 年 2 月 21 日。

[15]《商城赞》,《文物报》1986 年 5 月 2 日。

[16]《"鲧复生禹"之谜》,《河南日报》1986 年 8 月 3 日。

[17]《釉陶桃都树》,《史学月刊》1986 年第 1 期。

[18]《黄釉瓷扁壶》,《史学月刊》1986 年第 2 期。

[19]《保尊》,《史学月刊》1986 年第 3 期。

[20]《龙纹方鼎》,《史学月刊》1986 年第 4 期。

[21]《陶院落》,《史学月刊》1986 年第 5 期。

[22]《考古学会第六次年会在沈阳召开》,《文物报》1986 年 10 月 31 日。

[23]《陶磨与执箕女俑》,《史学月刊》1986 年第 6 期。

[24]《黄泉会母趣事(一)》,《中学生智力开发报》1987 年 1 月 20 日。

[25]《黄泉会母趣事(二)》,《中学生智力开发报》1987 年 2 月 3 日。

[26]《文明曙光目击记——访辽西牛河梁女神庙》,《郑州晚报》1987 年 2 月 22 日。

[27]《路漫漫其修远兮——河南省博物馆历史述略》,《文物报》1987 年 8 月 7 日。

[28]《中州文明之窗——河南省博物馆的历史与现状》,《中州今古》1987 年第 1 期。

[29]《春秋蟠虺纹铜敦》,《中州今古》1987 年第 5 期。

[30]《东汉戏车杂技画像砖》,《中州今古》1987 年第 5 期。

[31]《河南省博物馆——我国建立最早的一座博物馆》,《中国博物馆指南》,中国旅游出版社,1988 年。

[32]《孔子在中州》,《中州今古》1988 年第 4 期。

[33]《平粮台古城址》,《中原文物》1988 年第 4 期。

[34]《尸乡沟商城遗址》,《中原文物》1988 年第 4 期。

[35]《河南省博物馆举办历代雕塑艺术展览》,《中国考古学年鉴》(1987),文物出版社,1988 年。

[36]《楚国故都淮阳觅踪》,《河南日报》1989 年 5 月 10 日。

[37]《1986 年河南夏文化探索述略》,《河南社会科学年鉴》(1987),河南大学出版社,1989 年。

[38]《1986 年河南商周考古发现与研究概述》,《河南社会科学年鉴》(1987),河南大学出版社,1989 年。

[39]《1986 年河南楚文化研究述略》,《河南社会科学年鉴》(1987),河南大学出版社,1989 年。

[40]《新郑县名的来历》,《当代民声》1990 年第 5 期。

[41]《笔谈辉县发掘四十周年》,《河南文物工作》1991 年第 3 期。

[42]《1987 年河南省商周考古的主要收获》,《河南社会科学年鉴》(1988),河南大学出版社,1991 年。

[43]《1987 年河南省夏文化研究综述》,《河南社会科学年鉴》(1988),河南大学出版社,1991 年。

[44]《1987年河南省楚文化考古与研究综述》,《河南社会科学年鉴》(1988),河南大学出版社,1991年。

[45]《洛汭地区文物旅游资源调查报告》,《黄河文化》1993年第3、4期合刊。

[46]《郑州商城——大河之滨的一代名都》,《档案管理》1994年第3期。

[47]《河洛寻梦》,《档案管理》1994年第5期。

[48]《司马故里觅踪》,《档案管理》1995年第1期。

[49]《浅议中原古国研究》,《黄河文化》1996年第2期。

[50]《“圣人”的坎坷之路》,《黄河文化》1997年第3期。

[51]《中原古国研究述略》,《黄河文化》1997年第4期。

[52]《大洋岸边的黄河文化之花——黄河文化研究会简介》,《黄河文化》1998年第4期。

[53]《甲骨文——文化艺术的瑰宝》,《黄河文化》1999年第2、3期合刊。

[54]《源于河南之姓氏》,《’99昆明世博会河南专辑》,1999年。

[55]《中华伏羲文化研究会成立大会综述》,《黄河文化》2003年第1期。

[56]《首届中国湖南张家界历史文化研讨会综述》,《黄河文化》2003年第1期。

[57]《五帝时代历史文化研究的新收获》,《河南文物工作》2005年第3期。

[58]《在河之东——黄河行尧舜禹文化闻见记》,《中原文史》2007年第3期。

[59]《黄河文化研究会工作报告》,《黄河文化》2008年第2期。

[60]《苗姓寻根·序》,《中华优秀学术成果荟萃》,中国科技文献出版社,2009年。

[61]《炎黄雄姿存天地》,《炎黄天地》2009年第3期。

[62]《龙藏第一都——新郑考古纪事》,《岁月如歌——一个甲子的回忆》,大象出版社,2012年。

[63]《重建太公大宗祠碑记》,镌于河南省卫辉市太公故里。

[64]《温园根亭碑记》,镌于河南省温县温园根亭。

[65]《关于〈监管武庚的古城究竟在何处〉的读者来信》,《古都郑州》2014年第3期。